法医病理死因鉴定案例解析

主编　邵同先　刘惠勇

郑州大学出版社

图书在版编目（CIP）数据

法医病理死因鉴定案例解析／邵同先，刘惠勇主编 . — 郑州：郑州大学出版社，2023. 2

ISBN 978-7-5645-9112-0

Ⅰ . ①法… Ⅱ . ①邵… ②刘… Ⅲ . ①死因分析 - 法医学鉴定 Ⅳ . ①D919.4

中国版本图书馆 CIP 数据核字（2022）第 179579 号

法医病理死因鉴定案例解析

FAYI BINGLI SIYIN JIANDING ANLI JIEXI

策划编辑	张　霞	封面设计	苏永生
责任编辑	刘　莉	版式设计	凌　青
责任校对	张彦勤	责任监制	李瑞卿

出版发行	郑州大学出版社	地　　址	郑州市大学路 40 号（450052）
出 版 人	孙保营	网　　址	http://www.zzup.cn
经　　销	全国新华书店	发行电话	0371-66966070
印　　刷	河南大美印刷有限公司		
开　　本	787 mm×1 092 mm　1 / 16		
印　　张	22.5	字　　数	405 千字
版　　次	2023 年 2 月第 1 版	印　　次	2023 年 2 月第 1 次印刷

书　　号	ISBN 978-7-5645-9112-0	定　　价	106.00 元

作者名单

主　编　邵同先　刘惠勇

编　者　（以姓氏笔画为序）

刘惠勇　闫俊俊　陈先陆

邵同先　贾自发　高盼盼

曹　霞

前 言

　　司法机关、保险行业或行政部门对涉及人体死亡和伤害的案件责任的划分和处理,需要科学客观的证据,尤其是对死亡原因的判断。客观公正的法医病理学鉴定为司法办案提供了重要的科学依据,是提高办案质量的基础。但是人体死亡是个很复杂的机体病理变化过程,死亡原因各不相同,需要仔细甄别。死亡鉴定涉及多种共存因素,如伤病共存、多种损伤共存、诱发因素共存等,需要说明它们在死亡中的作用;死亡鉴定还需要确定根本死因和直接死因,以及自然死亡与非自然死亡,这样才有利于划分责任,因此法医病理死因鉴定是十分重要的。

　　法医病理学鉴定人要做好法医病理死因鉴定,不但要具备扎实的法医病理学知识,而且要具备深厚的医学病理学基础知识和临床医学知识,还要熟悉相关的法律知识。目前法医病理死因鉴定中还存在不规范和盲从现象,所以建立规范的法医病理死因鉴定流程是必要的。因此我们组织专家编撰了《法医病理死因鉴定案例分析》,力求起到抛砖引玉的作用。本书对死因鉴定的法医病理学基础知识,法医病理学鉴定意见书的内容、格式做了详细介绍;还重点整理了近年来笔者在法医病理死因鉴定实践中遇到的典型死因鉴定案件,并对每个案件进行了解析和点评。以期为法医病理学鉴定行业的死因鉴定提供借鉴,促进鉴定质量的提高。

　　本书共分为 4 章。第一章概述共分 4 节,分别介绍了法医病理学鉴定的内容、法医病理学鉴定的作用、法医病理学鉴定的研究方法、法医病理学鉴定的历史。第二章法医病理学鉴定的基础知识分为 4 节,分别介绍了死亡原因、死亡机制、法医病理学鉴定常见的组织学变化、法医病理学鉴定常用的试验。第三章法医病理学鉴定意见书的内容分为 7 节,包括法医病理学鉴定意见书的分类;名称、编号、基本情况、基本案情;资料摘要;鉴定过程;分析说明;鉴定意见、附件、司法鉴定人签名及鉴定日期;以及法医病理学鉴定注意事项。第四章法医病理死因鉴定典型案例解析,对30个典型的死因鉴定案例进行了分析,包括本案鉴定要点、案例鉴定介绍和本案鉴定解析。附录是法医病理学鉴定行业相关标准,汇集了《新生儿尸体检验标准》《法医学尸体解剖》《医疗损害司法鉴定指南》《人身损害与疾病因果关系判定指南》《法医学尸体检验技术总则》等9个法医病理死因鉴定需要遵循的标准和规范。

本书在编撰过程中,得到了司法鉴定行业许多专家和同行的大力支持和帮助,在此一并表示衷心感谢。本书得以出版,也是编写组各位专家共同努力和辛勤劳动的结果。本书适合公、检、法基层法医,医学院校法医专业学生,司法鉴定机构管理者阅读,也适合法律工作者和有关人员参考。由于笔者初次编写法医病理死因鉴定案例解析,经验和水平有限,书中可能存在不足,希望读者和同行在阅读中提出宝贵意见,以便后续修订本书。

邵同先　刘惠勇

2022 年 5 月

目 录

第一章　概　述

　　法医病理死因鉴定是应用医学知识和法医学知识,研究和解决死因鉴定中的鉴定程序、鉴定内容、死因分析和鉴定意见,对涉及人体伤害死亡者的死亡原因做出客观的判断,探索法医病理死因鉴定的内涵和规律,为司法处理和法院裁决中涉及人身死亡的案件提供法医病理学依据的一门科学。

　　死亡原因,简称死因,是指所有直接导致或间接促进死亡的疾病或损伤,以及任何造成这类损伤的事故或暴力的情况,即导致死亡发生的疾病、暴力或衰老等因素。人的死亡原因有时简单明确,有时却很复杂。在许多情况下,死亡不是单一疾病或损伤的后果,还有一些其他因素在死亡发生的不同环节上不同程度地起着作用。死亡原因鉴定是法医学(特别是法医病理学)的核心和首要任务,具有极为重要的法医学意义。

　　法医病理死因鉴定中常运用法医病理学的理论和技术,通过尸体外表检查、尸体解剖检验、组织切片观察、毒物分析和书证审查等,对涉及与法律有关的医学问题进行鉴定或推断,为司法诉讼和行政诉讼中涉及人身伤害死亡的处理,提供法医病理学证据。

　　法医病理死因鉴定是法医病理学鉴定的重要内容,科学、公平、专业、准确的鉴定和判断是司法部门处理人身伤害案件、划分责任的前提。本章围绕法医病理学鉴定的有关问题对死因鉴定展开叙述。

第一节　法医病理学鉴定的内容

　　法医病理学鉴定俗称尸体鉴定,主要内容包括死亡原因鉴定、死亡方式鉴定、死亡时间推断、致伤物推断、生前伤与死后伤鉴别等,有时也涉及活体病理诊断。

一、死亡原因与死亡方式鉴定

　　死亡原因与死亡方式鉴定,是指鉴定机构主要接受各地公、检、法、司等机关或机构的委托,按照中华人民共和国公共安全行业标准《法医学尸表检验》(GA/T 149—1996)、《法医学尸体解剖》(GA/T 147—1996)、《法医病理学检材的提取、固定、包装及送检方法》(GA/T 148—1996),以及司法鉴定研究院技术规范《死亡原因与死亡方式鉴定方法》(SJB-P-6—2009),对尸体进行法医病理学解剖,并对死者的死亡原因与死亡方式做出法医学鉴定意见。

（一）暴力死与非暴力死

法医病理死因鉴定是指明确导致死亡的某种具体暴力或疾病,区别暴力死(非自然死)或者非暴力死(自然死),以便最终为惩治犯罪或者消除嫌疑提供证据,这是法医病理学鉴定的首要任务。

1. 暴力死　包括机械性损伤(如棍棒、砖石、斧锤、拳脚等钝器所致损伤,刺器、切器、砍器、剪刀等锐器所致损伤,以及坠落损伤、交通损伤等)、机械性窒息(如缢死、勒死、扼死、捂死、闷死、哽死、性窒息、体位性窒息、溺死等)、化学性损伤(如中毒、化学烧伤等)及其他物理性损伤(如电击伤、高低温损伤)等原因所致的死亡。

2. 非暴力死　是指自然死,涉及法医鉴定的非暴力死通常死亡发生突然、迅速、意外,这类死亡可能不涉及暴力(即死于疾病,法医学称之为猝死),也可能属于比较隐匿的犯罪,为了查明真相,揭示可能的犯罪,也在法医学死因鉴定范畴内。

（二）死亡方式

法医病理学鉴定是指当确定暴力死后,需要进一步判断其死亡方式,即属于自杀、他杀还是意外死亡,其准确判断对于案件的侦破、裁定至关重要。法医学尸体检验是死亡方式判断的重要途径。

1. 自杀　自杀是指个体在长期而复杂的心理活动作用下,蓄意或自愿采取各种手段来结束自己生命的危险行为。如通过自缢、切刺、头部撞击、服食农药、服用镇静催眠药物、跳楼、触电、煤气中毒、溺水等方式自杀。

自杀是一种复杂的社会现象。19世纪末,法国社会学家涂尔干对自杀原因的解释受到全世界的关注。他认为,自杀其实并不是一种简单的个人行为,其自杀情绪是具有传染性的,是对正在解体的社会的反应。社会的动乱和衰退,造成了社会的不稳定状态,破坏了对一个人非常重要的援助和交流,从而削弱了一个人生存的能力、信心,导致自杀率明显增高。

2. 他杀　他杀是指违背他人意愿、非法使用暴力手段故意伤害他人、剥夺他人生命引起他人死亡的行为。违背他人意愿是他杀与自杀最根本的区别;伤害行为的故意则是与意外死亡的基本区别点。他杀死亡可分以下几种。

（1）非法他杀死：即故意杀人或谋杀，是指具有行为能力的人，预见到自己的行为结果会剥夺他人的生命，并希望达到杀人目的。这种他杀违反了法律的规定，也没有司法机关的授权，属于非法剥夺他人生命，其行为人犯了杀人罪。

（2）合法他杀死：是指在法律允许范围内的他杀死，如对死刑犯执行死刑；为保护自己生命而进行的正当防卫；在逃杀人犯持枪拒捕被击毙；越狱囚犯在鸣枪警告后仍不听劝阻被击毙；不听警告进入重要禁区、偷渡出境的人被击毙；正在盗窃重大国家机密者被击毙等。

（3）过失伤害死：是指具有行为能力的人，行为属非预谋或非故意（不以杀死他人为目的），应当预见自己的行为结果可能危害他人的生命，因为疏忽大意而没有预见，或者轻信能够避免，以致危害他人的生命。包括对他人实施伤害但没有预谋杀人、无伤害故意而是由于过失或处置不当在客观上造成了他人的死亡。如家庭纠纷，斗殴，虐待老人、妇女或儿童，对拘押、监禁、劳教和劳改的犯人采取违法乱纪的伤害行为等导致的死亡。过失伤害死和非法他杀死的区别在于：前者不以杀人为目的但行为有过失，即客观死亡后果和主观动机显著不一致是其特点。

3. 意外死亡　是指因无法预料的原因、非故意或过失的事件或行为所造成的死亡。"意外"是指没有预见到实施的行为在一般情况下会导致死亡；"非故意"是指不以结束他人或自己的生命为目的。意外死亡可分为以下几类。

（1）灾害死：是指一切自然灾害（如水灾、火灾、龙卷风、地震、海啸、火山爆发、山崩、雪崩、泥石流、飓风、冰雹、雷击等）、空难、海难等造成的死亡。

（2）意外事件死：是指不能预见的人为事件造成的死亡，并非出于主观动机，包括交通意外、生产意外、医疗意外及其他生活中的意外。

（3）自伤、自残致死：是指出于某种目的对自己施行伤害行为或采取一些不正常姿势，意外地超过了限度而发生的死亡。如性窒息者用绳索悬吊自己的颈项部、电击或用其他方式（如用塑料袋套头）使自己处于一种暂时缺氧状态来获得反常的性快感，有时可能因措施不当或电流强度过大而发生意外死亡。

二、交通事故伤亡相关鉴定

交通事故伤亡相关鉴定，是指鉴定机构主要接受各省市交通管理局、交通警察支队/大队等机关单位的委托，按照中华人民共和国公共安全行业标准《道路交通事故尸体检验》（GA/T 268—2019），以及本所技术规范《道路交通事故涉案者交通行为方式鉴定第 1 部分:综合判断》(SJB-P-1—2009)、《道路交通事故涉案者交通行为方式鉴定第 2 部分:人体损伤检验》(SJB-P-2—2009)、《道路交通事故涉案者交通行为方式鉴定第 3 部分:车辆痕迹勘验》(SJB-P-3—2009)、《道路交通事故涉案者交通行为方式鉴定第 4 部分:现场勘验》(SJB-P-4—2009)、《道路交通事故涉案者交通行为方式鉴定第 5 部分:计算机模拟事故再现》(SJB-P-5—2009),对尸体进行法医学尸体检验,并对死者的死亡原因与致伤方式做出法医学鉴定意见。

交通事故导致的伤亡事故鉴定多属于交通事故意外损伤,但也可有他杀性交通损伤、自杀性交通损伤;另外进行交通行为方式鉴定,如交通事故涉案者中谁是驾车人、自行车持有者是骑行还是推行状态、车辆接触行人时行人处何种状态等,也是交通事故伤亡鉴定的重要内容。进行法医病理学检验,以便明确是否发生了交通事故及交通事故在死亡中所起的作用,有利于交通事故伤亡的民事赔偿、维护受害方权益。

交通事故导致的伤亡事故鉴定,致力于对疑难交通损伤的鉴定及损伤机制分析、计算机仿真现场重现等研究和鉴定工作。

三、医疗纠纷/医疗过错死亡相关鉴定

医疗纠纷/医疗过错死亡相关鉴定,是指鉴定机构主要接受各地公、检、法、司等机关或机构的委托,按照中华人民共和国公共安全行业标准《法医学尸表检验》(GA/T 149—1996)、《法医学尸体解剖》(GA/T 147—1996)、《法医病理学检材的提取、固定、包装及送检方法》(GA/T 148—1996),对尸体进行法医学病理解剖,并对死者的死亡原因做出法医学鉴定意见。经过医院治疗或抢救的案例,尚需要对临床病史材料进行审查,综合分析死亡原因。

进行医疗纠纷/医疗过错死亡相关鉴定,是正确处理纠纷、维护医患双方合法权益、提供科学依据的重要途径。医疗纠纷/医疗过错死亡的鉴定遵循医学科学原理和法医学因果关系准则,审查并摘抄送鉴材料,召开有法官、原告、被告三方出席的听证会。听证会的目的主要是听取原告、被告双方的相关陈述,并对提供的材料和需要补充的书面材料在法官到场的情况下进行质证,质证后的材料将作为司法鉴定的依据。

四、致伤物推断

致伤物推断,是指鉴定机构主要接受各地公、检、法、司等机关或机构的委托,按照中华人民共和国公共安全行业标准《法医学尸表检验》(GA/T 149—1996)、《法医学尸体解剖》(GA/T 147—1996)、《法医病理学检材的提取、固

定、包装及送检方法》(GA/T 148—1996),以及本所技术规范《致伤物推断鉴定方法》(SJB-P-9—2009),对尸体进行法医学病理解剖,并对可疑致伤物进行推断或认定。

致伤物(凶器)推断不仅能为侦查提供线索,有助于判断死亡方式,还可为审判机关提供科学依据。特别是对于多个犯罪嫌疑人、多种致伤物、多处损伤等案件,可以通过致伤物的推断重建事件经过、判断案件性质,从而区分当事人的责任大小,为案件的定性、判刑和民事赔偿等提供依据。

五、伤病关系鉴定

伤病关系鉴定,是指鉴定机构主要接受各地公、检、法、司等机关或机构的委托,按照中华人民共和国公共安全行业标准《法医学尸表检验》(GA/T 149—1996)、《法医学尸体解剖》(GA/T 147—1996)、《法医病理学检材的提取、固定、包装及送检方法》(GA/T 148—1996),以及本所技术规范《伤病关系分析方法》(SJB-P-10—2009),对尸体进行法医学病理解剖,并对死者的死亡原因与死因构成中各因素的原因力大小做出法医学鉴定意见。

伤病关系鉴定是介于损伤和疾病之间的死亡原因的竞争分析,必须经过详细的法医学检查加以综合分析,分清其主次及相互关系,是有关案件当事人的责任、名誉、罪与非罪,是有关案件(如民事案件的调处、刑事案件的侦查、审判等)最重要的证据之一,是法医病理学鉴定的重要内容,相关鉴定在一些法纪案件中显得尤为突出。另外,中毒与疾病等死亡竞争分析,也是本专业鉴定的内容。

六、死亡时间和损伤时间鉴定

死亡时间和损伤时间鉴定,是指鉴定机构主要接受各地公、检、法、司等机关或机构的委托,按照中华人民共和国公共安全行业标准《法医学尸表检验》(GA/T 149—1996)、《法医学尸体解剖》(GA/T 147—1996)、《法医病理学检材的提取、固定、包装及送检方法》(GA/T 148—1996),以及本所技术规范《死亡时间鉴定方法》(SJB-P-7—2009)、《损伤时间鉴定方法》(SJB-P-8—2009),对死亡时间或损伤时间做出法医学鉴定意见。

死亡时间和损伤时间推断一直是法医检案及刑事侦查工作的重点和难点之一。推断死亡时间对于确定作案时间、认定和排除嫌疑人有无作案时间、划定侦查范围乃至案件的最终侦破均具有重要作用。损伤时间推断主要是为鉴别生前伤和死后伤及推断伤后存活的时间,有助于区分案件性质及损伤与死亡的关系。

七、法医病理学检验和诊断

法医病理学检验和诊断,是指鉴定机构主要接受各地公、检、法、司等机关或机构的委托,按照《法医病理学检材的提取、固定、包装及送检方法》(GA/T 148—1996),对提供的人体器官、组织、石蜡包埋组织块及组织切片进行检查检验和显微镜观察,对其存在的疾病或者非疾病状况进行检验,最后出具法医病理学诊断。

法医病理学检验和诊断是形成法医病理学鉴定意见的一个重要环节,鉴定意见还需要综合其他检验或检查结果(如病理解剖肉眼检查所见、毒物检验结果、临床病历资料记载等)进行分析判断。

八、虚拟解剖死因分析

虚拟解剖死因分析,是指鉴定机构主要接受各地公、检、法、司等机关或机构的委托,按照中华人民共和国司法部司法鉴定技术规范《法医学虚拟解剖操作规程(SF/Z JD0101003—2015)》,开展法医学虚拟解剖检验工作。

虚拟解剖是利用影像学技术(X 射线、CT、MRI 等)获取尸体组织器官的影像学资料,以非侵入性技术或微创手段探测人体损伤、疾病等形态学变化,在一定程度上取得类似于尸体解剖的效果,达到诊断损伤与病变目的的一种检验方法与技术。作为一种非侵入性的新型"解剖"技术,通过影像学技术独立、客观、完整地构建人体组织器官的三维立体图像,是法医学判断死亡原因和致伤方式的一种辅助手段。

虚拟解剖死因分析技术,是以具备符合国家相关标准和规定的放射诊疗场所和配套设施,以及虚拟解剖电子数据存储及归档的场所与设备进行三维虚拟现实的鉴定工作。

第二节 法医病理学鉴定的作用

《中华人民共和国刑事诉讼法》第一百三十一条规定:对于死因不明的尸体,公安机关有权决定解剖,并且通知死者家属到场。

公安部制定的《刑事案件现场勘查规则》规定:勘验有尸体的现场,必须有法医参加。尸体检验要求做到:详细检查死者的衣着情况,尸体的外表现象及伤痕的形状、大小和位置;根据需要,捺印十指指纹和掌纹,提取血液、尿液、胃内容物等;对无名尸体的面貌,生理、病理特征,以及衣着、携带物品和尸体包装物的特征,进行细致检查,详细记载,并一律捺印十指指纹和掌纹。

一、为司法机关提供案件处理的依据

为司法机关提供案件处理的依据,比如确定死亡原因、判定死亡方式、推断死亡时间、认定致死(伤)物体、鉴别生前伤还是死后伤等人体伤害案件处理所需的法医学证据。

1. 确定死亡原因　确定死亡原因主要在于确定是自然死亡(病死或老死)还是非自然死亡(暴力死亡)。当同时存在损伤与疾病时,要分析损伤、疾病与死亡的关系。当存在几种致命性损伤时,应确定主要死因,以便澄清谁应负主要致死责任。

2. 判定死亡方式　即判定是他杀、自杀还是意外死亡。判定致死方式要比确定死亡原因复杂,需要结合现场勘验和案情调查进行全面分析,然后做出判断。

3. 推断死亡时间　是指人死后到尸体检验的时间。推断死亡时间有助于确定侦查范围,主要根据尸体现象所见和对生物化学变化的检测,结合当时当地的气象条件进行综合判断。

4. 认定致死(伤)物体　主要是根据损伤的形态、大小、程度及其他性质,如损伤内的附着物来推定,或根据咬痕、扼痕、捆绑痕、注射针孔、各种工具打击痕迹等的性质、形成方式和方法来判断。

5. 鉴别生前伤与死后伤　即推断死者损伤是生前造成的还是死后形成的,以及生前损伤后经过的时间。在鉴定中,还可通过骨骼、牙、毛发的检验推断死者的性别、身高、年龄、血型等。

二、为制定相关法律提供证据和依据

法医学是应用医学、生物学、化学和其他自然科学理论和技能解决法律问题的科学,为侦查犯罪和审理民事或刑事案件提供证据。

法医学是应用医学及其他自然科学的理论与方法,研究并解决立法、侦查、审判实践中涉及的医学问题的一门科学。法医学既是一门应用医学,又是法学的一个分支。

法医学为制定法律提供依据,为侦查、审判提供科学证据,因此法医学是联结医学与法学的一门交叉科学。现代法医学分基础法医学和应用法医学两部分,前者研究法医学的原理和基础,后者则运用法医学的理论和方法,解决司法、立法和行政上的有关问题。这包括受理杀人、伤害、交通事故、亲子鉴定等案件的鉴定,为侦查、审判提供线索和证据,为制定死亡判定、脏器移植、现代生殖技术及解决由此带来的社会问题的法律提供依据;另外,还包括通过对非正常死亡的尸体检验来发现传染病,进行中毒和灾害事故的防治及行政处理。

三、为法医病理实践研究积累素材

法医病理死因鉴定为法医病理实践研究提供并积累了素材,促进了法医病理学的发展,提高了法医病理学鉴定水平和鉴定质量。同时,法医病理实践给法医学发展提供了广阔的天地,法医学逐渐与其他学科交融贯通。现代医学和其他自然科学的成就为法医学的发展提供了最新技术手段,原来单一的法医学逐渐形成多分支学科的综合性应用科学,这些学科包括法医伦理学、法医病理学、临床法医学、法医物证学、法医血清学、法医人类学、法医牙科学、法医化学、法医放射学、法医毒物学、法医精神病学、法医昆虫学、医法学等。

法医病理学吸收了当今分子生物学的最新研究方法和取得的最新成果,其观察从器官、细胞水平,深入到亚细胞、蛋白表达及基因的改变,其研究方法渗透到各基础医学、临床医学、预防医学和药学等方面。临床医学中一些症状、体征、检查对死亡的判定作用都离不开法医病理学方面的鉴定和解释。因此,法医病理死因鉴定在法医病理学科学研究中占有重要的地位。

第三节　法医病理学鉴定的研究方法

法医学和法医病理学鉴定的研究方法常应用医学、化学、生物学和物理学的方法。

一、医学的研究方法

医学的研究方法,最主要的是尸体剖验,包括肉眼观察研究和取器官组织检材制作组织切片,并染色进行显微镜下检查和组织化学检查。为研究超微结构和测定微量金属含量,还可应用电子显微镜观察和微量分析。

对有死因鉴定的,首先根据需要提取相应检材做化学和生物学检查。其次是临床医学检查,应用临床知识对活体进行诊察,确定活体的生理、病理状态,解决医疗事故中的医疗责任及传染病、中毒、公害的防治问题等。

二、化学的研究方法

化学的研究方法包括应用化学分析方法对毒物进行定性和定量,对排泄物、呕吐物进行毒物检验,用化学反应方法确定是否有血迹,以及用生物化学方法检查人体酶型和遗传指纹(DNA 技术),以进行个体识别等。

三、生物学的研究方法

生物学的研究方法,如采用免疫血清学鉴别个体和动物的血、精斑、其他体液斑、分泌物、骨、毛发的种属和血型;采用微生物学理论和技术,对有关检材进行细菌和病毒检查等;采用动物试验方法进行中毒病理学、机械性损伤、其他物理性损伤、机械性窒息的模拟试验;应用人类学知识对无名尸体进行年龄、性别、种族特征的研究。

四、物理学的研究方法

物理学的研究方法,是指采用物理仪器测定皮肤、骨骼的强度,进行损伤模拟试验;采用 X 射线技术进行损伤、身体异物和骨骼年龄的推断;采用气相色谱仪,紫外、红外分光光度仪、质谱仪、磁共振技术、中子活化技术等对毒物和药物进行定性和定量分析;用光谱分析、电泳技术、显微镜技术进行法医物证的检验等。

第四节 法医病理学鉴定的历史

一、我国法医病理学鉴定的历史

法医病理学的诞生和发展,与社会经济的发展、法的出现及医学和其他自然科学的进步有着密切的关系。

在公元前 500 年到公元 10 世纪期间,在处理人命案件时,执法人已知征求医生的意见来处理案件。如中国先秦时期就有了损伤检验,《礼记·月令》中记载"孟秋之月……命理瞻伤、察创、视折、审断,决狱讼,必端平"。在已发掘的秦墓竹简中,亦有他杀、杀婴、自缢、外伤性流产等检验案例的记载。战国末期还有"令史"专门从事尸体检验和活体检验。

我国南宋人宋慈著有《洗冤集录》五卷,此书为中国古代法医学的代表作,出版于 1247 年;该书是一部广泛总结尸体外表检验的书籍,对于尸体现象、窒息、损伤、中毒等都有比较科学的记载,早于欧洲第一部系统法医学著作的诞生。内容包括检验总说、疑难杂说、初检、复检、验尸、四时变动、验骨、自缢,以及溺死、自刑、杀伤、火死、跌死、服毒及其他各种死共 53 项。这是世界上最早的一部系统法医学著作,曾被译成多种文字在许多国家出版。

1899年,西方近代法医学开始传入中国;1915年北京和浙江医学专门学校开设法医课;1930年国立北平大学医学院创立法医教研室。1932年在上海建立法医研究所并出版《法医月刊》。

中华人民共和国成立后的法医学,在教育科研、人才培养等方面得到了长足的发展。最早的法医学教育是给医学系本科生开设法医学课程,使他们掌握一定的法医学知识和技能。为此,卫生部委托南京大学医学院开办法医学高级师资训练班,为法医学领域提供后备力量。

医学院校的法医学教育:中山医学院(后改名为中山医科大学,现为中山大学中山医学院)、四川医学院(后改名为华西医科大学,现为四川大学华西医学中心)和中国医科大学在20世纪80年代初开始招收法医学专业学生,学制5年。1982年,教育部联合公安部、司法部、卫生部、最高人民法院和最高人民检察院在太原召开了"全国高等法医学专业教育座谈会"。会后,四部两院会签了这次座谈会的纪要《关于加强我国高等法医学专业教育的初步意见》。1983年3月卫生部与教育部正式通知当时医学教育实力雄厚的医科大学——同济医科大学、华西医科大学、中山医科大学、上海医科大学、中国医科大学、西安医科大学(现分别为华中科技大学同济医学院、四川大学华西医学中心、中山大学中山医学院、复旦大学上海医学院、中国医科大学、西安交通大学医学院)设立法医学专业,建立法医学系,每年招收法医学专业学生,这六所学校也就是法医学界所说的"老六所",分别简称同济、华西、中山、上医、中医大、西交。

学历层次:法医属于技术人员,全国各地公、检、法机构招收法医普遍是本科以上,部分地区可放宽到专科以上。本科设立法医学专业的医学院校除了"老六所"外,还有南京医科大学、山西医科大学、河南科技大学、昆明医科大学、安徽医科大学、南方医科大学、广东医科大学、河北医科大学、新乡医学院等,研究生设立法医学专业的还包括中国人民公安大学及中国刑警学院等警校。

就业范围:2005年2月28日,第十届全国人民代表大会常务委员会第十四次会议讨论通过了《全国人民代表大会常务委员会关于司法鉴定管理问题的决定》(以下简称《决定》),《决定》第七条规定人民法院不得设立鉴定机构。不得设立鉴定机构也就不能从事具体的鉴定业务。法医学专业毕业生已经很少能流向法院及检察院,就业大军走向公安部门,以及社会鉴定机构、保险公司等。本科就业主要是县级公安部门及市局分局,硕士主要去向是发达地区市局,博士可以进入省级公安厅、公安部及高校。

就业渠道:毕业后除公安部门所属院校外,进入公安部门均需参加公务员考试,报考条件均应符合公务员报考条件,视力要求一般可以放宽,具体参看当年不同地区的招考规定。进入社会鉴定机构等非政府部门不需参加公务员考试,一般是看业务能力和专业能力。自《决定》颁发后,社会鉴定机构如雨后春笋般成立,这在一定程度上缓解了法医学毕业生的就业压力。

法医学方面的学术刊物:国内先后创刊了《中国法医学杂志》《法医学杂志》《中国司法鉴定》《法律与医学杂志》《证据科学》及 Forensic Sciences Research 等学术期刊。

著名法医学家:既有黄光照、祝家镇、郭景元、徐英含、陈安良等老一辈的法医学家,也有刘良、官大威、董红梅、周亦武、陈新山等仍在一线为法医学界呕心沥血奉献的法医学教授和专家。

二、国外法医病理学鉴定的历史

法医病理学鉴定的诞生和发展,与社会经济的发展、法律的出现及医学和其他自然科学的进步有着密切的关系。法医学的历史大体可以分为 3 个时期,即萌芽时期、形成时期、发展和成熟时期。

1. 萌芽时期 即公元前 500 年至公元 10 世纪。这时不仅法已经出现,而且医学已经得到一定程度的发展,在处理人命案件时,执法人已知征求医生的意见来处理案件。欧洲古代法医学的发展却缓慢得多,仅有个别案例的传闻,如盖乌斯·尤利乌斯·恺撒(史称凯撒大帝)被杀时,身上有 23 处创伤,检验确定胸部第一、二肋间的贯通伤是致命伤。

2. 形成时期 即 11 ~ 19 世纪,这时社会经济得到进一步的发展,法制趋向健全,案件的鉴定有专业医生参与,开始有较系统的法医著作出现。中世纪的欧洲,以法国、德国和意大利的法医学发展较快。1562 年法国外科医师帕雷对升汞中毒者做了第一例解剖,1575 年他在《外科手术学》一书中,阐述了机械性窒息、杀婴、电击死、处女鉴定等方法。1598 年意大利医师菲德利斯发表《医生关系论》一书,这是欧洲第一部法医学著作。

1642 年,德国莱比锡大学首先开设系统的法医学讲座;1782 年,柏林创办了第一份法医学杂志,从此法医学初步形成了自己独立的体系。

3. 发展和成熟时期 工业革命给科学技术的发展开辟了广阔的前景。18 世纪以前的法医学主要靠肉眼观察活体、尸体现象,所得到的是直观的、浅显的结论,19 世纪后则由于显微镜技术的出现和化学分析方法的应用,法医学的研究工作得到深入发展。

这个时期法国著名法医学者奥尔菲拉著有《论毒物》;俄国奈丁应用显微

镜研究自缢与勒死的颈部索沟,以判断其是生前形成抑或死后形成。

20 世纪以来,经济的发展和自然科学的突飞猛进大大促进了法医病理学的发展,现代分析仪器的运用和新检验技术的应用,标志着现代法医学体系的形成。

（邵同先　刘惠勇）

第二章　法医病理学鉴定的基础知识

　　法医病理学鉴定需要熟练掌握解剖学、普通病理学、法医病理学和临床医学的知识及技能。本章主要介绍死亡原因、死亡机制、法医病理学鉴定常见的组织学变化、法医病理学鉴定常用的试验,这些是法医病理学鉴定人应具备的基本知识和能力。

第一节　死亡原因

　　死亡原因,简称死因,是指所有直接导致或间接促进死亡的疾病或损伤,以及造成任何这类损伤的事故或暴力的情况,即导致死亡发生的疾病、暴力或衰老等因素。人的死因有时简单明确,有时却很复杂。在许多情况下,死亡不是单一疾病或损伤的后果,还有一些其他因素在死亡发生的不同环节上不同程度地起着作用。死因鉴定的着重点在于明确死亡原因,死亡是该原因的结果。死因鉴定是法医学,特别是法医病理学的首要任务。

一、根本死因

　　根本死因,或称为原发性死因,是指引起死亡的初始原因,是指引起死亡的原发性自然性疾病或暴力因素。在自然性疾病致死案例中,其主要死因与主要疾病一致,如晚期恶性肿瘤致死、冠心病心肌梗死致死、动脉粥样硬化脑动脉突发破裂出血致死、心脏动脉瘤破裂急性心包压塞致死、空洞型肺结核病致死等。暴力性死亡,如机械性损伤、机械性窒息、雷电击伤、高低温损伤、外源性毒物中毒等引起的死亡,根本死因是该项暴力,它可以通过某种机制或通过损伤后继发性病症致死,如扼颈可立即因窒息而死,也可当时不死而引起喉头水肿或继发肺水肿、肺炎而死,故扼颈为根本死因。

二、直接死因

　　直接死因是指直接因其发生死亡的原因。如果根本死因不经过中间环节直接引起死亡,则此死因既是根本死因,又是直接死因,也是唯一死因。根本死因没有立即致死,而因它的继发后果或合并症致死,则后者为直接死因。在法医学中常见的直接死因有感染、出血、栓塞、中毒、多脏器功能衰竭等。

(一)感染

感染是指细菌、病毒、真菌、寄生虫等病原体侵入人体所引起的局部组织和全身性炎症反应。按感染范围的不同,将感染分为局限性感染和弥漫性感染;按病程的不同,将感染分为急性感染、亚急性感染和慢性感染。感染者通常出现以下症状。

1. 白细胞增多 感染者通常外周血白细胞增多,主要是中性粒细胞和未成熟的中性粒细胞增加。早期白细胞总数未超过正常值,而且来自骨髓库的成熟粒细胞不多,中性粒细胞的释放是白介素-1 和白介素-6 直接作用于骨髓中性粒细胞库引起的。在慢性感染,中性粒细胞数的持续增多,是由巨噬细胞、淋巴细胞及其他组织产生的克隆刺激因子介导产生的。这些现象严重时可导致白血病样反应,释放不成熟白细胞进入血液循环。白血病样反应的特点是非恶性白细胞数>(25~30)×10^9/L,是健康骨髓对外伤、炎症等产生的细胞因子所做的反应。相反,某些感染(如伤寒、布鲁氏菌病)常出现中性粒细胞缺乏症,在严重感染时,骨髓可能不能维持外周血中性粒细胞数,导致中性粒细胞明显减少,这是预后不良的象征。形态学的改变(如杜勒小体、毒性颗粒、水泡形成),在败血症患者中性粒细胞中已被观察到。嗜酸性粒细胞增多与细菌性感染无关,常由过敏反应和寄生虫感染引起。

2. 贫血 尽管有足量铁离子,传染病患者仍然会发生贫血。它可能是急性的,由出血和红细胞破坏所致(如与肺炎支原体相关的冷凝集);也可能是慢性的,网状内皮系统中铁离子库正常或增加,而细胞质铁和整个铁的结合力减少。

3. 菌血症 革兰氏阴性菌菌血症比革兰氏阳性菌菌血症更常见。严重感染常引起弥散性血管内凝血,肿瘤坏死因子通过诱导血管内皮细胞表达并释放组织因子,启动凝血过程,在促进弥散性血管内凝血形成中可能发挥重要作用。弥散性血管内凝血的特点是血小板减少、凝血时间延长、纤维素降解产物增加、纤维素原水平下降。并发症包括出血和/或血小板增多症,这时传染病患者虽然处于超凝血状态,但出血依然存在,病因治疗对逆转弥散性血管内凝血具有重要作用。

4. 血小板减少 血小板减少也能由败血症引起,观察患者对治疗的反应可以帮助诊断。

5. 心肌症状　感染造成的心肌症状可从心动过速和心输出量增加到心力衰竭。虽然大多数传染病患者脉搏增快,但伤寒热、土拉菌病(又称兔热病)、布鲁氏菌病和登革热患者的心率并未随体温升高而呈比例地升高。患者还可能发生低血压,但并不伴有败血症休克或仅部分进入休克状态。败血症休克的特点是早期心输出量增加,全身血管抗性降低;晚期为心输出量降低,全身血管抗性增加。

6. 呼吸道症状　包括超通气量,常伴随显著的呼吸性碱中毒,随后出现肺功能下降,最后可发展为成人呼吸困难综合征和呼吸衰竭。

7. 肾的症状　包括微量蛋白尿、急性肾衰竭、氮质血症、少尿和显著的尿沉渣,但与休克无关。氮质血症和少尿常由急性肾小管坏死引起。某些败血症如亚急性细菌性心内膜炎患者,肾功能不全可能由肾小球肾炎引起。肺炎链球菌感染或嗜肺军团菌感染,可由肾小管间质病变引起。

8. 肝功能紊乱　许多传染病,即使感染原不在肝脏,也会引起肝功能紊乱。临床表现常为黄疸,红细胞破裂和肝功能紊乱可导致高胆红素血症。在细胞水平,白蛋白合成减少,肝球蛋白、补体和某些蛋白酶抑制因子合成增加,其他急性期反应物(淀粉样蛋白 A 和 C 反应蛋白)能增加几百倍。

9. 上消化道出血　在败血症期间,患者由于溃疡反应可发生上消化道出血,通常仅发生少量出血,个别患者可出现大出血。

10. 精神异常　虽然病原体没有侵犯中枢神经系统,但一些严重感染患者也会出现精神异常,这在老年人中多见且严重。症状包括焦虑、混乱、谵妄、僵呆、抽搐和昏迷,并伴有脑病的临床图像。脑病的逆转有赖于原发疾病的较好控制。

11. 内分泌紊乱　感染造成的内分泌紊乱包括甲状腺激素、血管紧张素、胰岛素和糖原产生的增加;骨骼肌蛋白质继发性分解代谢加强,导致氨基酸氧化。长期感染可导致肌肉消耗、骨骼脱钙。虽然过多的皮质类固醇会抑制炎症反应和细胞免疫,但肾上腺皮质激素增加有利于提高宿主的抗病能力。

12. 败血症、低血糖　二者相对少见,其致病机制尚不清楚,可能与肝糖原储备缺失和新糖原生成抑制有关。低血糖可能是糖尿病患者感染的最早迹象,且血糖水平难以控制。

13. 发热　感染的主要表现是发热,即机体的体温升高并超出正常的体温界限。口腔温度>37.8 ℃或直肠温度>38.2 ℃或体温高于每天的正常变化值,都可作为发热的诊断标准。

人体温度主要由下丘脑控制,体温调节主要靠外周热量丧失和组织(特别是肝脏和肌肉)产热两者的平衡。在健康人,体温调节中枢将内部器官体温维持在 37～38 ℃。环境温度下降,可提高下丘脑既定温度调定点,激发血管运动中枢使血管收缩,血液从外周回流,减少热量损失,最终体温上升。颤抖也可能激发肌肉收缩增加热量产生。热的维持和产生一直会持续到供应下丘脑神经元的血液温度到达新的调定点,然后下丘脑即维持这一新的热度。如要重新确定一个较低的温度,出汗和血管扩张可启动热量丧失的过程,即通过蒸发、对流、辐射完成。一天内,人体早晨温度最低,午后温度最高,温度变化的幅度即温度的生理变化节律大约是 0.6 ℃。

(二)出血

出血是指血液自心、血管内流出。

1. 按血液逸出的机制分类

(1)破裂性出血:破裂性出血是由心脏或血管壁破裂所致。破裂可发生于心脏(如心壁瘤的破裂),也可发生于动脉,其成因既可为动脉壁本身的病变(如主动脉瘤),也可因动脉旁病变侵蚀动脉壁(如肺结核空洞对肺血管壁的破坏,肺癌、胃癌、宫颈癌的癌组织侵蚀局部血管壁,胃和十二指肠慢性溃疡的溃疡底的血管被病变侵蚀)。静脉破裂性出血的原因除创伤外,较常见的例子是肝硬化时食管静脉曲张破裂。毛细血管破裂性出血发生于局部软组织的损伤。

(2)漏出性出血:其出血是由于毛细血管后静脉、毛细血管及毛细血管前动脉的血管壁通透性增高,血液通过扩大的内皮细胞间隙和受损的血管基底膜而漏到管腔外。出血性体质所发生的自发性出血,即漏出性出血。

漏出性出血的原因很多,基本可归纳为如下几点。

1)血管壁损害:常见于缺氧致毛细血管内皮细胞变性;败血症(尤其是脑膜炎球菌败血症)、立克次体感染、流行性出血热、蛇毒、有机磷中毒等使毛细血管壁损伤;一些药物可引起变态反应性血管炎;维生素 C 缺乏可引起毛细血管基底膜破裂、毛细血管周围胶原减少及内皮细胞连接处分开而致管壁通透性升高;过敏性紫癜时免疫复合物沉积于血管壁引起变态反应性血管炎。

2)血小板减少和功能障碍:血小板的正常数量和质量是维持毛细血管通透性正常的重要因素,血小板减少到一定数量时即可发生漏出性出血,例如再生障碍性贫血、白血病、骨髓内广泛性肿瘤转移等均可使血小板生成减少;原发性血小板减少性紫癜、血栓性血小板减少性紫癜、弥散性血管内凝血使血小板破坏或消耗过多;某些药物在体内诱发抗原抗体复合物免疫反应所形成的免疫复合物吸附于血小板表面,使后者连同免疫复合物被巨噬细胞吞噬;一些细菌的内毒素和外毒素也有破坏血小板的作用。

血小板的结构和功能缺陷也能引起漏出性出血,这类疾患很多是先天性的,如血小板功能不全(血小板细胞膜缺乏纤维蛋白受体)和血小板颗粒缺乏症(一种或多种颗粒缺乏,二磷酸腺苷储量因而不足;也可因后天性骨髓巨核细胞受损而发生)时,血小板黏集能力发生缺陷;巨血小板综合征(又称为贝尔纳–苏利耶综合征,系血小板细胞膜缺乏 von Willebrand 因子的受体所致)时,血小板不能黏附于胶原纤维,这都可有凝血障碍或出血倾向。

3)凝血因子缺乏:先天性缺乏凝血因子Ⅷ(血友病 A)、Ⅸ(血友病 B)、Ⅳ、Ⅴ、Ⅶ、Ⅹ、Ⅺ,以及 von Willebrand 因子(von Willebrand 病)、纤维蛋白原、凝血酶原等,或肝实质病变时凝血因子Ⅶ、Ⅸ、Ⅹ合成减少,弥散性血管内凝血时凝血因子消耗过多等,均有出血倾向。

2. 按出血的病变特点分类

(1)内出血:可发生于体内任何部位,血液积聚于体腔或组织内称为体腔积血,如腹腔积血、心包积血;体腔内可见血液或凝血块。发生于组织内的出血,量大时形成血肿,如脑血肿、皮下血肿等;量少时仅显微镜下才能察觉,组织内存在多少不等的红细胞或含铁血黄素、橙色血晶。皮肤、黏膜、浆膜的少量出血在局部形成瘀点,而稍大的出血称为紫癜;较大的出血灶,直径超过 2 cm 的皮下出血称为瘀斑。这些局部出血灶的红细胞被降解,由巨噬细胞吞噬,血红蛋白呈红–蓝色,然后被酶解转变为胆红素而呈蓝绿色,最后变成棕黄色的含铁血黄素,成为出血灶的特征性颜色改变。在有广泛性出血的患者,由于大量的红细胞崩解,胆红素释出,有时发展为黄疸。

(2)外出血:血液通过与外界相通的腔道排出体外称为外出血。如鼻黏膜出血排出体外称为鼻衄;肺结核空洞或支气管扩张出血经口排出到体外称为咯血;消化性溃疡或食管静脉曲张出血经口排出到体外称为呕血;结肠、胃出血经肛门排出称为便血;泌尿道出血经尿道排出称为尿血。

3. 出血的后果

(1)人体具有止血功能,缓慢少量的出血,多可自行止血,主要由于局部受损血管发生反射性收缩,或血管受损处血小板凝集而形成血凝块,阻止继续出血。局部组织或体腔内的血液,可通过吸收或机化消除;较大的血肿吸收不完全,则可机化或纤维包裹。

(2)出血对机体的影响取决于出血量、出血速度和出血部位。漏出性出血过程比较缓慢,出血量较少,不会引起严重后果。但如漏出性出血广泛时,如肝硬化时因门静脉高压发生的广泛性胃肠黏膜漏出性出血,可因一时的多量出血导致出血性休克。破裂性出血的出血过程迅速,如在短时间内丧失循环血量的20%～25%时,即可发生出血性休克。发生在重要器官的出血,即使出血量不多,亦可致命,如心脏破裂引起心包内出血,由于心包压塞,可导致急性心功能不全;脑出血,尤其是脑干出血,可因神经中枢受压致死。局部的出血,可导致相应的功能障碍,如脑内囊出血引起对侧肢体偏瘫,视网膜出血引起视力减退或失明。慢性出血可引起贫血。

(3)一般的进行缓慢的破裂性出血,多可自行停止。其机制是局部受损的细动脉发生痉挛,小静脉形成血栓,从而阻止血液继续流失。流入体腔或组织内的血液,经过一定时间可被吸收、机化或包裹。

(三)栓塞

栓塞是指在循环血液中出现的不溶于血液的异常物质,随血流运行至远处阻塞血管腔的现象。

阻塞血管的物质称为栓子。栓子可以是固体(如血管壁脱落的血栓)、液体(如骨折时的脂滴)或气体(如静脉外伤时进入血流的空气)。血管壁脱落的血栓栓子引起栓塞最常见,如肺动脉、脑动脉栓塞。栓塞对机体的影响取决于栓塞的部位、血管的解剖特点、局部血液循环状态、栓塞后能否建立充分的侧支循环,以及栓子的种类和来源。常见的栓塞类型有血栓栓塞、脂肪栓塞、气体栓塞、羊水栓塞、肿瘤细胞栓塞、寄生虫栓塞和感染性栓塞。

栓塞亦为一种生活反应。如骨折或广泛软组织损伤,尸检时在肺内发现有脂肪或骨髓栓塞,则可证明为生前伤;再如颈静脉受损开放性破裂时,大量空气通过其破口进入右心,形成空气栓子,足以证明颈静脉损伤为生前伤。

1.血栓栓塞　血管壁脱落的血栓引起的栓塞称为血栓栓塞,它是栓塞中最常见的一种。由于血栓栓子的来源、栓子的大小和栓塞的部位不同,其对机体的影响也不相同。

(1)肺动脉栓塞:肺动脉血栓栓塞的栓子90%以上来自下肢深静脉,特别是腘静脉、股静脉和髂静脉,其次来自盆腔静脉,或卵巢、前列腺周围静脉和子宫静脉,偶尔来自右心附壁血栓。肺动脉栓塞的后果取决于栓子的大小、数量及肺功能,一般有3种情况。

1)如果栓子较小,且肺功能良好,一般不会产生严重后果。因为肺具有双重血液循环,此时肺动脉分布区组织可从支气管动脉得到血液供应,这些栓子可被溶解吸收或机化变成纤维状条索。

2)栓子虽然小,但是在栓塞前,肺已有严重的淤血,致微循环内压升高,使支气管动脉供血受阻,侧支循环不能充分发挥作用,则可引起肺组织出血性梗死。

3)来自下肢静脉或右心附壁血栓的栓子,因体积较大,常栓塞于肺动脉主干或大分支,或众多小的血栓栓子广泛阻塞多数肺动脉分支时,可引起患者猝死。患者表现为突发性呼吸困难、胸痛、咳嗽、发绀、休克等,称为肺动脉栓塞症或肺卒中。此类情况常发生于大手术后未及时下床活动或久病卧床的患者,其下肢静脉血栓形成后突然起床活动时。

肺动脉栓塞的猝死原因尚未完全阐明,一般认为有以下原因:①肺动脉主干或大分支栓塞时,肺动脉内阻力急剧增加,致急性右心衰竭。②研究表明,多个小栓子刺激动脉内膜,引起迷走神经兴奋和栓子中的血小板释放大量5-羟色胺、血栓素 A_2,通过神经反射引起肺动脉、冠状动脉、支气管动脉和支气管痉挛,导致急性肺动脉高压、右心衰竭和窒息,同时还与冠状动脉灌流不足而发生的心肌缺血等有关。

(2)体循环动脉栓塞:栓子大多数来自左心及动脉系统的附壁血栓(如亚急性细菌性心内膜炎时心瓣膜赘生物、二尖瓣狭窄时左心房附壁血栓、心肌梗死的附壁血栓);少数发生于动脉粥样硬化溃疡或主动脉瘤表面的血栓;极少数来自腔静脉的栓子,可通过房室间隔缺损进入左心,发生交叉性栓塞。动脉栓塞的主要部位为下肢和脑,亦可累及肠、肾和脾。栓塞的后果取决于栓塞的部位和局部的侧支循环情况及组织对缺血的耐受性。当栓塞的动脉缺乏有效的侧支循环时,可引起局部组织梗死。

2.脂肪栓塞　脂肪栓塞是指在循环的血液中出现脂肪滴并阻塞于小血管。栓子来源常见于长骨骨折、脂肪组织挫伤和脂肪肝挤压伤时,脂肪细胞破裂释出脂滴,脂滴由破裂的小静脉进入血液循环。

脂肪栓塞常见于肺、脑等器官。脂滴栓子随静脉入右心到肺,直径 $\geqslant$ 20 μm的脂滴栓子引起肺动脉分支、小动脉或毛细血管栓塞;直径<20 μm的脂滴栓子可通过肺泡壁毛细血管经肺静脉至左心达体循环的分支,可引起全身多器官栓塞。最常见的为脑血管栓塞,引起脑水肿和血管周围点状出血。在镜下血管内可找到脂滴。其临床表现为,在损伤后可出现突然发作性的呼吸急促、呼吸困难、心动过速等。

3.空气栓塞　大量空气迅速进入血液或原溶于血液内的气体迅速游离,形成气泡阻塞心血管,称为空气栓塞。空气栓塞多由静脉损伤破裂,外界空气由静脉缺损处进入血流所致。如头颈手术、胸壁和肺创伤损伤静脉、使用正压静脉输液、人工气胸或人工气腹误伤静脉时,吸气时空气可被静脉腔内的负压吸引,由损伤口进入静脉。

空气进入血液的后果取决于进入的速度和气体量。少量气体进入血液,可溶解入血液内,不会发生气体栓塞。若大量气体(>100 mL)迅速进入静脉,随血流到右心后,因心脏搏动将空气与血液搅拌形成大量气泡,使血液变成可压缩的泡沫状而充满心腔,阻碍了静脉血的回流和向肺动脉的输出,造成了严重的循环障碍。患者可出现呼吸困难、发绀和猝死。进入右心的部分气泡可进入肺动脉,阻塞小的肺动脉分支,引起肺小动脉气体栓塞。小气泡亦可经过肺动脉小分支和毛细血管到左心,引起体循环的一些器官栓塞。

举例:减压病,又称为沉箱病和潜水员病,是气体栓塞的一种。减压是指人体从高气压环境迅速进入常压或低气压环境,使原来溶于血液、组织液和脂肪组织的气体(包括氧气、二氧化碳和氮气)迅速游离形成气泡,但氧气和二氧化碳可以再溶于体液内被吸收,氮气在体液内溶解迟缓,使得血液和组织内形成很多微气泡或融合成大气泡,继而引起栓塞。

4. 羊水栓塞　羊水栓塞是分娩过程中一种罕见严重合并症(发病率为1/50 000人),死亡率极高。在分娩过程中,羊膜破裂或早破、胎盘早剥、胎儿阻塞产道时,由于子宫强烈收缩,宫内压增高,可将羊水压入子宫壁破裂的静脉窦内,经血液循环进入肺动脉分支、小动脉及毛细血管内,引起羊水栓塞。少量羊水可通过肺的毛细血管经肺动脉达左心,引起体循环器官的小血管栓塞。显微镜下观察,在肺的小动脉和毛细血管内见到角化鳞状上皮、胎毛、皮脂、胎粪、黏液等羊水成分。本病发病急,患者常突然出现呼吸困难、发绀、休克及死亡。

羊水栓塞引起急性死亡,除肺循环的机械性阻塞外,羊水中胎儿代谢产物入血引起过敏性休克和反射性血管痉挛,同时羊水具有凝血致活酶样的作用,引起弥散性血管内凝血,从而导致患者死亡。

5. 其他栓塞　肿瘤细胞的转移过程中可引起癌栓栓塞,寄生虫虫卵、细菌或真菌团、其他异物如子弹偶可进入血液循环引起栓塞。

(四) 中毒

1. 相关意义　中毒是指当外界某些化学物质或毒物进入人体后,与人体组织发生反应,引起人体发生暂时或持久性损害的过程。生活中的中毒有意外中毒、他杀中毒(投毒)、自杀中毒、滥用药物导致的中毒及环境污染导致的中毒。

在临床上中毒可以分为急性中毒(毒物进入体内后24小时内发病)、慢性中毒(毒物进入体内后2个月后发病)、亚急性中毒(发病时间介于急性中毒和慢性中毒之间)。其中急性中毒起病突然,病情发展快,可以很快危及患者生命,必须尽快甄别并采取紧急救治措施。

凡能引起中毒的物质统称为毒物,包括化学性毒物和生物性毒物两大类。前者为化学物质(如药物、工业毒物、军用毒物等),后者又分为动物性毒物

(蛇毒、河豚毒等)和植物性毒物(如苦杏仁、毒蘑菇等),此外还可从不同的角度对毒物进行分类。

世界上已知的毒物有数万种,仅在市场上销售的毒物就在1万种以上。毒物的概念是相对的,某物质是否有毒与它进入体内的剂量有关,有的物质小剂量时是药物,大剂量时就是毒物了。例如水是人们不能缺少的物质,但大量的水短时间进入体内就可以导致水中毒。

毒物进入体内后是否发生中毒,取决于多种因素,如毒物的毒性、性状、进入体内的量和时间、患者的个体差异(如对毒物的敏感性及耐受性)等。

毒性是指毒物导致机体损害的能力,毒性越大,危害越大。不同毒性的毒物对机体的危害不尽相同,毒性按毒物能够毒死人的量分为剧毒(毒物<0.05 g)、高毒(毒物0.05~0.50 g)、中毒(毒物>0.50~5.00 g)、低毒(毒物>5.00~15.00 g)、微毒(毒物>15.00 g)。从上述数据可以看出,毒物能够毒死人的量越小,毒性越大,剧毒的毒性最大。

2.毒物进入体内的途径

(1)经口进入体内:误服毒物;遭到投毒;主动服毒(自杀)。

(2)经呼吸道进入体内:吸入毒气或含毒的气溶胶(空气中悬浮的微粒)。由于人的气体交换面积很大(60~120 m²),毒物能在短时间大量进入体内,故经呼吸中毒者往往病情危重,危险性大。

(3)经皮肤、黏膜进入体内:皮肤通常是一道良好的天然屏障,毒物并不容易通过皮肤进入体内,但在下述3种情况下毒物比较容易通过皮肤进入。皮肤有破损;毒物在皮肤上长时间停留,特别是脂溶性毒物;天热出汗时皮肤毛孔扩张。黏膜是薄弱环节,一旦染毒则毒物容易进入体内。

(4)经注射进入体内:吸毒者为自己注射;医疗意外,如误将错误种类或剂量的药物注入患者体内。

3.急性中毒的临床特点

(1)患者有接触毒物史:只有接触过毒物才有中毒的可能,因此这一点是现场急救时询问患者时的重要内容。首先要了解患者身边及附近有没有可以导致中毒的物质,如患者家中是否存有毒药;患者是否接触过农药、灭鼠药等剧毒药物;患者身边有无散落的药片、药瓶、吃剩的食物等可疑物质;患者是否吃过陌生食物、不洁食物或来源不明的食物;患者是否被某些动物咬伤;在密闭的房屋内,冬天生有煤火时或是使用直排式燃气热水时,应想到患者是否为急性一氧化碳中毒等。

(2)患者有急性中毒的临床表现:大多数急性中毒的常见表现有头晕、出汗、恶心、呕吐、胸闷、腹部不适、腹痛、腹泻、昏迷等,但一些中毒有自己的独特表现。出现下述情况时应考虑可能为急性中毒:①昏迷伴口唇红润,考虑急性一氧化碳、氰化物中毒;②昏迷伴皮肤及口唇青紫,考虑亚硝酸盐、亚甲蓝(美蓝)中毒;③昏迷伴双侧瞳孔缩小,考虑阿片类药物、海洛因类毒品、有机磷农药、毒蘑菇、某些催眠药中毒;④昏迷伴双侧瞳孔扩大,考虑肉毒杆菌、阿托品类药物、氢化物中毒;⑤出现"三流"现象,即流泪、流鼻涕、流口水,考虑有机磷农药中毒;⑥呼吸有异常气味,大蒜气味见于有机磷农药中毒,苦杏仁味见于氰化物中毒,酒味见于酒精中毒;⑦持续的剧烈抽搐,考虑毒鼠强、氟乙酰胺中毒。

(3)患者有情绪及精神状态改变:患者是否存在较大的思想压力;有无沉重的精神心理负担;生活中、工作中有无较大的挫折,诸如生病、失去亲人、失业、失恋等;是否对生活抱有信心;是否有轻生之念;性格是内向还是外向;是否曾有抑郁状态或患抑郁症等。

(4)其他临床特点:患者如有仇人或竞争对手,对方报复和打击是投毒的主要动机;发病具有群体性,多人接触同一毒物后往往同时发病,这是区别急性中毒和一般疾病的重要鉴别点;既往有无类似发作史,如过去有类似发作史,则多为普通疾病,中毒的可能性较小。

(五)多脏器功能衰竭

多脏器功能衰竭患者具有各个系统衰竭的表现。心脏衰竭主要表现为咳嗽、咳粉红色泡沫痰、端坐呼吸、心率快、水肿等;呼吸衰竭主要表现为呼吸困难、憋气、烦躁不安等;消化功能衰竭主要表现为进食困难、腹胀、肠道梗阻、腹泻等;肾衰竭主要表现为尿量减少、水肿等;凝血功能衰竭主要表现为皮下全身出血、瘀斑等;神经系统功能衰竭主要表现为意识障碍、昏迷、四肢瘫痪等。

多脏器功能衰竭往往是在严重疾病状态下至少2个以上器官功能发生衰竭。多脏器功能衰竭通常是全身严重的疾病,如各种休克(如心源性休克或失血性休克),导致血压下降,造成各个重要的脏器灌注减少,从而出现功能衰竭。此外,低氧、心搏骤停等严重的疾病状况,亦可导致多脏器功能衰竭。

多脏器功能衰竭受损的器官以肾脏和肝脏更为多见。肾损害主要表现为肾灌注不足,出现少尿或者无尿;肝损害主要是转氨酶水平升高。如果发生多脏器功能衰竭,患者的病死率会很高,而且随着衰竭脏器数目的增加,每累及一个脏器,病死率就会提高20%～30%,严重危及患者生命。

三、辅助死因

辅助死因是指主要死因之外的自然性疾病或损伤,它们本身不会致命,但在死亡过程中起到辅助作用。例如严重脂肪肝患者因酒精中毒死亡,则酒精中毒为主要死因,而脂肪肝为辅助死因。巨大动脉瘤患者被人拳击后动脉瘤破裂死亡,动脉瘤是主要死因,而拳击是辅助死因。

四、诱因

诱因是指诱发身体原有潜在疾病恶化而引起死亡的因素,包括精神情绪因素、劳累过度、吸烟、外伤、大量饮酒、性交、过度饱食、饥饿、寒冷等。这些因素对健康人一般不会致命,但对某些重要器官有潜在性病变的人,却能诱发疾病恶化而引起死亡。

五、联合死因

联合死因,又称为合并死因,是两种或两种以上难以区分主次的死因在同一案例中联合在一起引起死亡而共同构成死因。联合死因又指两个以上的致人死亡的原因。暴力性致死一般有两种互相联合的死因,如暴力与非暴力因素,外伤与冠心病,刺伤与肺炎等;或两个或更多的暴力因素联合,如电流与坠落联合,中毒与勒颈、砍伤等。

1. 病与病联合致死　病与病联合致死,由于均属自然性疾病所致死亡,一般多无法律问题。但是,伤与病或者伤与伤联合致死,由于涉及行为人的法律责任,可能引起争议,此时涉及死因竞争的问题。一般说来,在联合死因中只有一种死因起主要作用,被称为主要死因,而其他原因被称为次要死因。

2. 病与暴力联合致死　病与暴力联合致死最常见,也最容易发生法律争端,例如中等脾大者受拳击而死亡,如无拳击,此人可能长期不死,故疾病与暴力二者的各自参与度就需要慎重衡量。

3. 暴力与暴力联合致死　暴力与暴力联合致死可分为下列几种情况。

(1) 性质和程度相同的几个损伤,单独发生时可不致死,但彼此联合便构成死因。例如,数个中等大小的动脉,如尺、桡、腓动脉都被切断,从每个创口中都流出大量血液,这些出血合在一起引起失血而死亡。但单独一根血管破裂出血,短时间内可不致死。

(2) 受到一个可致命的损伤后,在弥留之际又受到另一致命伤而死亡。如被殴打致颅骨粉碎性骨折、颅内血肿、脑挫伤,倒在公路上。因在夜间,又被飞驰而来的汽车辗轧,不久死亡。

(3) 在同一死亡案例中,还可有数种暴力同时作用,其中每种暴力因素都能通过各自不同的途径和机制使人遭受致命性的损害。例如:烧死者,既有火焰、高温引起的高温损伤(烧伤),又有环境中氧气不足所致窒息及一氧化碳等有毒气体吸入所致中毒,还可因房屋倒塌所致砸伤等。因此把这些死因联合成一个烧死,来表示死因。

(4)高能量的煤气爆炸使人遭受严重的机械性损伤、烧伤、一氧化碳中毒、缺氧性窒息等,受害者的死因也是联合性的。

第二节 死亡机制

死亡机制是指损伤、中毒或疾病等死因导致死亡的病理生理过程。死亡机制与死因不同,不能将死亡机制用作死因诊断。死亡机制是一个过程,是许多死亡原因通向死亡终点的几条"共同通道"。常见的死亡机制有心脏停搏、心室颤动、反射性心脏抑制或心搏停止、严重代谢性酸中毒或碱中毒、呼吸抑制或麻痹、心力衰竭、肺衰竭、肝衰竭、肾衰竭、延髓生命中枢麻痹等,最终都导致心、肺、脑活动停止而死亡。

一、心脏停搏

心脏停搏是指心脏完全丧失电活动,处于无收缩的静止状态,又称为心脏停顿、全心停搏。心脏停搏时由于心脏窦房结不能产生激动,心房或整个心脏停止活动,可由心源性和非心源性因素造成,依靠体格检查和心电图检查确诊,可通过植入心脏起搏器进行治疗,同时治疗原发性心脏病。

(一)病因

1. 心源性

(1)冠心病:约占心源性猝死的80%,其中大多数为心肌梗死。

(2)其他:如心肌病、心肌炎、心脏瓣膜病等。

2. 非心源性

(1)各种疾病:如重症脑出血、重症哮喘、大咯血、张力性气胸、肺栓塞、急性出血坏死型胰腺炎、急性上消化道大出血、休克等。

(2)急性中毒及过敏:如奎尼丁、洋地黄类药物、亚硝酸钠、有机磷农药、氰化物中毒等;青霉素等引起的过敏反应。

(3)意外事件:如电击、溺水、窒息、创伤、手术及麻醉意外等。

(4)电解质的紊乱:高钾血症、低钾血症、严重酸中毒等。

(二)临床表现

心脏停搏3~5秒,可有头晕、黑矇、全身无力等症状;停搏5~10秒,常出现晕厥伴面色苍白等症状;停搏 15 秒以上,可出现阿-斯综合征、抽搐、发绀或皮肤苍白;停搏超过 5 分钟,如无有效抢救,可出现严重大脑缺氧性损害或死亡。

(三)检查

1.体格检查　大动脉搏动消失、听诊不能闻及心音等表现。

2.实验室检查　了解肾功能及有无低钾血症或高钾血症、血镁异常、低氧血症等。

3.心电图　表现为数秒或更长时间的等电线位,无 P 波及 QRS 波群,即心房、心室均处于静止状态,长时间与正常窦性的 PP 间期无倍数关系,长间期后可见交界性或室性逸搏心律。

(四)诊断

由突发的意识丧失、大动脉搏动消失、不能闻及心音,可初步判断为心脏停搏,结合心电图典型表现可确诊。

(五)鉴别诊断

主要与心室静止相鉴别。心室静止发生在高度或三度房室传导阻滞的基础上,心脏停搏发生在各种致命性疾病或伤害的情况下;心室静止在心电图上的表现为有房性 P 波,而无房室交界区和室性的 QRS 波群,心脏停搏在心电图上无 P 波及 QRS 波群。

二、心室颤动

心室颤动(简称室颤)是由许多相互交叉的折返电活动波引起,其心电图表现为混乱的记录曲线。在细胞水平,电活动可能还是存在的,但从心脏整体效应来看并无机械收缩,因而无有效心排量。

室颤可按临床情况分型,但所有病例的心电图表现是相同的。

临床表现:意识丧失;心音及脉搏消失;呼吸于数十秒后停止;皮肤、黏膜发绀或苍白;部分患者有短暂抽搐及大小便失禁;多数患者瞳孔散大。室颤常可以致死,除非用直流电除颤(用胸部重击或抗心律失常药物除颤难以奏效)。室颤的治疗参见原发性室颤。电击复律的成功率为 95%,短期和长期预后甚佳。急性心肌梗死并发原发性室颤不能预告,利多卡因、镁或 β 受体阻滞剂有保护作用,但利多卡因有增加心脏停搏的危险,对继发性室颤复苏的成功率为30%。复苏成活者住院期死亡率为 70%,提示其严重性。心肌再灌注后室颤,复苏的成功率是高的。

三、反射性心脏抑制或心搏停止

机体体表某些敏感部位或内脏受到机械性刺激时,迷走神经兴奋,反射亢进,从而引起反射性心脏抑制或心搏停止。常见的刺激有:①打击胸部、上腹部、会阴部、喉头;②颈动脉窦或眼球突然受到压迫或颈部过度伸展;③声门、喉头等部位受到冷水刺激;④胸腹腔的浆膜突然遭受牵拉刺激如腹腔手术、胸腹腔穿刺等;⑤扩张尿道、扩张宫颈或肛周脓肿切开引流等;⑥极度惊吓、恐惧、悲哀、疼痛等精神刺激。

四、严重代谢性酸中毒或碱中毒

(一)代谢性酸中毒

代谢性酸中毒是最常见的一种酸碱平衡紊乱,是细胞外液 H^+ 增加或 HCO_3^- 丢失而引起的以原发性 HCO_3^- 降低(<21 mmol/L)和 pH 值降低(<7.35)为特征。在代谢性酸中毒的临床判断中,阴离子间隙(AG)有重要的临床价值。按不同的 AG 值,可将代谢性酸中毒分为高 AG 正常氯性代谢性酸中毒和正常 AG 高氯性代谢性酸中毒。

1. 病因

(1)高 AG 正常氯性代谢性酸中毒

1)乳酸酸中毒:乳酸酸中毒是代谢性酸中毒的常见原因。正常乳酸是由丙酮酸在乳酸脱氢酶的作用下,经还原型烟酰胺腺嘌呤二核苷酸(NADH)加氢转化而成,NADH 则转变为烟酰胺腺嘌呤二核苷酸(NAD)。乳酸也能在乳酸脱氢酶作用下当 NAD 转化为 NADH 时转变为丙酮酸。因此决定上述反应方向的主要为丙酮酸和乳酸两者作为反应底物的浓度及 NADH 和 NAD 的比例。正常糖酵解时可以产生 NADH,但是生成的 NADH 可以到线粒体内生成 NAD,另外丙酮酸在丙酮酸脱氢酶作用下转化成乙酰辅酶 A,后者再通过三羧酸循环转化为二氧化碳和水。

正常人血乳酸水平甚低,为 1~2 mmol/L,当超过 4 mmol/L 时,称为乳酸酸中毒。乳酸酸中毒临床上分为 A、B 两型。

A 型为组织灌注不足或急性缺氧所致,如癫痫发作、抽搐、剧烈运动、严重哮喘等可以造成高代谢状态,组织代谢明显过高;或者在发生休克、心搏骤停、急性肺水肿、一氧化碳中毒、贫血、严重低氧血症等时组织供氧不足,这些情况都使 NADH 不能转化为 NAD,从而大量的丙酮酸转化为乳酸,发生乳酸酸中毒。

B 型为一些常见病、药物或毒物及某些遗传病所致。如肝病，以肝硬化为最常见。由于肝实质细胞减少，乳酸转变为丙酮酸减少，导致乳酸酸中毒。这型乳酸酸中毒发展常较慢，但如果合并组织灌注不足等情况，酸中毒可十分严重；如果存在慢性酒精中毒，则更易出现乳酸酸中毒，这可能是饮酒使肝糖原再生减少，乳酸利用障碍所致。恶性肿瘤特别是巨大软组织肿瘤患者，时常有不同程度的乳酸酸中毒。如果肿瘤向肝转移，病情可以加重。化疗使肿瘤缩小或手术切除以后，乳酸酸中毒可得到明显好转。部分药物如双胍类降血糖药物、果糖、甲醇、水杨酸、异烟肼类等服用过多，可造成乳酸酸中毒，其机制是干扰组织对氧的利用、糖代谢紊乱等。少数先天性疾病，包括 1 型糖原贮积病、果糖-1,6-二磷酸酶缺乏、丙酮酸脱氢酶缺乏等，都因为糖酵解障碍、能量代谢不足，从而乳酸产生过多。

2）糖尿病酮症酸中毒：糖尿病酮症酸中毒为乙酰乙酸及 β-羟丁酸在体内（特别是细胞外液）的积聚，还伴有胰岛素降低，胰高血糖素、可的松、生长激素、儿茶酚胺及糖皮质激素等不同程度的升高，是机体对饥饿的极端病理生理反应的结果。

糖尿病酮症酸中毒是由胰岛素相对或绝对缺乏及胰高血糖素水平升高所致，常发生在治疗中突然停用胰岛素或伴有各种应激（如感染、创伤、手术及情感刺激等），使原治疗的胰岛素量相对不够。患者血糖、血酮体水平明显升高，酮体水平（特别是在肝脏）超过中枢神经及周围组织对酮体的利用，就可发生酮症酸中毒。由于大量渗透性利尿，患者可出现血容量下降。

乙醇（酒精）性酮症酸中毒见于慢性乙醇（酒精）饮用者，停止进食时可出现，常有呕吐、脱水等诱因，患者血糖水平一般降低，常伴有乳酸酸中毒及血皮质醇、胰高血糖素、生长激素水平增加等，血三酰甘油水平亦升高。

饥饿性酮症酸中毒为饥饿产生的中等度酮症酸中毒，在开始的 10～14 小时，血糖水平由糖原分解所维持。随后糖异生变为葡萄糖的主要来源，脂肪氧化分解（特别是在肝脏）加速，导致酮症酸中毒。运动和妊娠可加速该过程。

3）药物或毒物所致的代谢性酸中毒：主要为水杨酸类及醇类有机化合物，包括甲醇、乙醇、异丙醇等。

大量服用水杨酸类，特别同时服用碱性药，可以使水杨酸在胃中被大量吸收，造成酸中毒。

甲醇中毒主要见于服用假酒者，饮酒后乙醇在肝脏经乙醇脱氢酶转化成甲醛，再转变为甲酸。甲酸一方面可以直接引起代谢性酸中毒，另一方面也可以通过抑制线粒体呼吸链引起乳酸酸中毒。

4）尿毒症性酸中毒：慢性肾衰竭患者，当肾小球滤过率降至每分钟 20～

30 mL 甚至更低时,正常 AG 高氯性代谢性酸中毒可转变为高 AG 正常氯性代谢性酸中毒,为尿毒症性有机阴离子不能经肾小球充分滤过而排泄及重吸收有所增加所致。大多数患者血 HCO_3^- 水平不是很低,多在 12~18 mmol/L,这种酸中毒发展很慢。潴留的酸由骨中的储存碱所缓冲,加上维生素 D 异常、甲状旁腺激素(PTH)及钙磷紊乱,可出现明显的骨病。

（2）正常 AG 高氯性代谢性酸中毒:主要因 HCO_3^- 从肾脏或肾外丢失,或者肾小管泌 H^+ 减少,但肾小球滤过功能相对正常引起。无论是 HCO_3^- 丢失或肾小管单纯泌 H^+ 减少,其结果都是使 HCO_3^- 过少,同时血中一般无其他有机阴离子的积聚,因此 Cl^- 水平相应上升,大多呈正常 AG 高氯性酸中毒。

2. 临床表现

（1）心血管系统表现:酸中毒对心率的影响呈双向性。严重酸中毒可以伴随心律失常、心动过速或过缓,有人认为是酸中毒本身所造成,但大多数人认为是酸中毒合并电解质紊乱导致。酸中毒对小动脉及静脉均有影响,但以静脉更为明显,主要表现为持续性静脉收缩。对小动脉,一方面因为儿茶酚胺分泌增加使其收缩,另一方面 H^+ 本身造成小动脉舒张,发生严重酸中毒时,后一种作用超过前一种。

（2）呼吸系统表现:呼吸加快加深,典型者称为库斯莫尔(Kussmaul)呼吸。因为酸血症通过刺激中枢及周围化学感受器,兴奋呼吸中枢,从而使二氧化碳(CO_2)呼出增多,二氧化碳分压(PCO_2)下降,酸中毒获得一定程度的代偿。

（3）消化系统表现:轻微腹痛、腹泻、恶心、呕吐、食欲缺乏等。其原因部分与引起酸中毒的基本病因及水、电解质、酸碱失衡等有关,酸中毒本身造成的自主神经功能紊乱(如对乙酰胆碱刺激反应的改变等)也是直接原因。

（4）其他:血 pH 值下降时,钾离子容易从细胞内逸出到细胞外,可使血钾轻度上升;但实际上许多产生代谢性酸中毒的情况常合并缺钾,因此血钾水平不一定都升高。

3. 检查

（1）血气分析:检测氧分压、氧饱和度等。

（2）血电解质:检测血钠、钾、钙、镁、磷。

（3）尿常规检查:可出现酮体。

（4）肝、肾功能检测。

（5）血乳酸检测。

（6）根据病因、临床症状选做 B 超、X 射线检查等。

4. 诊断　代谢性酸中毒必须依据病史及实验室检查而进行全面诊断。一般按下列步骤进行。

(1)确定代谢性酸中毒的存在,同时进行动脉血气分析和血生化指标测定:若 pH 值降低、$[HCO_3^-]$ 过低、$[H^+]$ 过高或血 AG 特别高,表示有代谢性酸中毒的存在。可以根据 Henderson-Hasselbalch 公式,即 $[H^+] = 24 \times PaCO_2 / [HCO_3^-]$,来评价测定的实验室数据是否可靠,其中 $PaCO_2$ 为动脉血二氧化碳分压。由于测得的 pH 值与计算所得的 $[H^+]$ 有直接关系,当 pH 值为正常值即 7.4 时,$[H^+]$ 为 40 nmol/L。若变化超出上述范围,提示数据存在实验室误差或上述指标并非同时测定。

全面的病史采集和体格检查有助于提示潜在的酸碱平衡紊乱,如呕吐、严重腹泻、肾衰竭、缺氧、休克等均提示可能存在代谢性酸中毒。

(2)判断呼吸代偿系统是否反应恰当:一般情况下,代谢性酸中毒所致的 $PaCO_2$ 代偿范围可用简单的公式进行估计。最常用的公式如下。

$$PaCO_2 = 1.5 \times [HCO_3^-] + 8$$

$$\triangle PaCO_2 = 1.2 \times \triangle [HCO_3^-]$$

如超出该范围,表示存在混合性酸碱平衡紊乱。

(3)计算阴离子间隙:对于代谢性酸中毒患者,计算阴离子间隙(AG)有助于判断代谢性酸中毒的类型。

1)若 AG 升高,提示乳酸酸中毒、酮症酸中毒、药物或毒物中毒或肾功能不全等。

2)若 AG 不增高,首先须除外低白蛋白血症所造成的 AG 不增高。如果不存在低蛋白血症,酸中毒可能由 HCO_3^- 丢失及过度产生一些酸,但它们所伴的阴离子在正常血中不存在;或者这些阴离子并不和 H^+ 或 NH_4^+ 一起排泄。

5. 并发症

(1)酸中毒可使 Ca^{2+} 与蛋白结合降低,从而使游离 Ca^{2+} 水平增加。在纠正酸中毒时,有时可因游离 Ca^{2+} 的下降而产生手足搐搦。慢性酸中毒因长期骨骼内钙盐被动员出骨骼以外,可以导致代谢性骨病,这在肾小管性酸中毒患者中相当常见。

(2)酸中毒可使蛋白分解增多,慢性酸中毒可造成营养不良。

(3)代谢性酸中毒合并代谢性碱中毒可见于肾衰竭患者因频繁呕吐而大量丢失酸性胃液,以及剧烈呕吐伴有严重腹泻的患者。

(4)酸中毒常伴有高钾血症,在给碱纠正酸中毒时,H^+ 从细胞内移至细胞外,K^+ 则从细胞外重新移向细胞内,从而使血钾回降。但需注意,有的代谢性酸中毒患者因有失钾情况存在,虽有酸中毒但伴随着低钾血症。纠正其酸中毒时血钾浓度更会进一步下降,引起严重甚至致命的低钾血症。这种情况见于糖尿病患者渗透性利尿而失钾、腹泻患者失钾等。纠正其酸中毒时需要依据血钾下降程度适当补钾。

(二)代谢性碱中毒

代谢性碱中毒是指体内酸丢失过多或者从体外进入碱过多的临床情况,主要生化表现为血 HCO_3^- 过高(>27 mmol/L), $PaCO_2$ 增高。pH 值升高(>7.45),但按代偿情况而异,可以明显过高;也可以仅轻度升高甚至正常。本病临床上常伴有血钾过低。

1.病因   代谢性碱中毒的原发因素是细胞外液丢失大量的酸或吸收大量的碱,以致 HCO_3^- 增多,从而引起 pH 值升高。

(1)胃液损失:呕吐、长期胃吸引术、幽门梗阻、手术麻醉后,患者可损失大量胃液。

(2)缺钾。

(3)细胞外液 Cl^- 减少:如饮食摄入减少,或因胃液丢失,或因使用呋塞米、噻嗪类利尿剂或肾离子通道突变,如巴特综合征或吉泰尔曼综合征,经肾丢失大量 Cl^-,或因先天性肠黏膜细胞吸收 Cl^- 功能缺陷等,都能使细胞外液 Cl^- 减少。

(4)碳酸氢盐蓄积

1)治疗胃溃疡:治疗胃溃疡时,患者长期服用大量碱性药,使胃酸减少或消失,导致肠液中的碳酸氢盐未被中和就被吸收到血液中,血液中的 HCO_3^- 大量增加,因而发生碱中毒。

2)摄入有机酸盐过多:口服或注射乳酸盐、枸橼酸盐(大量输血)、醋酸盐过多时,它们在肝内转化成 CO_2 及 H_2O,并且形成碳酸氢盐,使血液中的 HCO_3^- 大量增加,促成碱中毒。

3)心肺复苏时大量使用碳酸氢钠,待复苏后,乳酸盐被代谢,又可复原被消耗的 HCO_3^-,结果使血液中的 HCO_3^- 甚至高达 60 ~ 70 mmol/L,pH 值达7.90。此外,在肾衰竭时,使用碳酸氢钠过多,也能发生代谢性碱中毒。

4)盐皮质激素过多:包括醛固酮增多症、库欣综合征等。

2.临床表现

(1)呼吸浅而慢:这是呼吸系统对代谢性碱中毒的代偿现象,借助于浅而慢的呼吸,得以增加肺泡内的 PCO_2,稳定 pH 值。

(2)精神神经症状:如躁动、兴奋、谵语、嗜睡甚至昏迷。

(3)神经肌肉兴奋性增加:如手足搐搦、腱反射亢进等。

（4）尿少，呈碱性：如已发生钾缺乏，可能出现酸性尿的矛盾现象，应特别注意。标准碳酸氢盐（SB）、实际碳酸氢盐（AB）、缓冲碱（BB）、碱剩余（BE）增加，血液 PCO_2 及 pH 值升高。

3. 实验室检查

（1）血液 pH 值和 $[HCO_3^-]$ 增高，血钾、血氯水平降低。

（2）临床上怀疑代谢性碱中毒为幽门梗阻所致，患者可做 X 射线钡剂造影或胃镜检查来确诊。

（3）临床上怀疑盐皮质激素过多，患者可查血醛固酮、皮质醇等水平。

4. 诊断　根据病史、体征，以及 AB、SB、BB、BE、PCO_2 和 pH 值均增高，可以得出代谢性碱中毒的诊断。代谢性酸中毒的代偿预计公式如下。

$$\triangle PCO_2 = 0.7 \times \triangle [HCO_3^-] \pm 5$$
$$PCO_2 = 40 + 0.7 \times \triangle [HCO_3^-] \pm 5。$$

若测得的 $PCO_2 \approx 40 + 0.7 \times \triangle [HCO_3^-] \pm 5$，表示代谢性碱中毒已达最大限度的代偿。

若测得的 $PCO_2 < 40 + 0.7 \times \triangle [HCO_3^-] \pm 5$，则可能为代谢性碱中毒合并呼吸性碱中毒，或系轻度代谢性碱中毒，或因发病时间不到 12~24 小时，尚未达到最大限度代偿，或因有刺激呼吸的因素存在。

若测得的 $PCO_2 > 40 + 0.7 \times \triangle [HCO_3^-] \pm 5$，可能是代谢性碱中毒合并呼吸性酸中毒，或代谢性碱中毒合并代谢性酸中毒，或过度代偿的代谢性碱中毒。

五、呼吸抑制或麻痹

呼吸抑制是指胸部发生剧烈疼痛所致的吸气相突然中断，是呼吸运动短暂地、突然受到抑制的一种呼吸。患者表情痛苦，呼吸较正常浅而快。呼吸麻痹是指下运动神经元或肌肉疾病引起呼吸肌（膈肌、肋间肌）运动严重阻碍，影响肺的通气和换气功能而导致的呼吸衰竭。

（一）呼吸抑制

呼吸功能主要体现在通气与换气两方面。呼吸抑制是指通气不足，它可表现为呼吸频率变慢、潮气量减少、动脉血氧分压（PaO_2）降低、动脉血二氧化碳分压（$PaCO_2$）升高。呼吸抑制分为中枢性呼吸抑制（呼吸中枢抑制）和外周性呼吸抑制（呼吸肌麻痹）两种。

1. 中枢性呼吸抑制

（1）原因：常用的麻醉药、麻醉性镇痛药均可抑制呼吸中枢；过度通气时，CO_2 排出过多及过度膨肺也可抑制呼吸中枢。

（2）处理：①麻醉药抑制呼吸,适当减至浅麻醉状态,呼吸即可恢复。②麻醉性镇痛药造成的呼吸抑制,可用纳洛酮拮抗。③对过度通气及过度膨肺所致呼吸抑制,应适当减少通气量,并依自主呼吸节律行同步辅助呼吸,使呼气末二氧化碳分压($P_{ET}CO_2$)恢复到正常范围,自主呼吸即可逐渐恢复正常。

2. 外周性呼吸抑制

（1）原因：大量排尿使血钾水平降低,也可导致呼吸麻痹;高位硬脑膜外阻滞,也会因呼吸麻痹而导致呼吸抑制。

（2）处理：①对肌肉松弛剂所致的呼吸抑制,可用抗胆碱酯酶药拮抗。②对低钾血症性呼吸麻痹应及时补钾。③对脊神经阻滞的呼吸抑制须待阻滞作用消失后呼吸始能逐渐恢复。

（二）呼吸麻痹

呼吸麻痹在临床上主要是由运动神经元疾病或呼吸肌肉疾病引起呼吸肌,包括膈肌、肋间肌等发生运动障碍,从而出现严重的运动受限制,影响肺通气和换气功能,导致肺功能下降。

这时候患者可能会出现低氧血症,伴随或者不伴随高碳酸血症,进而引起呼吸衰竭。这时呼吸肌肉和神经不能正常工作,故不能进行正常的呼吸运动。临床上比较常见的疾病有重症肌无力及严重的低钾血症,二者都可能导致呼吸肌麻痹。

六、心 力 衰 竭

心力衰竭是多种原因引起的一种心脏泵功能不全综合征。从广义来讲,心力衰竭所指的是在适当的回心血量的情况下心排血量不能满足机体代谢的需要。通常有两种情况:一是机体代谢正常,但心排血量下降,从而产生一系列"供"不应"求"的情况,此称为低排血量衰竭;二是机体代谢亢进或机体对氧的需求增加,虽然心排血量正常甚至高于正常,但仍不能满足需要,如甲状腺功能亢进或贫血等,此称为高排血量衰竭。

心力衰竭常表现为极度的呼吸困难、胸闷、气促,以及端坐呼吸,即只能坐着呼吸,不能平卧;频繁地咳嗽,可以咳粉红色的泡沫痰,出现口唇青紫、大汗淋漓;有时可以在肺部听到明显的湿啰音,严重情况下可出现心源性休克。

（一）病因

1. 心脏性病因

（1）风湿性心脏瓣膜病:以二尖瓣病变最常见,其次是主动脉瓣病变,肺动脉瓣及三尖瓣病变较少见。

（2）心肌病：以心肌炎、高血压心脏病和扩张型心肌病为多见。

（3）冠状动脉病变：如冠状动脉粥样硬化、冠状动脉阻塞所致心肌梗死及冠状动脉痉挛。

（4）先天性心脏病：各种先天性心脏病，因其血流动力学发生改变，可加重心脏负荷，如不纠正会导致心力衰竭。

（5）严重心律失常：如原有心脏病，心律失常就更易导致心力衰竭。

（6）心包病变：如狭窄性心包炎及由各种原因引起的心包压塞。

2.非心脏性病因

（1）高血压：各种原因引起的高血压，因周围血管阻力增加可致心脏后负荷增加，导致心力衰竭。除原发性和症状性高血压外，血管收缩药的滥用亦是重要原因之一。在麻醉中由此产生左心衰竭、急性肺水肿者，不乏其例。

（2）肺部疾病：肺部慢性病，如老年性慢性支气管炎、支气管哮喘等，可使右心排血阻力增加，右心负荷日益加重，终将导致右心衰竭。急性右心衰竭远较急性左心衰竭少见，在临床上仅见于大片肺梗死或肺动脉主干发生梗死等。肺动脉具有低压、低阻的特点，如果肺血管痉挛，肺循环阻力剧增和肺动脉高压，也可导致急性右心衰竭。

（3）大血管畸形：如主动脉狭窄及动静脉瘘。

（4）输血输液过量：入量过多可导致急性心力衰竭，主要表现为左心衰竭、急性肺水肿。若患者原有心脏病、肺病或肾衰竭，或合并周围血管痉挛，则更易发生心力衰竭。这也是麻醉期间或术后发生左心衰竭的重要原因之一。

（5）其他：如甲状腺功能亢进、严重贫血等，亦可导致心力衰竭。

（二）分类

1.急性心力衰竭　在原有心脏病或慢性心力衰竭的基础上，如有加重心脏负担的诱因，使心排血量锐减，可导致急性心力衰竭。如风湿性心脏瓣膜病出现快速心房颤动，高血压心脏病遇血压骤升，心脏病患者在麻醉期间发生缺氧，内源性或外源性儿茶酚胺增加，输液量过多，血压骤升，以及药物对心肌的抑制等，均可使患者发生急性心力衰竭。若心脏原无病理改变，在遇到一些非心脏性病因时，当其程度超越了心脏的代偿能力，亦可骤发急性心力衰竭，如血容量剧增、周围血管强烈收缩、麻醉过程中药物对心肌产生显著抑制等。对急性心力衰竭，要求尽快做出判断，迅速排除可能引起的病因及进行有效处理，否则可因延误治疗时机而使病情急转直下，导致严重后果。

（1）低排血量心力衰竭：凡心力衰竭伴有心排血量下降者，称为低排血量心力衰竭。临床上多数心力衰竭均属于这一类型，如风湿性心脏瓣膜病、心肌病、冠心病、高血压心脏病及各种先天性心脏病等所致的心力衰竭。

（2）高排血量心力衰竭：凡心力衰竭伴有心排血量增多者，称为高排血量心力衰竭。此时心排血量的绝对值高于正常，如甲状腺功能亢进、贫血和动静脉瘘等所致的心力衰竭。

2.左心衰竭、右心衰竭和全心衰竭

（1）左心衰竭：凡左侧心脏病变或虽非心脏性病变但主要作用于左心者，引起左心有效排血量降低，一般均先出现左心衰竭，如二尖瓣或主动脉瓣病变、体循环血压急剧升高等。麻醉期间和术后患者，以左心衰竭为常见。左心衰竭主要导致肺淤血和急性肺水肿。

（2）右心衰竭：凡肺病使右心压力负荷过度，或心脏病使右心容量负荷过重，或右心室收缩性受到抑制，患者均可出现右心衰竭。此时，大量血液将淤滞于体循环的静脉系统及肝脏（人体最大的"储血库"），患者表现为面部淤紫、颈静脉怒张、肝大、下肢水肿，甚至出现腹腔积水等症状。急性右心衰竭在临床上虽然不多见，但是一旦发生，病情发展极快，如大片肺梗死，右心室急剧扩张、衰竭，预后极差。

（3）全心衰竭：全心衰竭通常在左心衰竭的基础上发展起来，因为当左心衰竭时，随着左心房压力升高，肺毛细血管与肺动脉压逐渐升高，为克服增高的肺动脉压，必然累及右心，右心先呈代偿性，最终发生衰竭。此外，某些特殊病因亦可导致全心衰竭，如急性心包压塞等。遇此情况，则须紧急解除压塞，否则后果严重。

3.舒张性心力衰竭和收缩性心力衰竭　心力衰竭包括两种含义：一是心排血量不能满足代谢的需要，二是心排血量尚能满足代谢的需要，但引起不正常的充盈压升高，前者称为收缩性心力衰竭，后者称为舒张性心力衰竭。前者心肌收缩力减弱，而后者舒张功能损害，导致心室接受回心血量的功能受损，舒张功能受限。前者见于扩张型心肌病、肺动脉栓塞等；后者见于肥厚型心肌病、心内膜纤维化，而冠状动脉粥样硬化性心脏病（简称冠心病）则两者兼有。

（三）临床表现和诊断

1.临床表现　心力衰竭的临床特征随着衰竭部位不同（左心室或右心室）和病情缓急而有所差别，一般可将心力衰竭的临床表现分为心脏、肺充血、外周充血3个方面。

（1）心脏：主要有心悸、心率增快或过缓及心律失常。心率增快是对心排血量减少的一种代偿，常与心力衰竭的程度相适应。心律失常较多地与原发疾病有关，原有心脏病患者如发生心律失常，可成为心力衰竭的诱因，但心力衰竭时亦可由于心排血量减少、心肌缺血等因素而并发心律失常。

（2）肺充血：患者呼吸急促，主诉憋气，这是肺充血使肺容量和肺顺应性降低的结果。肺充血进一步加剧时，患者可出现心源性哮喘。当仅有间质水肿时，湿啰音常不明显。因此，在麻醉期间发生急性左心衰竭时，哮鸣音及呼气性呼吸困难常是诊断的主要依据之一，亦是发生急性肺水肿的前兆征象。

胸部 X 射线征对心力衰竭的患者颇有价值，早期肺静脉高压表现为肺上叶静脉扩张，肺下叶静脉收缩变细，可有肺动脉扩张和肺门增大。急性肺水肿时，肺门模糊，两肺呈云雾状阴影。

（3）外周充血：这是右心衰竭的常见征象。当右房压超过 10～15 mmHg 时，便可出现周围静脉压升高、周围静脉充血一系列征象。末梢循环可出现发绀。肝大亦很常见。但肝功能一般仍在正常范围，有时亦可伴有轻度黄疸或谷丙转氨酶升高。急性右心衰竭时可有肝大而无明显外周水肿，但是中心静脉压及外周静脉压均升高。静脉怒张有助于鉴别诊断。脑血流减少则要到晚期才发生。

水肿并非静脉充血的直接结果，而是肾小球滤过率降低所致。心力衰竭的患者，肾血流量可随心排血量的减少而下降，肾血管可因肾缺血使血液中肾素、血管紧张素增加而发生痉挛，加上醛固酮增加，可使水、钠潴留而发生水肿。实验室检查可发现肌酐清除率正常或偏低，而尿钠减少。

2. 诊断

（1）确立诊断：从病史、体征及实验室检查确立诊断，并确定心力衰竭的程度。主要标准：夜间阵发性呼吸困难、颈静脉怒张、啰音、急性肺水肿、奔马律、中心静脉压>16 cmH$_2$O、循环时间>25 秒、肝颈静脉回流征阳性。次要标准：踝关节水肿、夜间咳嗽、劳力后呼吸困难、肝大、胸腹腔积液、肺活量降低 1/3、心动过速（心率>120 次/分）。两项主要标准或一项主要标准加两项次要标准即可确立诊断。

（2）病因诊断：必须查明导致心力衰竭的基础病因及诱因，这对治疗是很有意义的。

（3）鉴别诊断：对易与心力衰竭混淆的疾病或病症要认真鉴别，以免误诊而影响治疗。左心衰竭常与以下情况相鉴别：①非心源性肺水肿；②慢性阻塞性肺疾病；③支气管哮喘；④急性肺部感染；⑤肺栓塞反复发作；⑥肥胖症。右心衰竭需与下列情况相鉴别：①心包疾病；②肾病；③肝硬化；④周期性水肿；⑤周围静脉病变等。

（4）临床监测：除上述临床表现外，应进行如下检查。①生化检查：包括血常规、电解质、肝功能、肾功能等。②心电图和超声心动图检查。③心血管造影。④血流动力学检查,包括平均动脉压(MAP)、中心静脉压(CVP)、右心房压力(RAP)、肺毛细血管楔压(PCWP)、肺动脉舒张末压(PAEDP)、肺动脉压(PAP)、肺血管阻力(PVR)、心脏指数(CI)、混合静脉血血氧饱和度(SvO_2)、全身血管阻力指数(SVRI)等。监测上述指标有助于确定诊断及鉴别诊断。

七、肺衰竭

呼吸衰竭是各种原因引起的肺通气和/或换气功能严重障碍,以致不能进行有效的气体交换,导致缺氧伴或不伴二氧化碳潴留,从而引起一系列生理功能和代谢紊乱的临床综合征。在标准大气压下,于静息条件下呼吸室内空气,并排除心内解剖分流和原发于心排血量降低等情况后,动脉血氧分压(PaO_2)低于 8 kPa(约 60 mmHg),或伴有动脉血二氧化碳分压($PaCO_2$)高于 6.65 kPa(约 50 mmHg),即为呼吸衰竭(简称呼衰)。

肺衰竭表现为呼吸衰竭,主要特点是缺氧,以及伴或不伴二氧化碳潴留。患者的主要表现为呼吸困难、全身缺氧、发绀、口唇发乌等。心力衰竭和肺衰竭患者必须得到及时的抢救和治疗。

(一)病因

1. 呼吸道病变　支气管炎、支气管痉挛、异物等阻塞气道,可引起通气不足、气体分布不匀,导致通气/血流比例失调,发生缺氧和二氧化碳潴留。

2. 肺组织病变　肺炎、重度肺结核、肺气肿、弥散性肺纤维化、成人呼吸窘迫综合征(ARDS)等,可引起肺容量、通气量、有效弥散面积减少,通气/血流比例失调,导致肺动脉样分流,引起缺氧和/或二氧化碳潴留。

3. 肺血管疾病　肺血管栓塞、肺梗死等,使部分静脉血流入肺静脉,发生缺氧。

4. 胸廓病变　胸廓外伤、手术创伤、气胸和胸腔积液等,影响胸廓活动和肺扩张,导致通气减少、吸入气体不匀而影响换气功能。

5. 神经中枢及其传导系统致呼吸肌疾病　脑血管病变、脑炎、脑外伤、药物中毒等直接或间接抑制呼吸中枢;脊髓灰质炎及多发性神经炎所致的肌肉神经接头阻滞,影响传导功能;重症肌无力损害呼吸肌的动力功能,引起通气不足。

(二)临床表现

1. 分类

(1)按动脉血气分析分类:①Ⅰ型呼吸衰竭,缺氧但无二氧化碳潴留,或伴二氧化碳分压降低(Ⅰ型),见于换气功能障碍(通气/血流比例失调、弥散功能损害和肺动-静脉样分流)的病例。②Ⅱ型呼吸衰竭,系肺泡通气不足所致缺氧和二氧化碳潴留,单纯通气不足,缺氧与二氧化碳潴留的程度是平行的,若伴换气功能损害,则缺氧更为严重。可通过增加肺泡通气量,必要时加氧疗来纠正缺氧和二氧化碳潴留。

(2)按病程分类:按病程可将呼吸衰竭分为急性呼吸衰竭和慢性呼吸衰竭。急性呼吸衰竭是指上述5类病因突发,引起通气或换气功能严重损害,突然发生呼吸衰竭的临床表现,如脑血管意外、药物中毒抑制呼吸中枢、呼吸麻痹、肺梗死、ARDS等,如不及时抢救,会危及患者生命。

慢性呼吸衰竭多见于慢性呼吸系统疾病,如慢性阻塞性肺疾病、重度肺结核等,患者的呼吸功能损害逐渐加重,虽然有缺氧或二氧化碳潴留,但通过机体代偿适应,仍能从事日常活动。

2.症状　患者除原发病症状外,还有缺氧和二氧化碳潴留的表现,如呼吸困难、急促、精神神经症状等,并发肺性脑病时,还可有消化道出血。

3.体征　患者可有口唇和甲床发绀、意识障碍、球结膜充血、水肿、扑翼样震颤、视神经盘水肿等。

(三)检查

1.血气分析　静息状态吸空气时,动脉血氧分压(PaO_2) < 8.0 kPa(60 mmHg),动脉血二氧化碳分压($PaCO_2$) > 6.7 kPa(50 mmHg)为Ⅱ型呼吸衰竭,单纯动脉血氧分压降低则为Ⅰ型呼吸衰竭。

2.电解质检查　呼吸性酸中毒合并代谢性酸中毒时,常伴有高钾血症;呼吸性酸中毒合并代谢性碱中毒时,常伴有低钾血症和低氯血症。

3.痰液检查　痰涂片与细菌培养的检查结果,有利于指导用药。

4.其他检查　如肺功能检查、胸部影像学检查等,根据原发病的不同而有相应的发现。

(四)诊断

本病主要的诊断依据:①急性的如溺水、电击、外伤、药物中毒、严重感染、休克;②慢性的多继发于慢性呼吸系统疾病,如慢性阻塞性肺疾病等。另外,临床表现、血气分析结果也有助于诊断。

八、肝衰竭

肝脏作为人体的重要器官之一,因其具有合成、解毒、代谢、分泌、生物转化及免疫防御等功能,故又被称为"加工厂"。当肝脏受到多种因素(如病毒、酒精、药物等)影响而出现严重损害时,肝细胞大量坏死,导致上述功能发生严重障碍或失代偿,进而出现以凝血功能障碍、黄疸、肝性脑病、腹腔积液(腹水)等为主要表现的一组临床症候群,即肝衰竭。患者以极度乏力、食欲缺乏、腹胀、恶心、呕吐、意识改变等为主要症状,由于病情进展迅速、治疗难度高、医疗费用昂贵,患者的总体预后较差。

(一)病因

目前在我国,肝衰竭的主要病因仍然是肝炎病毒(主要是乙型肝炎病毒,占发病人数的 80% ~ 85%),其次是药物或肝毒性物质(如酒精、化学制剂等);而在欧美国家,药物是引起急性、亚急性肝衰竭的主要原因,酒精则常导致慢性肝衰竭。另外,妊娠急性脂肪肝、自身免疫性肝病、寄生虫感染等也可导致肝衰竭。

儿童肝衰竭的病因未明,主要是遗传代谢性疾病(包括肝豆状核变性、半乳糖血症、酪氨酸血症、瑞氏综合征、新生儿血色病、α_1-抗胰蛋白酶缺乏症等)。朱世殊等分析了 120 例肝衰竭患儿,在婴儿组和 1 岁以上组中,病因不明者均占第一位,占比分别为 40.6% 和 30.7%。

肝衰竭的病因可以是单一因素,如感染某种肝炎病毒、酒精中毒、服用某种药物等,也可以是多种因素共同作用所致,如在慢性肝炎基础上重叠感染其他病毒、在慢性酒精中毒基础上合并病毒感染等。

(二)临床表现

肝衰竭患者的主要临床特点是极度乏力、严重消化道症状(腹痛、腹胀、恶心、食欲缺乏、呕吐)、皮肤黏膜黄染进行性加深、尿色进行性加深、严重凝血功能障碍(皮肤黏膜出血、鼻出血、牙龈出血、消化道出血、尿道出血等),还可有低热、各种并发症相应的表现等,具体临床表现因肝衰竭的分类不同而存在一定差异。

1. 急性肝衰竭 急性起病,2 周内出现 Ⅱ 度及以上肝性脑病(表现为性格改变、行为异常、精神错乱、意识模糊、睡眠障碍、定向力和理解力减低等)。北京佑安医院曾对 50 例急性肝衰竭患者的资料进行总结:高度乏力者占 88%,严重食欲缺乏者占 80%,恶心、呕吐者占 76%,腹胀者占 84%。发病者中 40 岁以下的青壮年占 78%,由于他们既往体健,对疾病的耐受性较强,所以在疾病早期仍能坚持劳动或工作。另外,人们对疾病的认识不足也是疾病加重和迅速恶化的原因之一。

2. 亚急性肝衰竭 起病较急,发病期限为 15 天至 26 周。除症状、体征与急性肝衰竭相同外,这类患者黄疸迅速加深,由于疾病的病程延长,各种并发症(如腹水、腹腔感染、肝性脑病等)的发生率增加,患者会出现腹胀、水肿、意识障碍。诊断上也分为腹水型或脑病型。

3. 亚急性肝衰竭 既往有慢性肝病表现,短期内出现急性或亚急性肝功能失代偿表现,临床症状比急性肝炎要重。

4. 慢性肝衰竭 在肝硬化基础上,肝功能进行性减退和失代偿,存在凝血功能障碍,有腹水、消化道出血、肝性脑病等并发症的表现。

(三)并发症

1. 肝性脑病 肝衰竭时由于肝功能的全面障碍,患者出现不同程度的神经系统失调综合征,主要表现为意识障碍、行为失常和昏迷,最终死亡。

2. 水、电解质、酸碱平衡失调 患者有严重的消化道症状及使用利尿剂,可出现低钠血症、低钾血症、高钾血症、酸碱平衡失调等。

3. 肾功能不全 有效循环血容量不足、内毒素等作用,可造成功能性肾功能不全,如不及时有效纠正,可进而导致器质性肾功能不全,最终发生肾衰竭。

4. 严重院内感染 由于患者机体免疫功能低下、肠道微生态失衡、肠黏膜屏障作用降低、侵袭性操作较多等,住院期间可合并各种院内感染,加重病情,包括各种真菌和细菌等。

5. 凝血供能障碍 导致各种出血如鼻出血、黏膜瘀斑甚至内出血等。

6. 血糖代谢异常 由于食欲缺乏及肝脏对葡萄糖的代谢障碍,患者可出现严重低血糖。

九、肾衰竭

肾衰竭是各种慢性肾脏病发展到后期引起的肾功能部分或者全部丧失的一种病理状态。肾衰竭可分为急性肾衰竭及慢性肾衰竭,急性肾衰竭的病情进展快速,而慢性肾衰竭进展慢。

(一)病因

1. 急性肾衰竭 通常是因肾脏血流供应不足(如外伤或烧伤),肾小管、肾集合管或输尿管因某种因素阻塞造成功能受损,或是受到毒物的伤害,引起急性肾衰竭。

2. 慢性肾衰竭 因为长期的肾脏病变,随着时间及疾病的进展,肾功能逐渐下降,造成肾衰竭。

(二)临床表现

1. 少尿期 病情最危重阶段,内环境严重紊乱。患者可出现少尿(每日尿量<400 mL)或无尿(每日尿量<100 mL)、低比重尿(1.010~1.020)、尿钠高、血尿、蛋白尿、管型尿等。严重患者可出现水中毒、高钾血症(常为此期致死原

因)、代谢性酸中毒(可促进高钾血症的发生)及氮质血症(进行性加重可出现尿毒症)等,危及患者生命。此期持续几天到几周,持续愈久,预后愈差。

2.多尿期　少尿期后尿量逐渐增加,当每日尿量超过 500 mL 时,即进入多尿期。此后,尿量逐日成倍增加,最高尿量每日可达 3000 ~ 6000 mL,甚至在10 000 mL 以上。在多尿期初始,尿量虽然增多,但肾脏清除率仍低,体内代谢产物的蓄积仍存在。4 ~ 5 天后,血清尿素氮、肌酐等随尿量增多而逐渐下降,尿毒症症状随之好转。钾、钠、氯等电解质从尿中大量排出,可导致电解质紊乱或脱水,应注意少尿期的高峰阶段可能转变为低钾血症。此期持续 1 ~ 2 周。

3.恢复期　尿量逐渐恢复正常,3 ~ 12 个月肾功能逐渐复原,大部分患者肾功能可恢复到正常水平,只有少数患者转为慢性肾衰竭。

(三)检查

1.血常规检查　患者存在明显贫血,为正常细胞性贫血。白细胞计数正常或增高。血小板计数降低。红细胞沉降率增加。

2.尿常规检查　原发病不同,尿常规检查结果有所差异。其共同点如下。

(1)尿渗透压降低:尿比重低,多在 1.018 以下,严重时固定在 1.010 ~ 1.012。做尿浓缩稀释试验时夜尿量大于日尿量,各次尿比重均超过 1.020,最高和最低的尿比重差小于 0.008。

(2)尿量减少:多在每日 1000 mL 以下。

(3)尿蛋白定量增加:晚期因肾小球绝大部分已损伤,尿蛋白反而减少。

(4)尿沉渣检查:可有多少不等的红细胞、白细胞、上皮细胞、颗粒管型,蜡样管型最有意义。

3.肾功能检查　各项肾功能指标均提示肾功能减退。

4.血生化检查　血浆中白蛋白水平降低,血钙水平偏低,血磷水平增高,血钾和血钠水平随病情而变化。

5.其他检查　X 射线尿路平片和造影、同位素肾图、肾扫描、肾穿刺活组织检查等,对病因诊断均有帮助。

十、延髓生命中枢麻痹

生命中枢通常是指位于脑干的延髓,因这个部位掌管着人体最基本的生命活动,故被命名为生命中枢。

延髓上接脑桥,下接脊髓,长度在 3 cm 左右,其内部有第九至第十二对脑神经出入脑干及多个神经核,还掌管着打喷嚏、咳嗽、唾液分泌等活动的神经中枢,它可以调节和控制机体的心率,呼吸频率、幅度及节律,血压,胃肠道的消化蠕动,以及四肢的运动等。因此,一旦延髓发生轻微病变或损伤,可能会出现明显或严重的神经功能缺损,甚至会伴有危及生命的并发症。

第三节　法医病理学鉴定常见的组织学变化

法医组织病理学检验中常见的病理改变,是法医病理学诊断组织器官的疾病的基础和依据。提高法医病理学镜下观察的水平尤为重要,如对于组织细胞的水肿、淤血、坏死、炎症、血栓、自溶、出血等变化,法医病理工作者只有正确观察、描述、识别、诊断,才能得出准确的结论。

一、水肿

(一)概念及分类

1. 概念　组织间隙过量的体液潴留称为水肿,通常指皮肤及皮下组织液体潴留,体腔内体液增多则称积液。根据分布范围,水肿可表现为局部性或全身性,全身性水肿往往同时有浆膜腔积液,如腹水、胸腔积液和心包积液。全身性水肿主要有心源性水肿、肾源性水肿、肝源性水肿、营养不良性水肿、黏液性水肿、特发性水肿、药源性水肿、老年性水肿等。

2. 分类　根据水肿的程度可将其分为轻度水肿、中度水肿、重度水肿。轻度水肿:仅见于眼睑、眶下软组织,胫骨前、踝部的皮下组织,指压后可见组织轻度凹陷,体重可增加5%左右。中度水肿:全身疏松组织均有可见性水肿,指压后可出现明显的或较深的组织凹陷,平复缓慢。重度水肿:全身组织严重水肿,身体低垂部皮肤紧张、发亮,甚至有液体渗出,有时伴有胸腔、腹腔、鞘膜腔积液。

(二)大体观和镜下观

一般来说,发生水肿的组织器官体积增大,颜色变淡,被膜紧张,切面有不同量的液体流出。但不同组织发生水肿时,其形态学变化又有所不同。

1. 皮下水肿

(1)大体观:皮肤肿胀,颜色苍白或灰白,弹性降低,质如生面团,指压留痕,切开皮肤有大量浅黄色液体流出,皮下组织呈淡黄色胶冻状。

(2)镜下观:可见皮下组织间隙增宽,其中有大量液体,间质中胶原纤维肿胀,甚至崩解。结缔组织细胞、肌纤维、腺上皮细胞肿大,细胞质内出现水泡,甚至发生坏死。腺上皮细胞往往与基底膜分离。淋巴管扩张。

苏木精-伊红(HE)染色标本中水肿液可因蛋白质含量多少而呈深红色、淡红色或不着染(仅见于组织疏松或出现空隙)。

2.肺水肿

(1)大体观:肺体积增大,重量增加,质地变实,肺胸膜紧张而有光泽,肺表面因高度淤血而呈暗红色。肺间质增宽,肺切面呈紫红色,从支气管和细支气管内流出大量白色泡沫状液体。

(2)镜下观:非炎性水肿时,肺泡壁毛细血管高度扩张,肺泡腔内出现多量红染的浆液,其中混有少量脱落的肺泡上皮。肺间质因水肿液蓄积而增宽,结缔组织疏松呈网状,淋巴管扩张。炎性水肿时,还可见肺泡腔水肿液中混有大量白细胞。慢性肺水肿,肺泡壁结缔组织增生,有时病变肺组织发生纤维化。

3.脑水肿

(1)大体观:软脑膜充血,脑回变宽而扁平,脑沟变浅。脉络丛血管常淤血,脑室扩张,脑脊液增多。

(2)镜下观:软脑膜和脑实质内毛细血管充血,血管周围淋巴间隙扩张,充满水肿液。神经细胞肿胀,体积变大,细胞质内出现大小不等的水泡,核偏位,严重时可见核浓缩甚至消失。神经细胞内的尼氏小体数量明显减少。细胞周围因水肿液积聚而出现空隙。

4.肾水肿

(1)大体观:肾水肿的大体观主要表现为肾体积增大、色泽变浅,镜下观表现为肾细胞肿大,被膜紧张,色泽清亮。

(2)镜下观:细胞内出现边缘整齐的细胞切片,切面呈隆起状,颜色苍白、混浊,皮髓质分辨不清。水肿液蓄积在肾小管之间,使间质增宽,也可导致肾小管上皮细胞变性并与底膜分离。

5.其他器官水肿

(1)大体观:肝脏、心脏等实质性器官发生水肿时,器官的肿胀比较轻微,眼观变化不明显,只有镜检才能发现病理变化。

(2)镜下观:肝水肿时,水肿液主要蓄积于狄氏间隙内,使肝细胞索与窦状隙分离。心脏水肿时,心肌纤维之间出现水肿液,心肌纤维彼此分离,心肌纤维因受挤压发生变性。

6.浆膜腔积液

(1)大体观:浆膜腔积液时,水肿液一般为淡黄色透明的液体。浆膜小血管和毛细血管扩张充血,浆膜面湿润、有光泽。

(2)镜下观:浆膜腔积液如伴有炎症,则水肿液内含较多蛋白质,并混有渗出的炎性细胞、纤维蛋白和脱落的间皮细胞,水肿液混浊、黏稠,呈黄白色或黄红色。可见浆膜肿胀、充血或出血,表面常被覆灰白色的网状纤维蛋白。

二、淤血

淤血是一种常见病,指的是因静脉血液回流受阻,机体内的器官或组织内血液淤积。淤血多是在外力作用下,皮下毛细血管破裂出血所致。静脉淤血时,器官和组织得不到充足的氧气和营养物质,使组织代谢率降低,产热减少,使体表淤血处温度降低;淤血的组织相对缺氧,代谢功能减弱。

(一)一般形态变化

1.大体观　由于静脉回流受阻,血液淤积在扩张的小静脉和毛细血管内,故淤血的器官和组织体积增大;由于淤血区血液流动缓慢、缺氧,氧合血红蛋白减少,还原血红蛋白增多,故淤血脏器呈暗红色。

2.镜下观　小静脉和毛细血管扩张充盈,可见出血、间质水肿。

(二)肺淤血

肺淤血多为左心衰竭引起,左心腔内压力升高,阻碍肺静脉回流,造成肺淤血。肺淤血患者临床上有明显气促、发绀及咳出大量粉红色泡沫痰等。

1.大体观　肺肿胀,重量增加,呈暗红色或棕褐色,质地变硬。切面流出泡沫状红色血性液体。

2.镜下观　急性肺淤血见肺泡壁毛细血管扩张充血,肺泡壁增厚,肺泡腔内充满水肿液及出血。慢性肺淤血时,可见肺泡壁变厚及纤维化,肺水肿、肺出血,并见大量吞噬含铁血黄素的巨噬细胞(称为心力衰竭细胞)。长期慢性肺淤血可致肺褐色硬化(肺质地变硬,肉眼看呈棕褐色)。

(三)肝淤血

肝淤血主要见于右心衰竭,肝静脉回流受阻,致使肝小叶中央静脉及肝窦扩张淤血。长期慢性肝淤血可致淤血性肝硬化。与门脉性肝硬化不同,淤血性肝硬化的病变较轻,肝小叶改建不明显,不形成门静脉高压,不出现肝衰竭。

1.大体观　急性肝淤血时肝体积增大,呈暗红色。慢性肝淤血时,肝小叶中央严重淤血,呈暗红色,多个肝小叶中央淤血区相连,而肝小叶周边肝细胞因脂肪变性为黄色,致使肝脏呈红(淤血区)黄(肝脂肪变区)相间的花纹状,如同槟榔的切面,故称为槟榔肝。

2.镜下观　中央静脉及肝窦扩张,小叶中央可见肝细胞萎缩、坏死。周围肝细胞发生脂肪变性。可见肝静脉、中央静脉和肝窦扩张淤血,肝小叶中央部肝细胞因缺氧和受压发生萎缩和坏死,肝小叶周边部肝细胞发生脂肪变性。

三、坏死

坏死是指在损伤因子的作用下,活体内局部组织、细胞的死亡。坏死组织细胞的代谢停止,功能丧失。坏死的形态变化可以是由损伤细胞内水解酶的降解作用引起,也可以由游走来的白细胞释放的水解酶的作用引起。

局部组织、细胞新陈代谢停止后,其功能完全丧失。细胞可出现核浓缩、核碎裂及核溶解等变化。

(一)镜下观

坏死的病变,通常要在细胞死亡若干小时后,当自溶性改变相当明显时,在光镜下才能被辨认出来。

1. 细胞核的改变　细胞核的改变是细胞坏死的主要形态学标志,表现如下。

(1)核浓缩:即核脱水使染色质浓缩,染色变深,核体积缩小。

(2)核碎裂:核染色质崩解为小碎片,核膜破裂,染色质碎片分散在细胞质内。

(3)核溶解:在脱氧核糖核酸酶的作用下,染色质的 DNA 分解,细胞核失去对碱性染料的亲和力,因而染色变淡,甚至只能见到核的轮廓。最后,核的轮廓也完全消失。

2. 细胞质的改变　嗜酸性染色增强。有时实质细胞坏死后,细胞质水分逐渐丧失,核浓缩而后消失,胞体固缩,细胞质强嗜酸性,形成嗜酸性小体,称为嗜酸性坏死。实质细胞坏死后,整个细胞可迅速溶解、吸收而消失,为溶解坏死。

3. 间质的改变　在各种溶解酶的作用下,间质的基质崩解,胶原纤维肿胀、崩解、断裂或液化。坏死的细胞和崩解的间质融合成一片模糊的颗粒状、无结构的红染物质。

(二)失活组织

临床上把确实失去生活能力的组织称为失活组织。一般失活组织外观无光泽,比较混浊(无光泽);失去正常组织的弹性(无弹性);因无正常的血液供给而温度较低,摸不到血管搏动,在清创术中切除失活组织时,没有新鲜血自血管流出(无血供);失活组织失去正常感觉(皮肤痛、触痛)及运动功能(肠管蠕动)等(无感觉及运动功能)。

(三)坏死的类型

1. 凝固性坏死　坏死组织因为失水变干、蛋白质凝固而变为灰白色或黄白色比较干燥结实的凝固体,故称为凝固性坏死。凝固性坏死常见于心、肾、脾等器官的缺血性坏死——梗死。坏死灶与健康组织分界明显。

镜下观:可见组织结构的轮廓。如肾的贫血性梗死早期,肾小球及肾小管的细胞已呈坏死改变,但肾小球、肾小管及血管等轮廓仍可辨认。

2.干酪样坏死　干酪样坏死是凝固性坏死的特殊类型,主要见于由结核分枝杆菌引起的坏死,是凝固性坏死的一种特殊类型。

镜下观:干酪样坏死组织分解比较彻底,因而光镜下不见组织轮廓,只见一些红染的无结构颗粒物质。由于组织分解较彻底,加上含有较多的脂质(主要来自结核分枝杆菌及中性粒细胞),因而坏死组织略带黄色,质软,状似干酪,故称干酪样坏死。

3.液化性坏死　有些组织坏死后被酶分解成液体状态,并可形成坏死囊腔,称为液化性坏死。液化性坏死主要发生在含蛋白少脂质多(如脑)或产生蛋白酶多(如胰腺)的组织。发生在脑组织的液化性坏死又称为脑软化。化脓性炎症渗出的中性粒细胞能产生大量蛋白水解酶,将坏死组织溶解而发生液化性坏死。

脂肪坏死也属于液化性坏死,分为酶解性和外伤性两种。前者常见于急性胰腺炎时。外伤性脂肪坏死则大多见于乳房,此时受损伤的脂肪细胞破裂,脂滴外逸,并常在乳房内形成肿块。光镜下可见其中含有大量吞噬脂滴的巨噬细胞(泡沫细胞)和多核异物巨细胞。

4.纤维素样坏死　纤维素样坏死是发生在间质、胶原纤维和小血管壁的一种坏死。

镜下观:病变部位的组织结构消失,变为境界不甚清晰的颗粒状、小条或小块状无结构物质,呈强嗜酸性,似纤维蛋白,有时纤维蛋白染色呈阳性,故称此为纤维蛋白样坏死。以往人们误认为上述病变是一种可逆性改变,称其为纤维素样变性,并且沿用至今。纤维素样坏死常见于急性风湿病、系统性红斑狼疮、肾小球肾炎等过敏反应性疾病。

5.坏疽　组织坏死后因继发腐败菌的感染和其他因素的影响而呈现黑色、暗绿色等特殊形态改变,称为坏疽。坏死组织经腐败菌分解产生硫化氢,后者与血红蛋白中分解出来的铁相结合形成硫化铁,使坏死组织呈黑色。坏疽分为以下3种类型。

(1)干性坏疽:大多见于四肢末端,例如发生动脉粥样硬化、血栓闭塞性脉管炎和冻伤等疾患时,动脉受阻而静脉回流通畅,故坏死组织的水分少,再加上体表水分易于蒸发,致使病变部位固缩,呈黑褐色,与周围健康组织有明显的分界线。由于坏死组织比较干燥,因此腐败菌感染一般较轻。

（2）湿性坏疽：湿性坏疽多发生于与外界相通的内脏（肠、子宫、肺等），也可见于四肢（伴有淤血、水肿时）。此时由于坏死组织含水分较多，故腐败菌感染严重，局部明显肿胀，呈暗绿色或污黑色。腐败菌分解蛋白质，产生吲哚、粪臭素等，造成恶臭。由于病变发展较快，炎症比较弥漫，故坏死组织与健康组织间无明显分界线。同时组织坏死腐败所产生的毒性产物及细菌毒素被吸收后，可引起全身中毒症状，甚至可发生中毒性休克而死亡。常见的湿性坏疽有坏疽性阑尾炎、肠坏疽、肺坏疽及产后坏疽性子宫内膜炎等。

（3）气性坏疽：为湿性坏疽的一种特殊类型，主要见于严重的深达肌肉的开放性创伤合并产气荚膜杆菌等厌氧菌感染时。细菌分解坏死组织时产生大量气体，使坏死组织内含大量气泡，按之有"捻发"音。气性坏疽病变发展迅速，中毒症状明显，后果严重，必然紧急处理。

四、炎症

炎症是指生物组织受到某种刺激（如外伤、感染等损伤因子的刺激）所发生的一种以防御反应为主的基本病理过程。炎症的局部表现为红、肿、热、痛和功能障碍，也伴有发热、末梢血白细胞计数改变等全身反应。通常情况下，炎症是有益的，是人体的自动的防御反应。但是有的时候，炎症也是有害的，例如对人体自身组织的攻击、发生在透明组织的炎症等。

（一）大叶性肺炎

1.镜下观　大叶性肺炎的病理改变分为 4 期：充血期、红肝变期、灰肝变期、消散期。不同的期别，镜下特点不完全相同。大叶性肺炎的镜下特点是肺泡充血、水肿，肺泡内浆液渗出，红、白细胞浸润，白细胞吞噬细菌，进而出现纤维蛋白溶解，以及炎症消散。

2.大体观　肺肿大，呈暗红色。

（二）肺结核

1.镜下观　典型的表现为干酪样坏死，显微镜下可以见到红染、不含结构的颗粒状物。病理上常表现为增生为主的病变，典型的为结核结节。结核结节由淋巴细胞、上皮样细胞、朗格汉斯细胞及成纤维细胞组成，结核结节的中间也可出现干酪样坏死。

2.大体观　因为病变含有较多脂质，肉眼看为淡黄色，形似奶酪，所以称为干酪样坏死。如果机体抵抗力较强，肺结核病变处于恢复阶段。

（三）肝炎

肝脏是由肝细胞组成，肝细胞极小，肉眼看不到，必须通过显微镜才能看到。人体肝脏约有 25 亿个肝细胞,5000 个肝细胞组成 1 个肝小叶,因此人肝的肝小叶总数约有 50 万个。

1. 镜下观 ①肝细胞水肿时,细胞质内可见红染的细颗粒状物质。②界面性肝炎:镜下表现为汇管区或汇管区周围不同程度的坏死性改变,浸润细胞以淋巴细胞、浆细胞和巨噬细胞为主。③穿入现象,即淋巴细胞进入肝细胞。④玫瑰花环排列:镜下可见数个水样变性的肝细胞形成的假腺样结构,中心可见扩张的毛细胆管,形似玫瑰花环。

2. 大体观 肝水肿,体积增大,颜色变淡。

五、血栓

(一)混合血栓

混合血栓通常出现在一些血流比较慢的静脉,而且会以瓣膜囊或内膜损伤为开始位置,血流经过这个位置会在其下游出现涡流,导致血小板黏集,从而形成静脉血栓的头部。然后在血小板小梁之间,血流基本是停滞不前的,血液会出现凝固,红细胞会被网状纤维蛋白包裹,肉眼看上去就像是粗糙干燥的圆柱,黏着血管壁,偶尔还会出现灰白和褐色相间的条纹,这种血栓就属于混合血栓。

混合血栓的特点:混合血栓的血栓头部形成后,致其下游血流减慢和漩涡出现,从而形成一个血小板凝集堆,在血小板小梁之间,血液发生凝固,纤维素形成网状结构,其内充满大量的红细胞,此过程交替进行,形成灰白与红褐色交替的层状结构,称为层状血栓,即混合血栓。

混合血栓可以分为头、体、尾三部分。头部主要由白色血栓组成,体部的组成部分有红色血栓和白色血栓,而尾部是由红色血栓构成。血栓的头部经常都会黏附在血管壁,出现附壁血栓。

1. 镜下观 淡红色的珊瑚状的血小板小梁和小梁间由充满红细胞的纤维素网所构成,血小板小梁边缘有较多的中性粒细胞黏附。

2. 大体观 血栓与血管壁粘连,出现延续性的血栓。

(二)白色血栓与红色血栓的区别

白色血栓与红色血栓的区别主要在于形成的部位不同、形成的时间不同。白色血栓的颜色是白色,常由血小板构成,是血栓形成的最初位置。在白色血栓形成后,周围会聚集并阻塞红细胞,红细胞与白色血栓混合形成混合血栓,在混合血栓继续发展时,前方的红细胞会凝结成由红细胞形成的血栓,这时血栓的颜色为红色,故称为红色血栓,以上是两种血栓的区别。

六、自溶

自溶是指组织细胞失去生活功能,因受酶的作用而发生的组织溶解。尸体各部的组织细胞均可发生自溶,有些脏器如脑髓、胰腺、肾上腺等发生较快,甚至细胞结构完全消失。肝、脾、肾等自溶表现为质地变软,结构模糊,最后细胞核甚至细胞体溶解消失。至于胃肠壁,也可因消化液的作用而溶解,称为"自体消化"。

自溶是细胞的自我毁灭,是由动物体细胞里含有的自溶酶作用引起的。自溶酶是一种蛋白质,但在正常情况下,这种蛋白质并不发挥什么作用,所以动物体就不会发生溶解。这种作用完全不同于生物体死亡以后发生的微生物分解作用。自溶与自体消化均与细菌无关。

(一)尸体自溶

人死后组织细胞失去生活能力,在其本身所释放的酶的作用下发生分解,而使各器官组织变软或液化。这种现象就是自溶。尸体的自溶过程同细菌无关,是自发进行的。只是自溶后,由于细菌的作用而发生分解,进入尸体腐败。这是理论上的说法。实际上,人体死亡后,存在于体内尤其是肠管内的细菌也是要迅速发挥作用的。它们所产生的酶,必然要迅速参加到组织溶解过程中去。所以,法医在检验尸体时,还应当考虑细菌的作用。

(二)各脏器自溶

暴露在空气中的离体脏器的自溶速度要比留在腔内的脏器的自溶速度快,而且其自溶往往是从边缘部位开始,这是因为空气中的细菌参与了组织自溶的过程。

1. 胰腺　在人体的各种脏器中,胰腺是最早发生自溶的脏器之一。实验表明,在死亡的第 5 个小时内,离体胰腺的腺泡上皮细胞核尚无明显改变。到死后 12 小时则细胞核已肿大,颜色也变得透亮,染色质凝聚成小颗粒状。到死后 24 小时,染色质便已突破核膜,分散到细胞质中,但这个时候细胞的境界还是清楚的。到了第 36 小时,组织中央部分的细胞核完全消失,而周围部分上皮细胞形成孤立存在的圆形团块。这时胰岛早就模糊不清,胰岛管也早已崩解。间质肿胀,但还能辨明出血管的轮廓。

2. 脾　脾在开始自溶时,红髓内血液呈均匀同质,组织被血液溶解后的产物所浸染,白髓与红髓的细胞数减少。到第 36 小时,组织边缘部分所有细胞成分包括淋巴细胞在内,都已完全消失,呈污秽紫色。

3. 心脏　离体心脏在死亡后第 12 小时,肌浆肿胀,嗜酸性,呈块状,横纹不清。到第 24 小时,有的细胞核发生浓缩,有的变得肿大而透亮。到第 36 小时,组织边缘部分的肌细胞核消失,组织中央部分的肌细胞核尚未消失,但已变得肿大而透亮。到第 48 小时,组织中央部分的肌细胞也消失。

4. 肺　离体肺在死后 12 小时内,血管内的血液有溶血现象。到第 24 小时,少数肺泡中隔细胞核出现溶解或碎裂。到第 36 小时,肺泡中隔细胞数减少。到第 48 小时,肺组织已呈淡红色一片,不能辨认出细胞核。

5. 肾脏　肾脏的自溶现象较为特别。人死后不久,肾近曲小管上皮细胞质呈嗜酸性,肿胀,管腔变窄甚至消失。到第 24 小时,个别肾近曲小管上皮细胞核染色质凝聚成小颗粒,沿核膜排列,有的已突破核膜,分散在细胞质中。到第 36 小时,上述现象更加明显,并有相当一部分细胞核完全消失。到第 48 小时,近曲小管上皮细胞核几乎完全消失,个别残留者也仅是残缺不全的核碎屑而已。

6. 肝脏　肝脏的自溶比心、肺、脾、肾脏都要慢,在死后的第 48 小时才可见到肝细胞核染色质的凝聚现象。

7. 肾上腺　肾上腺在死后 36 小时以内无明显改变,到第 48 小时,便无法辨认其正常结构,呈淡红色的模糊图像。

(三)影响因素

尸体自溶的发生和发展同样受到各种因素的影响。首先,周围环境的温度可以影响自溶的速度。一般来说,较高的温度可以促进组织自溶,而较低的温度则可以延缓尸体自溶。所以,衣着多的尸体较之于裸露的尸体,其自溶速度要快些;冷藏的尸体,其自溶速度变慢或停止。其次,死者的死因对尸体自溶速度也有影响。急速死亡者的身体组织内还存在着大量有活性的酶,而这种酶在慢性消耗性疾病死者中是缺乏的;另外,急速死亡者特别是机械性窒息死者的尸温下降慢,可以促进自溶的发生,所以所有的急速死亡,包括急死、机械损伤性死亡、机械性窒息、非防腐毒物的中毒和电击死者等,其组织自溶都很快。在季节等其他条件相同的情况下,勒死者的尸体,在其死后 13 小时进行剖验,发现胰、脾已高度自溶,而一例结核病患者的尸体,经过 24 小时,胰腺结构仍然很清晰。

(四)区分尸体自溶与组织坏死

在法医检验实践中,由于尸体自溶与组织坏死有着共同的变化过程和相似的形态,因此,有时不好区别。如果单就一个细胞来说确实无法区别这两者,但是只要全面检查、全面分析,正确区分它们也是不难的。

1. 从分布特点上区分　如果将要检查部分固定起来,则固定部分的自溶是从中间开始的,未固定而又离体部分的自溶是从边缘开始的,这是规律。生前形成的坏死,则没有这种分布规律。

2. 从速度和程度上区分   各处器官、组织、细胞的自溶速度和程度,如前所述,是有一定的顺序的,而坏死则不具有这种顺序性。法医在尸检时,如果发现胰腺尚无明显自溶,而心、肾、肝、脑等组织已有细胞核浓缩、碎裂或溶解,则首先应考虑生前形成的病变。以此类推。

3. 从形状上区分   自溶通常是弥漫性的,而坏死则往往是局部性的。

4. 从病理变化上区分   组织坏死灶周围一般都有炎症反应,而自溶灶周围则没有这种病理变化。

5. 从条件上区分   自溶的发展一般都可以从当时的气温、死亡时间、死因等方面找到原因,而生前病变则常有临床资料可供参考。

6. 从其他方面区分   有些脏器的自溶有其独特性,如果不符合这些特性,则可以排除其是自溶。

尸体解剖检验时,容易将自溶和自体消化现象误认为中毒或病变。正确认识自溶这一尸体现象,对于法医判断死亡时间、确定死亡原因等具有重要意义。但有时尸体的自溶也会给案件的侦破等带来麻烦,因此法医工作者有时也要采取措施防止自溶。在这些措施中最主要的是争取早解剖、早取材、早固定。在固定中应当注意,所取组织的厚度不要超过 0.6 cm。并且应当用定量的固定液。此外,还可以采取冷藏和注射福尔马林溶液的办法防止自溶。

七、肺不张

肺不张是指一个或多个肺段或肺叶的容量或含气量减少。由于肺泡内气体吸收,肺不张通常伴有受累区域的透光度降低,邻近结构(支气管、肺血管、肺间质)向不张区域聚集,有时可见肺泡腔实变,其他肺组织代偿性气肿。肺不张可分为先天性或后天获得性两种。新生儿肺不张是指婴儿出生时肺泡内无气体充盈,临床上有严重的呼吸困难与发绀,患儿多在出生后死于严重的缺氧。

(一)影像学检查

1. X 射线检查   肺不张的 X 射线表现分为直接 X 射线征象和间接 X 射线征象两种。

(1)肺不张的直接 X 射线征象:不张的肺组织透亮度降低,均匀性密度增高,恢复期或伴有支气管扩张时可密度不均(囊状透亮区)。不同程度的体积缩小,亚段及以下的肺不张可因有其他侧支的通气而体积缩小不明显。肺叶段性肺不张一般呈钝角三角形,宽而钝的面朝向肋膈胸膜面,尖端指向肺门,有扇形、三角形、带状、圆形等。

（2）肺不张的间接X射线征象：叶间裂向不张的肺侧移位，如右肺横裂叶间胸膜移位，两侧的斜裂叶间胸膜移位等；由于肺体积缩小，病变区的支气管与血管纹理聚拢，而邻近肺代偿性膨胀，致使血管纹理稀疏，并向不张的肺叶弓形移位；肺门阴影向不张的肺叶移位；肺门阴影缩小和消失，并且与肺不张的致密影相隔合；纵隔、心脏、气管向患侧移位，特别是全肺不张时明显，有时健侧肺疝移向患侧，从而出现纵隔疝；横膈肌升高，胸廓缩小，肋间隙变窄。

2. CT检查　CT检查的诊断价值更大，特别是对明确支气管腔内阻塞性病变的位置或性质，探查肿大的纵隔淋巴结，鉴别纵隔包块与纵隔周围的肺不张。

肺不张是指肺组织含气量过少，肺泡不能完全张开。肺萎陷是指原已充满空气的肺组织因空气丧失而导致肺泡塌陷关闭的状态。

（二）新生儿肺不张

肺不张是先天性的，往往见于早产儿，因呼吸中枢发育不成熟、分娩过程中引起的脑损伤或宫内窒息，使呼吸运动减弱或因细支气管被胎脂、胎粪、羊水阻塞，致出生时吸入的空气量不足而导致肺泡张开不全。肺发育不成熟，缺乏肺表面活性物质，使肺泡表面张力增加，肺的顺应性降低，也是新生儿肺不张的原因。

（三）肺萎陷

肺萎陷是获得性的，多见于成人，有3种类型。

1. 阻塞性（吸收性）肺萎陷　由于支气管被附近肿大的淋巴结或瘤块压迫，或支气管被肿瘤、异物、血凝块等阻塞，空气不能进入所属末梢肺组织，其中原有的空气逐渐被吸收而导致一群小叶甚或整个肺叶无气和皱缩。

2. 压缩性肺萎陷　大量胸腔积液，自发性气胸，严重的脊柱变形或腹腔巨大肿瘤或大量腹水使膈抬高，从而压迫肺组织，使肺泡陷闭而无气。

3. 收缩性肺萎陷　由肺组织广泛纤维化，纤维收缩所致。

八、出血

出血是指血液自心、血管内流出。

（一）按血液逸出的机制分类

1. 破裂性出血　破裂性出血乃由心脏或血管壁破裂所致。破裂可发生于心脏，也可发生于动脉，因动脉旁病变侵蚀动脉壁。静脉破裂性出血的原因除创伤外，较常见的例子是肝硬化时食管静脉曲张破裂。毛细血管的破裂性出血发生于局部软组织损伤。

2. 漏出性出血　漏出性出血是由于毛细血管后静脉、毛细血管及毛细血管前动脉的血管壁通透性增高,血液通过扩大的内皮细胞间隙和受损的血管基底膜漏出于管腔外。出血性体质所发生的自发性出血,即漏出性出血。

(二)按出血病变部位分类

1. 内出血　可发生于体内任何部位,血液积聚于体腔内者称为体腔积血,如腹腔积血、心包积血;体腔内可见血液或凝血块。

2. 外出血　鼻黏膜出血排出体外称为鼻衄;肺结核空洞或支气管扩张出血经口排出到体外称为咯血;消化性溃疡或食管静脉曲张出血经口排出到体外称为呕血;结肠、胃出血经肛门排出称为便血;泌尿道出血经尿道排出称为尿血。

九、电流斑

电流斑,又称为电流印记,其形成是由于带电导体与皮肤接触,电流通过完整皮肤时,在接触处产生的焦耳热及电解作用所造成的一种特殊皮肤损伤。皮肤角质层较厚的部位电阻大,电流通过时产热多,易形成典型电流斑。电流斑常为一两个,也可为多个。常见部位依次为手指、手掌、前臂、足底、胸部、肩、颈侧、小腿和足背等。电流斑多发生在电极接触面较小的情况下,当焦耳热产生的温度小于120 ℃时,形成的电流斑最为典型。

(一)典型的电流斑

典型的电流斑一般呈圆形或椭圆形,直径为5～10 mm,灰白色或灰黄色,质坚硬、干燥,中央凹陷,周围稍隆起,边缘钝圆,形似浅火山,外周可有充血环,与周围组织分界清晰。底部平坦或见裂隙存在,有时可附有灰烬和溶解的金属碎屑沉积。有时可见到管状孔道,周围管壁炭化。有的电流斑周围可见水疱形成,易破裂,以致表皮松解、起皱或呈片状剥离。电流斑周围或其他部位皮肤有时可发生电流性水肿,水肿部位呈苍白色。有时整个肢体发生电流性水肿。

电流斑可小似针头,直径大至数厘米或更大。曾有一例,开始左手触及380 V电线后未能摆脱,胸部又触及推土机前面的平面铁板,使后者也通电,结果造成胸部巨大电流斑形成。还有一例身体多处触及高压电(6000 V)者,形成的电流斑亦较大,且深达肌层、骨骼,周围皮肤质硬,毛发烧焦。电流斑形态多样,可呈犁沟状、条状、弧状或不规则形等,它常能反映导体与人体接触部分的形状,故借此可推断导体接触面的形状。如接触电线长轴,则电流斑呈线状或沟状;接触电线的末端,形成的电流斑呈小圆形,接触时间长时则进一步形成小孔洞;接触电插头形成成对的损伤;螺丝刀、针等导体留下的形态,即电烙印样变或称电气印记,常可推断电击工具。但若通电过久,则原有的电气印记可因损伤范围扩大而变得不再明显。若皮肤与导体接触不完全,或电击时导体在皮肤上移动过,则电流斑的形态难以与导体形状相吻合。

若接触电压低、环境潮湿、高温出汗,或赤足、赤膊接触地面或带电物体,或浸泡在带电的水中,由于皮肤电阻小,加上导体接触面大、接触时间短等因素,则不形成典型电流斑,仅出现单纯性皮肤烧伤、表皮剥脱和皮下出血、皮下组织质地变硬等改变,甚至没有任何改变。

因此,必须指出的是,并非所有电击死亡案例都会出现明显的体表改变,有时尽管证实是电击致死,却没有明显的电流损伤性改变。

电警棍损伤原理为高压电冲击力和电弧放电所产生的热效应的双重作用,由于电流较小(<10 mA),故不形成交流电电流斑,亦不能引起人体死亡,但有时可作为诱因诱发机体潜在性疾病发作而致死。电警棍触及皮肤后,其损伤形态与电警棍触头面积相对应,常成对出现,两点间距离与电警棍触头间距离一致。接触初期,皮肤缺血苍白;接触时间超过 30 秒,表皮红肿,甚至坏死,皮下血管扩张、充血、渗出;若长时间接触,则损伤逐渐加重,最终皮肤可呈焦炭状。电警棍使用的电压越高,皮肤损伤越严重。电警棍触点紧贴皮肤,损伤较轻;若触点与皮肤保持一定的距离,放电产生电火花,则皮肤烧伤严重。电警棍电击健康家犬的实验结果提示,电警棍不能直接造成死亡,但若短期内多次反复电击,可导致动物高度兴奋而后衰竭、生命功能障碍,甚至危及生命。

(二)光镜下观察

典型的电流斑病灶中心表皮细胞融合变薄,致密,细胞间界限不清,染色深。热作用强时,中心部位表皮广泛坏死、脱落缺失。创面常有金属碎屑沉积。周围保留的表皮则变厚。表皮中层细胞胞质均质化,细胞核水肿伴空泡形成。较具特征性的是表皮细胞发生极性化改变,以基底细胞层最明显。病变中心基底层细胞及细胞核纵向伸长,或扭曲变形,呈栅栏状排列,细胞长轴与电流方向一致,乃电流的极性作用所致。必须指出,这种核伸长的现象并非电流印痕所特有,除见于电流印痕外,也可见于皮肤烧伤边缘部、皮肤干燥处及由巴比妥类中毒或冻伤引起的水疱,不过其变化程度不同。电击伤处的上皮细胞核伸长,染色较深,排列紧密,呈栅栏状、旋涡状、螺旋状或圆圈状,或伸长似钉样插入真皮中。有人喻之为流水样结构或称之为核流。皮脂腺、毛囊、汗腺与毛细血管内皮细胞亦呈极性化,核变细长、深染,汗腺与毛细血管腔扁塌,甚至变成实体状细胞条索。

除上述表皮改变外,角质层厚的皮肤电流斑,在角质层内或电流斑边缘隆起部分表皮角质层内可见空泡形成,许多空泡汇集可呈蜂窝状。有的角质层表面呈黄褐色,有的角质层与颗粒细胞层分离。其他表皮细胞层内及表皮下也可见大小不等的空泡。真皮胶原纤维肿胀,均质化甚至凝固性坏死,局部染色嗜碱性增强。严重时,组织内可产生许多气泡,形成多数空隙或不连续的管状空泡及具有炭化壁的管状电流通道。真皮血管充血,有小灶性出血或血栓形成。

值得注意的是,真皮层内组织肿胀、坏死和出血分布不均匀,皮肤附件周围变化较为明显。一般认为此乃电流沿皮下血管、神经等结缔组织内阻力小的途径通过而留下的痕迹,是电击伤具有的特征之一。因此尸检时应全面取材,包括典型电流斑和非典型皮肤电流损伤。如疑为电流损伤而表现为表皮剥脱、皮下出血等。组织采集应垂直于皮肤,并做连续切片。

电警棍致皮肤电流损伤的表现:角质层、颗粒细胞层坏死或剥脱,表皮及皮下可出现空泡。表皮细胞各层见极化现象,胞体和核变长,呈栅栏状改变。但这种改变在电警棍损伤中有时很不明显。真皮血管内淤血或微血栓形成,血管周围可见出血。汗腺、皮脂腺细胞呈漩涡状。遭遇电警棍电击后数天因其他原因死亡者,皮肤电流损伤处可有白细胞浸润,但细胞极化现象基本消失。

(三)电镜下观察

电流斑中心部位的表皮细胞质呈灰色的均质状,其中张力细丝凝固,细胞器较难辨认,细胞核破碎,残存的核被拉长并平行排列,染色质凝聚。桥粒和细丝虽变形但仍可辨认。电流斑周围的表皮细胞质内,可观察到被电子束穿透的空腔,此空腔常紧靠细胞核,其形成是由细胞基质凝固和水分蒸发所致,即所谓的烹饪效应。这些变化及光镜下所见的空泡均可用电流通过时产生热量即焦耳效应来解释。

(四)扫描电镜下观察

电流斑处皮肤鳞状细胞排列松懈,细胞脱落,真皮内蜂巢样凹陷形成,底部沿电流经过处有大量细针孔状树枝形通道。有的小孔穴壁光滑,有的为上皮细胞围叠而成,有的呈破裂的水疱样改变。电流所致的细胞灼伤,扫描电镜下表现为鳞状上皮燥裂、松解和脱落,脱落的鳞状上皮表面,有的可见到小的裂痕并有细胞碎屑附着。细胞碎屑大小不一,直径多为 1～2 μm,形态为多角形或方形,大多呈密集分布。组织或细胞表面呈枯焦状龟裂。电流斑底部可见树枝状裂隙。

十、挫伤

挫伤是指钝器作用造成的以皮内和/或皮下及软组织出血为主要改变的闭合性损伤。挫伤的实质是软组织内较小的静脉或小动脉破裂出血,血液主要在皮下疏松结缔组织和脂肪层内。挫伤的临床表现为皮内和/或皮下血染,挫伤的大小、形态及出血程度,颜色的深浅随作用力大小及局部组织的特点而变化。根据挫伤后出血发生的部位可分为皮内出血和皮下出血。通常皮下组织较致密处出血量较少;皮下组织疏松部位出血量较多,甚至血液积聚于局部组织内形成皮下血肿。

(一)病因与修复

1.病因 挫伤是最常见的闭合伤,是钝性暴力(如枪托、石块)或重物打击所致的皮下软组织损伤。

2.修复 随着受伤后时间的延长,血肿在组织酶作用下崩解,红细胞膜破裂,血红蛋白经过化学变化发生颜色改变。血红蛋白分解物质包括含铁血黄素、胆红素和胆绿素。出血灶的颜色(紫红色、紫褐色或青紫色)的变化是先从边缘开始,2 天以后就可以在皮下出血的边缘看到黄色或绿色,或此两种颜色均有,以后紫红色、青紫色或紫褐色区域逐渐向中心缩小,直到消失,蓝绿色、黄色取而代之,2~3 周后黄色或蓝绿色消退,局部皮肤的颜色恢复正常。

(二)临床表现

1.疼痛 与暴力的性质和程度、受伤部位神经的分布、炎症反应的强弱有关。

2.肿胀 为局部软组织内出血和/或炎症反应渗出所致。

3.功能障碍 如肢体功能或活动的障碍。

4.伤口或创面 损伤的暴力性质和程度不同,患者可以有不同深度的伤口或皮肤擦伤等。

(三)检查

挫伤通常肉眼可见,局部有淤血、肿胀和压痛,超声、CT 等影像学检查可明确部位、范围及程度。

(四)意义

①挫伤所在部位标志暴力作用点。②有时可根据挫伤,特别是皮内出血的形态,推断致伤物打击面或与体表接触部的形态。如棍棒打击腰背部,可出

现"中空"状皮下出血,即中间苍白,两边呈现两条平行的血带。皮下出血的形状,有助于推断致伤物。③根据皮下出血颜色的变化,可估计伤后经过的时间。

十一、脑挫裂伤

挫裂伤是指皮肤、组织及或器官受到外力作用,出现皮肤的完整性破坏,皮下组织或器官出血,结构不完整,又称为开放性损伤。挫裂伤的伤口大而深,伤口除了皮肤表面受到损伤外,皮肤的深层还会出现撕裂的状况。

脑挫裂伤是脑挫伤和脑裂伤的统称,单纯脑实质损伤而软脑膜仍保持完整者称为脑挫伤,如脑实质破损伴软脑膜撕裂称为脑裂伤。因脑挫伤和脑裂伤往往同时并存,故合称脑挫裂伤。

(一)病因

交通事故、摔伤、跌伤、打击伤、火器伤、爆炸伤等各种颅脑创伤均可造成脑挫裂伤。脑挫裂伤常发生于暴力打击的部位和对冲部位,尤其是后者,多见于额、颞的前端和脑底部,这是脑组织在颅腔内滑动及碰撞所引起的;脑实质内的挫裂伤常因脑组织变形和剪应力损伤引起,以挫伤和点状出血为主。

对冲性脑挫裂伤以枕顶部受力时产生对侧或双侧额底、额极、颞底和颞极的广泛性损伤最常见,这主要与前颅底和蝶骨嵴表面粗糙不平,外力作用使对侧额底、额极、颞底和颞极撞击于其,产生相对摩擦而造成损伤有关。

(二)病理变化

脑挫裂伤轻者可见额颞叶脑表面的淤血、水肿,软脑膜下点片状出血灶,蛛网膜或软膜裂口,血性脑脊液;严重者可有皮质和白质的挫碎、破裂,局部出血、水肿甚至血肿,皮质血管栓塞,脑组织糜烂、坏死,挫裂区周围点片状出血灶和软化灶呈楔形深入脑白质,4~5天后坏死的组织开始液化,1~3周时局部坏死、液化的区域逐渐吸收囊变,周围胶质增生、邻近脑萎缩、蛛网膜增厚并与硬脑膜和脑组织粘连,形成脑膜脑瘢痕。

(三)临床表现

1. 意识障碍   大多伤后立即昏迷,常以伤后昏迷时间超过30分钟作为判定脑挫裂伤的参考时限,长期昏迷者多有广泛的脑皮质损害或脑干损伤。

2. 局灶症状   伤及额颞叶前端等"哑区"可无明显症状,伤及脑皮质可有相应的瘫痪、失语、视野缺损、感觉障碍和局灶性癫痫等征象,有新的定位体征出现时应考虑颅内继发性损害可能。

3. 颅高压   为脑挫裂伤的最常见表现,如伤后持续剧烈头痛、频繁呕吐,或一度好转后再次加重,应明确有无血肿、水肿等继发性损害。

4.生命体征改变　早期表现为血压下降、脉搏细弱和呼吸浅快,如持续性低血压应除外复合伤,如血压升高、脉压加大、脉搏洪大有力、脉率变缓、呼吸加深变慢,应警惕颅内血肿、脑水肿和脑肿胀的发生;持续性高热多伴有下丘脑损伤。

5.脑膜刺激征　与蛛网膜下腔出血有关,表现为闭目畏光、卷曲而卧,可有伤后早期低热、恶心、呕吐,1周后症状消失。

（四）检查

1.颅脑 X 射线检查　可以了解有无骨折,有助于判断致伤机制和伤情。

2.CT 检查　为首选检查方法,可用于:①显示挫裂伤的部位、程度和有无继发性出血和水肿等表现,根据脑室和脑池的大小和形态间接评估颅内压的高低,必要时需反复多次 CT 扫描,以动态观察脑水肿的演变并发现迟发性颅内血肿。②脑挫伤的 CT 表现为低密度脑水肿中出现多发散在的斑点状高密度出血灶、脑室受压移位等。③常伴随蛛网膜下腔出血,表现为广泛的蛛网膜下腔和脑池,甚至脑室出现高密度影,以大脑纵裂出血的条索状窄高密度影最常见,尤其在儿童患者更为明显。④弥漫性脑损伤常表现为脑水肿和脑肿胀,CT 表现为普遍性密度减低。⑤高分辨 CT 对小区域的脑干损伤诊断仍有困难。

3.磁共振检查　对脑干、胼胝体、脑神经的显示,对微小挫伤灶、轴索损伤和早期脑梗死的显示,对处于 CT 等密度阶段的血肿的诊断和鉴别诊断有重要意义。

4.腰椎穿刺　可了解脑脊液是否含血,可测定颅内压,但有明显颅内压增高者应列为禁忌。

5.其他检查

（1）脑血管造影:已少用。

（2）脑电图检查:主要用于对预后的判断或癫痫的监测。

（3）脑干诱发电位检查:对分析脑功能受损,特别是脑干损伤平面的判定有重要参考价值。

（4）放射性核素检查:主要用于脑挫裂伤后期并发症(如血管栓塞、动静脉瘘、脑脊液漏和脑积水)的诊断。

（五）诊断

患者多有明确外伤史,有阳性体征者可根据定位征象和昏迷情况大致判断受损的部位和程度,意识障碍严重者常需依靠 CT 扫描和其他检查明确诊断,以 CT 检查为首选。

(六)鉴别诊断

鉴别诊断主要需与硬脑膜下血肿、硬脑膜外血肿和自发性脑内血肿相鉴别。前两者常与脑挫裂伤并存,根据 CT 表现可予以鉴别。自发性脑内血肿常见于中老年人,多有高血压、糖尿病等病史,出血部位以基底节区(中年患者,高血压性脑出血)或枕叶(高龄患者,脑动脉淀粉样变性)常见。

十二、擦伤

擦伤是钝性致伤物与皮肤表皮层摩擦而造成的以表皮剥脱为主要改变的损伤,又称为表皮剥脱,是开放伤中最轻的一类创伤。擦伤多发生于钝器打击、坠落、交通事故等情况。擦伤除伤及表皮外,也可伤及真皮层。擦伤可单独存在,亦可与挫伤、挫裂伤、枪弹创伤,甚至砍伤等并存。擦伤表现为表皮剥脱、血痕、渗血或出血斑等。

若是钝器(略有粗糙)机械力摩擦的作用,造成以表皮剥脱、翻卷为主要表现的损伤,可表现为抓痕、擦痕、撞痕、压痕、压擦痕等,虽然损伤轻微,但可反映暴力作用点、暴力作用方向、施暴意图及致伤物特征等。有炎症反应表明为生前伤。

十三、动脉粥样硬化

动脉粥样硬化是冠心病、脑梗死、外周血管病的主要原因。脂质代谢障碍为动脉粥样硬化的病变基础,其特点是受累动脉病变从内膜开始,一般先有脂质和复合糖类积聚、出血及血栓形成,进而纤维组织增生及钙质沉着,并有动脉中层的逐渐蜕变和钙化,导致动脉壁增厚变硬、血管腔狭窄。病变常累及大中肌性动脉,一旦发展到足以阻塞动脉腔,则该动脉所供应的组织或器官将缺血或坏死。由于在动脉内膜积聚的脂质外观呈黄色粥样,因此称为动脉粥样硬化。

(一)病因

动脉粥样硬化是多因素共同作用引起的,发病机制复杂,目前尚未完全阐明。主要危险因素有高血压、高脂血症和大量吸烟,还有糖尿病、肥胖、遗传因素等。

(二)临床表现

动脉粥样硬化的症状主要取决于血管病变及受累器官的缺血程度。主动脉粥样硬化常无特异性症状;冠状动脉粥样硬化者,若管径狭窄达 75% 以上,则可发生心绞痛、心肌梗死、心律失常,甚至猝死;脑动脉粥样硬化可引起脑缺血、脑萎缩,或造成脑血管破裂出血;肾动脉粥样硬化常引起夜尿、顽固性高血压,严重者可有肾功能不全;肠系膜动脉粥样硬化可表现为饱餐后腹痛、消化不良、便秘等,严重时肠壁坏死可引起便血、麻痹性肠梗阻等症状;下肢动脉粥样硬化引起血管腔严重狭窄者可出现间歇性跛行、足背动脉搏动消失,严重者甚至可发生坏疽。

(三)检查

1. 一般检查　患者常有血胆固醇、三酰甘油增高,高密度脂蛋白降低,脂蛋白电泳图形异常,多数患者表现为第Ⅲ或第Ⅳ型高脂蛋白血症。

2. X射线检查　主动脉粥样硬化者可见主动脉伸长、扩张和扭曲,有时可见钙质沉着。

3. 动脉造影　可显示四肢动脉、肾动脉与冠状动脉由粥样硬化所造成的管腔狭窄、病变部位及范围。

4. 超声检查　有助于判断颈动脉、四肢动脉、肾动脉血流通畅情况。

(四)诊断

动脉粥样硬化发展到一定程度,尤其是出现器官病变时,诊断并不困难。如检查发现血脂异常,动脉造影显示血管有狭窄性病变,应首先考虑动脉粥样硬化。需要注意的是,动脉粥样硬化是一种全身性疾病,一个器官血管发生动脉粥样硬化病变,意味着其他地方的血管也可能已经存在同样的病变;同样,一个器官发生血管事件,意味着其他地方发生血管事件的危险性增加。

诊断时,注意以下几点:①40岁以上的患者,如有主动脉增宽、扭曲,且能排除其他疾病,提示有主动脉粥样硬化的可能。②如果突然出现眩晕或步态不稳,且无颅内压增高征象,则应怀疑基底动脉粥样硬化所引起的脑供血不足。③活动后出现短暂的胸骨后和心前区闷痛或压迫感,则应怀疑冠状动脉粥样硬化引起的心肌供血不足。④夜尿增多常为肾动脉粥样硬化的早期症状之一。

此外,患者常伴有动脉粥样硬化的易患因素,如高血压、高胆固醇血症、低高密度脂蛋白血症、糖尿病、吸烟等。如选择性地做心电图检查,放射性核素心、脑、肾等脏器扫描,多普勒超声检查,以及选择性血管造影等,有助于明确诊断。

(五)鉴别诊断

临床上动脉粥样硬化常需与炎症动脉病变(如多发性大动脉炎、血栓性闭塞性脉管炎等)及先天性动脉狭窄(如主动脉、肾动脉狭窄等)相鉴别。炎症性动脉疾病多具有低热、红细胞沉降率增加等表现。先天性主动脉缩窄患者发病年龄轻,不伴有动脉粥样硬化的易患因素。

十四、肾小管管型

管型是指蛋白质、细胞和碎片在肾小管、集合管中凝固而成的圆柱形蛋白聚体。管型因成分不同而分为多种管型,管型多为病理性的。

1. 红细胞管型 表明血尿的来源在肾小管或肾小球,常见于急性肾小球肾炎、急性肾盂肾炎或急性肾衰竭。

2. 白细胞管型 是诊断肾盂肾炎及间质性肾炎的重要证据。若尿内有较多此类管型,更具有诊断价值,可作为区别肾盂肾炎及下尿路感染的依据。

3. 上皮细胞管型 尿中出现大量上皮细胞管型,表明肾小管有活动性病变。这种情况可出现于肾小球肾炎,常与颗粒、透明管型或红细胞、白细胞管型并存。

4. 颗粒管型 由上皮细胞管型退化而来,或是由已崩解的上皮细胞的原浆黏合形成。颗粒管型意味着在出现蛋白尿的同时,有肾小管上皮细胞的退变、坏死,多见于各种肾小球疾病及肾小管的毒性损伤。有时也可出现于正常人尿中,特别是剧烈运动之后,如经常反复出现,则属异常。

5. 蜡样管型和脂肪管型 是细胞颗粒管型再度退化后形成的,常反映肾小管有萎缩、扩张。多见于慢性肾病尿量减少的情况,或是肾病综合征存在脂肪尿时。

6. 透明管型 可以出现在正常尿液中,有蛋白尿时透明管型则会增多,见于各种肾小球疾病。

十五、骨折

骨折是指骨结构的连续性完全或部分断裂。多见于儿童及老年人,中青年人也时有发生。患者常为一个部位骨折,少数为多发性骨折。经及时恰当处理,多数患者能恢复原来的功能,少数患者可遗留不同程度的后遗症。

(一)病因

1. 直接暴力 暴力直接作用于骨骼某一部位而致该部骨折,使受伤部位发生骨折,常伴不同程度软组织损伤。如车轮撞击小腿,于撞击处发生胫腓骨骨干骨折。

2. 间接暴力 间接暴力作用时通过纵向传导、杠杆作用或扭转作用使远处发生骨折,如从高处跌落足部着地时,躯干因重力关系急剧向前屈曲,胸腰脊柱交界处的椎体发生压缩性或爆裂骨折。

3. 积累性劳损 长期、反复、轻微的直接或间接损伤可致使肢体某一特定部位骨折,又称为疲劳骨折,如远距离行走易致第二、三跖骨及腓骨下 1/3 骨干骨折。

(二)临床表现

1. 全身表现

(1)休克:对于多发性骨折、骨盆骨折、股骨骨折、脊柱骨折及严重的开放性骨折,患者常因广泛的软组织损伤、大量出血、剧烈疼痛或并发内脏损伤等而引起休克。

(2)发热:骨折处有大量内出血,血肿吸收时体温略有升高,但一般不超过 38 ℃,开放性骨折体温升高时应考虑感染的可能。

2. 局部表现 骨折的局部表现包括骨折的特有体征和其他表现。骨折的特有体征如下。

(1)畸形:骨折端移位可使患肢外形发生改变,主要表现为缩短、成角、延长。

(2)异常活动:正常情况下肢体不能活动的部位,骨折后出现不正常的活动。

(3)骨擦音或骨擦感:骨折后两骨折端相互摩擦撞击,可产生骨擦音或骨擦感。

以上 3 种体征只要发现其中之一即可确诊,但未见此 3 种体征者也不能排除骨折的可能,如嵌插骨折、裂缝骨折。一般情况下不要为了诊断而检查上述体征,因为这会加重损伤。

(三)检查

1. X 射线检查 凡疑为骨折者,应常规进行 X 射线检查,以显示临床上难以发现的不完全性骨折、深部的骨折、关节内骨折、小的撕脱性骨折等。即使临床上已表现为明显骨折,X 射线检查也是必需的,可以了解骨折的类型和具体情况,对治疗具有指导意义。

X 射线摄片应包括正、侧位片,必须包括邻近关节,有时需要加摄斜位、切线位或健侧相应部位的 X 射线片。

2. CT 检查 对于骨折不明确但又不能排除者、脊柱骨折有可能压迫脊神经根者、复杂骨折者,均可行 CT 检查。三维 CT 重建可以更直观便捷地进行骨折分型,对选择治疗方案帮助很大,目前常用于临床诊断。

3. 磁共振检查 虽然磁共振成像显示骨折线效果不如 CT 检查,但对于脊神经根及软组织损伤的显示有独特优点,目前已广泛用于脊柱骨折的检查。

十六、硅藻

硅藻是一种水生单细胞植物,具多孔、耐酸、对水质敏感、捕光等特性,应用于水环境监测、司法鉴定、水产养殖、新材料开发、古环境分析等领域。判断溺死还是死后抛尸,可以做硅藻检验。落水者溺亡时因呛水吸入硅藻,之后硅藻通过血液循环被带到溺水者的肺、肝、肾、骨髓等器官组织。

硅藻可以被显微镜观察到。一般来说,如果在水中尸体的组织器官中发现硅藻,表示受害者是溺水死亡;反之,说明受害者并非溺死,而是被其他方式致死后抛尸入水的。更进一步分析,如果器官中发现的硅藻与发现尸体处水样中的硅藻显著不同,意味着受害者是在他处溺死,故硅藻还可以发挥推断溺死地点的作用。硅藻是一类具有色素体的单细胞植物,几个或很多细胞个体常连接成各式各样的群体。

硅藻形态多样,有圆形、椭圆形,也有三角形、多角形等,更有两侧对称和中心对称种类,如舟形、梭形、弓形、"S"形等。硅藻的细胞壁由硅质和果胶质构成,成为坚硬的外壳,壳分上、下两个,如带盖的小盒子一样套在一起。硅藻壳面的花纹各具形态,具有多样性。硅藻细胞壁形成花纹的原因,是细胞壁向内凹入,形成各种不同的结构层次。

第四节　法医病理学鉴定常用的试验

一、肺浮扬试验

肺浮扬试验是验证新生儿离开母体后是否即时呼吸过的一种方法。如新生儿的肺在水中浮起,表示肺已呼吸,证明是活产;如下沉,则表示肺未经呼吸,证明是死产。

肺浮扬试验的原理如下。

1. 肉眼　未呼吸过的肺,因肺内不含空气,呈实体状,比重为 1.045 ~ 1.056,投入冷水中即下沉;已呼吸的肺含有空气,肺的比重小于1,投入冷水中不下沉。

2. 镜下　呼吸过的肺,各级支气管及肺泡均扩张,肺泡壁变薄,肺泡壁内毛细血管扩张,血液丰富。呼吸微弱的肺,部分支气管及肺泡扩张,呈散在性分布。未呼吸过的肺,则支气管及肺泡未扩张,肺组织呈腺样结构,实体性。

二、胃肠浮扬试验

胃肠浮扬试验,又称为胃肠浮沉试验,是肺浮扬试验的辅助试验。新生儿开始自主呼吸后,一部分空气也可以被咽入胃内,并随着时间的推移,空气逐渐由胃进入十二指肠和小肠。根据胃肠内有无空气,辅助判断是活产还是死产。同时,根据空气分布的部位可以推测新生儿生存的时间。但是,如果尸体已腐败,则胃肠浮扬试验完全无价值。

1. 检查方法 常规剖开胸腹腔,分别结扎胃的贲门、幽门及十二指肠的上部、下部。在空肠、回肠及结肠各段也分别做多段结扎,最后结扎大肠末端。分离肠系膜,游离全部消化道一并取出。投入水中,观察胃肠浮扬情况。如胃及部分肠上浮,则可将下沉部位的肠再做多段双重结扎,分别在双重结扎的中间剪断,并分别投入水中观察。这样可以得知空气进入哪一段肠管,进而可以推断胎儿出生后的生活时间。如胃肠全部下沉,则在幽门做双重结扎,在结扎的中间切断胃肠结,将胃单独放入水中观察是否上浮。如仍下沉,则在水中将胃壁剪开一缺口,仔细观察是否有气体自胃中逸出。同样,在水中将各段肠腔分别剪一缺口,观察有无气体自肠中逸出。

2. 结果判定 若胃肠全部浮起,证明是活产;若胃肠在水中下沉,证明是死产。

三、气胸检查

气胸检查是对疑有肋骨骨折断端刺破肺膜和肺组织、大泡性肺气肿及肺脓肿破裂,或在颈、胸、背及上腹部进行过针刺治疗,为判断是否存在气胸所进行的检查。

检查方法:检查时,应在开颅、开腹及解剖颈部之前进行。在胸部正中做一纵向切口,将皮下组织剥离至两侧腋中线处,提起使其呈袋状,盛水后用刀在水面下刺破肋间隙,若有气泡冒出水面,即可证实气胸的存在。如有胸壁的损伤,则证明是开放性胸壁损伤。剥离胸壁软组织时,注意不要剥破肋间肌和胸膜,以免空气经破裂处进入胸腔造成假阳性结果。

四、空气栓塞检查

空气检塞检查是指对各种原因引起的动脉或静脉空气栓塞死亡者心脏进行的检查。

检查方法:尸体解剖时,应在开颅、开腹及解剖颈部之前进行。打开胸腔时,尽量不要损伤锁骨下血管,以免导致含有空气的血液经破裂血管进入体腔,影响检验结果。可暂不切开胸锁关节和第一、二肋骨,而在第二、三肋骨间处切断胸骨体,打开胸腔。开胸后,于原位在心包前壁做一纵向切口,检查心包腔有无积液及其颜色和数量。用血管钳或有齿镊夹住切口边缘并向上提起,使心包腔呈囊袋状张开。

加入清水完全淹没心脏后,用解剖刀刺破右心室,并旋转刀柄数次,若有气泡从水中涌出,即证实有静脉空气栓塞。若需定量检查,用一个 300 mL 的长量筒,盛水后倒压在右心上方的水面上,再刺破右心室,将涌出的空气泡收入量筒内,即可判定空气量。尸解时应注意检查右心室内有无血性泡沫。如濒死期患者曾开胸做过心脏按压术,心包被剪开过,不能做上述盛水穿刺试验时,可用 20 mL 注射器,吸水 5 mL,穿刺右心室,见有大量气泡涌入注射器内,亦可诊断。疑为静脉空气栓塞的尸体,应尽早做尸体解剖,如右心及大静脉内因尸体腐败而出现腐败气泡,与空气栓塞较难鉴别。

五、脂肪栓塞检查

检查方法:怀疑肺脂肪栓塞导致死亡的尸体,尸解时取肺、脑、肝、肾等新鲜组织做冰冻切片,脂肪染色(苏丹Ⅲ、苏丹Ⅳ或 Lillie 油红 O 染色),镜检见组织小血管或肺泡壁毛细血管内染橙红色(苏丹Ⅲ、Lillie 油红 O 棕色)、橘红色(苏丹Ⅳ)小滴为脂滴。

六、小脑扁桃体疝检查

检查方法:在剖开颅腔前,将尸体俯卧,垫高颈部。从枕骨粗隆下开始,沿颈后部正中线切开枕项部头皮、深达骨膜。自切口两侧分离软组织,用咬骨钳咬断寰椎弓,剪开硬脑膜,暴露枕骨大孔内的延髓和颈髓,观察有无小脑扁桃体疝及其程度,是否伴有充血、出血、坏死、软化等。

依据小脑扁桃体疝进入椎管内的小脑扁桃体下缘与枕骨大孔后缘之间的距离,判断如下:在 0.1 cm 以下者为阴性(-);在 0.1~0.5 cm 者为可疑(±);在 0.6~1.0 cm 者为阳性Ⅰ级(+);在 1.1~1.5 cm 者为阳性Ⅱ级(++);在 1.6~2.0 cm 者为阳性Ⅲ级(+++);在 2.1 cm 及以上者为阳性Ⅳ级(++++)。

可自疝下方切断颈髓及两侧脊神经,待开颅后将上段颈髓连同脑一起取出。

七、下肢静脉血栓检查

检查方法:尸体呈俯卧位。从足跟至腘窝直线切开皮肤,并向两侧分离,暴露并剪开腘窝静脉,检验有无血栓。或切断腓肠肌跟腱,自下而上将腓肠肌与骨分离,再对腓肠肌做多个横切面。从横断的静脉中迅速突出坚实呈香肠样结构者为血栓,并注意血栓的部位、大小和长度;不迅速突出而呈松弛块状物者为死后凝血块。也可在大腿内侧切开皮肤、肌肉,自股静脉断端开始纵向剪开,观察有无血栓及其部位、大小和长度。

八、肺动脉血栓原位检查

检验方法:剪开心包后,在提取心脏之前进行右心室、肺动脉主干及左右肺动脉分支的原位剪开检验,并在其后的肺部检验时进一步检验肺动脉的主要分支,观察有无血栓栓塞。肺动脉栓塞可为单发或多发。栓子大小可从微栓塞到巨大的骑跨性栓塞,骑跨性栓子常完全阻塞肺动脉及其主要分支。

一般来说,栓子发生于右肺动脉及其分支多于左肺动脉及其分支。

(邵同先 刘惠勇 曹 霞)

法医病理学鉴定意见书,又称为司法鉴定意见书,是指法医学鉴定人对公安、司法机关委托鉴定的人或物,根据送检要求进行检验、分析、得出结论后,将检验情况和鉴定结论按一定格式制成的文书材料。

法医病理学鉴定意见书由文字和照片两部分组成。文字部分包括下列内容:①前言,主要有委托机关的名称、送检物的名称和数量、检验日期、案情摘要等;②检验,如实记载检验全过程和所得结果;③分析说明,根据检验所见,运用法医学理论,按送检要求逐项加以阐明;④结论(鉴定意见),根据检验结果和所分析的理由,做出简明而科学的结论。照片附在文字部分的后面,起补充说明作用。最后应由鉴定人签名、盖章并注明日期。

第一节 法医病理学鉴定意见书的分类

法医病理学鉴定意见书的类型,根据委托事由和鉴定要求不同,可以分为3类。

一、法医病理学鉴定书

鉴定人出具的法医病理学鉴定书是必须对具体死因(事件)得出明确结论的一种法律文书。在形成鉴定书的过程中,要求符合司法鉴定程序,鉴定委托明确,鉴定目的清楚,提供的资料系统、完整,案情明晰,送鉴材料齐全,技术方法和设备完备,鉴定人具备职业资格,检验结果真实,鉴定结论可靠。

二、法医病理学检验报告书

法医病理学检验报告书是对特定的送鉴材料进行检验后出具的客观检验结果,如组织、器官、分泌物、血液、呕吐物、尿液、心包液、脑脊液、痰液等检验后出具的报告。

三、法医病理学书证审查意见书和咨询意见书

法医病理学书证审查意见书和咨询意见书重点在于针对委托事由进行分析说明。根据意见书的性质,又可分为书证审查意见书和咨询意见书。

1. 书证审查意见书　书证审查意见书是根据特定案件(事件)所提供仅有的书面资料(如原有司法鉴定书等)及留有的检材,由鉴定人通过分析、比较和审查出具的一种意见判定文书。

2. 咨询意见书　咨询意见书常因受资料、检材、技术和设备、目前科学技术发展水平等因素制约,而一时不能得出科学的、准确的、可靠的鉴定结论,或者就某一专门性的学术问题而出具的意见书。它一般只能结合实际做出客观的表达。

第二节　名称、编号、基本情况、基本案情

法医病理学鉴定意见书起始部分的名称、编号、基本情况、基本案情是鉴定书的基本信息,是鉴定书必备的基本内容。

一、名称和编号

1. 名称　是指法医病理学鉴定意见书的名称或抬头,要标明司法鉴定机构的全称和司法鉴定意见书,如××司法鉴定中心司法鉴定意见书。

2. 编号　是指鉴定机构的唯一标号,便于查找和统计、检查。编号由单位名称、公立年号、法医病理学鉴定字、排序构成,如××司法鉴定中心［2022］法医病理学鉴定字第××号。

二、基本情况

法医病理学鉴定意见书的基本情况包括委托人(单位)、委托鉴定事项、受理日期、鉴定材料、鉴定日期、鉴定地点和被鉴定人。

1. 委托人(单位)　是指委托他人为自己办理事务的人。在法医病理学鉴定中,委托人是指依国家法律、法规的规定,可以进行司法鉴定的法人或其他组织(单位)。法医病理学鉴定委托人或单位主要为公、检、法有关组织。

2. 委托鉴定事项　法医病理学司法鉴定通过尸体解剖及相关组织病理学等检查,对死亡原因、时间、方式,致死(伤)物,损伤时间,损伤与疾病、损伤与中毒的关系,医疗纠纷有关的死因及其他死亡相关的事实等方面进行法医学鉴定。

（1）确定死亡原因：确定死亡原因主要在于确定是自然死亡（病死或老死）还是非自然死亡（暴力死亡）。当同时存在损伤与疾病时，要分析损伤、疾病与死亡的关系。当存在几种致命性损伤时，应确定主要死因，以便澄清谁应负主要致死责任。

（2）判定致死方式：即判定是他杀、自杀还是意外死亡。判定致死方式要比确定死亡原因复杂，需要结合现场勘验和案情调查进行全面分析，然后做出判断。

（3）推断死亡时间：死亡时间是指人死后到尸体检验的时间。推断死亡时间有助于确定侦查范围，主要根据尸体现象所见和对生物化学变化的检测，结合当时当地的气象条件进行综合判断。

（4）认定致死（伤）物体：主要是根据损伤的形态、大小、程度及其他性质，如损伤内的附着物来推定致死（伤）物；或根据咬痕、扼痕、捆绑痕、注射针孔、各种工具打击痕迹等的性质、形成方式和方法来判断。

（5）鉴别生前伤与死后伤：即推断死者损伤是生前造成的还是死后形成的，以及生前损伤后经过的时间。在鉴定中，还可通过骨骼、牙、毛发的检验推断死者的性别、身高、年龄、血型等。

3. 受理日期　委托人（单位）递交委托鉴定申请书之日，鉴定机构具有7 天的审核期，审核后，确定是否受理该鉴定事项，此日期为受理日期。一般受理后 30 个工作日完成鉴定，并出具法医病理学鉴定意见书。

4. 鉴定材料　委托人（单位）委托鉴定的，应当向司法鉴定机构提供真实、完整、充分的鉴定材料，并对鉴定材料的真实性、合法性负责。司法鉴定机构应当核对并记录鉴定材料的名称、种类、数量、性状、保存状况、收到时间等。诉讼当事人对鉴定材料有异议的，应当向委托人（单位）提出。

法医病理学鉴定材料主要有尸体、组织器官、医院完整的病历、影像资料、体液或排泄物、血液、腔内积液、脑脊液等。如司法鉴定委托书一份、××尸体一具、××医院住院病历复印件一份。

5. 鉴定日期　是指案件鉴定受理，法医病理学鉴定开始的日期。司法鉴定机构应当自司法鉴定委托书生效之日起 30 个工作日内完成鉴定。

鉴定事项涉及复杂、疑难、特殊技术问题或者鉴定过程需要较长时间的，经本机构负责人批准，完成鉴定的时限可以延长，延长时限一般不得超过 30 个工作日。鉴定时限延长的，应当及时告知委托人。鉴定过程中需要补充鉴定材料所需时间，不计入鉴定时限。

6. 鉴定地点　是指法医病理学鉴定意见书最后完成的地点。

7. 被鉴定人　记录被鉴定人的姓名、性别、年龄、身份证号、住址等信息。

三、基本案情

法医病理学鉴定需要了解案情,案情是指与鉴定工作相关的所有人、事、物、时空等情况,如案件发生的时间、地点、方式,被鉴定人死亡前的状态,司法机构的责任认定意见等。

第三节 资料摘要

法医病理学鉴定的资料摘要主要包括案情摘要和就医过程,以及医院就诊的相关资料,如门诊病历、住院病历(首次住院记录、病程记录、长期医嘱、临时医嘱、各种检查结果等)、入院诊断、诊疗经过、出院诊断、手术记录、院外抢救记录等。

一、案情摘要

案情摘要是指摘录被鉴定人发生损伤到死亡的主要过程和与鉴定有关的情节,如发生的时间、地点、损伤的方式和部位、目击者、损伤前或死亡前的状态和反应。

二、病历摘要

病历摘要主要体现被鉴定人的就医过程、损伤治疗的效果、损伤与临床死亡的诊断。主要内容如下。

(一)一般情况

1. 医院名称 要求写医院名字全称。

2. 住院时间 是指从住院开始到出院的时间,如住院时间 2000 年 2 月 5 日—2000 年 4 月 6 日,起始为入院时间,后面是出院时间。

3. 主诉 被鉴定人入院的主要痛苦和时间。

4. 现病史 是记述患者病后的全过程,即发生、发展、演变和诊治经过。

5. 既往史 是指就医时医生向患者问询的患者既往的健康状况和过去曾经患过的疾病等方面的问题。既往患病情况包括外科手术史、预防注射史、过敏史及系统回顾等。患者既往所患某些疾病,可能与现在所患疾病有着密切关系。哮喘、癫痫、卒中等病,经治疗之后,症状虽已消失,但尚未根除,某些诱因常可导致旧病复发。

6. **个人史**　记录出生地及长期居住地,生活习惯及有无烟、酒、药物等嗜好,职业与工作条件,有无工业毒物、粉尘、放射性物质接触史,有无冶游史。

7. **婚姻与生育史**　主要包括已婚还是未婚;对于已婚者,要询问结婚年龄、配偶身体状况、性生活情况、夫妻关系;对于已婚女性,要询问妊娠及生育次数、生育年龄、有无人工或自然流产史、流产次数,以及有无死产、手术产及产褥热;对于未婚女性,在怀疑疾病与生育有关时,也要询问生育史。

8. **月经史**　包括初潮年龄、月经周期、经期天数、经血量和颜色、有无痛经、白带情况、末次月经时间、闭经时间、绝经年龄。

9. **家族史**　是指某一种病的患者的家族成员(较大范围的家族成员,不仅限于祖孙等直系亲属)中发病情况。主要询问有无慢性病(如癌症、高血压、糖尿病)、遗传病(如血友病、唐氏综合征)等。

(二)体格检查

体格检查主要包括三方面内容。①生命体征:包括体温、脉搏、呼吸、血压,以及营养、发育、意识、面容与表情、步态等一般情况。②皮肤黏膜、头颅、颈部、胸部、背部、腹部、脊柱与四肢、生殖器、肛门和直肠检查。③神经系统检查,包括感觉(浅感觉、深感觉、复合觉)、反射(浅反射、深反射、病理反射)、自主神经功能及共济运动。

(三)辅助检查

辅助检查包括主要的实验室检查、功能学检查、影像学检查等。

(四)入院诊断

入院诊断包括初步诊断和入院后诊断。初步诊断是指经治医师根据患者入院时情况,综合分析所做出的诊断。入院后诊断是指患者住院后由主治医师首次查房所确定的诊断。

(五)治疗经过

治疗经过是指就医诊治的经过,内容包括首先因为什么原因去就诊,给予了什么检查检验,如何诊断,给了怎样的治疗,效果如何,或转到其他医疗机构诊治,要如实记录治疗过程。

(六)出院诊断

出院诊断是指患者出院时主治医师所做的最后诊断。

第四节　鉴定过程

法医病理学鉴定的完整过程包括检验日期、检验地点、检验方法、尸表检查、尸体解剖、法医病理学检验、法医病理学诊断、分析说明、鉴定意见(鉴定结论)。本节主要介绍前几项,后两节分别介绍分析说明和鉴定意见。

一、检验日期

法医病理学鉴定日期是指尸体检查或检材组织检查的日期,以公历纪年记载,如年、月、日。

二、检验地点

检验地点是指尸体检查或检材组织检查的具体地点或位置,如××县公安局尸体解剖室。

三、检验方法

检验方法是指按照国家标准或行业推荐的标准、规定的方法进行检验。如《法医学　尸体检验技术总则》(GA/T 147—2019)、《法医学尸体解剖规范》(SF/Z JD0101002——2015)、《法医学　病理检材的提取、固定、取材及保存规范》(GA/T 148—2019)、《新生儿尸体检验》(GA/T 151—1996)等。

四、尸表检查

(一)一般情况

一般情况包括性别、年龄、身高、体型、发育、营养状况、种族、肤色及其他特征(如色素斑、痣、瘢痕、文身、肢体残缺等)。

(二)尸体现象

1.早期　尸体现象检查包括:测量、记录尸温(肛、肝、脑等)与环境温度;尸斑形成的部位、颜色、范围;尸僵形成的部位、强度及有无破坏情况;有无尸体痉挛存在;有无皮革样化存在;眼睑闭合和角膜混浊情况。

2.晚期　尸体现象检查包括:尸绿的形成部位、范围及形态;腐败静脉网的形成部位、范围及形态;腐败水泡的形成部位、大小、数量及形态;腐败"巨人观"的形成及其他特殊表现(如死后分娩等);尸蜡形成的部位、程度及范围。

是否为干尸、泥炭鞣尸。

(三)尸表各部位的检验

1. 头面部　检验头颅形状;头发;颜面部;眼睑、瞳孔、结膜、角膜、球结膜、睑结膜;鼻骨、鼻腔;口唇黏膜,颊黏膜,齿、龈和舌,口腔;耳廓、外耳道;头面部腔道流出物的颜色和气味。

2. 颈部　检验颈部活动、表浅淋巴结有无增大,皮肤有无损伤、筛点及其他特征性痕迹(如扼痕、索沟)。记录损伤的部位、数目、类型、形态特征,并与衣物破损情况对比。

3. 胸部　检验胸廓的形状及稳定性,触摸胸、肋骨有无骨折及其部位、数目和类型,必要时可用注射器穿刺了解积液(血)情况。记录损伤的部位、类型、数目、形态特征,并与衣物破损情况对比。

4. 腹部　检验皮肤有无损伤、血迹、妊娠纹及色素沉着,必要时可用注射器穿刺了解积液(血)情况。记录损伤的部位、数目、类型、形态特征,并与衣物破损情况对比。

5. 背部、腰部及臀部　检验皮肤有无损伤、血迹及其他异物,肩胛骨、肋骨及脊柱是否变形或是否扪及骨折,臀部有无注射针眼。记录损伤的部位、类型、数目、形态特征,并与衣物破损情况对比。

6. 肛门和外生殖器　检验有无损伤或异物附着。记录损伤的部位、数目、类型、形态特征,并与衣物破损情况对比。

7. 四肢　检验四肢的形状,有无畸形和反常活动,有无注射针眼及其部位和数目;触扣骨折情况;手部皮肤、指(趾)甲的颜色及附着物。记录损伤的部位、数目、类型、形态特征,并与衣物破损情况对比。

五、尸体解剖

(一)法医尸体解剖的分类

法医尸体解剖可分为系统解剖和局部解剖。系统解剖包括颅腔、胸腔、腹腔的剖验。局部解剖包括脊髓腔、关节腔、四肢、背臀部及会阴部的剖验,可根据案件需要进行。

(二)系统解剖的术式

在进行系统解剖时,尸体处于仰卧位,术者位于尸体右侧。根据不同要求,可以选择不同的术式。

1. 直线切开法　切线从下颌下缘正中线开始,沿颈、胸腹正中线绕脐左侧至耻骨联合上缘切开皮肤及皮下组织。

2. T 字弧形切开法　切线从左肩峰经胸骨上切迹至右肩峰做弧形横切口,在其中点向下做直线纵切口,绕脐左侧至耻骨联合上缘。

3. Y 字形切开法　切线分别从左、右乳突向下至肩部,再向前内侧切开至胸骨切迹处会合,胸腹部切口同上,剥离颌下及胸前皮肤。将皮瓣上翻盖于颜面部,暴露颈前器官。

无论选择何种术式,必须在尸体外表检验后方可进行。如遇有损伤,切线应绕过损伤处,以保留损伤的原始状况。

(三) 腔隙剖验

腔隙剖验包括胸腔、腹腔、盆腔、颅腔剖验和脏器、组织的取出和检查。按《法医学尸体解剖》(GA/T 147—1996)执行。

六、法医病理学检验

(一) 尸体解剖提取组织标本及注意事项

1. 组织标本的选取　原则上应选取每个器官的组织进行病检,但根据实际情况也可选取生命重要器官和/或组织,有损伤、疾病及其他病理改变的器官和/或组织,对死因鉴别有重要意义的器官和/或组织等。

2. 取材部位　除常规选取外,可根据实际需要进行选择性取材。

3. 取材要规范　有浆膜的器官其组织块中要有一块带浆膜。损伤及病灶区取材时要带有周围的正常组织,如从创口取材,取材部位应与创口长轴相垂直并包含一定的创缘和创周组织;索沟的取材应取成与索沟方向垂直的条状组织(含索沟及两侧的正常组织)。提取皮肤组织应带有皮下组织,必要时深及肌肉。

4. 组织块大小　一般为 2 cm×2 cm×1 cm。

5. 组织块切面　管状器官一般采用横切。小肠因有环形皱襞,故以纵切较好。肾脏采取纵切。脑一般从与脑沟呈直角的方向做垂直切面。肝、脾、胰等横切或纵切均可。

(二) 制片组织块取材及注意事项

1. 取材时间　一般在固定 3~7 天后进行取材。

2. 取材修块　一般组织块厚度以 0.2~0.3 cm 为宜。一般制片用的组织块不应大于 1.5 cm×1.5 cm×0.3 cm。

3. 取材方法　取材的刀刃要锋利,取材时不能来回切割或挤压组织。特别避免组织发生干燥,取材后应立即放入固定液内进行固定。组织包埋要平整;组织包埋面的区分办法,可在组织块的边缘或不重要区域扎一大头针,以大头针帽头指示包埋面。

4. 组织标记　采取组织编号、绘图标记或分别放置于不同组织盒内的方法进行区分。

5. 送交组织　将需包埋的组织检材一同装入盛有10%甲醛溶液的玻璃瓶内,玻璃瓶上注明解剖编号及其他相关信息。

(三)常规组织病理学检查取材的数量

1. 心脏　7块,即左、右心房,右心室,左心室的前壁、侧壁及后壁,室间隔。

2. 肺　7块,即两肺每叶各1块,两肺的肺门组织各1块。

3. 脑组织　9块,即额叶、顶叶、颞叶、枕叶、基底节、中脑、脑桥、延髓、小脑各1块。

4. 双侧器官　左、右器官各取1块。

5. 其他器官　一般情况下,应取肝、脾、胰腺、食管、胃壁、十二指肠、空肠、回肠、盲肠及阑尾、结肠、直肠、甲状腺、胆囊、膀胱、前列腺、子宫、宫颈等各1块。

(四)检材的固定

1. 意义　①阻止组织自溶和腐败。②使细胞内的蛋白质、脂肪、糖、酶等各种成分沉淀保存下来,以保持其原有结构。③沉淀及凝固使细胞成分产生不同的折射而造成光学上的差异,使得在生活状态下原来看不清的结构变得清晰起来,并使细胞的不同部分容易着色。④通过固定剂的硬化作用使组织硬化,便于制片。

2. 常用固定液

(1)甲醛液(福尔马林):浓度一般为10%。

(2)乙醇:当需要显示组织内糖原或神经细胞内尼氏体时,可用95%乙醇固定。

(3)Zenker液:主要用于检查骨髓等造血组织的细胞。

(4)Bouin液:主要用于结缔组织三色染色,能较好地显示肺水肿。

(5)戊二醛溶液:用于制作电镜超薄切片。

3. 固定时间　10%的甲醛溶液固定小块组织数小时即可;稍大块组织以24~48小时为宜,大块组织或整个器官则需要7~10天。

七、常见组织的法医病理学观察

(一)病理组织切片的观察

1. 肉眼观察　手持所要观察的切片,先肉眼观察以下内容。

(1)确定是什么组织或器官:大部分切片以肉眼即可判定是什么组织或器官,如心、肝、脾、肾、肺、脑等。分辨各组织器官对初学者来说不大容易,需要反复大量观察,有了一定经验之后就容易了。

(2)切片的厚度、颜色等是否一致:这种"是否一致",不是指正常结构中不同部位上的差异,而是指异常改变造成的。如一致,可能是无病变,亦可能是一致性的病变;如有明显不一致的地方,如果不是正常的结构上的不同,便很可能是病灶所在之处了。在用显微镜观察时,尤其要注意此处。

2. 低倍镜观察 肉眼观察后,辨别出切片的上、下面(有极薄的盖玻片那面向上),再放在显微镜下,用低倍镜观察。

(1)观察方法:实质器官一般由外(被膜侧)向内,空腔器官由内向外逐层观察。观察每层时亦应从一端开始,一个视野挨一个视野地连续观察,以免遗漏小的病变。这种观察可以快一点粗略地观察一遍,若是一致性改变,然后再任选较清晰处进行详细观察;若是局灶性病变,全面观察后,便可回到病灶处详细观察。

(2)观察内容:①是何组织、器官,以印证肉眼判定的结果是否正确。②根据组织学和病理学知识,判定该组织是正常、部分正常部分异常,还是全部异常。③如有病变,再进一步观察、描述它是什么改变,属于哪种病变(如血液循环障碍、物质代谢障碍、炎症、肿瘤等)。

3. 高倍镜观察 注意:必须在利用低倍镜全面观察之后进行,为了进一步清楚地观察某些病变更微细的结构或细胞结构时才能换用高倍镜观察。因为直接用高倍镜观察既容易因调不好焦距而损坏镜头或切片,又容易漏掉病变而误诊(因倍率高时看到的面积小,不容易看清全局),所以一般是在低倍镜下找到需要用高倍镜观察的地方之后,把该处移到低倍镜的视野中央,再换用高倍镜观察。

4. 油镜观察 注意:必须将要观察的部分移到高倍镜视野中央后,再换油镜观察,这在病理组织切片观察中很少用。

对病理组织切片的观察,绝大部分的观察内容都应当是在低倍镜下进行,肉眼及高倍镜观察只起辅助作用。在观察切片时,要运用组织胚胎学和病理学知识,联系各病变间有无关系;要密切观察大体标本有何改变,临床上可能有什么表现,然后做出综合分析判断。

(二)常见器官的显微镜观察

1. 心脏切片观察 因心脏是空腔脏器,可逐层观察,如由心外膜、心肌及心内膜的次序观察。

　　(1)心外膜:观察心外膜表面有无渗出物附着,有无因机化而增厚的情形,有无出血,冠状动脉有无硬化等。

　　(2)心肌:观察肌纤维横纹是否清楚,有无变性、坏死等改变,然后再看心肌间质的改变,如血管有无充血、出血,间质内有无水肿和与正常不一致的地方。

　　(3)心内膜:观察心内膜(包括心瓣膜)有无异常之处。

　　2.肺切片观察　肺组织分为实质和间质。镜下观察时,要观察肺实质中的肺内支气管、各级分支及终末肺泡;观察间质中的结缔组织、血管、淋巴管和神经。

　　从叶支气管至终末细支气管为肺内的导气部,终末支气管以下的分支为肺的呼吸部,包括呼吸性细支气管、肺泡管、肺泡囊和肺泡。

　　3.脑组织切片观察　观察大脑半球皮质(大脑皮质)的灰质和深层的髓质。大脑皮质是表面的一层灰质,主要由神经细胞的细胞体集中部分构成;髓质内含有神经纤维和核团。

　　神经细胞包括细胞胞体和突起,突起包括轴突和树突。神经细胞的胞体一般构成深灰质的核团,脑内灰质核团包括窦状核、尾状核、壳核、红核、黑质、丘脑底核等。脊髓灰质包括脊髓前角、后角和侧角。轴突主要构成神经白质纤维。脑内白质包括内囊和皮质下白质。脊髓内白质主要由上行和下行传导束组成,上行传导束司感觉,下行传导束司运动。

　　尼氏体是光镜下细胞质内嗜碱性染色的块状或颗粒状物质,称为嗜碱性物质或核外染色质。尼氏体分布于胞体和树突内,但不见于轴丘和轴突中。

　　4.肝脏切片观察　观察肝脏 HE 染色切片,首先需要在显微镜下找到肝脏的标志性结构,也就是肝小叶,然后找汇管区。肝小叶中央有中央静脉,肝细胞以中央静脉为中心向周围放射状排列,称为肝板。高倍镜下观察肝细胞、库普弗细胞,肝细胞内染色为蓝色的是细胞核,细胞核大而圆,居中,异染色质少而着色浅,能清晰看到核仁。肝细胞胞质丰富,多呈嗜酸性,当蛋白质合成旺盛时,胞质内出现散在的嗜碱性物质。

　　在肝切片中,肝小叶周围的边角缘处,可见较多的结缔组织,其中含有门静脉、肝动脉和肝管伴行管道的断面,称为门管区。每个肝小叶的周围一般有 3~4 个门管区,门管区内主要有小叶间静脉、小叶间动脉和小叶间胆管,此外还有淋巴管和神经纤维。

　　小叶间静脉是门静脉的分支,管腔较大而不规则,壁薄,内皮外仅有少量散在的平滑肌。小叶间动脉是肝动脉的分支,管径较细,腔较小,管壁相对较厚,内皮外有几层环行平滑肌。小叶间胆管是肝管的分支,管壁由单层立方或柱状上皮构成。

5. 肾脏切片观察　肾脏内部的结构,可分为肾实质和肾盂两部分。在肾纵切面可以看到,肾实质分内、外两层,外层为皮质,内层为髓质。肾皮质位于肾实质表层,富含血管,新鲜时呈红褐色,由一百多万个肾单位组成。每个肾单位由肾小体和肾小管所构成,部分皮质伸展至髓质锥体间,成为肾柱。肾髓质位于肾皮质的深面,血管较少,色淡红,为 10～20 个肾锥体所构成。肾锥体在切面上呈三角形,底部向肾凸面,尖端向肾门。肾锥体主要组织为集合管,肾锥体尖端称为肾乳头,每一个乳头有 10～20 个乳头管,向肾小盏漏斗部开口。

在肾窦内有肾小盏,为漏斗形的膜状小管,围绕肾乳头。肾锥体与肾小盏相连接。每个肾有 7～8 个肾小盏,相邻 2～3 个肾小盏合成 1 个肾大盏。每个肾有 2～3 个肾大盏,肾大盏汇合成扁漏斗状的肾盂。肾盂出肾门后逐渐缩窄变细,移行为输尿管。

肾单位是肾脏结构和功能的基本单位。肾小体包括肾小球和肾小囊。肾小体内有一个毛细血管团,称为肾小球,肾小球是个血管球。它由肾动脉分支形成。肾小球外有肾小囊包绕。肾小囊分两层,两层之间有囊腔与肾小管的管腔相通。

肾小管汇合成集合管。若干集合管汇合成乳头管,尿液由此流入肾小盏。肾小管分部如下。

(1)近曲小管:上连肾小囊腔,是肾小管中最粗的一段,盘曲在所属肾小体周围。管壁由单层立方上皮细胞组成。管腔小而不规则,是肾小管重吸收功能的重要组成部分。细胞游离面有刷状缘,由微绒毛组成,这种结构可扩大细胞表面积,有利于重吸收。

(2)髓袢降支和升支:髓袢为"U"形小管,主要由 3 段组成:第一段为降支粗段,即近曲小管;第二段为细段,呈"U"形;第三段为升支粗段,即远曲小管。它们分别由扁平和立方上皮构成,不同部位肾单位髓袢长度不同。皮质肾单位髓袢较短,薄壁段很短或缺如;近髓肾单位髓袢较长,一直深入髓质,可达锥体乳头,这类髓袢对尿液浓缩具有特殊功能。

(3)远曲小管:较短,迂曲盘绕在所属肾小体附近,与近曲小管相邻。管壁由立方形上皮细胞组成,管腔大而规则。其末端与集合管相连。髓袢及远曲小管合称远端肾单位,是离子转运和分泌的重要场所,可吸收水、钠离子,排泌钾离子、氢离子、NH_3,并受醛固酮和抗利尿激素调节,参与调节尿液浓缩。

(4)集合管:集合管是由皮质走向髓质锥体乳头孔的小管,沿途有许多肾单位的远曲小管与之相连,管径逐渐变粗,管壁逐渐变厚,管壁由立方或柱状上皮构成。过去人们认为集合管只有运输尿液的作用,现在认为集合管亦有与远曲小管同样的重吸收和分泌功能。

6.胰腺切片观察　胰腺表面是被膜,为薄层结缔组织。胰腺内部由胰腺小叶构成,胰腺实质分为外分泌腺和内分泌腺即胰岛。

(1)光镜下观察:胰腺外分泌腺有腺泡、导管。腺泡由浆液性腺细胞组成。腺泡腔内有些扁平或立方形细胞,是伸入腺泡腔内的闰管上皮。

(2)高倍镜下观察:胰腺内分泌腺散在分布于胰腺腺泡之间,由小岛样的细胞团块构成,染色浅,又称为胰岛。胰岛细胞排列呈团状、索状,细胞间有丰富的有孔毛细血管。HE染色不易区分胰岛中的多种类型细胞,特殊染色及免疫组化可以显示和区别。

7.脾切片观察　脾是体内最大的淋巴器官,由被膜、小梁、白髓、红髓、边缘区几部分组成。

(1)肉眼观察:脾的表面有结缔组织被膜,实质比较柔脆。紫红色部分为红髓,散在红髓间蓝色的小点为白髓。红髓占脾的2/3,所以看上去是红色的,白髓是淋巴细胞聚集之处,富含T细胞和B细胞,红髓位于白髓周围,可分为脾索和血窦,中央小动脉分支由边缘区进入再循环,淋巴细胞进入脾。

(2)脾组织切片观察:呈现被膜、小梁、白髓和红髓的结构,切片的肉眼观察可以看出紫红色区域为红髓部分,白髓分布在红髓间,呈现蓝色的点状分布。脾是人类身体中最大的淋巴器官,表面覆盖有浆膜,浆膜的下层是由结构组织较为细密的结缔组织和平滑肌纤维构成,这一层较为脆弱。其中分为白髓和红髓,白髓常是沿小动脉分布,主要作用是聚集淋巴细胞,红髓在白髓和小梁之间的区域,呈红色,包括脾索和血窦及边缘区。边缘区是一个较为特殊的区域,位于红髓和白髓之间,是较为疏松的淋巴组织。

8.甲状腺切片观察　甲状腺主要由甲状腺滤泡组成,一般30个甲状腺滤泡构成1个甲状腺小叶,甲状腺分为左叶和右叶。每个小叶由被膜包绕,被膜内含有丰富的神经、血管和淋巴管。成千上万的甲状腺小叶和周围的组织最终构成了甲状腺。甲状腺可以调节人体激素分泌,甲状腺功能失调会导致甲状腺功能亢进或减退。在甲状腺内的另一种内分泌细胞,称为滤泡旁细胞或明细胞,产生降钙素。当血钙升高时,它有促进降钙的作用。

9.肾上腺切片观察　肾上腺分为皮质和髓质两部分,两者的胚胎来源完全不同,前者来自中胚层,后者来自外胚层。髓质被皮质所包裹,其组织结构和激素分泌功能是独立的。成人肾上腺皮质较坚实,呈金黄色,占腺体总重量的90%;髓质疏松,呈棕褐色,占腺体总重量的10%。肾上腺皮质分为3层:最外层即第一层为球状带,占皮质的15%,细胞排列呈球状,分泌盐皮质激素;第二层为束状带,占皮质的 75% ,细胞排列呈条索状,分泌糖皮质激素;第三层为网状带,约占皮质的 10% ,分泌性激素。在促肾上腺皮质激素的刺激下,网状带可增宽而束状带相应变窄。肾上腺髓质的主细胞为嗜铬细胞。这些细胞在用重铬酸钾染色时,胞质内存在棕色的含铬盐的颗粒,故此得名。嗜铬细胞的功能是合成和分泌肾上腺素或去甲肾上腺素。人类肾上腺髓质储备的 85% 左右是肾上腺素。

八、法医病理学诊断

法医病理学诊断是指接受各地公、检、法、司等机关或机构的委托,按照《法医病理学检材的提取、固定、包装及送检方法》(GA/T 148—1996),对提供的人体器官、组织、石蜡包埋组织块、组织切片进行检查检验和显微镜观察,对其存在的疾病或者非疾病状况进行检验,最后出具法医病理学诊断。

法医病理学诊断是建立在病理诊断的基础上,病理诊断按标本的类型可以分为细胞学病理诊断、组织学病理诊断。组织学病理诊断,按标本是否固定又可以分为术中冰冻诊断和常规组织学诊断。病理诊断按诊断的明确性不同,又可以分为完全肯定的病理报告、不完全肯定的病理报告、描述性或者不能确定的病理报告及无法诊断的病理报告。

(一)完全肯定的病理报告

完全肯定的病理报告,比如病理报告上直接写的是(胃角活检)腺癌,或者(直肠活检)腺癌等。这种病理报告是在临床取检的时候,取到病变部位,以及组织挤压不明显、组织固定及时、病理切片质量比较好的前提下,病理医生可以直接进行诊断。

(二)不完全肯定的病理报告

不完全肯定的病理报告,可能是有疑难病例或者临床取检材时没有取到病变部位,或者是挤压明显等情况,导致无法明确诊断,比如(左腮腺)考虑为多形性腺瘤,或者是可疑(左肺活检)腺癌的诊断,这时的病理报告上可能会建议做免疫组化标记,或者需要会诊来确诊。

(三)描述性或者不能确定的病理报告

描述性或者不能确定的病理报告,是指由于临床取检组织过少,或者是没有取到病变部位,未见明显异常或者病变组织,只能描述一下在显微镜下所看到的组织。

(四)不能诊断的病理报告

不能诊断的病理报告,是指临床所送组织不合格,或者没有及时固定导致组织自溶,无法诊断,比如送检的都是黏液,经脱水程序后无明显实质组织,无法制片,导致无法诊断。

第五节 分析说明

法医病理死因鉴定意见书中的"分析说明",要根据以上法医病理学的检查、发现和显示的病理变化,以法医病理的理论为基础,通过充分的逻辑分析和推理,对死者的死亡原因和死亡机制做出合理的分析说明。

一、确定死亡方式

首先确定被鉴定人是自然死亡(疾病)还是暴力死亡。确定暴力死亡后,需要进一步判断其死亡方式,即自杀、他杀或者意外,其准确判断在案件的侦破、裁定中至关重要。法医学尸体检验是死亡方式判断的重要途径。通过案情及法医学尸体检验确定死亡方式。

二、区别自然死亡与非自然死亡

(一)自然死亡

自然死亡是指符合生命和疾病自然发展规律,没有暴力干预而发生的死亡,分为衰老死和疾病死。法医学上的自然死亡,又称为生理死亡,是指自然人生命的终结。脑死亡是全脑功能丧失。脑死亡中,除了大脑功能丧失,脑干和延髓功能也丧失了,所以去除人工呼吸和循环后,呼吸和心血管系统不能运转。各种反射都不存在,对外界刺激无反应。空颅征(即使维持人工循环,颅内血管也没有流动的血液),无脑电活动。脑死亡的诊断中确实有一个48小时的界限,不过它指的是脑电活动停止后48小时。

(二)非自然死亡

非自然死亡即意外死亡或非正常死亡,在法医学上指由外部作用导致的死亡,包括火灾、溺水等自然灾难;或工伤、医疗事故、交通事故、自杀、他杀、受伤害等人为事故致死。因非正常死亡指的是一些意外伤亡,不是正常规律导致的死亡,需要法医检验之后方可以确定;原因不明的死亡先被列为非正常死亡,在确定死因之后可能被重新归为正常死亡(如心肌梗死)。非正常死亡必须进行法医检验,以确定死因。地方公安机关通行规定:对怀疑非正常死亡的情况,应由有关部门进行检验以查明死因。死者亲属对检验结果有异议的事后应给予复检。另外,家属要求保留尸体的,经批准后应允许保留一段时间。

三、论证死亡的机制

对被鉴定人死亡机制的分析,是要说明死亡原因与死亡机制清晰的因果关系,也是说明死亡原因对机体重要器官的生理影响和引起的病理生理变化,如心力衰竭、呼吸衰竭、肝衰竭等,引起死亡,即导致死亡的直接原因。

死亡的速度不同:法医实际工作中所遇见的死亡通常较快,有的时候甚至表现为即时死亡,死亡速度与死因及死亡机制有关。

死亡机制是指由损伤或疾病引起的最终导致死亡的病理生理过程,是各种不同的死因通向死亡终点的几条共同通道。常见的死亡机制有心脏停搏、心室颤动、放射性心脏抑制、严重代谢性酸中毒或碱中毒、呼吸抑制或麻痹、心力衰竭、肺衰竭、肝衰竭、肾衰竭、延髓生命中枢麻痹等,这些机制最后多会导致心、肺、脑的生命活动停止而死亡。

(一)即时死亡及其常见机制

损伤或疾病发生后数秒到1分钟内发生的死亡称为即时死亡。这在法医学实践中十分常见,它的发生机制是整个机体的毁坏,全脑和/或心功能的立即不可逆终止等。即时死亡举例如下。

1.整个机体的毁坏　如爆炸、交通事故所致的肢体离断或挫碎;坠落到熔化的钢水中等。

2.全脑和/或心脏组织结构的严重破坏导致的功能立即丧失　如颅脑崩裂、离颈、心脏破裂、心脏与大血管离断等。

3.脑干功能的急性麻痹或重度抑制　常见于:重度脑震荡;吸入大量高浓度剧毒气体(如氰化氢、二氧化碳、一氧化碳);处于雷击中心或电击时强电流通过颅脑等。

4.反射性心搏骤停或心室颤动　常见于:冠心病急性发作时因心肌缺血所诱发的心室颤动;压迫颈动脉窦,直接刺激迷走神经及其分支;重度心脏震荡;电击时强电流通过心脏等。

(二)急性死亡及其常见机制

急性死亡是指损伤或疾病发作后几小时到24小时内发生的死亡,其机制主要是心、肺或脑功能的急性衰竭。其中因疾病而发生的急性死亡习惯上称为猝死。急性死亡举例如下。

1.急性心力衰竭　是最常见的急性死亡机制,其表现为心输出量急剧减少,机体来不及发挥代偿作用,多伴有心源性休克。患者很快发生意识障碍,严重心律失常,因急性肺水肿,口鼻可有泡沫性液体流出。除常见于心脏和进出心脏的大血管严重损伤外,还可由各种严重的心脏病引起,如冠心病伴大片急性心肌梗死或心脏破裂、重度心肌炎、心肌病、二尖瓣脱垂、重症心瓣膜病等。

2.中枢神经系统功能障碍　常见于中枢神经系统损伤或疾病,以及它们的急性并发症,如外伤性或疾病性脑内大量出血、急性硬脑膜外或硬脑膜下血肿、重度蛛网膜下腔出血、继发性脑疝、脑脊液循环的急性障碍、暴发性脑炎或脑膜炎等,最终都可导致脑干功能障碍而致死。

3.急性循环衰竭　常见于创伤性休克、急性失血性休克、过敏性休克、感染重度性休克等。

4.急性呼吸衰竭　常见于各种机械性窒息、病理性或中毒性窒息等。

5.其他　如重度日射病,日射病可以引起中枢神经系统急性功能障碍和心律失常;低温引起的心脏传导阻滞伴发心室颤动;急性中毒导致中枢神经系统、呼吸系统和循环系统功能障碍,引起相应器官功能衰竭。

(三)亚急性死亡及其常见机制

亚急性死亡是指损伤或疾病发生24小时后第2~3周内发生的死亡,常见于损伤的并(继)发症和呈亚急性病程的疾病或中毒。与法医学鉴定有关且常见的亚急性死亡如下。

1.损伤引起器官的迟发性破裂出血　损伤引起器官的迟发性破裂出血,如亚急性硬脑膜下血肿压迫引起脑功能障碍,迟发性肝、脾破裂引起急性失血休克。

2.外伤后继发感染　外伤后继发感染,如化脓性脑膜炎或脑膜脑炎、支气管炎、化脓性胸膜炎或腹膜炎、败血症、脓毒血症、破伤风、气性坏疽等引起的中枢神经系统、呼吸系统或循环系统的功能衰竭。

3.外伤后非感染性并发症　外伤后非感染性并发症,如挤压综合征导致急性肾衰竭及性呼吸窘迫综合征致急性呼吸衰竭,以及各类栓子继发的急性呼吸衰竭或急性心力衰竭、中枢神经系统功能障碍。

4.其他　缺氧、中毒、损伤、某些疾病等引起体内水、电解质紊乱,以及酸中毒或碱中毒。

(四)慢性死亡及其常见机制

慢性死亡是指损伤或疾病发生3周以后出现的死亡,死亡时间从几个月到数十年不等。主要包括外伤性癫痫大发作、迟发性脑出血、代谢紊乱性疾病、心包腔或胸腔闭塞、水及电解质紊乱、职业中毒和多次小剂量投毒导致重要器官功能逐渐衰竭。

(五)应激性死亡及常见机制

应激本质上是一种防御适应反应,当应激原过于强烈和持久时,机体的各种反应虽然仍具有某些防御适应意义,但其主要机制则转变为异稳态负荷加重,发生机体功能代谢障碍及组织损伤,甚至死亡。

四、法医学死亡原因分析

法医学死亡原因是指直接或间接导致死亡发生的疾病、暴力或衰老等因素。

1.根本死因　又称为原发性死因,是指引起死亡的原发性疾病或致死性暴力。根本死因对死亡的发生负主要责任。

2.直接死因　即致命的并发症。伤病关系分析时要慎重,易产生纠纷。

3.辅助死因　是根本死因之外的自然性疾病或损伤,本身不会致命,但在死亡过程中起辅助作用。

4.死亡诱因　即诱发身体原有潜在疾病急性发作或迅速恶化而引起死亡的因素。

5.联合死因　又称为合并死因,是指某些死亡案件的死因构成中存在"多因一果"的情形,须判定各种因素的主次关系及相互关系。

五、认定死亡因果关系

1.认定死亡的性质　如意外、他杀、自杀、疾病等。确定死亡原因主要在于确定是自然死亡(病死或老死)还是非自然死亡(暴力死亡)。当同时存在损伤与疾病时,要分析损伤、疾病与死亡的关系。当存在几种致命性损伤时,应确定主要死因,以便澄清谁应负主要致死责任。

2.确定死亡方式　在死亡方式不明时,要排除机械性损伤、机械性窒息、中毒引起的死亡。判定致死方式,即判定是他杀、自杀还是意外死亡。判定致死方式要比确定死亡原因复杂,需要结合现场勘验和案情调查进行全面分析,然后做出判断。

3.推断死亡时间　死亡时间是指人死后到尸体检验的时间。推断死亡时间有助于确定侦查范围,主要根据尸体现象所见和对生物化学变化的检测,结合当时当地的气象条件进行综合判断。

4.认定致死(伤)物体　主要是根据损伤的形态、大小、程度及其他性质,如损伤内的附着物来推定的,或根据咬痕、扼痕、捆绑痕、注射针孔、各种工具打击痕迹等的性质、形成方式和方法来判断。

5. 鉴别生前伤与死后伤　即推断死者损伤是生前造成的还是死后形成的,以及生前损伤后经过的时间。在鉴定中,还可通过骨骼、牙、毛发的检验推断死者的性别、身高、年龄、血型等。

6. 证据互相印证　证据要互相印证,形成严谨的逻辑关系和链条,符合因果关系,支持法医病理学鉴定意见或结论。如颅脑外伤、侧脑室出血、脑水肿、脑干受压、小脑扁桃体疝、脑干功能障碍死亡。

7. 说明死亡的根本死因、直接死因、辅助死因、死亡诱因、联合死因　法医病理学鉴定意见或结论要说明被鉴定人死亡过程中,根本死因、直接死因、辅助死因、死亡诱因、联合死因的作用及因果关系。

第六节　鉴定意见、附件、司法鉴定人签名及鉴定日期

法医病理学鉴定结论应针对委托事由,根据检验结果和分析说明的理由,准确做出有科学依据的结论。切忌答非所问。

结论应简明扼要地分条列出。尽可能做出确定性判断(肯定或否定),或至少做出倾向性结论(如尸表检查)。

对于死亡原因和机制,应阐明主要死因、直接死因、辅助死因、联合死因、死亡诱因及死亡机制。叙述确认某种死因及排除其他死因的依据。如不能确定死因,也必须说明不能确定的原因。

对于死亡方式和损伤方式,法医只能根据自己的观察所见,提出自己的倾向性意见,或说明不能提出倾向性意见的理由。有时法医必须与侦察人员共同分析,才能做出结论。

对于死亡时间,应提出计算的依据和可能的波动范围。

对于损伤时间的推断,应区分生前伤与死后伤,推测从损伤到死亡所经过的时间。由于环境因素和个体差异的影响,推断必须慎重。

一、鉴定意见(或结论)

鉴定意见(或结论)是指法医病理学鉴定人通过案情审核、现场勘察、临床病历资料审阅、尸表检查、尸体解剖、法医病理学检验和诊断,对其进行分析说明后,得出的鉴定意见或结论。

1. 死亡原因鉴定　死亡原因鉴定意见,要阐明被鉴定人死亡的根本死因与直接死因,如存在辅助死因或死亡诱因要表明,有联合死因的情况下要界定

联合死因中的主要死因、次要死因。

2.致死方式鉴定　即判定是他杀、自杀还是意外死亡。判定致死方式要比确定死亡原因复杂,需要结合现场勘验和案情调查进行全面分析,然后做出判断。

3.推断死亡时间　死亡时间是指人死后到尸体检验的时间。推断死亡时间有助于确定侦查范围,主要根据尸体现象所见和对生物化学变化的检测,结合当时当地的气象条件进行综合判断,说明被鉴定人死亡的日期或大致时间。

4.致死(伤)物体鉴定　主要是根据损伤的形态、大小、程度及其他性质,如损伤内的附着物来推定的,或通过咬痕、扼痕、捆绑痕、注射针孔、各种工具打击痕迹等的性质、形成方式和方法来判断。鉴定意见中要说明或推断可能的致死(伤)物体的种类和特点。

5.生前伤与死后伤鉴定　即推断死者损伤是生前造成的还是死后形成的,以及生前损伤后经过的时间。在鉴定中,还可通过骨骼、牙、毛发的检验推断死者的性别、身高、年龄、血型等。鉴定意见中要说明被鉴定人的损伤是生前还是死亡以后形成的。

二、附件

附件是随同鉴定意见书一同制定的文件,它是鉴定意见书的一部分,包括文字、表格、照片等,常附在鉴定意见书的后面。

1.照片　照片是指与本鉴定有关、支持本鉴定、比文字叙述更能表达清楚的病变、损伤的照片资料。如尸体全貌照片、尸体表面的挫裂伤照片、被鉴定人身份证照片等。

2.文字或表格　鉴定意见书需要单独补充说明的文字材料和表格。

三、司法鉴定人签名及鉴定日期

1.司法鉴定人签名　法医病理学鉴定意见书完成后,必须由获得司法鉴定人资格的司法鉴定人,用蓝色或黑色水笔签名或电子签名,谁鉴定谁负责签名。

2.鉴定日期　司法鉴定人在法医病理学鉴定意见书上签名后,签署鉴定日期,用公元纪年表示,签署的日期要与完成的时间一致。

第七节 法医病理学鉴定注意事项

法医病理学鉴定时要注意遵循《司法鉴定程序通则》的要求,严格按照法医鉴定程序、法医鉴定步骤进行,在规定的司法鉴定时间内完成。

一、法医鉴定程序

法医病理学检验对象是尸体和尸解脏器,主要解决死亡原因,死亡和损伤的关系,死亡和疾病的关系,死亡和中毒的关系,以及死亡性质等问题。法医病理学检验鉴定工作必须严格按照法律程序开展。

1. 案件来源 案件主要来源于公、检、法机关委托的鉴定及行政机关、社会机构、机关团体等委托的相关检验。

2. 案件委托和受理 公、检、法机关正在办理的案件,由案件承办机关出具检验鉴定委托函;行政机关、社会团体等委托的案件,由其出具检验鉴定委托书。

中心办公室受理案件时,认真检查委托书及有效身份证件;了解案情,并做好记录,编写检验鉴定顺序号码;认真清点送检检材,填写鉴定委托受理合同。

在法医病理检验鉴定案件中,接案人员应亲自提取检验标本及文字资料。

3. 检验鉴定 全套系统尸体解剖,一般由鉴定人和技术人员完成,到现场参加工作,1 名负责开颅,2 名负责开胸腹腔,1 名记录拍照。交通工具由委托单位提供。

送检标本一般由鉴定人和技术人员完成,1 名负责取材制片,2 名负责阅片、检验、鉴定。

法医病理专业人员侧重损伤、中毒、疾病、非法行医等检验鉴定工作,病理学专业人员侧重肿瘤病理、临床病理等检验、鉴定工作。

二、法医鉴定步骤

(1)法医鉴定主要受理公、检、法机关委托的鉴定。县公安机关办理的案件,需要做人身伤害法医学鉴定的,须委托县公安机关的法医进行初次鉴定,不得越权鉴定,或按国家的相关规定进行鉴定。

(2)委托鉴定由办案单位进行,不受理以个人名义委托的法医鉴定。

(3)委托法医鉴定前,公安机关办案单位应当准备充分的鉴定材料,交由法医对鉴定材料进行审查。案件受伤当事人应配合办案单位提供病历资料、检查报告单、影像诊断资料(X射线片、CT片等)等鉴定资料。

(4)法医应当对被鉴定人进行人身检查,可以要求其补充鉴定材料,法医有确定鉴定时机的义务。委托单位和被鉴定人应当配合法医鉴定。

(5)对行动能力严重受限的被鉴定人,办案单位和法医可以到被鉴定人所处的地点进行人身检查。

(6)办案单位或案件当事人认为法医鉴定结论(意见)理由不足、不全面,或发现新的材料及解答新问题,可以由办案单位委托原进行鉴定的法医进行补充鉴定。

(7)案件当事人对法医鉴定结论(意见)有异议,可以向办案单位申请,委托上一级公安机关的法医或其他鉴定机构进行重新鉴定。

三、司法鉴定时间

《司法鉴定程序通则》第二十八条规定:司法鉴定机构应当自司法鉴定委托书生效之日起三十个工作日内完成鉴定。

鉴定事项涉及复杂、疑难、特殊技术问题或者鉴定过程需要较长时间的,经本机构负责人批准,完成鉴定的时限可以延长,延长时限一般不得超过三十个工作日。鉴定时限延长的,应当及时告知委托人。

司法鉴定机构与委托人对鉴定时限另有约定的,从其约定。

在鉴定过程中补充或者重新提取鉴定材料所需的时间,不计入鉴定时限。

(刘惠勇　邵同先　贾自发　闫俊俊)

第四章 法医病理死因鉴定典型案例解析

　　本章选取法医病理死因鉴定的部分典型案例,对死因鉴定中的案件受理、资料选取、尸表检查、尸体解剖、法医病理学检验和诊断、死亡原因与死亡机制的关系,以及鉴定结论(意见)做解析,甄别对错和利弊。每个案例解析分为案例鉴定介绍和本案鉴定解析两部分。

　　法医鉴定中死因鉴定的步骤:一是认真了解委托事项和案情,以及治疗经过;二是确定是自然死亡还是非自然死亡,以及死亡方式;三是确定死亡原因中根本死因与直接死因的关系,是否存在诱因及作用;四是存在联合死因时,确定主要死因和次要因素或辅助死因,注意甄别疾病与疾病、外伤与疾病、外伤与外伤在死亡中的作用。

第一节　新生儿脑出血

【本案鉴定要点】

1. 阅读案情和治疗经过,确定导致新生儿脑出血的原因。
2. 通过法医病理学检验,寻找新生儿脑出血的客观证据。
3. 分析说明新生儿脑出血引起死亡的机制。
4. 分析说明新生儿黄疸、局部肺不张、吸出的奶液对死亡的影响。

第一部分　案例鉴定介绍

××司法鉴定中心
司法鉴定意见书

编号:××司法鉴定中心[2022]病鉴字第××号

一、基本情况

委托人:××市人民法院。

委托鉴定事项:死亡原因鉴定。

受理日期:2022 年 3 月 3 日。

鉴定材料:

(1)司法鉴定委托书一份。

(2)××尸体一具。

(3)××市人民医院住院病历复印件一份。

(4)××市中医院住院病历复印件一份。

(5)××省妇幼保健院住院病历复印件一份。

鉴定日期:2022 年 3 月 3 日。

鉴定地点:××司法鉴定中心。

被鉴定人:××,女,9 天,2021 年 11 月 25 日出生。

二、基本案情

送鉴材料示:××于 2021 年 12 月 1 日入住××母婴月子会所。12 月 2 日下午 4 时许患儿出现哭闹情况,先后在××市中医院和××省妇幼保健院就诊,12 月2 日被诊断为脑出血,12 月 4 日死亡。

三、资料摘要

1.××市人民医院住院病历摘录

住院时间:2021 年 11 月 29 日—2021 年 12 月 1 日。

住院号:××。

代主诉:患儿皮肤黄染 2 天。

现病史:家属诉患儿 2 天前无明显诱因出现皮肤黄染,以头面部为主,逐渐波及躯干,并伴有巩膜黄染,门诊经皮测胆红素值为 21.5 mg/dL,以“新生儿病理性黄疸”收住我科。

个人史:G_2P_1,胎龄 40^{+6} 周,顺产分娩,无胎膜早破,羊水正常,胎盘正常,脐带正常,生后哭声响亮,无窒息史,出生体重 3030 g(以上内容未见产科纸质病历)。出生日期是 2021 年 11 月 25 日,阿普加(Apgar)评分 1 分钟 10 分,5 分钟 10 分,10 分钟 10 分。

入院查体:体温(T)36.5 ℃,脉搏(P)146 次/分,呼吸(R)40 次/分,血压(BP)70/40 mmHg(1 mmHg≈0.133 kPa)。全身皮肤干燥,重度黄染,巩膜黄染。

入院诊断:新生儿病理性黄疸;可疑新生儿感染情况的观察。

诊疗经过:患儿入院后完善相关检查,医生予以对症支持治疗。患儿现意识清楚,精神反应可,呼吸平稳,皮肤轻度黄染,巩膜轻度黄染,心音有力,未闻及病理性杂音,脐部无渗血。血生化结果(2021-11-30):总胆红素 281 μmol/L,直接胆红素 21.7 μmol/L,胱抑素 C 1.21 mg/L,间接胆红素 259.6 μmol/L,乳酸脱氢酶 408 U/L,肌酸激酶 268 U/L,α-羟丁酸脱氢酶 336 U/L,钠 136 mmol/L,提示总胆红素水平明显高于正常,支持"新生儿病理性黄疸"的诊断。经常规治疗、降胆红素处理、对症治疗后,患儿皮肤黄染减轻,病情好转,家属要求出院。

出院情况:意识清楚,精神反应可,呼吸平稳,皮肤轻度黄染,巩膜轻度黄染,心音有力,未闻及病理性杂音,脐部无渗血。

出院诊断:新生儿病理性黄疸;新生儿尿路感染。

2.××市中医院住院病历摘录

住院时间:2021 年 12 月 2 日—2021 年 12 月 3 日。

住院号:××。

代主诉:患儿全身皮肤灰白、四肢松软约 10 分钟。

现病史:患儿,女,7 天 23 时,足月顺产出生,出生情况不详。出生后因"新生儿病理性黄疸"于 2021 年 11 月 29 日—2021 年 12 月 1 日在××市人民医院新生儿监护室住院治疗。12 月 2 日下午 4 时许患儿出现哭闹不安,给予 60 mL 配方奶喂养,然后间断哭闹,未治疗。约 10 分钟前患儿家属及育婴师发现患儿全身皮肤灰白、四肢松软、刺激无反应。急诊科医师听诊患儿无心率、呼吸后,立即给予心肺复苏。新生儿科医师接诊后查体,患儿全身皮肤灰白、四肢松软、刺激无反应,继续给予心肺复苏,心电监护示心率波动在 22~26 次/分,无自主呼吸,血氧饱和度波动在 35%~40%,考虑新生儿猝死。立即肌内注射肾上腺素及气管插管辅助呼吸等,患儿皮肤颜色逐渐好转。患儿喉间痰鸣,给予吸痰 2 次,吸出奶液、黄色胆汁样胃内容物约 5 mL,12 月 3 日 02:25 转××省妇幼保健院进一步治疗。

入院诊断:新生儿猝死;脑出血? 新生儿窒息? 遗传性代谢疾病? 新生儿

高血糖症？

出院诊断:新生儿猝死;脑出血？新生儿窒息？遗传性代谢疾病？新生儿高血糖症？

3. ××省妇幼保健院住院病历摘录

住院时间:2021 年 12 月 3 日—2021 年 12 月 4 日。

住院号:××。

代主诉:反应差、拒乳 10 小时,加重伴呼吸困难 5 小时,抽搐 1 次。

现病史:患儿系第 2 胎第 1 产,胎龄 40^{+6} 周,经产道娩出,出生体重 3030 g,羊水清,胎盘正常,脐带正常,生后窒息史及 Apgar 评分不详。10 小时前患儿出现反应欠佳、拒乳、频繁哭闹、不易安慰,无发热、咳嗽、呕吐、腹泻、抽搐等。5 小时前患儿病情进展,颜面口唇发绀明显,抽泣样呼吸,口鼻内有奶液流出,刺激不哭,急至××市中医院儿科就诊。医生立即给予抢救措施,患儿仍自主呼吸微弱,刺激无反应,血糖水平高于 20 mmol/L。予以对症处理,为进一步诊治,患儿于机械通气下由我院救护车送入院,以"反应差、抽搐原因待查"为诊断收入我科。入科时患儿呈昏迷状,双侧瞳孔对光反射消失,抽搐 1 次,表现为左上肢抖动,持续约 30 秒后自行缓解。

入院诊断:反应差、抽搐原因待查,颅内感染？暴发性肠道病毒感染？遗传性代谢疾病？

诊疗经过:入院后完善相关检查。白细胞计数 $24.23 \times 10^9/L$[新生儿正常值为 $(15 \sim 20) \times 10^9/L$],中性粒细胞百分比 76.8%。12 月 4 日 CT 检查显示:①脑积水并脑室内积血;②左侧颞顶叶出血;③脑干、左侧桥臂出血并脑干受压,小脑幕、窦汇、横窦、乙状窦区硬脑膜下出血,脑底池蛛网膜下腔出血;④脑白质密度略减低;⑤两肺肺炎并间质性改变;⑥左肺上叶致密影,考虑左肺上叶肺不张;⑦左肺上叶支气管近端开口狭窄,黏液痰栓？⑧双侧上颌窦积液或气化未完善。患儿瞳孔固定,对光反射消失,家属考虑预后不良,要求出院。

出院诊断:脑出血;遗传性代谢疾病？新生儿肺炎;脑积水;卵圆孔未闭。

出院情况:患儿反应差,瞳孔固定,对光反射消失,两肺可闻及痰鸣音。

四、鉴定过程

检验日期:2022 年 3 月 3 日。

检验地点:××县公安局尸体解剖室。

检验方法:

(1)《法医学　尸体检验技术总则》(GA/T 147—2019)。

(2)《法医学尸体解剖规范》(SF/Z JD0101002——2015)。

（3）《法医学 病理检材的提取、固定、取材及保存规范》（GA/T 148—2019）。

尸表检查：

（1）一般情况：新生儿（9 天），女，尸长 50 cm，坐高 29 cm，头围 30 cm，胸围 28 cm，腹围 25 cm。外观发育正常，营养良好。尸斑呈暗红色，分布于项背部及四肢未受压处，指压不褪色。表皮薄弱区皮肤呈红褐色。

（2）头颈部：黑色毛发，发长 0.8 cm。头颅无畸形，头皮未触及肿胀。双眼睑闭合，双侧球、睑结膜苍白，角膜重度混浊，双侧瞳孔均不可视。鼻骨未触及骨擦感，翻动尸体鼻腔可见黄褐色液体流出。耳廓外形完整，外耳道未见明显异物。口唇轻度发绀，牙齿未萌出，舌尖位于齿列内。唇黏膜及双侧颊黏膜无出血，口腔内无异物。颈部皮肤完整，未见挫伤出血，气管居中。

（3）躯干及四肢：胸廓对称，外观形态正常，胸部皮肤未触及肿胀，胸骨及双侧肋骨未触及骨擦感。腹部平坦，未见挫伤出血。十指（趾）甲床发绀，指甲均萌出指端。会阴部未见损伤。四肢未触及骨折。

尸体解剖：

（1）颅腔解剖：头皮下无出血。双侧颞肌无出血。颅骨无骨折。硬脑膜未见明显异常。脑重 343 g，左侧小脑及脑干表面呈暗红色，其余未见异常。

（2）颈部解剖：颈部皮下及肌肉无出血。颈部血管分布正常。甲状软骨、舌骨无骨折。喉头黏膜未见水肿。

（3）胸腔解剖：直线法打开胸腔，胸骨及双侧肋骨无出血。双侧胸腔可见少量淡红色液体。胸腺重 9.5 g，表面及切面未见明显异常。气管、支气管内无异物。左肺重 22 g，右肺重 31 g，两肺表面呈红褐色，切面未见明显异常。心包内可见少量淡红色积液。心脏重 19 g，心脏外观无畸形，表面光滑。各瓣膜周径：三尖瓣 3.0 cm，肺动脉瓣 2.0 cm，二尖瓣 2.5 cm，主动脉瓣 1.0 cm。左心室壁厚 0.4 cm，右心室壁厚 0.3 cm，室间隔厚 0.3 cm。左、右冠状动脉开口位置、直径正常，冠状动脉管腔通畅。

（4）腹、盆腔解剖：腹腔无积液。大网膜、肠系膜的位置和形态正常，腹腔各脏器排列正常。肝重 112 g，表面呈红褐色，切面未见明显异常。脾重 9.5 g，被膜完整，表面及切面呈红褐色。左肾重 14 g，右肾重 11.5 g，双肾被膜易剥离，表面及切面呈红色，切面皮髓质界限清晰。胰腺被膜及切面未见出血。食管呈苍白色，胃内空虚。

法医病理学检验：按照病理学常规对送检的主要器官组织进行法医病理学大体检验和组织病理学检验。

（1）心脏：心肌间隙增宽，间质内未见出血及炎症细胞浸润，左心室前壁、后壁及室间隔局部心肌纤维断裂,部分心肌细胞自溶。

（2）肺:两肺支气管及肺泡腔内可见大量脱落的上皮细胞,肺泡腔扩张可,肺泡隔毛细血管及肺间质血管扩张淤血,肺间质细胞自溶。

（3）肝:肝小叶结构正常,肝实质内未见髓外造血灶,肝细胞自溶。

（4）脾:脾小梁结构模糊,红-白髓分界不清,脾组织细胞自溶。

（5）肾:肾小球结构未见改变,肾小囊腔未见出血及炎症细胞浸润,肾间质细胞自溶。

（6）胰腺:胰腺小叶分叶不清,胰岛结构模糊,胰腺细胞自溶。

（7）脑:脑实质内可见大量冰晶裂隙,脑细胞自溶。小脑及脑干组织内可见大量红细胞残片。

法医病理学诊断:

（1）新生儿脑出血:小脑、脑干出血。

（2）脑、心、肺、肝、脾、肾多器官自溶。

影像学所见:2021年12月3日××省妇幼保健院CT片（编号:CT823545）显示,各脑室内均可见条片状、铸型高密度影,乙状窦、横窦、窦汇、直窦、脑底池、枕大池、小脑幕下可见多发高密度影。脑干、左侧桥小脑结合臂可见高密度影,脑干受压。两肺纹理增重,可见斑片状及条索状密度增高影,以两肺下叶为著,左肺上叶可见大片状致密影。提示脑干、左侧桥臂出血并脑干受压,小脑幕、窦汇、横窦、乙状窦区硬脑膜下出血,脑底池蛛网膜下腔出血;两肺肺炎并间质性改变,左肺上叶致密影,考虑左肺上叶肺不张。

五、分析说明

1.送鉴材料记载　2021年11月25日被鉴定人××出生,2021年11月29日因"皮肤黄染2天"入院,诊断为"新生儿病理性黄疸",医生予以对症支持治疗。12月1日好转出院后入××母婴月子会所,12月2日下午4时许被鉴定人××出现哭闹情况,先后在××市中医院和××省妇幼保健院就诊,12月2日被诊断为脑出血,12月4日死亡。

2.法医学尸体检验及法医病理学检验　被鉴定人××存在新生儿脑出血（小脑、脑干出血）及脑、心、肺、肝、脾、肾多器官自溶。结合基本案情及死亡经过,认为被鉴定人××因新生儿脑出血而死亡。

3.新生儿脑出血　它是新生儿时期最常见的神经系统疾病,机械性创伤、窒息、反复缺氧或脑血流异常是脑出血的常见病因。原发性蛛网膜下腔出血及脑实质出血多与窒息密切相关。被鉴定人××头部未见明显损伤,可排除其因机械性创伤导致脑出血。其组织器官腐败严重,丧失部分检验条件。送检资料记载,2021年12月3日患儿喉间痰鸣,给予吸痰2次,吸出奶液、黄色胆汁样胃内容物约5 mL;影像学检查显示两肺肺炎并间质性改变,左肺上叶致密影,考虑左肺上叶肺不张。

综合以上分析,被鉴定人××脑出血可能与肺部病变导致脑组织缺氧有关,其脑出血引起呼吸循环衰竭而死亡。

六、鉴定意见

被鉴定人××符合新生儿脑出血引起呼吸循环衰竭而死亡的征象。

七、附件

照片(略)。

司法鉴定人:××
《司法鉴定人执业证》证号:××
司法鉴定人:××
《司法鉴定人执业证》证号:××

××司法鉴定中心
2022年4月21日

第二部分   本案鉴定解析

一、司法鉴定意见书中的相关表述

本案司法鉴定意见书格式规范完整,包括基本情况、基本案情、资料摘要、鉴定过程、分析说明、鉴定意见、附件7个部分,条理比较清晰,但有关表述需进一步完善。

(一)基本情况

对于基本情况中的委托鉴定事项,本司法鉴定意见书表述的是"死亡原因鉴定",这种表述不完整,建议改为"被鉴定人××的死亡原因鉴定"。

(二)基本案情

案件鉴定前有审核和受理过程,审核委托鉴定事项表是不是业务范围,表达是否准确,案件提供的基本案情是否真实、可靠、完整。本案被鉴定新生儿从出生到死亡共10天,11月25日出生到12月1日住××母婴月子会所期间的11月29日—12月1日住院信息没有提供,最好能补充,以利于了解案件和开展鉴定。

（三）检验方法

检验方法中的尸体解剖方法应采用《新生儿尸体检验标准》（GA/T 151—1996）较为妥当。

二、新生儿脑出血发病原因

新生儿脑出血较为罕见，发病原因包括以下五大类。

1. 产伤　产伤最常见的是生产过程中，尤其是阴道分娩（顺产）过程中出现产伤，如使用产钳或生产时间延长，新生儿颅内挤压时间过久出现脑出血；多是在生产时受到产道挤压或者产钳钳夹时，出现硬脑膜下出血或硬脑膜外血肿。

2. 维生素 K 缺乏　体内缺乏维生素 K 或血小板缺乏等血液系统疾病造成的脑出血。

3. 先天性疾病　先天性疾病在胚胎时期或在临近生产进行产检时，即可发现少量脑出血。

4. 血液系统疾病　新生儿本身有血液方面的遗传病，如地中海性贫血和一系列有出血倾向的血液系统疾病。

5. 缺氧　凡能引起缺氧的因素均可导致脑出血，患儿以早产儿多见。如宫内窘迫、产时及产后窒息缺氧，导致脑血管壁通透性增加，血液外渗，出现脑室管膜下、蛛网膜下腔、脑实质出血。一般来说脑出血都是外伤导致的，当然如果新生儿存在缺氧现象的话，也会出现脑出血。

三、新生儿脑出血引起死亡的分析

（一）患儿的发病过程

患儿××于 2021 年 11 月 25 日出生，顺产。11 月 29 日—12 月 1 日，因"皮肤黄染 2 天"在××市人民医院住院，诊断为"新生儿病理性黄疸"，出院时黄疸好转。患儿于 12 月 1 日入住××母婴月子会所。12 月 2 日下午 4 时许，患儿出现哭闹情况，先于 12 月 2 日—12 月 3 日在××市中医院就诊，患儿喉间痰鸣，给予吸痰 2 次，吸出奶液、黄色胆汁样胃内容物约 5 mL。12 月 3 日—12 月 4 日在××省妇幼保健院就诊，均未显示有新生儿黄疸存在。CT 检查提示脑干、左侧桥臂出血并脑干受压，小脑幕、窦汇、横窦、乙状窦区硬脑膜下出血，脑底池蛛网膜下腔出血；两肺肺炎并间质性改变，左肺上叶致密影，考虑左肺上叶肺不张。12 月 2 日被诊断为脑出血，12 月 4 日死亡。

（二）新生儿生理性黄疸与病理性黄疸的区别

1. 生理性黄疸的特点　一般生后 2～3 天出现黄疸,4～5 天达高峰,足月儿血清胆红素应该<205 μmol/L(12 mg/dL),在 2 周内消退。早产儿血清胆红素<257 μmol/L(15 mg/dL),消退时间可延迟到 3～4 周。生理性黄疸期间,患儿一般情况良好,不伴有其他的症状。

2. 病理性黄疸的特点　①出现过早(黄疸出现在生后 24 小时以内)。②血清总胆红素水平过高,如足月儿胆红素>205 μmol/L(12 mg/dL),早产儿>257 μmol/L(15 mg/dL)或每日升高>85 μmol/L(5 mg/dL)。③黄疸持续过长,足月儿大于 2 周,早产儿大于 4 周。④黄疸、腹泻进行性加重。出现以上任何一条均可以诊断为病理性黄疸。病理性黄疸常见的原因是胆红素产生过多、胆红素合成障碍,以及胆红素排泄异常,这些都是需要鉴别和对照的情况。

本患儿 2021 年 11 月 25 日出生,27 日出现黄疸,仅凭实验室检查诊断为病理性黄疸值得商榷。一般新生儿病理性黄疸发生在出生后 24 小时内。

（三）临床表现

本患儿 2021 年 12 月 3 日住院期间吸痰,吸出奶液、黄色胆汁样胃内容物约 5 mL。说明此前有喂养不当,奶液误入呼吸道和气管,后续 CT 检查显示"两肺肺炎并间质性改变,左肺上叶致密影,考虑左肺上叶肺不张"。肺炎和肺不张是引起患儿缺氧的重要原因,也可继发脑血管通透性增加和破裂,导致出血。

第二节　枪击致肝破裂出现失血性休克

【本案鉴定要点】

1. 本案为枪弹致人体损伤,认真了解案情,检查枪伤的部位和特点、子弹的入口和出口;子弹是否存在于体内。

2. 通过法医病理学检验,确定肝破裂的部位、大小及腹腔出血量。

3. 分析说明失血性休克引起死亡的机制。

第一部分　案例鉴定介绍

××司法鉴定中心
司法鉴定意见书

编号:××司法鉴定中心[2019]病鉴字第××号

一、基本情况

委托人:××市公安局××分局。

委托鉴定事项:死亡原因分析。

受理日期:2019 年 3 月 21 日。

鉴定材料:

(1)司法鉴定委托书一份。

(2)××尸体一具。

鉴定日期:2019 年 3 月 21 日。

鉴定地点:××司法鉴定中心。

被鉴定人:××,男,53 岁,身份证号为 21010219660908××××。

二、基本案情

根据委托人提供的材料:2019 年 3 月 3 日,××在××市××区××路××号××酒店门前被击毙。

三、资料摘要

无。

四、鉴定过程

检验日期:2019 年 3 月 21 日。

检验地点:××市公安局解剖室。

检验方法:

(1)《法医学尸表检验》(GA/T 149—1996)。

(2)《法医学尸体解剖》(GA/T 147—1996)。

现场情况:上身外至内着红色冲锋衣(左袖口中段前侧两处类圆形破损,大小分别为 0.4 cm×0.3 cm、0.4 cm×0.4 cm)和深色线衣(血染,前胸有一处破损口,大小为 0.6 cm×0.7 cm)。下身外至内着紫色牛仔裤(系黑白相间腰带)、灰色保暖裤、紫色秋裤、黑色内裤。脚穿黑色袜子和棕色皮鞋。双手着迷彩手套,左手有血迹。

尸表检查:

(1)一般情况:冷藏解冻尸体,脱去衣物后检验。男性尸体,尸长165.0 cm,外观发育正常,营养可。尸斑呈暗红色,分布于尸体背侧未受压部位,指压不褪色。

(2)头颈部:黑色短发,额顶部左侧见一处条形创口,大小为4.9 cm×0.6 cm,创缘不整齐,创壁不光滑,创腔内见组织间桥。额部左侧有散在点片状擦伤,大小为5.0 cm×2.5 cm。顶部左侧有一处条形创口,大小为4.2 cm×0.3 cm,创缘不整齐,创壁不光滑,创腔内见组织间桥。双侧眼睑闭合,眼睑、结膜未见出血,双眼角膜重度混浊,瞳孔不可窥视。鼻骨未触及骨擦感,鼻腔无异物。左面颊见散在擦挫伤,大小约3.0 cm×5.5 cm。上唇左侧见一处擦伤,大小约1.5 cm×0.7 cm。鼻背部见一处搓伤,大小为1.0 cm×0.7 cm。右颧部至右眼外侧见一处擦挫伤,面积为7.0 cm×5.0 cm。上唇右侧见一处类圆形皮肤缺损,直径约1.5 cm。右侧上颌骨粉碎性骨折,右上牙列2~6缺失。耳廓外形完整,见血痂附着,双侧外耳道无异物。右耳后见一处擦伤,大小为2.5 cm×1.6 cm,下方伴两处划伤,大小分别为4.5 cm×0.1 cm、3.5 cm×0.1 cm。唇、颊黏膜未见出血。

(3)躯干及四肢:胸廓外形正常,胸部未触及肿胀,胸骨、肋骨未触及骨擦感。胸部剑突下见一处类圆形皮肤缺损,大小为1.2 cm×0.6 cm,左侧肋弓下见一处擦伤,大小为3.0 cm×2.5 cm。四肢外形正常,左前臂中段桡侧见两处类圆形皮肤缺损,大小分别为0.3 cm×0.3 cm、0.5 cm×0.5 cm,相距2.2 cm。左膝部见一处擦伤,大小为3.0 cm×1.0 cm。右膝部见一处擦伤,大小为1.5 cm×1.0 cm。肛周清洁。

尸体解剖:

(1)颅腔解剖:额部左侧见头皮下出血,大小为5.0 cm×2.5 cm,顶部左侧头皮下出血,大小为7.0 cm×5.0 cm。耳后头皮下出血,大小为5.0 cm×4.0 cm。左侧颞肌出血,大小为3.5 cm×2.0 cm。颅骨未见骨折,打开颅腔,见脑组织部分自溶,全脑重1444 g,未见明显出血征象。

(2)颈部解剖:颈部皮肤、皮下组织、颈前肌群无损伤或出血。颈部血管分布正常。甲状软骨、舌骨未见骨折。甲状腺、扁桃体未见明显肿大。喉头未见明显水肿、出血。

(3)胸腔解剖:直线法切开胸腹壁,剑突下方偏右侧见一5.5 cm×5.0 cm创口。纵隔左移,胸膜、胸壁未见粘连,右侧胸腔见540 mL血性液体。右侧第十一、十二肋间肩胛骨中线处有一处破口,大小为1.0 cm×0.5 cm。气管、支气黏膜可见少量白色泡沫样液体附着。左肺重506 g,右肺重422 g,两肺表面及切面呈红褐色,切面质地均匀。心包右侧见一处破口,大小为3.2 cm×3.0 cm,心包腔内见少量淡黄色液体,心脏重428 g,心脏外观无畸形,各瓣膜光滑,未见赘生物及明显异常。左、右冠状动脉开口正常,管腔通畅。

(4)腹、盆腔解剖:皮下脂肪厚5.0 cm,腹腔无积液,大网膜、肠系膜的位置和形态正常,肠系膜淋巴结不肿大。膈肌高度:左侧位于第五肋间,右侧平第四肋。肝下缘位置:右锁骨中线处距肋缘上5.0 cm,剑突处平剑突。肝重1672 g,表面呈红褐色,肝左叶见一6.0×2.5 cm破口,肝右叶见一2.3 cm×2.0 cm破口,肝右叶见一孔洞样缺损,包膜完整,孔洞大小为1.5 cm×1.2 cm,切面呈砖红色,内见大面积血肿,胆管及胆囊未触及结石。脾重84 g,被膜完整,切面呈暗红色。左肾124 g,右肾128 g,双肾被膜易剥离,切面皮髓质界限清晰。胰腺重160 g,被膜及切面无出血。食管黏膜苍白,胃内有350 g冰碴,396 g胃内容物。膀胱空虚。脊柱、骨盆和四肢未触及骨折。

法医病理学诊断:

(1)肝破裂。

(2)头颅钝器伤。

(3)右侧胸腔出血。

(4)腹腔积血。

五、分析说明

根据法医学尸体检验及法医病理学检验结果,结合临床资料及阅片所见,被鉴定人××头、胸、腹、左臂外伤史明确,头部见条状创口,创缘不整齐,创壁不光滑,创腔内见组织间桥,符合钝器伤征象;右上唇部有一圆形破口,右侧牙列缺失,右侧上颌骨粉碎性骨折,颅骨未见骨折,符合枪击致右侧上颌骨盲道创口,未进入脑部的创伤征象;左臂有一贯通创口,胸部剑突下有一处类圆形缺口,肝脏见一破口,切开肝脏发现大片血肿;右侧胸腔见540 mL血性液体;右侧第十一、十二后肋间见破口,打开肋间见子弹位于创口中,符合枪击致肝破裂并打穿膈肌的创伤征象。

结合委托人提供的资料,分析认为被鉴定人××符合枪击致肝破裂出现失血性休克死亡的征象。

六、鉴定意见

被鉴定人××符合枪击致肝破裂出现失血性休克死亡。

七、附件

照片(略)。

司法鉴定人:××
《司法鉴定人执业证》证号:××
司法鉴定人:××
《司法鉴定人执业证》证号:××

××司法鉴定中心
2019 年 4 月 11 日

第二部分　本案鉴定解析

枪弹创是由枪支发射的弹头或其他投射物所致的身体损伤,分为典型枪弹创和非典型枪弹损伤。

一、典型枪弹创

(一)典型枪弹创的形态特征

典型枪弹创由射入口、弹头在体内运行所形成的射创管(创道)及弹头穿出人体皮肤组织所形成的射出口三部分构成。

1.膛线枪管枪弹创的射入口　基本形态呈圆形或椭圆形,与弹头直径相同或略小。最能反映枪弹射入口特征的是创口中心部位的皮肤、创口边缘及周边组织。

(1)接触射入口:枪口紧贴体表射击时,随高压气体喷出的烟雾、残余火药颗粒和金属碎屑大部分直接进入创口皮下及深部组织。此时肉眼可见皮下及射创管起端的周围组织被熏黑、干焦,并有大量颗粒附着,组织缺损面积往往数倍于弹头大小。当接触射击部位的皮肤下面为骨密质时,高压气体被限制在皮下,气体的膨胀力从坚硬的骨质上反弹回来,可导致皮肤形成边缘不整、面积较大的星芒状或十字形缺损,即"爆炸性"接触射入口,一般见于头部;接触射击发生在体腔表面软组织很丰富的部位时,高压气体有足够的空间膨胀,因而不会造成皮肤较大缺损和边缘不齐,这种情况下需探查整个射创管,避免误判。有时腹壁接触枪弹创因大量气体进入,可使腹腔发生瞬间的突然膨胀,在射入口周围形成多个同心圆形的皮内或皮下出血环。

接触射击时,创口周围的皮肤或衣服上可见到圆形或半月形印痕,称为枪口印痕,反映发射枪支枪口处的结构特征(如枪管口径、准星等),这种印痕本质上属于表皮剥脱和/或皮下出血。从枪口喷出的高压气体中的一氧化碳与皮下射创管周围组织中的血红蛋白结合生成碳氧血红蛋白,使这些组织,尤其是肌肉呈樱桃红色。新鲜尸体上碳氧血红蛋白的检出有助于判断接触射入口。

(2)半接触射入口:烟和残余火药颗粒大部分在皮肤表面形成一长椭圆形的分布区,射入口亦为椭圆形。

(3)近距离射入口:一般指枪口与体表距离小于100 cm时造成的射入口。

1)中心皮肤缺损:由于弹头压迫和旋切作用,将该部位的皮肤向内压成漏斗状,继而挫碎并击穿,在创口中央皮肤形成缺损,缺损边缘皮肤内卷,故整个创口类似漩涡漏斗状,创口边缘整齐、呈小锯齿状。弹头垂直击中人体,则皮肤上的缺损常呈圆形;若射击角度大于或小于90°,皮肤上的缺损常呈卵圆形或椭圆形。弹头穿过皮肤后,由于皮肤回缩,缺损直径略小于弹头直径。

2)擦拭轮:也称污垢轮,是指弹头在旋转进入皮肤组织时,附着在弹头上的金属碎屑、铁渍、油污等黏附于创口边缘的皮肤上所形成的围绕射入口皮肤缺损边缘的一圈污秽黑褐色的轮状带,宽度约为1 mm,一般呈环形,干燥后极明显。

3)挫伤轮:是指由旋转的弹头进入皮肤组织的瞬间,除中心部形成创口外,在创口的周边因弹头的旋转、挤压作用而形成的环形挫伤带,表现为创口周边环形的表皮剥脱和/或皮下出血。开始为鲜红色,不太明显,死后一段时间,随着水分的蒸发出现皮革样化,成为暗褐色,比较容易观察。弹头以90°射入人体时,挫伤轮宽窄一致,一般为1~3 mm;如弹头以一定的斜角射入,挫伤轮宽度不一致,宽的一侧为距离枪管近的一侧。

4)射击残留物:烟晕在创口周围皮肤的分布,从中心到外周浓度逐渐变浅,靠近射入口的区域呈黑色雾状,外围呈灰色。火药颗粒在创口周围皮肤的分布,呈散在点状,从中心到外周密度逐渐稀疏。由于火药颗粒与创周皮肤擦挫形成的点状出血或嵌入,类似于文身,故被称为火药斑纹。烟晕和火药颗粒的存在,可以作为认定射入口的依据,是近距离射击的特征。射击距离越近,火药颗粒越明显。

(4)远距离射入口:一般是指枪口与体表距离超过100 cm时造成的射入口。其形态仅带有擦拭轮和污垢环的弹孔,没有烟晕和颗粒灼伤。

射入口的组织学特征:表现为机械力和热作用造成的综合性损伤。

2.膛线枪管枪弹创的射创管　弹头通过身体所形成的创道称为射创管,

也称弹道或射创道。

（1）射创管的断面：与弹头速度、形状及受伤组织特性有很大关系。当其他条件相同时，弹头的阻力越大，射创管的断面也越大。收缩状态下的肌肉被击中时，比松弛时击中的射创管内径大。肝的射创管截面积比肌组织大，并多呈放射状裂开。如弹头击中骨骼，骨碎片可成为继发投射物，从而使后继的射创管扩大。射创管近入口处、中间部和近出口处并不等宽，这与投射物的速度和形状及组织特性有关。

（2）射创管的内容物：射创管两端与外界相通，因此射创管内常可检见各种异物。射创管中的异物成分的存在及其所在的位置对分析与鉴定弹头与弹道的特点、弹头对机体的损伤甚至射入口和射出口均有十分重要的意义和价值。

（3）射创管曲折：弹头穿过不同密度的组织时遇到阻力，运动方向常发生改变，形成的弹创管不一定呈直线形，很有可能呈曲线或折线状。

（4）射创管壁的组织学特征：射创管的管壁可见到原发创道区、挫伤区和震荡区三层由内向外不同程度的改变。

3. 膛线枪管枪弹创的射出口　弹头由体内穿出体外时在体表皮肤上形成的创口称为射出口。射出口创缘常向外翻，可呈星芒状、十字状、圆形、椭圆形、新月形或裂隙状等各种形状，大小一般大于同一弹头形成的射入口。射出口周围皮肤表面可附有挫碎、出血的皮下脂肪组织。无擦拭轮、挫伤轮、烟晕、火药颗粒及灼伤等射入口的特征性改变，但射出口若有硬物衬垫，在创缘的周围也可检见类似挫伤轮的环带状表皮剥脱。射出口的组织学检查也可见热作用所致的胶原纤维凝固性坏死，有时可在皮下组织发现其他器官的组织碎屑。

4. 射入口与射出口的鉴别　见表4-1。

表4-1　射入口与射出口的鉴别

	创口形态	创口直径	组织缺损	创缘	创周出血	挫伤轮
射入口	多为圆形或卵圆形	等于或小于弹头直径	有	内陷	轻	必有
射出口	多为星芒状	多大于弹头直径	多数无	外翻	重	无
	火药颗粒	烟晕	枪口印痕	骨骼贯通创	衣服碎片	骨骼碎片
射入口	近距离射击时有	近距离射击时有	接触射击时有	较小，圆洞状	可有	无
射出口	无	无	无	较大，喇叭状	无	有

（二）枪弹创的非典型形态特征

1. 隐蔽射入口　常见的造成隐蔽射入口的情况有以下几种：①射入口被血痂覆盖；②射入口被头发覆盖；③射入口位于脐部；④射入口位于口腔内、鼻腔内、阴道内或肛门内。

2. 射入口无挫伤轮　常见于以下几个入口。①手掌、足底的射入口：与角化层较厚，不易产生皮下出血有关。②高速枪弹所致的射入口：持续时间极短，挫压皮肤不明显。③腋窝和阴囊等处的射入口：与该部位表皮层及皮下组织极薄，皮下出血不易积聚有关。

3. 射出口出现挫伤　弹头在穿出皮肤前将皮肤组织向外挤压，此时如皮肤外有硬质物体衬垫，如背靠墙、木板等，则可因皮肤与物体接触受挤压产生皮肤挫伤和皮下出血。

4. 非典型射入口

（1）低角度射击：当弹头以小于20°的角度射入人体组织时，常会形成豁口状损伤，其本质是射入口、射创管和射出口连为一体，其创口的长轴方向即弹头运动的方向。

（2）切线状射击：这种创口是皮肤撕裂所致，比上述豁口状的创口更长，其长度主要取决于受伤处体表的弧度。其撕裂角的方向即弹头运动的方向。

（3）二次射入创：是指弹头射入人体组织后穿出，再次射入人体所产生的创口，或弹头射入皮肤有褶皱的部位，创口边缘擦拭轮及挫伤轮均不明显，边缘组织呈破碎状。

5. 假性火药斑纹　是指在射入口周围因各种原因导致的细小、散在分布的皮下出血，与火药斑纹相类似。但其与火药斑纹相比，大小不太一致，密度也不太均匀。引起假性火药斑纹的原因主要有弹头碎片、中间靶物碎片、昆虫叮咬、毛根部出血等。

6. 假性烟晕　是指射入口周围的皮肤组织颜色类似烟晕样改变，其原因主要是现场污染及黏膜下或皮下菲薄之处出血干燥后使颜色改变。区别烟晕和假性烟晕的主要办法：①用立体显微镜观察皮肤组织表面物质的性状；②进行金属成分的鉴定，因烟晕中常含有被气化了的金属成分。

7. 射出口的射击残留物　射入口、射出口均可检出射击残留物，但其含量及分布范围有明显的差别。而且射出口的射击残留物仅在创口内，不会在创口周围。

（三）散弹枪弹创

散弹枪弹创是指利用散弹枪一次发射多颗或单颗金属弹丸所造成的损伤。

1. **近距离射击枪弹创**　近距离射击时散弹尚未脱离弹杯,故射入口仍为圆形或类圆形,边缘较整齐,创缘皮肤可出现弹杯花瓣所致的挫伤或结构破坏。随着射击距离的增加,弹丸分布的密集程度变小,但范围扩大。较近距离射击,弹丸密集,可形成一个较大的射入口,比枪口直径大,创口边缘呈锯齿状,周围有较大的火药烟晕及明显烧灼伤区。在 2 m 内尚可见烟晕及灼伤。

2. **远距离射击枪弹创**　随射击距离的增加,中心射入口由集中逐渐致密度分散直至消失,形成许多类圆形或不规则的散在小孔状射入口。散弹丸停留在体内深浅不一,一般极易发现。射击距离在 2 m 以内通常可以形成集中弹孔,3 m 以上则常形成分散弹孔。

总体而言,散弹枪弹创与射击距离呈以下几种主要关系:射击距离<2 m,散弹发射后几乎所有成分均可进入同一创口,人体上一般仅有一处较大的创口;射击距离为 3～6 m 时,散弹部分成分进入创口,形成一个主创口,在其周围 5～12 cm 范围内还散在单个弹丸所形成的小创口;射击距离>6 m 时,除弹丸外,其他成分一般不进入创口,而且人体上仅有散在的单个弹丸所形成的小创口;射击距离>10 m 时,仅单个弹丸在较大范围内形成小创口,许多弹丸仅留于皮下组织内。

(四)颅骨枪弹损伤

1. **孔状骨折**　枪弹对颅骨形成孔状骨折,在射入口产生内板斜面及在射出口产生外板斜面,这种特征直接指示射入口或射出口的位置。

2. **放射状骨折**　放射状骨折线骨断面有两种形式:其一与颅骨垂直,表明放射状骨折与孔状骨折同时产生;其二在板障层呈阶梯状,表明放射状骨折稍后于孔状骨折的发生。射入口的骨折线比射出口的骨折线明显。

3. **环状隆起骨折**　由多条环形、围绕孔状骨折的同心圆弧形骨折线所构成。环状隆起骨折发生在放射状骨折之后,并且必然存在放射状骨折。从截面上看,环状隆起骨折在射入口的斜面与孔状骨折相反,而在射出口与孔状骨折相同。

4. **锁孔状骨折**　由内板斜面的圆形或卵圆形颅骨缺损和外板斜面的类三角形颅骨缺损构成。

二、非典型枪弹损伤

非典型枪弹损伤包括弹头穿过中间障碍物形成的损伤、跳弹损伤、带消音器枪的枪弹损伤、橡胶弹损伤、射钉枪损伤等。

通常将枪弹伤分为贯通枪弹伤、盲管枪弹伤和擦过枪弹伤。贯通枪弹伤由射入口、弹创管和射出口三部分组成;盲管枪弹伤无射出口;擦过枪弹伤的损伤形态呈沟状。枪弹具有强大的杀伤力,往往造成致命性损伤。枪弹痕迹是指枪支子弹在发射过程中形成的痕迹。枪弹痕迹包括发射时由枪支、子弹和火药之间相互作用在弹头、弹壳和枪支本身遗留的发射痕迹,弹头击中目标时遗留的弹着痕迹和其他附加痕迹。这是分析案件性质和情节,确定枪种的重要依据。

枪弹痕迹检验,是指涉枪案件中,就有关枪支、弹药及其痕迹进行研究,以解决枪支同一认定问题或其他专门性问题的活动,又称为司法弹道检验。枪支发射子弹后,在弹头、弹壳及被射客体上产生的一切痕迹和附着物质特征,称为枪弹痕迹。枪弹痕迹包括:发射子弹时,枪支机件留在射击弹头、弹壳上的枪痕;弹头射中客体后,留在被射客体上的弹着点、弹孔、弹道及毁坏痕迹等弹痕;以及喷在射击者虎口、脸颊等部位的烟垢,附着在子弹入射口周围和弹壳内壁的一些未燃尽的火药粒、枪油、金属屑等射击附带痕迹或射击残留物。利用枪弹检验技术,可以判明射击距离、射击方向、射击者和被射客体所处位置、子弹发射的先后顺序等问题,为案件的侦查提供线索;可以确定射击者作案时所用枪支、子弹的类型,为查找嫌疑枪支指明方向;还可以对嫌疑枪支和嫌疑射击者进行同一认定;在某些情况下,还可确定枪支机件是否为原配、有无故障、能否正常射击、有无可能意外走火等与枪弹有关的问题。

三、枪击致肝破裂失血性休克引起死亡的机制

被鉴定人××头、胸、腹、左臂外伤史明确,胸部剑突下有一处类圆形缺口,肝脏见一破口,切开肝脏发现大片血肿,右侧胸腔见540 mL血性液体,右侧第十一、十二后肋间见破口,打开肋间见子弹位于创口中,符合枪击致肝破裂并打穿膈肌的创伤征象。

结合送鉴资料,分析认为被鉴定人××符合枪击致肝破裂出现失血性休克死亡的征象。

第三节　桥本甲状腺炎合并喉炎致呼吸循环衰竭

【本案鉴定要点】

1.本案为桥本甲状腺炎合并喉炎致呼吸循环衰竭,确定桥本甲状腺炎合并喉炎与呼吸循环衰竭的关系。

2.通过法医病理学检验,确定桥本甲状腺炎合并喉炎组织学改变、肺组织

形态学变化。

3.分析说明桥本甲状腺炎合并喉炎致呼吸循环衰竭的机制。

第一部分　案例鉴定介绍

××司法鉴定中心
司法鉴定意见书

编号:××司法鉴定中心[2019]病鉴字第××号

一、基本情况

委托人:××县公安局产业集聚区派出所。

委托鉴定事项:死亡原因鉴定。

受理日期:2019年9月4日。

鉴定材料:

(1)司法鉴定委托书一份。

(2)××尸体一具。

鉴定日期:2019年9月4日。

鉴定地点:××司法鉴定中心。

被鉴定人:××,男,15岁,身份证号为41142620040318××××。

二、基本案情

根据委托人提供的材料:2019年9月1日,被鉴定人××因病去当地诊所就医,后取诊所开具液体在家中输液。2019年9月2日晚上,被鉴定人母亲发现××在家中出现异常,后送××县第二人民医院抢救无效死亡,为查明其死亡原因,现办案单位委托我中心进行死亡原因鉴定。

三、资料摘要

无。

四、鉴定过程

检验日期:2019年9月11日。

检验地点:××县公安局解剖室。

检验方法:

(1)《法医学尸表检验》(GA/T 149—1996)。

(2)《法医学尸体解剖》(GA/T 147—1996)。

(3)《法医病理学检材的提取、固定、包装及送检方法》(GA/T 148—1996)。

尸表检验:

(1)一般情况:冷藏解冻尸体,脱去衣服后检验。男性尸体,尸长 177 cm,外观发育正常,营养良好。尸斑呈暗红色,分布于躯干及四肢背侧未受压部位,指压不褪色。颜面部、上胸部、肩背部及双侧腋中线多处皮肤紫癜样改变。

(2)头颈部:黑色短发,长 7.0 cm。头皮未触及肿胀。颜面部发绀,双侧眼睑闭合,双眼球、睑结膜充血,角膜中度混浊,双侧瞳孔等大等圆,直径为 0.5 cm。双侧耳廓外形完整,双侧外耳道无异物。鼻骨未触及骨擦感。口唇发绀,舌形态正常,牙列完整。

(3)躯干及四肢:胸廓外形正常,胸部未触及肿胀。左锁骨下、右乳头下侧分别见电除颤印痕。右手背可见两处针痕。双手十指甲床发绀。双足十趾甲床苍白。会阴、肛周清洁。脊柱、骨盆及四肢未触及骨折。

尸体解剖:

(1)颅腔解剖:头皮及双侧颞肌未见出血,颅盖骨无骨折,硬脑膜外、硬脑膜下及蛛网膜下腔无出血,全脑重 1615 g,大脑、小脑和脑干表面及切面未见出血,颅底无骨折。

(2)颈部解剖:颈部皮下及肌肉无出血。颈部血管分布正常。甲状腺、扁桃体肿大,左侧甲状腺出血。甲状软骨、舌骨无骨折。喉头黏膜轻度水肿,局灶出血。

(3)胸腔解剖:直线法切开胸腹壁,胸壁肋间无出血,双侧胸腔无积液,两肺胸膜不增厚,胸腺发育正常,未见出血。左、右肺重分别为 445 g 和 502 g,两肺呈红褐色,两肺叶间均见点状出血,两肺切面呈红褐色,切面淤血,切面质地均匀。心包腔内有少量淡黄色液体,心脏重 255 g,外观形态正常,左心侧壁及心尖部见点状出血,心肌和心腔内结构形态正常。心脏各瓣膜周径:三尖瓣 10.0 cm,肺动脉瓣 6.5 cm,二尖瓣 8.0 cm,主动脉瓣 5.5 cm。左心室壁厚 1.0 cm,右心室壁厚 0.3 cm,室间隔厚 0.8 cm。冠状动脉开口和分布正常,主干通畅。

(4)腹、盆腔解剖:腹腔见少量淡红色血性液体,大网膜、肠系膜的位置和形态正常,肠系膜淋巴结广泛肿大。膈肌高度:左侧位于第四肋,右侧位于第五肋。肝脏位置:右锁骨中线处距肋缘下 2.5 cm,距剑突下 2.5 cm。肝重 1689 g,肝被膜完整,表面光滑,切面质地均匀,呈红褐色,胆管及胆囊无结石。脾重 361 g,体积增大,被膜完整,脾门处淋巴结肿大,切面淤血。左、右肾重分别为 195 g 和 169 g,双肾被膜易剥离,切面皮髓质界限清晰。胰腺重 104 g,被膜及切面未见出血。食管内无异物,黏膜呈灰白色,胃内空虚,胃壁散在出血。肠管腐败胀气,呈灰红色,肠浆膜、黏膜无出血,阑尾位于盆位。脊柱、后肋骨、骨盆及四肢无骨折。

法医病理学检验:

(1)心脏:心肌纤维红染、疏松,间隙稍增宽;心肌纤维广泛性断裂,部分心肌纤维波浪样变,局部心外膜小血管周围少量炎症细胞浸润,心肌间质血管空虚,组织自溶。

(2)肺:肺泡腔内见均质红染液体,肺间质及间质小血管扩张淤血,个别肺小血管内炎症细胞聚集,部分肺泡壁红染、管壁增厚,支气管腔上皮细胞脱落。

(3)肝:肝窦扩张淤血,肝细胞水肿,灶性炎症细胞浸润,组织自溶。

(4)脾:脾窦淤血,白髓区组织萎陷,脾组织自溶。

(5)肾:肾小管上皮细胞肿胀、自溶,部分肾小球细胞空泡样改变,局灶性肾间质淋巴细胞增多,部分肾小管内炎症细胞聚集,肾间质血管淤血。

(6)脑:蛛网膜下腔及脑膜血管扩张淤血,脑实质神经细胞及毛细血管周围间隙增宽,部分神经细胞红染、变性,可见噬神经元现象,小脑颗粒层、浦肯野细胞层、分子层结构正常。

(7)胰腺:组织自溶。

(8)胃肠:黏膜上皮细胞脱落、自溶,间质血管淤血。

(9)胸腺:胸腺被膜散在淋巴细胞浸润,局灶性胸腺小叶内出血,间质血管淤血,余胸腺小叶内结构正常。

(10)甲状腺:甲状腺腺泡减少,部分区域大量淋巴细胞为主的浆细胞浸润,少数形成淋巴滤泡样结构。

(11)肾上腺:肾上腺束状带细胞空泡样改变,间质血管淤血。

(12)脑垂体:结构正常,间质血管淤血,组织自溶。

(13)喉头:黏膜层炎症细胞浸润,黏膜上皮细胞脱落,间质血管淤血。

(14)肠系膜淋巴结:局部肠系膜淋巴结增生肥大,间质血管淤血。

法医病理学诊断:

(1)桥本甲状腺炎、喉炎。

(2)心肌纤维广泛断裂、部分心肌波浪样变。

(3)肺水肿、局部肺间质肺炎、肺气肿;脑水肿。

(4)局灶性肾间质肾炎;胸腺被膜散在淋巴细胞浸润,局灶性胸腺出血。

(5)脾大,脾门淋巴结肿大;肠系膜淋巴结增生肿大;喉头轻度水肿。

(6)多脏器(心、肺、肾)个别小血管内炎症细胞聚集。

(7)多脏器(心、肺、肝、脾、肾、脑、胃肠、胸腺、肾上腺等)淤血。

（8）颜面部及体表皮肤发绀。

理化检验：××心血经检验未检出地西泮、硝西泮、氯硝西泮、阿普唑仑、艾司唑仑、三唑仑、咪达唑仑、氯丙嗪、奥氮平、阿米替林、多塞平、丙咪嗪、氯氮平、阿托品、利多卡因、卡马西平、氯苯那敏（扑尔敏）、氨基比林、安替比林、对乙酰氨基酚（扑热息痛）、麻黄碱、巴比妥、苯巴比妥、异戊巴比妥、司可巴比妥（速可眠）、尼可刹米、非那西丁、苯海索、敌敌畏、美曲膦酯（敌百虫）、百草枯、甲胺磷、乙酰甲胺磷、马拉硫磷、乐果、甲基对硫磷、对硫磷、苯丙胺、甲基苯丙胺（冰毒）、3,4-亚甲双氧甲基苯丙胺（MDMA，摇头丸）、3,4-亚甲双氧苯丙胺（MDA）、对甲氧基甲基苯丙胺、乙酰吗啡、吗啡、美沙酮、甲卡西酮、可卡因、咖啡因、氯胺酮（K粉）、芬太尼、可待因、哌替啶（度冷丁）、曲马多、海洛因、四氢大麻酚、四氢大麻酸等毒/药物成分。

五、分析说明

1. 法医学尸体检验　未发现被鉴定人××脑、心、肺、肝、脾、肾等重要内脏器官有机械性损伤及致命性疾病改变，可排除其因重要器官机械性暴力损伤及致命性疾病导致死亡的可能。未发现××颈部皮肤、皮下组织及肌肉有损伤出血，可排除其因扼压颈部等导致机械性窒息死亡的可能。

2. 理化检验　未在××心血中检出上述常见毒/药物，可排除其因上述常见毒/药物中毒致死的可能。

3. 法医病理学检验　未在××喉部见到嗜酸性粒细胞浸润，结合其输液后的病情发展演变过程，可排除过敏引起死亡的可能。

4. 根据送鉴材料　××于2019年9月2日晚上被发现死亡，法医学尸体检验发现××存在桥本甲状腺炎、喉炎、肺水肿、局部肺间质肺炎、肺气肿、脑水肿、局灶性肾间质肾炎，以及多脏器（心、肺、肾）个别小血管内炎症细胞聚集、全身多脏器（心、肺、肝、脾、肾、脑、胃肠、胸腺、肾上腺等）淤血等表现。

5. 桥本甲状腺炎　又称为慢性淋巴细胞性甲状腺炎、淋巴性甲状腺肿，为自身免疫甲状腺炎的经典类型，其典型表现为甲状腺逐渐增大，甲状腺功能逐渐减退，其发病隐匿，病程较长，不少患者缺乏特异症状和体征。甲状腺功能减退的典型症状表现为代谢率降低和交感神经兴奋性下降。常伴有精神神经系统改变。具体到本案件，被鉴定人××存在桥本甲状腺炎、喉炎，组织病理学检验发现××存在肺气肿、肺水肿、局部肺间质肺炎，因此可认为被鉴定人××符合桥本甲状腺炎合并喉炎导致呼吸循环衰竭死亡。

六、鉴定意见

被鉴定人××符合桥本甲状腺炎合并喉炎导致呼吸循环衰竭死亡的征象。

七、附件

照片(略)。

司法鉴定人:××

《司法鉴定人执业证》证号:××

司法鉴定人:××

《司法鉴定人执业证》证号:××

××司法鉴定中心

2019 年 11 月 20 日

第二部分　本案鉴定解析

一、桥本甲状腺炎

本病最早由日本桥本(Hashimoto)根据组织学特征首先报道,故称为桥本甲状腺炎。在 20 世纪 50 年代,Fromm 发现患者血清中丙种球蛋白值增高,Roitt 等在患者血清中检出了甲状腺自身抗体,提出本病可能为一种自身免疫反应的结果。本病患者的甲状腺组织有淋巴细胞浸润、纤维化、间质萎缩及腺泡细胞的嗜酸性变,故又称为慢性淋巴细胞性甲状腺炎。

(一)病史及症状

多见于 30 ~ 50 岁女性,起病隐匿,发展缓慢,病程较长,主要表现为甲状腺肿大,多数为弥漫性,少数可为局限性,部分以颜面、四肢肿胀感起病。本病可分为 8 种类型。

1. 桥本甲状腺功能亢进　患者有典型的甲状腺功能亢进症状及阳性实验室检查结果,甲状腺功能亢进与桥本甲状腺炎可同时存在或先后发生,相互并存,相互转化。

2. 假性甲状腺功能亢进　少数可有甲状腺功能亢进的症状,但甲状腺功能检查无甲状腺功能亢进证据,抗甲状腺球蛋白抗体(TGAb)、抗甲状腺微粒体抗体(TMAb)阳性。

3. 突眼型　表现为眼球突出,甲状腺功能可正常、亢进或减退。

4. 类亚急性甲状腺炎型　发病较急,表现为甲状腺肿痛,伴发热、红细胞沉降率增加,但摄碘率正常或增高,甲状腺抗体滴度阳性。

5.青少年型　约占青少年甲状腺肿的40%,患者的甲状腺功能正常,但抗体滴度较低。

6.纤维化型　病程较长,患者甲状腺可出现广泛或部分纤维化,甲状腺萎缩,甲状腺功能减退。

7.伴甲状腺腺瘤或癌　常为孤立性结节,TGAb、TMAb滴度较高。

8.伴发其他自身免疫病。

(二)体格检查

甲状腺呈弥漫性或局限性肿大,质地较硬,且有弹性感,边界清楚,无触痛,表面光滑,部分甲状腺可呈结节状,颈部淋巴结不肿大,部分可有四肢黏液性水肿。

(三)辅助检查

①甲状腺功能:早期甲状腺功能可正常,桥本甲状腺功能亢进者甲状腺功能轻度升高,随着病程进展,三碘甲腺原氨酸(T_3)、甲状腺素(T_4)可下降,促甲状腺素(TSH)升高,TMAb、TGAb阳性。②甲状腺放射性核素显像:有不规则浓集或稀疏区,少数表现为"冷结节"。③过氯酸钾释放试验阳性。④血清丙种球蛋白水平增高,白蛋白水平下降。⑤甲状腺穿刺活检:大量淋巴细胞浸润。

(四)甲状腺的病理改变

1.大体检查　甲状腺多呈弥漫性肿大,质地坚韧或呈橡皮样,表面呈结节状,边缘清晰,包膜完整,无粘连。

2.镜检　病变甲状腺组织中淋巴细胞和浆细胞呈弥散性浸润。腺体破坏后,一方面代偿地形成新的滤泡,另一方面破坏的腺体又刺激免疫作用,促进淋巴细胞增殖,因而在甲状腺形成具有生发中心的淋巴滤泡。甲状腺上皮细胞出现不同阶段的形态,早期有部分滤泡增生,滤泡腔内胶质多;随着病变的进展,滤泡变小和萎缩,腔内胶质减少,其上皮细胞肿胀增大,细胞质呈明显的嗜酸染色反应,称为Askanazy细胞或Hürthle细胞,进而细胞失去正常形态,滤泡结构破坏,间质有纤维组织增生,并形成间隔,包膜常无病变累及。

二、喉炎

喉炎是指喉部黏膜的病菌感染或用声不当所引起的慢性炎症。因病变程度的不同,可分为慢性单纯性喉炎、慢性肥厚性喉炎和慢性萎缩性喉炎。

(一)病因

1.急性喉炎　急性喉炎反复发作或迁延不愈。

2.用声过度、发声不当　常见于教师、演员、歌唱家等。

3.吸入有害气体　如吸入工业气体、吸烟、化学粉尘,引起声带增厚。

4.鼻、鼻窦、咽部感染　亦是喉部慢性刺激的来源。

5.下呼吸道感染　下呼吸道感染的脓性分泌物与喉部长期接触,容易发生慢性喉炎。

6.某些全身性疾病　如心、肾疾病,糖尿病,风湿病等,使血管舒缩功能发生紊乱,喉部长期淤血,可继发慢性喉炎。

(二)临床表现

1.声音嘶哑　是喉炎最主要的症状。声音变得低沉、粗糙,晨起症状较重,随活动增加,咳出喉部分泌物后逐渐好转。噤声后声音嘶哑减轻,多讲话又使症状加重,呈间歇性,日久演变为持续性。

2.喉部分泌物增加　患者常觉得有痰黏附,每当说话时,须咳嗽以清除黏稠痰液。

3.喉部常有不适感　如喉部干燥、刺痛、烧灼感、异物感等。

4.萎缩性喉炎　可有痉挛性咳嗽,结痂是引起痉挛性咳嗽的原因,故常有痂块或黏稠分泌物随咳嗽排出,有时其中带有少量血液。

(三)检查

间接喉镜检查,按病变的程度,有以下3种类型的改变。

1.慢性单纯性喉炎　喉黏膜弥漫性充血、红肿,声带失去原有的珠白色,呈粉红色,边缘变钝。黏膜有稠厚黏液,常在声门间连成黏液丝。

2.慢性肥厚性喉炎　喉黏膜肥厚,以杓间区较明显。声带也肥厚,不能向中线靠紧而闭合不良。室带常肥厚而遮盖部分声带。杓状会厌襞亦可增厚。

3.慢性萎缩性喉炎　喉黏膜干燥、变薄而发亮。杓间区、声门下常有黄绿色或黑褐色干痂,如将痂皮咳清,可见黏膜表面有少量渗血。声带变薄,其张力减弱。

三、桥本甲状腺炎合并喉炎导致呼吸循环衰竭的机制

被鉴定人××存在桥本甲状腺炎、喉炎,组织病理学检验见肺气肿、肺水肿、局部肺间质肺炎,符合桥本甲状腺炎合并喉炎导致呼吸循环衰竭死亡的征象。

第四节　饮用含有亚硝酸根离子的中药汤致缺氧窒息

【本案鉴定要点】

1. 本案有饮用含有亚硝酸根离子的中药汤史,确定缺氧窒息与其关系。
2. 通过法医病理学检验,确定缺氧窒息引起重要脏器的变化。
3. 分析说明亚硝酸根离子的中药汤致缺氧窒息的机制。

第一部分　案例鉴定介绍

××司法鉴定中心
司法鉴定意见书

编号:××司法鉴定中心[2019]病鉴字第××号

一、基本情况

委托人:××市公安局刑事侦查大队。

委托鉴定事项:对××进行死亡原因分析。

受理日期:2019 年 9 月 4 日。

鉴定材料:

(1)司法鉴定委托书一份。

(2)××尸体一具。

鉴定日期:2019 年 9 月 5 日。

鉴定地点:××司法鉴定中心。

被鉴定人:××,女,53 岁,身份证号为 41030519640306××××。

二、基本案情

根据委托人提供的材料:2019 年 8 月 26 日下午 5 时许××自带药方(药方:滑石 30 g,甘草 6 g,火硝 8 g,鸡内金每次 15 g,煎汤面药 8 g)去××市百泉镇药都(药材批发市场)买药配药,21 时许在家中喝完药后死亡。

三、资料摘要

××司法鉴定中心[2019]毒鉴字第××号检验报告记载:从送检的××血液中

检出亚硝酸根离子,含量为 2.64 mmol/L,从送检的药汤和白色粉末中均检出亚硝酸根离子。

四、鉴定过程

检验日期:2019 年 9 月 5 日。

检验地点:××公安局解剖室。

检验方法:

(1)《法医学尸表检验》(GA/T 149—1996)。

(2)《法医学尸体解剖》(GA/T 147—1996)。

(3)《法医病理学检材的提取、固定、包装及送检方法》(GA/T 148—1996)。

尸表检查:

(1)一般情况:冷藏解冻尸体,脱去衣服后检验。女性尸体,尸长 162 cm,外观发育正常,营养可。尸斑呈红褐色,分布于项部、背部、腰部未受压部位,指压不褪色。双小腿及腰背部分布紫褐色静脉网。

(2)头颈部:黑色长发,长约 30.0 cm。头皮无肿胀,颅骨未触及骨擦感。左额部有 2.0 cm×2.5 cm 皮下出血。双侧眼睑闭合,左侧眼球、睑结膜淤血,右眼球、睑结膜苍白,角膜高度混浊,双侧瞳孔不可透视。鼻骨未触及骨擦感,鼻腔无异物。双侧耳廓外形完整,双侧外耳道无异物。口唇轻度发绀,舌尖位于齿列内,口腔内无异物,牙龈、颊黏膜苍白,左侧口角黏膜出血。

(3)躯干及四肢:胸廓外形正常,胸部未触及肿胀,胸骨、肋骨未触及骨擦感。右手背可见注射针孔,周围肿胀。左手甲床轻度发绀,右手重度发绀。会阴部、肛周清洁。

尸体解剖:

(1)颅腔解剖:头皮、颞肌无出血,颅骨未见骨折。大脑脑回、脑沟正常,全脑重 1165 g,大脑、小脑、脑干表面及切面未见损伤或出血。

(2)颈部解剖:颈部皮肤、皮下组织、颈前肌群无损伤或出血。颈部血管分布正常。甲状软骨、舌骨未见骨折。甲状腺、扁桃体未见明显肿大。喉头严重水肿,未见出血。

(3)胸腔解剖:直线法切开胸腹壁,胸壁、肋间肌肉无出血,胸骨和肋骨无骨折。左侧胸腔 30 mL 淡红色积液、右侧胸腔 25 mL 淡红色积液,胸膜无粘连。气管、支气管腔内无异物。左、右肺分别重 381 g 和 466 g,两肺表面及切面呈红褐色,切面质地均匀。心包腔内少量淡红色液体,心脏重 332 g,心脏外观无畸形,各瓣膜光滑、未见赘生物。各瓣膜周径:三尖瓣 11.5 cm,肺动脉瓣

7.0 cm,二尖瓣 10.0 cm,主动脉瓣 5.8 cm。左心室壁厚 1.3 cm,右心室壁厚 0.5 cm,室间隔厚 1.0 cm。左、右冠状动脉开口正常,管腔通畅。

(4)腹、盆腔解剖:腹腔无积液,大网膜、肠系膜的位置和形态正常,肠系膜淋巴结不肿大。膈肌高度:左侧位于第四肋,右侧平第三肋。肝下缘位置:右锁骨中线处距肋缘上 5.0 cm,剑突上 6.0 cm。肝重 1468 g,外观形态正常,表面呈红褐色,切面呈砖红色,质地均匀,胆管及胆囊未触及结石。脾重 223 g,被膜完整,切面黑褐色。左、右肾分别重 173 g 和 145 g,双肾被膜易剥离,切面皮髓质界限清晰,左肾切面可见淡黄色颗粒样结石。胰腺被膜及切面无出血。食管黏膜苍白,胃内乳白色食糜状液体,胃黏膜严重出血。肠管胀气。膀胱空虚,生殖器形态正常。脊柱、骨盆和四肢未触及骨折。

法医病理学检验:

(1)心:右心重度脂肪组织浸润,部分心肌纤维断裂,局灶心肌波浪样变,心肌自溶。间质血管淤血。

(2)肺:肺间质血管淤血,局灶性肺间质炎症细胞浸润,部分肺泡腔见均质红染液体,支气管黏膜上皮脱落。

(3)肝:肝淤血,局灶肝细胞脂肪变性,局灶肝细胞变性、坏死,肝组织自溶。

(4)脾:脾淤血,脾组织自溶。

(5)肾:肾小管、肾小体自溶,肾间质血管淤血,个别肾间质血管管壁增厚。

(6)脑:小脑浦肯野细胞红染,局部淀粉小体形成,脑神经细胞间隙稍增宽,局灶蛛网膜下腔出血,脑组织自溶,部分脑膜和脑实质内小血管淤血。

(7)胃:黏膜下大量炎症细胞浸润,间质血管淤血。

法医病理学诊断:

(1)多器官淤血貌。

(2)右心脂肪变,部分心肌缺氧性改变。

(3)喉头水肿、甲床严重发绀、窒息征象。

(4)肺水肿。

(5)肝细胞脂肪变性。

五、分析说明

1.送鉴材料记载　被鉴定人××于 2019 年 8 月 26 日下午 5 时许自带药方去××市百泉镇药都买药配药,21 时许在家中喝完药后死亡。法医学尸体检验未发现××体表明显损伤,未发现××颈部皮肤、皮下组织及肌肉有致死性损伤,未发现其脑、心、肺、肝等内脏器官有机械性损伤改变,可排除其因机械性窒息、重要器官机械性暴力损伤导致死亡的可能。

2. 心血、胃内容物、肝脏理化检验结果　在心血、胃内容物、肝脏中未检出地西泮、去甲西泮(去甲安定)、硝西泮、氯硝西泮、阿普唑仑、艾司唑仑、三唑仑、咪达唑仑、氯丙嗪、奥氮平、阿米替林、多塞平、丙咪嗪、氯氮平、阿托品、利多卡因、卡马西平、氯苯那敏(扑尔敏)、氨基比林、安替比林、对乙酰氨基酚(扑热息痛)、麻黄碱、巴比妥、苯巴比妥、异戊巴比妥、司可巴比妥(速可眠)、尼可刹米、非那西丁、苯海索、敌敌畏、美曲膦酯(敌百虫)、甲胺磷、乙酰甲胺磷、马拉硫磷、乐果、甲基对硫磷、对硫磷、苯丙胺、甲基苯丙胺(冰毒)、3,4-亚甲双氧甲基苯丙胺(MDMA,又称为摇头丸)、3,4-亚甲双氧苯丙胺(MDA)、对甲氧基甲基苯丙胺、乙酰吗啡、吗啡、美沙酮、可卡因、咖啡因、氯胺酮(K粉)、芬太尼、可待因、哌替啶(度冷丁)、曲马多、海洛因、四氢大麻酚、四氢大麻酸等毒/药物成分。

3. 亚硝酸盐　常见钠盐及钾盐,成人中毒剂量为 0.3～0.5 g,致死量为 3 g。亚硝酸盐的毒理作用:①亚硝酸盐中的亚硝酸离子(NO_2^-)可将血红蛋白中的二价铁氧化为三价铁,形成高铁血红蛋白,高铁血红蛋白不能携带氧,且影响氧合血红蛋白释放氧,导致人体缺氧,严重的可引起窒息死亡;②亚硝酸盐对心血管也有直接抑制作用;③在胃酸作用下,亚硝酸盐可释放出二氧化氮和一氧化氮,二者具有毒性。亚硝酸盐中毒的特征表现为发绀,症状和体征有头痛、头晕、乏力、胸闷、气短、心悸、恶心、呕吐、腹痛、腹泻。根据山西医科大学理化检验结果,××血液中检出亚硝酸根离子,含量为 2.64 mmol/L,从送检的药汤和白色粉末中均检出亚硝酸根离子,经计算送检血液中亚硝酸根离子含量已达到中毒量,考虑亚硝酸根在体内的代谢、血红蛋白的反应及机体的排出,其中毒死亡当时机体亚硝酸根离子浓度应远高于 2.64 mmol/L。病理解剖发现,××双小腿及腰背部分布紫褐色静脉网,甲床严重发绀,喉头严重水肿,胃黏膜严重出血,窒息征象明显。组织病理学检验发现,××有多脏器淤血,部分心肌纤维断裂,部分心肌缺氧性改变,以及肺水肿等改变。分析认为被鉴定人××符合饮用含有致死量的亚硝酸根离子的中药汤致缺氧窒息而死亡的征象。

综合以上分析,被鉴定人××符合饮用含有致死量的亚硝酸根离子的中药汤致缺氧窒息而死亡的征象。

六、鉴定意见

被鉴定人××符合饮用含有亚硝酸根离子的中药汤致缺氧窒息而死亡的征象。

七、附件

照片(略)。

司法鉴定人:××

《司法鉴定人执业证》证号:××

司法鉴定人:××

《司法鉴定人执业证》证号:××

××司法鉴定中心

××年××月××日

第二部分　本案鉴定解析

一、亚硝酸根离子

亚硝酸根离子化学式为 NO_2^-,其基本性质如下。

1. 在酸性条件下不稳定,易分解　如 $3HNO_2 = HNO_3 + 2NO + H_2O$。

2. 在酸性条件下有一定氧化性　在水溶液中能将碘离子(I^-)氧化为单质碘,如 $2HNO_2 + 2I^- + 2H^+ = I_2 + 2NO + 2H_2O$。

3. 具有还原性　能被强氧化剂氧化,如 $5NO_2^- + 2MnO_4^- + 6H^+ = 5NO_3^- + 2Mn^{2+} + 3H_2O$。

二、亚硝酸盐中毒

亚硝酸盐中毒是指因误食亚硝酸盐而引起的中毒。也可因胃肠功能紊乱时,胃肠道内硝酸盐还原菌大量繁殖,食入富含硝酸盐的蔬菜,则硝酸盐在体内还原成亚硝酸盐,引起亚硝酸盐中毒。

1. 临床表现　亚硝酸盐中毒主要是由于摄入过多或误服工业用亚硝酸盐,前者相对来说病情较缓和。如为后者,不但病情重,且起病快。一般来说,亚硝酸盐摄入 $0.2 \sim 0.5$ g 即可引起中毒。亚硝酸盐可作用于血管平滑肌,使血管扩张、血压下降,发生休克甚至死亡。

亚硝酸盐中毒的潜伏期长短不等,视摄入亚硝酸盐的数量、浓度而定。长者有 $1 \sim 2$ 天,短者仅 10 分钟左右。通常中毒的儿童最先出现症状,表现为发绀、胸闷、呼吸困难、呼吸急促、头晕、头痛、心悸等。中毒严重者还可出现恶心、呕吐、心率变慢、心律失常、烦躁不安、血压降低、肺水肿、休克、惊厥或抽搐、昏迷,最后可因呼吸循环衰竭而死亡。对近期有饱食青菜类或吃过短期腌制菜类而出现上述症状,皮肤黏膜呈典型的蓝灰、蓝褐或蓝黑色,应高度怀疑亚硝酸盐中毒。

2. 检查　如血液中高铁血红蛋白的定量检验和剩余食物中亚硝酸盐的定量检验。

3. 诊断　有摄入过多或误服工业用亚硝酸盐史,或有进食大量叶菜类或腌制不久的蔬菜,存放过久的熟菜史。中毒表现为组织缺氧而致的发绀,有条件时可做血液中高铁血红蛋白的定量检验和剩余食物中亚硝酸盐的定量检验。

三、含亚硝酸根离子的中药汤致缺氧窒息的机制

被鉴定人××血液中检出亚硝酸根离子,含量为 2.64 mmol/L,从送检的药汤和白色粉末中均检出亚硝酸根离子,经计算送检血液中亚硝酸根离子含量已达到中毒量,考虑亚硝酸根在体内的代谢、血红蛋白的反应及机体的排出,其中毒死亡当时机体亚硝酸根离子浓度应远高于 2.64 mmol/L。病理解剖发现,××双小腿及腰背部分布紫褐色静脉网,甲床严重发绀,喉头严重水肿,胃黏膜严重出血,窒息征象明显。组织病理学检验发现,××有多脏器淤血,部分心肌纤维断裂,部分心肌缺氧性改变,以及肺水肿等改变。结合案情,被鉴定人××符合饮用含有致死量的亚硝酸根离子的中药汤致缺氧窒息而死亡的征象。

第五节　头部遭受钝性砖块作用力致严重颅脑损伤

【本案鉴定要点】

1. 本案为头部遭受钝性砖块作用力致严重颅脑损伤,区别致伤方式。

2. 通过法医病理学检验,确定颅脑损伤的部位、程度。

3. 分析说明颅脑损伤引起死亡的机制。

第一部分　案例鉴定介绍

××司法鉴定中心
司法鉴定意见书

编号:××司法鉴定中心[2019]病鉴字第××号

一、基本情况

委托人:××公安局。

委托鉴定事项:死亡原因分析。

受理日期:2019 年 3 月 28 日。

鉴定材料:

(1)××公安局司法鉴定委托书一份。

(2)张××尸体一具。

(3)××医院病历复印件一份。

鉴定日期:2019 年 3 月 28 日。

鉴定地点:××司法鉴定中心。

被鉴定人:张××,男,45 岁,身份证号为 41022119740515××××。

二、基本案情

根据委托人提供的材料:2019 年 3 月 17 日 21:00,犯罪嫌疑人李××与受害人张××在王××家喝酒,喝酒过程中二人因为琐事发生争吵,李××用砖头将张××头部打伤,2019 年 3 月 22 日受害人张××在××医院医治无效死亡。

三、资料摘要

1.××医院住院病历摘录

住院时间:2019 年 3 月 18 日—2019 年 3 月 22 日。

住院号:××。

主诉:外伤后意识不清约 8 小时。

现病史:约 8 小时前患者被人打伤(具体受伤原因、机制及情况不详),今晨被路人发现卧于野外、意识不清,被救护车送至××医院,医生给予头部包扎止血处理。头颅 CT 检查提示:右侧颞顶部硬脑膜下出血,蛛网膜下腔出血,脑水肿,脑疝形成。为进一步治疗,由我院救护车接转至我科,以"颅脑损伤"为主要诊断收住我科。患者自发病以来意识不清,大小便情况不详。

体格检查:外观发育正常,营养中等,由平车推入病房,重度昏迷。头面部遍布血痂,双侧顶部、颞部肿胀,头部可见十余处伤口,最长可达9 cm左右,双眼可见淤血、肿胀,左眼较右眼严重,双瞳孔等大等圆,直径为6 mm,对光反射消失。左侧耳廓可见伤口,约2 cm,双侧耳廓及外耳道均可见血痂。鼻肿胀,双鼻腔均可见血痂、出血。经鼻留置胃肠减压管,可见血性引流液。口唇肿胀,口腔可见血痂及血性液体。脊柱、四肢无畸形,右下肢肌力3级,肌张力正常,肢体肌力检查不能配合,双下肢无水肿。神经系统检查:生理反射及病理检查不能配合。

诊疗经过:入院后紧急完善相关检查,检查结果如下。①多发脑挫裂伤并脑水肿、脑疝形成。②右侧大脑半球低密度影,不除外大面积脑梗死。③右侧额颞顶部硬脑膜下血肿。④蛛网膜下腔出血。⑤左侧颞骨、顶骨及双侧颧骨骨折。⑥头颅皮下多发血肿形成并局部破损。⑦双侧眼睑及左侧颌面损伤。⑧双侧筛窦及上颌窦积液。⑨C5椎体及附件骨折伴C4椎体向后滑脱并相应水平椎管变形、脊髓损伤。⑩两肺散在炎症或挫裂伤。⑪左侧肋骨多发陈旧骨折,断端未见明显错位。⑪肝右后叶上段低密度影,考虑肝挫裂伤或占位。同时请神经外科会诊,会诊后建议行紧急手术,术中可见头部多处头皮裂伤,最大裂口长约7 cm,伴活动性出血,部分皮瓣污染,颅骨外露。医生给予清创缝合,缝合术中患者血压下降,最低血压70/40 mmHg。医生告知家属病情,若进一步行开颅手术,风险较高,家属拒绝继续手术,签字为证。术中出血500 mL左右,未输血,头部包扎后,转入我科继续治疗。入科后给予脱水降颅压、营养脑神经、改善循环及对症治疗,患者于2019年3月22日20:42逐渐出现心率下降(降至36次/分)、血压下降(降至47/21 mmHg),双侧瞳孔散大,瞳孔直径为6 mm,对光反射消失。医生立即给予胸外按压、1 mg肾上腺素静脉注射,随后患者心率进行性下降。20:47患者心搏停止,医生持续给予胸外按压,间断静脉注射肾上腺素,但患者心搏难以恢复。21:15患者心搏仍未恢复,心电图呈一直线,死亡。

出院诊断:多发脑挫裂伤并脑水肿、脑疝形成;右侧大面积脑梗死;右侧额颞顶部硬脑膜下血肿;蛛网膜下腔出血;左侧颞骨、顶骨及双侧颧骨骨折;头颅皮下多发血肿形成并局部破损;双侧眼睑及左侧颌面损伤;双侧筛窦及上颌窦积液;C5椎体及附件骨折、脊髓损伤;两肺炎症并肺挫裂伤;左侧肋骨多发陈旧骨折;肝挫裂伤?

死亡诊断:多发脑挫裂伤并脑水肿、脑疝形成;右侧大面积脑梗死;右侧额颞顶部硬脑膜下血肿;蛛网膜下腔出血;左侧颞骨、顶骨及双侧颧骨骨折;头颅皮下多发血肿形成并局部破损;双侧眼睑及左侧颌面损伤;双侧筛窦及上颌窦积液;C5 椎体及附件骨折、脊髓损伤;两肺炎症并肺挫裂伤;左侧肋骨多发陈旧骨折;肝挫裂伤?

死亡原因:多发脑挫裂伤并脑水肿、脑疝形成。

2. 医学影像学阅片　2019 年 3 月 19 日××医院 CT 片(编号:××)示:右侧额颞顶部硬脑膜下血肿,蛛网膜下腔出血,左侧颞骨、顶部及双侧颧骨骨折,头皮下多发血肿并局部破损,多发脑挫裂伤并脑水肿,右侧侧脑室受压变窄,中线结构向左移位,脑疝形成;C5 椎体及附件骨折,C4 椎体向后滑脱并相应水肿,椎管变性、脊髓损伤。

四、鉴定过程

检验日期:2019 年 3 月 28 日。

检验地点:××公安局解剖室。

检验方法:

(1)《法医学尸表检验》(GA/T 149—1996)。

(2)《法医学尸体解剖》(GA/T 147—1996)。

尸表检查:

(1) 一般情况:冷藏解冻尸体,脱去衣服后检验。男性尸体,尸长 163.0 cm,外观发育正常,营养可。尸斑呈紫红色,分布于项部、背部、腰部未受压部位,指压不褪色。

(2)头颈部:光头状。头部可见纱布包裹。拆开纱布,双侧颞顶部、右侧额部及枕部见多处不规则缝合创口,缝线良好,以上创口、创缘均不整齐。双侧眼睑闭合,左眼球结膜充血肿胀,双眼角膜高度混浊,瞳孔不可窥视。鼻骨未触及骨擦感,鼻腔无异物。耳廓外形完整,双侧外耳道无异物。上唇黏膜广泛出血。牙齿陈旧性缺失。右颈部见 1.0 cm×1.0 cm 气管切开创口。

(3)躯干及四肢:胸廓外形正常,胸部未触及肿胀,胸骨、肋骨未触及骨擦感。腹部外形正常。四肢外形正常,甲床青紫,甲缝可见黑色物质附着。肛周清洁。

尸体解剖:

(1)颅腔解剖:头顶部皮肤广泛血肿,双侧颞肌广泛出血,左侧颞骨经顶骨至右侧顶骨 12.0 cm 横向骨折线,大部断端完全分离,与冠状缝重叠。右侧颞顶部见大量硬脑膜下血肿,范围为 13.0 cm×11.0 cm,右侧额颞顶部广泛蛛网膜下腔出血,右侧颞部脑挫伤。脑实质切面腐败,小脑和脑干未见明显异常。

(2)颈部解剖:颈部皮肤、皮下组织、颈前肌群无损伤或出血。颈部血管分布正常。甲状软骨、舌骨未见骨折。甲状腺、扁桃体未见明显肿大。喉头未见明显水肿、出血。

（3）胸腔解剖：直线法切开胸腹壁，胸壁、肋间肌肉无出血，胸骨和肋骨无骨折。左侧胸膜与胸壁粘连。气管、支气黏膜可见少量白色泡沫样液体附着。左、右肺大小分别为 20.0 cm×15.0 cm×5.0 cm 和 25.0 cm×17.0 cm×5.5 cm，两肺表面及切面呈红褐色，切面质地均匀。心脏包膜完整，心包腔内见 10.0 mL 淡红色液体，心脏大小为 15.0 cm×11.0 cm×3.5 cm，心脏外观无畸形，各瓣膜光滑、未见赘生物，各瓣膜未见明显异常。左、右冠状动脉开口正常，管腔通畅。

（4）腹、盆腔解剖：皮下脂肪厚 2.0 cm，腹腔无积液，大网膜、肠系膜的位置和形态正常，肠系膜淋巴结不肿大。膈肌高度：左侧位于第五肋间，右侧平第四肋。肝下缘位置：右锁骨中线处距肋缘上 5.0 cm，剑突处平剑突。肝脏大小为 27.0 cm×17.0 cm×5.0 cm，外观形态正常，表面呈红褐色，切面呈砖红色，质地均匀，胆管及胆囊未触及结石。脾大小为 16.0 cm×9.0 cm×2.5 cm，被膜完整，切面暗红色。左、右肾大小分别为 12.0 cm×5.0 cm×2.5 cm 和 12.0 cm×7.0 cm×2.5 cm，双肾被膜易剥离，切面皮髓质界限清晰。胰腺大小为 16.0 cm×4.0 cm×1.0 cm，被膜及切面无出血。食管黏膜苍白，胃内有 300 mL 黑褐色黏稠状胃内容物。膀胱充盈。脊柱、骨盆和四肢未触及骨折。

法医病理学诊断：

（1）颅骨骨折。

（2）硬脑膜下血肿。

（3）蛛网膜下腔出血。

（4）右侧颞部脑挫伤。

五、分析说明

根据法医学尸体检验及法医病理学检验结果，结合临床资料及阅片所见，被鉴定人张××头部外伤史明确，双侧颞顶部、右侧额部及枕部见多处不规则缝合创口，缝线良好，以上创口、创缘均不整齐，考虑钝性作用力所致；张××存在多发脑挫裂伤并脑水肿、脑疝形成，右侧额颞顶部硬脑膜下血肿，蛛网膜下腔出血，左侧颞骨、顶骨及双侧颧骨骨折，头颅皮下多发血肿形成并局部破损，双侧眼睑及左侧颌面损伤等。结合委托人提供的资料，分析认为被鉴定人张××符合头部遭受钝性作用力致严重颅脑损伤而死亡的征象。

六、鉴定意见

被鉴定人张××符合头部遭受钝性作用力致严重颅脑损伤而死亡的征象。

七、附件

照片(略)。

司法鉴定人:××

《司法鉴定人执业证》证号:××

司法鉴定人:××

《司法鉴定人执业证》证号:××

××司法鉴定中心

2019 年 4 月 1 日

第二部分　本案鉴定解析

一、钝性外力

钝性外力作用是指受到砖头、锤子、棍子等没有刃的物体的外力打击。钝性物体一般指钝器,而具有锋利刃口或锐利尖端的器物作为致伤物时则称为锐器。钝性物体作用是指后果的形成是因与表面不尖锐的固体接触。钝性外力作用是打伤,但也存在摔伤的可能性。

(一)闭合性损伤

闭合性损伤是当人体受钝力打击或挫压等,受伤部位的皮肤仍保持其完整性的损伤,常可伴有脑或胸腹腔器官的损伤。有时在受伤部位虽然可发现损伤,但并不伴有皮肤破裂或外出血。

由于致伤因素、作用机制、受伤组织和部位等各方面的不同,闭合性损伤可分为挫伤、扭伤、爆震伤、挤压伤等。法医进行临床检验时,要注意闭合性损伤可能导致的严重后果,如大量内出血引起的低血容量性休克、继发性感染引起的内脏功能衰竭等。

(二)开放性损伤

开放性损伤是指受伤部位的内部组织(如肌肉、骨头等)与外界相通的损伤;简言之就是血能往外流的,或肌肉或骨外露的创伤,如擦伤、撕裂伤、切伤、刺伤等。开放性损伤不论平时或战时都较多见,因伤口多有污染,如果处理不及时或不当,易发生感染,影响愈合和功能恢复,严重者可造成残废,甚至危及生命。开放性损伤的治疗在于改善修复条件,促使及早愈合。根据伤情,先后处理清洁、污染、感染伤口及战伤。开放性损伤常见的原因如下。

1.严重外力　严重外力所致的开放性损伤,其病变可分为三区。

(1)第一区:为表面或中心部直接接触区,可有异物存留和组织坏死。

(2)第二区:为周围区域,各层组织损伤可引起坏死,如不切除,易引起感染。

(3)第三区:为外周组织震荡反应,有水肿、渗出、血管痉挛、细胞活力低。如不发生感染,可以恢复正常;如发生感染,则使反应加重。

2.火器伤　由火器伤所致的伤道由内而外也可分为三区。

(1)原发伤道区:系直接损伤,有失活组织、异物、血块及渗出。

(2)挫伤区:为紧靠伤道外周的区域,组织可发生部分或全部坏死。

(3)震荡区:为挫伤区再向外的区域,可有血液循环障碍、水肿、渗出、淤血等改变。

3.临床常见原因　如开放性颅脑损伤、非火器性颅脑开放伤、颈部开放性损伤、腹部大血管损伤、胸壁软组织损伤、正中神经损伤等。

(三)常见损伤的鉴别

1.关节囊损伤　是在外力打击、压砸、碰撞或颠扑、负重、扭转时造成局部肿胀、疼痛、瘀斑、肢体活动受限等症状。

2.心包破损伤　多见于穿透性心脏外伤。穿透性心脏外伤是由一类强力、高速、锐利的异物穿透胸壁或从他处进入心脏所致,少数因胸骨或肋骨骨折断端猛烈移位穿刺心脏引起。心脏穿透伤均有心包破损,有时心脏伤口有多处,这在刺入伤和枪弹伤中尤为多见。

3.骨盆损伤　由多种因素引起,发生机制也是多种多样,常见现象为骨折,伴随剧痛。其诊断范畴主要包括损伤机制、骨折类型、稳定程度、影像评估、合并损伤等一系列内容。

二、颅脑损伤引起死亡的机制

被鉴定人张××头部外伤史明确,双侧颞顶部、右侧额部及枕部见多处不规则缝合创口,缝线良好,以上创口、创缘均不整齐,考虑钝性作用力所致;其存在多发脑挫裂伤并脑水肿、脑疝形成,右侧额颞顶部硬脑膜下血肿,蛛网膜下腔出血,左侧颞骨、顶骨及双侧颧骨骨折,头颅皮下多发血肿形成并局部破损,双侧眼睑及左侧颌面损伤等,结合送鉴资料,考虑被鉴定人张××符合头部遭受钝性作用力致严重颅脑损伤而死亡的征象。

第六节　大隆中毒并发脑出血

【本案鉴定要点】

1. 本案为大隆中毒并发脑出血,确定大隆中毒与脑出血的关系。

2. 通过法医病理学检验,确定脑出血的部位、面积,以及重要脏器中毒的变化。

3. 分析说明大隆中毒并发脑出血引起死亡的机制。

第一部分　案例鉴定介绍

××司法鉴定中心
补充司法鉴定意见书

编号:××司法鉴定中心[2019]病鉴字第××号

一、基本情况

委托人:××市公安局××路分局。

委托鉴定事项:死亡原因鉴定。

受理日期:2019 年 12 月 12 日。

鉴定材料:

(1)鉴定聘请书一份。

(2)张××尸体一具。

鉴定日期:2019 年 12 月 12 日。

鉴定地点:××司法鉴定中心。

被鉴定人:张××,女,53 岁,身份证号为 41041219651226××××。

二、基本案情

根据委托人提供的材料:2019 年 12 月 10 日 08:37 牛××报警称,2019 年 12 月 10 日 8:00 牛××到其父母的住处,发现给父母雇佣的保姆张××趴在地上,拨打"120"急救电话,张××抢救无效死亡。经讯问张××丈夫徐××,其供述夫妻关系不和,近半年来张××一直在想自杀或者杀死徐××。2019 年 11 月 23 日,张××在××种子化肥专营店,花 2 元钱购买了一瓶杀鼠剂,回家后把杀鼠剂全部倒进徐××做的面条锅里,当天下午徐××发现面条没了。2019年12月10日张××死在××市××工商局家属院。

三、资料摘要

无。

四、鉴定过程

检验日期:2019年12月12日。

检验地点:××第二人民医院解剖室。

检验方法:

(1)《法医学　尸体检验技术总则》(GA/T 147—2019)。

(2)《法医学　中毒尸体检验规范》(GA/T 167—2019)。

(3)《法医病理学检材的提取、固定、包装及送检方法》(GA/T 148—1996)。

尸表检验:

(1)衣着情况:上身外穿格子红薄棉衣,内穿橙色卫衣,里穿黑色白格秋衣,下身赤裸,左足着棕色红薄袜,右足着粉红黄相间厚棉袜。

(2)一般情况:女性尸体,脱去衣服后检验,尸长152 cm,外观发育正常,营养一般。尸斑呈深红色,分布于躯干及四肢背侧未受压部位,指压不褪色。尸僵已缓解。

(3)头颈部:长发,焗亮红色,发根白色,发长约31 cm。头皮未触及明显肿胀,颅骨未触及骨擦感。右颧部见0.6 cm×0.3 cm片状皮肤结痂,左侧口角见1.5 cm×0.4 cm皮肤结痂。双侧眼睑闭合,双眼睑球结膜苍白,角膜透明,双侧瞳孔直径约为0.5 cm。双耳佩戴金属大耳环,双侧耳廓外形完整,双侧外耳道无异物。鼻骨未触及骨擦感,鼻腔内无异物。口唇淡红,黏膜可见出血,舌位于齿列内,牙列完整,上颌门牙对应部位牙龈水肿淤血,颊黏膜苍白,右侧颊黏膜可见片状出血,颈部皮肤未见损伤,未触及明显肿大淋巴结。

(4)躯干及四肢:胸廓外形正常,胸部未触及肿胀,胸骨及双侧肋骨未触及骨擦感,腹部平软,未触及明显波动感。右乳房内上象限见6.0 cm×4.0 cm黄褐色区,右乳房内上象限见1.5 cm×1.0 cm浅褐色区,右乳房外上象限见两处3.0 cm×1.8 cm和2.0 cm×1.0 cm黄褐色区,左乳头内侧见2.2 cm×1.7 cm片状褐色区。右上腹外侧(季肋区)见7.5 cm×5.5 cm片状皮肤青紫区,右腋前线第七至第八肋间见1.5 cm×1.5 cm片状黄褐色区,左臀部外侧见4.5 cm×3.5 cm片状褐色区,臀部散在点状皮肤结痂。右上臂上段外侧见2.0 cm×2.2 cm片状褐色区,左肘关节内外侧分别见2.2 cm×2.3 cm、3.2 cm×2.6 cm

片状褐色区;右膝关节前内侧、外侧分别见9.0 cm×6.5 cm、2.0 cm×1.5 cm片状青紫区,右小腿上段外侧见三处均为0.5 cm×0.5 cm擦伤,已结痂。会阴部、肛周清洁。十指甲床发绀。

尸体解剖:

(1)颅腔解剖:头皮无出血,双侧颞肌未见出血,颅骨未见明显骨折线,左侧大脑半球表面薄层出血,左侧颞顶叶见9.0 cm×6.0 cm蛛网膜下腔出血,左侧硬脑膜下有40 g血肿,左侧额颞叶脑实质出血,脑干小片状出血,颅底椎基底动脉节段性钙化,小脑及脑干未见明显异常。

(2)颈部解剖:颈前皮下及肌肉无水肿、出血。颈部血管分布正常。甲状腺、扁桃体不肿大。甲状软骨、舌骨无骨折。喉头轻度水肿。

(3)胸腔解剖:直线法切开胸腹壁,胸壁、肋间无出血。双侧胸腔无积液。气管、支气管黏膜少量灰白色泡沫。左、右肺分别重502 g和592 g,两肺表面灰褐色,两肺切面呈红褐色,质地均匀,切面水肿。心包膜完整,心包腔内有5 mL淡黄色液体,右心及肺动脉无血栓样异物。心脏重351 g,各瓣膜光滑、未见赘生物。各瓣膜周径:三尖瓣10.5 cm,肺动脉瓣6.0 cm,二尖瓣7.5 cm,主动脉瓣6.0 cm。左心室壁厚2.0 cm,右心室壁厚0.7 cm,室间隔厚1.8 cm。左、右冠状动脉开口位置正常,左前降支开口处管腔狭窄Ⅲ～Ⅳ级,余未见明显异常。

(4)腹、盆腔解剖:腹腔无积液,皮下脂肪厚4.0 cm,大网膜、肠系膜的位置和形态正常,肠系膜淋巴结不肿大。后腹膜可见左侧6.0 cm×4.5 cm、右侧10.0 cm×8.0 cm血肿。肝重1167 g,表面光滑,点状出血,肝左叶与脾粘连,切面质地均匀,胆管及胆囊未触及结石。脾重165 g,被膜完整,表面光滑,切面自溶。左、右肾分别重139 g和125 g,双肾被膜易剥离,表面光滑,切面皮髓质界限清晰,肾盂粘连出血。胰腺表面及切面未见出血。食管黏膜苍白。剪开胃壁,胃内可见约50 mL绿色黏液,底部胃黏膜点状出血,肠管无出血。盆腔可见广泛血肿,膀胱空虚。子宫稍大,子宫、卵巢及双侧输卵管形态正常,子宫腔内见一平滑肌瘤。骨盆及四肢未触及骨折。

法医病理学检验:

(1)心脏:心肌红染,横纹消失,心肌间隙增宽。冠状动脉狭窄,管腔狭窄Ⅲ～Ⅳ级。局部心肌纤维断裂,部分心肌肥大,核异型,心肌排列紊乱,心肌间血管淤血。

(2)肺:肺泡腔充满均质红染液体,肺泡间隔小血管和肺间质血管扩张淤血,部分肺泡壁断裂融合,局灶肺间质炎症细胞浸润。

(3)肝:肝窦淤血,部分肝细胞脂肪变性,局灶性肝细胞坏死伴炎症细胞浸润。

(4)脾:脾窦淤血,组织自溶。

(5)肾:肾小球毛细血管及肾间质血管淤血,肾小管上皮细胞肿胀,部分肾小管内蛋白管型形成,局灶肾间质炎症细胞浸润,伴少量肾小管上皮细胞。

(6)胰腺:间质血管淤血,组织自溶。

(7)脑:蛛网膜下腔出血,左额颞叶散在片状脑出血,脑神经细胞及脑血管周围间隙增宽,局灶淀粉小体沉积。小脑浦肯野细胞嗜酸红染,颗粒层数量稍减少,脑干未见明显异常。

理化检验:××司法鉴定中心[2019]毒鉴字××号检验报告记载,从送检的张××样本(血液、肝脏和胃内容物)中均检出大隆,其中血液中大隆含量为 0.025 μg/mL。

法医病理学诊断:

(1)左侧硬脑膜下血肿(40 g)、蛛网膜下腔出血、脑实质出血、脑干出血、脑水肿。

(2)肺水肿、肺气肿、肺淤血、局灶肺间质炎症细胞浸润。

(3)左前降支狭窄Ⅲ~Ⅳ级、心肌纤维断裂、局灶性心肌肥大。

(4)部分肝细胞脂肪变性,局灶肝细胞坏死伴炎症细胞浸润;部分肾小管蛋白管型,局灶肾间质炎症细胞浸润伴少量肾小管上皮细胞。

(5)肝、脾、胰腺、肾淤血。

(6)后腹膜、盆腔血肿;体表多处新旧不一瘀斑。

五、分析说明

1. 法医学尸体检验　未发现被鉴定人张××心、肺、肝、肾、胰、脾内脏器官有明显致命性机械性损伤改变,可排除其因上述重要器官机械性暴力损伤导致死亡的可能。未发现张××颈前皮肤、皮下组织及肌肉有明显损伤出血,可排除其因扼压颈部导致机械性窒息死亡的可能。未发现头皮血肿、颅骨骨折,体表亦未见明显外伤痕迹,可排除脑出血系外伤所致的可能。

2. 法医病理学检验　张××左前降支狭窄Ⅲ~Ⅳ级,局灶心肌肥大,但未发现急性心肌梗死发作特征,可排除其因冠心病急性发作导致死亡的可能。未发现脑血管畸形,可排除脑血管畸形破裂出血致死的可能。局灶肺间质炎症细胞浸润,部分肝细胞脂肪变性,局灶肾间质炎症细胞浸润伴少量肾小管上皮细胞等改变,不足以导致个体急性死亡。体表多处陈旧软组织瘀斑,不足以导致个体死亡。

3. 血液、肝脏和胃内容物理化检验　××司法鉴定中心[2019]毒鉴字第××号检验报告记载:从送检的张××样本(血液、肝脏和胃内容物)中均检出大隆

（溴鼠灵），其中血液中大隆含量为 0.025 μg/mL。

4. 大隆（溴鼠灵）　属于第二代长效抗凝血杀鼠剂，通过抑制维生素 K_2、3-环氧化物降解酶活性，使凝血因子 Ⅱ、Ⅶ、Ⅸ、Ⅹ 水平下降，抑制凝血酶原和凝血活酶的形成，引起凝血功能障碍。其对已经生成的维生素 K 和凝血因子无影响，故在中毒后存在一段潜伏期。其分解物还可破坏毛细血管的通透性，从而导致出血，其主要分布于肝、肾和血中。最常见的临床表现为出血，可见于各实质器官和黏膜。血尿、牙龈出血、鼻衄、消化道出血、瘀斑是其中毒最具特征性的临床表现。据文献记载，其在人体内的半衰期为 24.2 天。脑出血是其中毒最严重的并发症，极易引起死亡。

综合以上分析，被鉴定人张××存在大隆（溴鼠灵）中毒情形，中毒 17 天后死亡，被鉴定人中毒期间有腹痛、绝经后又来月经，尸表见多处陈旧不一瘀斑，解剖见颅内血肿，现场遗留呕吐物，送检血液、肝脏和胃内容物中均检出大隆，其中血液中大隆含量为 0.025 μg/mL，结合案情及病情发展过程，分析认为被鉴定人张××系大隆中毒并发脑出血死亡。

六、鉴定意见

被鉴定人张××系大隆中毒并发脑出血死亡。

七、附件

照片（略）。

司法鉴定人:××
《司法鉴定人执业证》证号××
司法鉴定人:××
《司法鉴定人执业证》证号:××

××司法鉴定中心
2019 年 12 月 25 日

第二部分　本案鉴定解析

一、大隆

大隆纯品为黄白色或灰白色粉末，不溶于水，可溶于乙醇、丙酮等。常温下化学性质较稳定，可贮存 2 年以上。对家畜、家禽等有剧毒，对鱼类有微毒。

大隆为第二代抗凝血杀鼠剂,是抗凝血剂中毒性最大的一种,具有急性和慢性杀鼠剂的双重优点。适口性好,不会产生拒食作用,可杀死对第一代抗凝血剂产生抗性的鼠类。

大隆别名:溴鼠灵;3-[3-(4-溴联苯基-4)-1,2,3,4-四氢萘-1-基]-4-羟基香豆。分子式:$C_{31}H_{23}BrO_3$。分子量:523.4165。相对密度:432 g/cm^3。属高毒杀鼠剂,用于城市、乡村、住宅、宾馆、饭店、仓库、车、船及野外各种环境灭鼠。

二、大隆中毒并发脑出血引起死亡的机制

毒物鉴定显示,从被鉴定人张××样本(血液、肝脏和胃内容物)中均检出大隆,其中血液中大隆含量为 0.025 μg/mL。被鉴定人存在大隆(溴鼠灵)中毒情形,中毒 17 天后死亡。根据送鉴材料记载,被鉴定人中毒期间有腹痛、绝经后又来月经,尸表见多处陈旧不一瘀斑,解剖见颅内血肿,现场遗留呕吐物,送检血液、肝脏和胃内容物中均检出大隆,结合案情及病情发展过程,被鉴定人张××符合大隆中毒并发脑出血死亡的征象。

第七节　刀锐器创致心、肺等重要脏器破裂出血

【本案鉴定要点】

1.本案为刀锐器创致心、肺等重要脏器破裂出血,检查刀锐器创的部位及特点。

2.通过法医病理学检验,确定心、肺破裂的部位、大小及出血量。

3.分析说明刀锐器创致心、肺等重要脏器破裂出血引起死亡的机制。

第一部分　案例鉴定介绍

××司法鉴定中心
司法鉴定意见书

编号:××司法鉴定中心[2019]病鉴字第××号

一、基本情况

委托人:××县公安局。

委托鉴定事项:对××死亡原因进行分析。

受理日期:2019 年 10 月 18 日。

送鉴材料:

(1)司法鉴定委托书一份。

(2)××全脑、心脏、两肺、双肾、脾、部分肝脏等组织器官。

(3)××县公安局物证鉴定室尸体检验记录复印件及电子照片一份。

鉴定日期:2019 年 10 月 23 日。

鉴定地点:××司法鉴定中心。

被鉴定人:××,男,55 岁。住址:××县老王岗乡甘港村委马湾村。身份证号为 10130619640508××××。

二、基本案情

根据委托人提供的材料:2019 年 10 月 3 日下午,××县老王岗乡甘港村委马湾村村民××在本村超市内被一人用刀捅死。

三、资料摘要

尸表检验:

(1)一般情况:成年男性尸体,尸长 166 cm,外观发育正常,营养良好。尸斑存在于背部未受压处,颜色较浅,指压稍褪。尸僵存在于全身各大关节。

(2)头颈面部:花白发,发长 3.0 cm。双侧眼睑闭合,球、睑结膜充血,瞳孔等大等圆,直径为 0.5 cm。双侧耳廓外形完整,双侧外耳道无异物。鼻骨未触及骨擦感,鼻腔内无异物。左面颊部见 1.0 cm×0.5 cm 表皮剥脱,面颊部下侧见 4.6 cm×0.5 cm 创口,左口角见 2.0 cm×1.0 cm 挫裂伤,下颌见 4.0 cm×2.0 cm 表皮剥脱,颈部未见明显异常。

(3)胸腹部:左胸部 3.0 cm+3.5 cm+4.0 cm 三角形创口,左胸部 2.5 cm 创口,右胸上部 4.5 cm 创口,深达胸腔,右胸部 2.5 cm 创口,深达皮下,右肋缘处 4.5 cm 创口。左上腹 7.0 cm×2.5 cm 创口,深达腹腔,并有肠管从创口内脱出。

(4)四肢:左前臂 7.0 cm×5.0 cm 游离创口,左手掌 9.0 cm 创口,左手中指掌侧 2.0 cm 创口,右手指掌侧示指 2.0 cm、中指 1.5 cm、环指 1.8 cm 创口。

尸体解剖:

(1)颅腔解剖:沿两耳间连线切开头皮,分离头皮下组织,见头皮下无淤血,颅骨无骨折。双侧颞肌无淤血。锯开颅骨可见:硬脑膜外、硬脑膜下无出血,硬脑膜无破裂,蛛网膜下腔无出血。颅底无骨折。大脑形态正常,小脑和脑干未见明显异常。

（2）颈部解剖：颈部皮肤、皮下组织、颈前肌群无损伤或出血。颈部血管分布正常。甲状软骨、舌骨完整，未见骨折。甲状腺、扁桃体未见明显肿大。喉头未见水肿，黏膜未见明显出血。

（3）胸腔解剖：右侧第一肋软骨骨折，右侧胸骨柄边缘于第三、四肋间1.0 cm处骨折，右侧肋缘5.0 cm处软骨骨折，左侧第三、四肋间见5.0 cm×3.0 cm肋间肌出血，左侧第四肋软骨骨折。右侧胸腔约1000 mL积血及凝血块。气管、支气管内见少量血性液体附着，黏膜呈暗红色。两肺表面及切面呈暗红褐色，右肺上叶见3.0 cm、1.5 cm贯通创口，表面炭末沉积。右侧心包见1.2 cm创口，心包内见约80 mL积血及凝血块，右心室壁见1.5 cm贯通创口。

（4）腹腔解剖：腹腔见少量丝状凝血块，大网膜、肠系膜的位置和形态正常，肠系膜淋巴结不肿大。腹腔各脏器位置正常，脾皱缩，胃壁见3.0 cm破口，剪开胃壁可见胃内容物约400 mL，可见面食、青菜等有形成分。

四、鉴定过程

检验日期：2019年10月23日。

检验地点：××司法鉴定中心。

检验方法：

（1）《法医学尸表检验》（GA/T 149—1996）。

（2）《法医学尸体解剖》（GA/T 147—1996）。

（3）《法医病理学检材的提取、固定、包装及送检方法》（GA/T 148—1996）。

法医病理学检验：按照病理学常规对送检的主要器官组织进行法医病理学大体检验和组织病理学检验。

（1）心脏：重324 g，表面苍白，右心室前壁可见贯通破裂口，长度分别为2.0 cm、1.2 cm。心腔结构无畸形，各瓣膜表面光滑，未见明显赘生物。各瓣膜周径：三尖瓣9.5 cm，肺动脉瓣6.5 cm，二尖瓣9.0 cm，主动脉瓣6.5 cm。左心室壁厚1.3 cm，右心室壁厚0.2 cm，室间隔厚1.0 cm。左、右冠状动脉位置及开口正常，左前降支距起始部0.5 cm处狭窄Ⅲ级，狭窄长度为2.5 cm。镜检：心肌水肿、自溶，部分心肌断裂，心肌间少量脂肪浸润，局部心肌间可见出血，间质血管充盈不佳。

（2）肺：左肺重385 g，右肺重365 g。两肺表面呈灰白色，左肺下叶可见一处长约2.0 cm破裂口，两肺切面质地均匀。镜检：肺淤血、水肿，部分肺间质可见炎症细胞浸润，间质少量炭末沉积，支气管黏膜上皮细胞脱落自溶。

（3）肝：部分重171 g，表面光滑，呈土黄色，胆管、胆囊未触及结石，切面质地均匀,呈土黄色。镜检:肝细胞水肿,部分肝细胞脂肪变性,肝窦充盈不佳,汇管区少量炎症细胞浸润,组织自溶。

(4)肾:双肾共重 237 g,被膜完整,表面略显苍白,切面皮髓质界限不清。镜检:肾小球、肾小管自溶,部分肾小球纤维化,个别肾小管蛋白管型形成,肾间质局灶性炎症细胞浸润,间质血管充盈不佳。

(5)脾:重 45 g,表面呈灰白色,被膜皱缩,切面呈红褐色。镜检:脾组织自溶。

(6)胰腺:重 66 g,表面无损伤出血,切面未见出血。镜检:胰腺小叶结构正常,胰岛自溶,间质血管空虚。

(7)脑:重 1474 g,脑表面略显苍白,血管形态正常,蛛网膜下腔未见出血,脑实质切面未见明显异常。镜检:脑膜及脑血管扩张、淤血,脑皮质神经细胞周围间隙稍增宽,脑干神经细胞纤维疏松、自溶,小脑分子层、浦肯野细胞层、颗粒层结构正常。

法医病理学诊断:

(1)胸腹部锐器创伤:心脏贯通伤、心包积血;右肺贯通伤、胸腔积血;腹部肠管外露。

(2)全身多处创口。

(3)冠状动脉粥样硬化:左前降支狭窄Ⅲ级。

(4)部分肺间质炎症细胞浸润;肝汇管区少量炎症细胞浸润;肾间质局灶性炎症细胞浸润。

(5)部分肝细胞脂肪变性;部分肾小球纤维化。

(6)肺淤血、肺水肿;脑水肿;脑、肝、肾、脾、胰腺组织缺血。

五、分析说明

1. 送鉴材料记载 2019 年 10 月 3 日,被鉴定人××被人捅死,损伤史明确。

2. 法医学尸体检验及法医病理学检验 被鉴定人××有胸腹部锐器创伤(心脏贯通伤、心包积血;右肺贯通创、胸腔积血;腹部肠管外露);全身多处创口;肺淤血、肺水肿;脑水肿;脑、肝、肾、脾、胰腺组织缺血等改变,结合理化检验结果及案情,分析认为被鉴定人××符合胸腹部遭受锐器创致心、肺等重要脏器破裂出血死亡的征象。

3. 其他 ××冠心病(左前降支狭窄Ⅲ级)、部分肝细胞脂肪变性、部分肾小球纤维化为生前即有病变,与死因无关。

六、鉴定意见

被鉴定人××符合胸腹部遭受锐器创致心、肺等重要脏器破裂出血死亡的征象。

七、附件

照片(略)。

司法鉴定人:××

《司法鉴定人执业证》证号:××

司法鉴定人:××

《司法鉴定人执业证》证号:××

××司法鉴定中心

2019 年 12 月 10 日

第二部分　本案鉴定解析

一、锐器创概念和特点

锐器创是指利用具有锋利的刀刃或尖端的锐器所形成的损伤,亦称锐器伤。常见的有刀、斧、匕首、尖刀、小刀、剪刀、剑、玻璃片等锐器所致的创伤。

其特点是创角尖锐,创缘和创壁整齐,创底平,两侧创缘和创壁不伴擦伤和挫伤,没有组织间桥,外出血常明显。依锐器底刃和尖端作用于人体的方式不同,又可将其再分为砍创、切创、刺创、剪创及锯创,以及由复合作用方式形成的复合创,如砍切创、刺切创、刺剪创等。

二、刀锐器创致心、肺等重要脏器破裂出血引起死亡的机制

尸体检验及组织病理学检验显示,被鉴定人××有胸腹部锐器创伤:心脏贯通伤、心包积血;右肺贯通创、胸腔积血;腹部肠管外露;全身多处创口;肺淤血、肺水肿;脑水肿;脑、肝、肾、脾、胰腺组织缺血等改变,结合理化检验结果及案情,综合分析考虑被鉴定人××符合胸腹部遭受锐器创致心、肺等重要脏器破裂出血死亡的征象。

第八节　冠心病急性发作

【本案鉴定要点】

1.本案为冠心病急性发作,重点区别冠心病的类型和发作的特点。

2.通过法医病理学检验,确定心脏病理改变的部位和性质。

3.分析说明冠心病发作引起死亡的机制。

第一部分　案例鉴定介绍

××司法鉴定中心
司法鉴定意见书

编号:××司法鉴定中心[2019]病鉴字第××号

一、基本情况

委托人:××市公安局××分局。

委托鉴定事项:死亡原因分析。

受理日期:2019 年 9 月 28 日。

鉴定材料:

(1)司法鉴定委托书一份。

(2)苏××脑、心脏、部分两肺、部分肝、双肾、脾、部分胰腺及胃壁等组织。

(3)××市公安局××分局物证鉴定所检验报告一份。

鉴定日期:2019 年 8 月 28 日。

鉴定地点:××司法鉴定中心。

被鉴定人:苏××,男,47 岁,身份证号为 41042119720228××××。

二、基本案情

根据委托人提供的材料:2019 年 9 月 27 日 08:52,我局接到石××报警称,在××市××区××工地内有人打架,受伤人员被送往医院。11 时许,我局再次接到报警,称受伤人员在医院死亡。经查:2019 年 9 月 27 日 6 时许,在××市××工地,犯罪嫌疑人李××与死者苏××因为戴安全帽的问题发生争吵,然后李××与苏××进行殴打,致使苏××被送往医院,因抢救无效死亡。

三、资料摘要

1. ××市公安局××分局物证鉴定室尸体检验记录摘录

解剖时间:2019年9月28日16:30。

解剖地点:××医院太平间。

尸表检查:

(1)一般情况:中年男性尸体,上身赤裸,下着绿色长裤,内着黑底图案内裤。脱去衣服后检验。尸长170 cm,外观发育正常,营养良好。尸斑呈暗紫红色,分布于躯干及四肢背侧未受压部位,指压不褪色。尸僵强度强,存在于全身各大关节处。

(2)头颈部:花白短发,长约9.0 cm。颅骨未触及骨擦感。双侧眼睑闭合,双眼睑球结膜淤血,角膜轻度混浊,双侧瞳孔直径均为0.5 cm。双侧耳廓外形完整,双侧外耳道无异物。鼻骨未触及骨擦感。口唇轻度发绀,舌形态正常,牙列完整,牙龈、颊黏膜无出血。颈部未见明显损伤。

(3)躯干及四肢:胸廓外形正常,有一圆弧形表皮剥脱,呈黄色无出血。胸部未触及肿胀,胸骨、肋骨未触及骨擦感。腹部外表未见明显损伤,左腹股沟有两个注射针眼。背臀部未见明显损伤。左小腿前侧小片状擦伤,左足内侧散在擦挫伤;会阴部未见明显外伤。

尸体解剖:

(1)颅腔解剖:头皮下、双侧颞肌无出血,颅骨未见骨折,硬脑膜外、硬脑膜下及蛛网膜下腔无出血。全脑重1400 g,大脑形态正常,大脑、小脑、脑干表面未见损伤或出血。

(2)颈部解剖:颈部皮肤、皮下组织、颈前肌群无损伤或出血。颈部血管分布正常。甲状软骨、舌骨完整,未见骨折。甲状腺、扁桃体未见明显肿大。喉头未见明显水肿、出血。

(3)胸腔解剖:直线法切开胸腹壁,胸骨平第二、三肋间处骨折,左侧锁骨中线处第二至第四肋骨骨折,右侧腋前线处第二至第五肋骨骨折,胸骨右侧有10.0 cm×3.0 cm肋间肌出血,左侧第三、四肋间肌出血。双侧胸腔无积液、胸膜无粘连。气管、支气管黏膜可见白色泡沫样液附着。左、右肺分别重1000 g和800 g,两肺表面及切面呈红褐色,切面质地均匀。心包膜完整,心包腔内有少量淡黄色液体,心脏重500 g,心脏体积增大,心尖钝圆,表面脂肪厚,各瓣膜光滑、未见赘生物。

(4)腹、盆腔解剖:腹壁脂肪厚3.3 cm,腹腔无积液,大网膜、肠系膜的位置和形态正常,肠系膜淋巴结不肿大。膈肌高度:左侧位于第四肋间,右侧平第四肋。肝下缘位置:右锁骨中线处距肋缘上 1.5 cm,剑突处位于剑突下 2.0 cm。肝重 2200 g,外观形态正常,呈红褐色,表面光滑,切面质地均匀,胆管及胆囊未触及结石。脾重 200 g,被膜完整,表面光滑,切面淤血。左、右肾均重 200 g,双肾被膜完整、易剥离,切面皮髓质界限清晰。胰腺被膜及切面无出血。食管黏膜苍白,见少量冰碴及胃内容物;胃内有 120 mL 血性液体,肠管无出血。膀胱空虚,双侧睾丸未见损伤。脊柱、骨盆和四肢未触及骨折。

2.××市公安局××分局物证鉴定所检验报告摘录

检验结果:从上述送检的检材中均未检出地西泮(安定)、敌敌畏、毒鼠强的成分;从上述送检的心血中未检出乙醇的成分。

四、鉴定过程

检验日期:2019 年 9 月 28 日。

检验地点:××司法鉴定中心。

检验方法:

(1)《法医学尸表检验》(GA/T 149—1996)。

(2)《法医学尸体解剖》(GA/T 147—1996)。

(3)《法医病理学检材的提取、固定、包装及送检方法》(GA/T 148—1996)。

法医病理学检验:

(1)心脏:重 474 g,心脏外观形态正常,室间隔切面见灰白斑,心腔结构无明显畸形,主动脉瓣膜斑块形成,未见明显赘生物。各瓣膜周径:三尖瓣 12.0 cm,肺动脉瓣 8.0 cm,二尖瓣 9.5 cm,主动脉瓣 8.5 cm。左心室壁厚 1.7 cm,右心室壁厚 0.3 cm,室间隔厚 1.3 cm。左冠状动脉位置、开口正常,右冠状动脉开口闭合,右冠状动脉细小,距起始 7.5 cm 处狭窄Ⅲ~Ⅳ级;左前降支距开口 0.5 cm 处狭窄Ⅳ级,狭窄长度 1.0 cm;左旋支节段性钙化,狭窄Ⅰ~Ⅱ级。镜检:左前降支狭窄Ⅳ级,斑块内见钙盐沉积,局部机化再通,室间隔部分心肌细胞核溶解、消失,局灶心肌胞核、胞质溶解消失;心肌坏死、溶解,部分心肌纤维化,局部心肌胞核、胞质溶解消失,局灶收缩带形成,局灶心肌波浪样变。

(2)肺:部分左肺重 436 g,部分右肺重 437 g,表面呈灰褐色,切面呈褐色。镜检:支气管黏膜上皮脱落,肺泡腔内见均质红染液体及出血,肺间质血管淤血,小灶性肺间质炎症细胞增多,间质有少量碳尘。

(3)肝:部分肝重 815 g,表面呈灰黄色,切面呈砖黄色。镜检:广泛性肝细胞脂肪变性。

（4）脾：重224 g，表面呈褐色，被膜稍皱缩，切面呈红褐色，切面淤血。镜检：脾组织自溶，个别脾小动脉玻璃样变性。

（5）肾：双肾共重400 g。镜检：肾小球毛细血管淤血，个别肾小球纤维化，肾间质血管扩张淤血，局灶肾间质炎症细胞浸润，肾小管自溶，个别肾间质血管玻璃样变性。

（6）胰腺：部分胰腺重95 g。镜检：组织自溶，间质血管淤血。

（7）脑：重1419 g。镜检：脑神经细胞肿胀，核偏移，脑血管周围间隙增宽，脑膜内小血管扩张淤血，脑组织自溶。

（8）胃肠：胃黏膜下炎症细胞浸润。

法医病理学诊断：

（1）冠心病：①冠状动脉粥样硬化，左前降支、右旋支狭窄Ⅳ级，左旋支狭窄Ⅰ～Ⅱ级；②心肌梗死；③心肌肥厚；④心肌纤维化；⑤右冠状动脉开口畸形、冠状动脉细小。

（2）肺出血，急性肺淤血，肺水肿。

（3）急性脑水肿，脑淤血。

（4）肾淤血，局灶肾间质肾炎，个别肾间质血管玻璃样变性。

（5）肝细胞脂肪变性。

（6）双侧多发肋骨骨折，胸骨骨折。

（7）左小腿、左足内侧等软组织擦挫伤。

五、分析说明

1. 法医学尸体检验　未发现被鉴定人苏××脑、心、肺、肝、脾、肾等内脏器官有机械性损伤改变，可排除其因重要器官机械性暴力损伤导致死亡的可能。未发现苏××颈部皮肤、皮下组织及肌肉有损伤出血，可排除其因扼压颈部导致机械性窒息死亡的可能。

2. 理化检验　从送检的检材中未检出地西泮（安定）、敌敌畏、毒鼠强的成分。从送检的心血中未检出乙醇成分，可排除其因上述毒/药物中毒致死的可能。

3. 法医病理学检验　苏××存在冠心病（冠状动脉粥样硬化、心肌梗死、心肌肥厚、心肌纤维化、右冠状动脉开口畸形、冠状动脉细小），肺水肿和急性脑水肿，肺、脑、脾、肾淤血，局部肾小球纤维化，肾间质血管玻璃样变性，肾小管管型形成等改变。结合案情及死亡进程迅速，分析认为被鉴定人苏××符合冠心病急性发作导致急性循环功能障碍而死亡的征象。

4. 综合分析　苏××肝细胞脂肪变性、个别肾小动脉玻璃样变性属于个体既有病变,疾病情况不足以导致个体急性死亡,与个体死亡原因无关。苏××体表软组织损伤轻微,不足以导致个体急性死亡。苏××肋骨骨折、胸骨骨折考虑抢救按压形成,与死亡原因无关。苏××肺出血、肋间肌出血考虑急性濒死期现象,与死亡原因无关。苏××体表软组织损伤轻微,不足以导致个体急性死亡,可合并情绪激动等因素诱发冠心病急性发作。

综合以上分析,被鉴定人苏××符合冠心病急性发作而死亡的征象,轻微软组织损伤、情绪激动等因素考虑为诱因。

六、鉴定意见

被鉴定人苏××符合冠心病急性发作而死亡的征象。

七、附件

照片(略)。

司法鉴定人:××

《司法鉴定人执业证》证号:××

司法鉴定人:××

《司法鉴定人执业证》证号:××

××司法鉴定中心

2019 年 10 月 28 日

第二部分　本案鉴定解析

一、冠心病急性发作

1. **冠心病**　它是冠状动脉发生粥样硬化而引起血管腔狭窄或阻塞,造成心肌缺血、缺氧或坏死而导致的心脏病,常被称为"冠心病"。但是冠心病的范围可能更广泛,还包括炎症、栓塞等导致管腔狭窄或闭塞。世界卫生组织将冠心病分为五大类:无症状心肌缺血(隐匿性冠心病)、心绞痛、心肌梗死、缺血性心力衰竭(缺血性心脏病)和猝死。临床中常分为稳定性冠心病和急性冠脉综合征。

2. **冠心病急性发作**　常见的表现有心慌、气短、胸闷、胸痛,严重者会出现心前区有压迫样疼痛,伴恶心、呕吐、大汗淋漓、窒息感、濒死感,甚至可突然出现意识丧失、抽搐等心搏骤停的表现,会危及患者的生命。

二、冠心病发作引起死亡的机制

法医病理检查显示,被鉴定人苏××存在冠心病,心肌梗死,心肌肥厚,心肌纤维化,右冠状动脉开口畸形,冠状动脉细小,急性肺水肿,急性脑水肿,肺、脑、脾、肾淤血,局部肾小球纤维化,肾间质小动脉玻璃样变性,肾小管管型形成等改变,结合案情及其死亡进程迅速,分析认为被鉴定人苏××符合冠心病急性发作导致急性循环功能障碍而死亡的征象。

第九节　交通事故多发伤合并肺组织实变及并发肺部感染

【本案鉴定要点】

1.本案为交通事故多发伤合并肺组织实变及并发肺部感染。

2.通过法医病理学检验,确定外伤的特点,以及肺组织感染和实变的形态学证据。

3.分析说明交通事故多发伤合并肺组织实变及并发肺部感染引起死亡的机制,以及交通事故在死亡中的作用。

第一部分　案例鉴定介绍

××司法鉴定中心
司法鉴定意见书

编号:××司法鉴定中心[2019]病鉴字第××号

一、基本情况

委托人:××县公安局交通警察大队。

委托鉴定事项:对李××的死亡原因进行鉴定。

受理日期:2019年9月25日。

鉴定材料:

(1)司法鉴定委托书一份。

(2)李××尸体一具。

(3)××县人民医院住院病历复印件一份。

(4)××医院住院病历复印件一份。

（5）医学影像片 15 张。

鉴定日期:2019 年 9 月 25 日。

鉴定地点:××县殡仪馆。

被鉴定人:李××,女,56 岁,身份证号为 41292819630728××××。

二、基本案情

根据委托人提供的材料:2019 年 7 月 17 日 10:20,赵××驾驶轻型厢式货车沿××县××路自东向西行驶,行驶至××路段时,与沿该道路自西向东行驶至该处李××驾驶的电动三轮车(附载孙××)发生碰撞,造成李××受伤,两车不同程度损坏。李××后经抢救无效死亡。

三、资料摘要

1.××县人民医院住院病历摘录

住院时间:2019 年 7 月 17 日—2019 年 8 月 7 日。

住院号:××。

因"外伤后昏迷 2 小时"入院。

专科检查:昏迷,对光反射灵敏,呼吸稍促,痛苦面容,两肺呼吸音粗糙,腹部膨隆,四肢肌力检查不能配合。

辅助检查:CT 检查显示蛛网膜下腔出血,左侧眼睑肿胀,额部及右侧颞顶部皮下组织肿胀,寰椎左弓骨折? 椎管内及右颈部皮下组织内积气,双下肺纹理增多、增粗,双侧胸膜增厚,左侧肋骨多发骨折。

诊疗经过:入院后给予经口气管插管接呼吸机辅助呼吸,保护胃黏膜、止血,营养神经,降颅压,控制感染,稀释痰液,镇痛、镇静,胰岛素控制血糖,维持生命体征平稳,维持水、电解质平衡及对症支持治疗等。

出院诊断:闭合性颅脑损伤;肺挫伤、肺部感染、呼吸衰竭;消化道出血;低蛋白血症;肋骨骨折;颈椎骨折;尺骨、桡骨闭合性骨折;掌骨骨折;皮肤挫伤;2 型糖尿病。

出院情况:意识模糊,经口气管插管接呼吸机辅助呼吸,体温较高,其余生命体征维持平稳。

2.××医院死亡记录

入院时间:2019 年 8 月 7 日。

因"车祸伤后 21 天"入院。

21 天前李××骑电动三轮车被货车碰撞致伤,出现意识障碍,被急诊送入××县人民医院 ICU 救治,13 天前意识恢复至嗜睡状态并脱离呼吸机自主呼吸,12 天前患者出现腹泻症状,当地医院给予对症治疗,症状至今改善不明显,

7 天前患者出现呼吸衰竭症状,再次被给予辅助通气呼吸治疗至今,家属要求转入我院继续治疗。

查体:嗜睡,被动体位,表情痛苦,急性病容,面色苍白,左侧胸壁及左上肢局部皮肤可见皮下少量淤血,全身多发皮肤软组织擦伤、青紫、肿胀,舌尖出现溃烂,局部覆有脓液,两肺呼吸音粗,可闻及大量散在干湿啰音,肠鸣音减弱,左上肢已行石膏外固定,左侧大腿内侧皮肤裂伤已缝合,双下肢多处皮肤挫伤,渗出不多。

诊疗经过:给予重症监护、呼吸机辅助呼吸、输血、抗感染、对症支持等治疗,患者肺部感染逐步控制,并脱离呼吸机自主呼吸。血培养提示多重耐药菌感染,革兰氏染色阳性,给予亚胺培南+替考拉宁+氟康唑抗感染治疗,患者发热症状较前明显改善,血常规白细胞计数较前下降,目前患者生命体征平稳,请胸外科医师会诊后转入胸外科继续治疗。患者于 2019 年 9 月 14 日出现高热、昏迷、血压升高,请我科会诊后转入重症医学科,给予重症监护、对症支持治疗。后患者氧气指标差,再次气管插管,上呼吸机治疗,后患者出现尿崩症,给予去氨加压素及对症治疗,后患者于 2019 年 9 月 14 日 21:10 血压骤降、大动脉搏动消失,出现心搏骤停,立即予以心肺复苏,去甲肾上腺素、阿托品等抢救药物治疗,积极抢救 20 分钟,心电图仍呈一条直线,宣布临床死亡。

死亡原因:呼吸心搏骤停。

死亡诊断:呼吸心搏骤停;呼吸衰竭;肺挫裂伤、肺部感染、肺实变;蛛网膜下腔出血;左侧多发肋骨骨折;左侧胸腔积液;左侧尺桡骨骨折;左侧第五掌骨骨折;重度贫血;代谢性酸中毒并呼吸性酸中毒;头皮下血肿;左下肢挫裂伤。

四、鉴定过程

检验日期:2019 年 9 月 25 日。

检验地点:××县殡仪馆。

检验方法:

(1)《法医学尸表检验》(GA/T 149—1996)。

(2)《法医学尸体解剖》(GA/T 147—1996)。

(3)《法医病理学检材的提取、固定、包装及送检方法》(GA/T 148—1996)。

尸表检查:

(1)一般情况:冷藏尸体,脱去衣服后检验。中年女性尸体,尸长 160 cm,外观发育正常,营养良好,体型偏胖。尸斑呈暗红色,分布于躯干及四肢背侧未受压部位,指压不褪色。尸僵已缓解。

(2)头颈部:黑色短发,长约2.5 cm。颅骨未触及骨擦感。左侧颞部、颜面部青紫,左侧枕部见2.0 cm×1.0 cm陈旧瘢痕。双侧眼睑闭合,双眼睑球结膜苍白,角膜重度混浊,瞳孔不可窥视。双侧耳廓外形完整,双侧外耳道无异物。鼻骨未触及骨擦感。口唇皮革样化,舌形态正常,牙列完整,牙龈、颊黏膜无出血,下颌见2.5 cm×0.5 cm挫伤。

(3)躯干及四肢:胸廓外形正常,胸部未触及肿胀,胸骨、肋骨未触及骨擦感。前胸有散在皮下出血,右肩背侧至肩胛处皮下紫红,右背中段见15.0 cm×4.0 cm皮下出血,右背腰部见8.0 cm×2.5 cm皮下出血,骶尾部见防压疮胶带附着。左上臂中段见4.5 cm×6.0 cm皮下出血,左大腿根部见针眼,周围皮肤紫红,左大腿内侧见7.0 cm条状擦伤,左小腿前侧中段见2.5 cm×0.5 cm陈旧性裂创,左小腿内侧见14.0 cm×3.0 cm擦伤,右小腿后侧见8.0 cm×4.0 cm皮下出血,双足背皮肤紫红,右外踝见片状挫伤。外生殖器、会阴部未见损伤。

尸体解剖:

(1)颅腔解剖:头皮下、双侧颞肌无出血,颅骨未见骨折,硬脑膜外、硬脑膜下及蛛网膜下腔无出血。全脑重1294 g,大脑形态正常,大脑、小脑、脑干表面及切面未见损伤或出血。

(2)颈部解剖:颈部皮肤、皮下组织、颈前肌群无损伤或出血。颈部血管分布正常。甲状软骨、舌骨完整,未见骨折。甲状腺、扁桃体未见明显肿大。喉头未见明显水肿、出血。

(3)胸腔解剖:直线法切开胸腹壁,胸壁、肋间肌肉无出血,胸骨和肋骨无骨折。左侧胸腔可见100 mL左右淡红色血性液体,左肺下叶与后胸膜及膈肌粘连,右侧胸腔无积液、胸膜无粘连。气管、支气黏膜可见白色泡沫样液附着。左、右肺分别重666 g和846 g,左肺叶间粘连,两肺表面及切面呈红褐色,切面质地均匀。心包膜完整,心包腔内有20 mL左右淡红色血性液体,心脏重410 g,脂肪附着明显,室间隔近心尖处外缘见1.8 cm×2.5 cm范围内出血,主动脉瓣膜钙化。各瓣膜周径:三尖瓣9.0 cm,肺动脉瓣6.0 cm,二尖瓣6.5 cm,主动脉瓣5.2 cm。左心室壁厚1.3 cm,右心室壁厚0.3 cm,室间隔厚1.0 cm。左、右冠状动脉开口正常,左前降支起始部至1.5 cm处狭窄Ⅲ~Ⅳ级,右冠状动脉起始部至2.0 cm处狭窄Ⅲ~Ⅳ级。

(4)腹、盆腔解剖:腹壁脂肪厚4.5 cm,腹腔无积液,大网膜、肠系膜的位置和形态正常,肠系膜淋巴结不肿大。膈肌高度:左侧平第五肋,右侧位于第四肋间。肝下缘位置:右锁骨中线处距肋缘上4.0 cm,剑突处位于剑突上4.0 cm。肝重1143 g,外观形态正常,表面光滑,略苍白,切面质地均匀,胆囊可触及1.8 cm×2.4 cm结石。脾重139 g,被膜完整,表面光滑,切面淤血。

左、右肾分别重 178 g 和 166 g,双肾左肾可见 1.7 cm×0.5 cm 空洞,双肾被膜完整易剥离,切面皮髓质界限清晰。胰腺重 101 g,被膜及切面无出血。食管黏膜苍白;胃内空虚,胃黏膜无出血,肠管无出血。膀胱空虚。

法医病理学检验:

(1)心脏:冠状动脉狭窄Ⅲ~Ⅳ级,局部机化再通,左心室心尖处心外膜片状出血,出血周围心肌细胞核消失溶解,心肌纤维断裂,心肌排列紊乱;室间隔近心尖处局灶出血伴炎症细胞浸润,周围细胞核溶解消失,心肌排列紊乱。

(2)肺:肺泡腔内见大量均质红染液体,局灶肺泡腔内见少量心衰细胞,肺泡腔内见脱落的上皮细胞、纤维素样渗出及吞噬细胞,局部肺间质增厚、实变,代偿性周围肺泡壁断裂融合。

(3)肝:肝组织自溶,局灶肝细胞脂肪变性。

(4)脾:脾窦淤血,脾小动脉管壁增厚,脾组织自溶。

(5)肾:肾小球、肾小管自溶,肾间质血管淤血,部分肾间质小血管管壁增厚,个别肾间质血管玻璃样变性,肾小管管型形成。

(6)胰腺:组织自溶,细胞结构消失。

(7)脑:脑组织自溶,脑血管周围间隙增宽,个别实质小血管内炎症细胞聚集,局灶脑实质内见淀粉小体沉积,局灶血管充盈不佳。

(8)胃肠:胃黏膜下局灶炎症细胞浸润。

法医病理学诊断:

(1)交通事故多发伤:肺挫裂伤;左侧多发肋骨骨折、左侧尺桡骨骨折、左侧第五掌骨骨折;头皮下血肿;左下肢挫裂伤。

(2)冠心病:①冠状动脉粥样硬化,冠状动脉狭窄Ⅳ级;②心尖处心外膜出血。

(3)肺组织实变、肺大疱形成、肺气肿、肺水肿。

(4)急性脑水肿。

(5)肾间质小动脉玻璃样变性、肾小管管型形成。

(6)肝细胞脂肪变性。

(7)脑、心、肺、肝、脾、肾、胰腺组织自溶。

五、分析说明

1.送鉴材料记载   李××于 2019 年 7 月 17 日因交通事故受伤,伤后先入住××县人民医院,医院经检查后诊断为"闭合性颅脑损伤、肺挫伤、肺部感染、呼吸衰竭、低蛋白血症、肋骨骨折、颈椎骨折、尺骨桡骨闭合性骨折、掌骨骨折、皮肤挫伤"等,并行对症支持治疗。后来李××因肺部感染、呼吸衰竭症状且经治疗改善不明显入住××医院,入院后医院给予抗感染对症治疗,李××的症状较之前改善。2019年9月14日李××再次高热、昏迷、血压升高,医院给予重症监护、对症支持治疗后,李××因抢救无效死亡。

2. 法医学尸体检验 未发现被鉴定人李××脑、心、肺、肝、脾、肾等内脏器官有机械性损伤改变,可排除其因重要器官机械性暴力损伤导致死亡的可能。未发现李××颈部皮肤、皮下组织及肌肉有损伤出血,可排除其因扼压颈部导致机械性窒息死亡的可能。

3. 法医病理学检验 李××有肺组织实变,冠心病,肺大疱形成、肺气肿、肺水肿,急性脑水肿,肾间质小动脉玻璃样变性、肾小管管型形成,肝细胞脂肪变性等改变。结合案情及其死亡进程,分析认为李××符合交通事故多发伤伴肺组织实变及并发肺部感染致呼吸循环衰竭而死亡的征象。

六、鉴定意见

被鉴定人李××符合交通事故多发伤合并肺组织实变及并发肺部感染致呼吸循环衰竭而死亡的征象。

七、附件

照片(略)。

司法鉴定人:××
《司法鉴定人执业证》证号:××
司法鉴定人:××
《司法鉴定人执业证》证号:××

××司法鉴定中心
2019年12月19日

第二部分 本案鉴定解析

一、交通事故与车祸

(一)交通事故

交通事故是指车辆在道路上因过错或者意外造成人身伤亡或者财产损失的事件。交通事故不仅是由不特定的人员违反道路交通安全法规造成;也可以是由地震、台风、山洪、雷击等不可抗拒的自然灾害造成。

按照我国相关法律的规定,道路交通事故是指车辆在道路上的行驶途中因过错或者意外造成的人身伤亡或者财产损失的事件。

构成交通事故应当具备下列要素。

(1)必须是车辆造成的:车辆包括机动车和非机动车,没有车辆就不能构成交通事故,例如行人与行人在行进中发生碰撞的就不构成交通事故。

(2)是在道路上发生的:道路是指公路、城市道路和虽然在单位管辖范围但允许社会机动车通行的地方,包括广场、公共停车场等用于公众通行的场所。

(3)在运动中发生:是指车辆在行驶或停放过程中发生的事件,若车辆处于完全停止状态,行人主动去碰撞车辆或乘车人上下车的过程中发生的挤、摔、伤亡的事故,则不属于交通事故。

(4)有事态发生:是指有碰撞、碾压、刮擦、翻车、坠车、爆炸、失火等其中的一种现象发生。

(5)必须有损害后果的发生:损害后果仅指直接的损害后果,而且是物质损失,包括人身伤亡和财产损失。

(二)车祸

车祸是指行车(多指汽车等机动车)时发生的伤亡事故。造成的伤害大体可分为减速伤、撞击伤、碾挫伤、压榨伤及跌扑伤等,其中以减速伤、撞击伤为多。减速伤是由车辆突然而强大的减速所致伤害,如颅脑损伤、颈椎损伤,主动脉破裂、心脏及心包损伤,以及"方向盘胸"等。撞击伤多由机动车直接撞击所致。碾挫伤及压榨伤多由车辆碾压挫伤,或被变形车厢、车身和驾驶室挤压伤害同时发生于一体。因此,车祸的伤势重、变化快、死亡率高。酒后驾车、超速驾驶、疲劳驾驶、未保持安全车距、拒绝安全带是高速公路交通事故的常见原因。此外,停车不守法、开车打电话和低估天气因素成为高速公路交通事故的重要诱因。

二、交通事故多发伤合并肺组织实变及并发肺部感染引起死亡的机制

被鉴定人李××于2019年7月17日因交通事故受伤,医院经检查后诊断为"闭合性颅脑损伤、肺挫伤、肺部感染、呼吸衰竭、低蛋白血症、肋骨骨折、颈椎骨折、尺骨桡骨闭合性骨折、掌骨骨折、皮肤挫伤"等,后肺部感染、呼吸衰竭,医院给予支持治疗,抢救无效死亡。

法医学尸体检验及法医病理学检验发现,被鉴定人李××有肺组织实变,冠心病,肺大疱形成、肺气肿、肺水肿,急性脑水肿,肾间质小动脉玻璃样变性,肾小管管型形成,肝细胞脂肪变性等改变,结合案情及其死亡进程,考虑被鉴定

人李××符合交通事故多发伤伴肺组织实变及并发肺部感染致呼吸循环衰竭而死亡的征象。

第十节　交通事故多发伤合并小圆细胞恶性肿瘤(肺、肝、脾)致多脏器功能衰竭

【本案鉴定要点】

1.本案为交通事故多发伤合并小圆细胞恶性肿瘤(肺、肝、脾)致多脏器功能衰竭,重点了解小圆细胞恶性肿瘤对器官功能的影响。

2.通过法医病理学检验,确定小圆细胞恶性肿瘤发生的器官、对组织的破坏。

3.分析说明交通事故多发伤合并小圆细胞恶性肿瘤(肺、肝、脾)致多脏器功能衰竭引起死亡的机制,以及交通事故在死亡中的作用。

第一部分　案例鉴定介绍

××司法鉴定中心
司法鉴定意见书

编号:××司法鉴定中心[2019]病鉴字第××号

一、基本情况

委托人:××县公安交通警察大队。

委托鉴定事项:死亡原因鉴定。

受理日期:2019 年 11 月 18 日。

鉴定材料:

(1)鉴定委托书一份。

(2)××县人民医院住院病历复印件一份。

(3)××县中心医院住院病历复印件一份。

(4)××尸体一具。

鉴定日期:2019 年 11 月 18 日。

鉴定地点:××司法鉴定中心。

被鉴定人:××,男,70岁,身份证号为41112119490601××××。

二、基本案情

根据委托人提供的材料:2019年8月5日,××驾驶二轮自行车,在××县××路北段发生交通事故,在医院治疗后,于2019年9月5日出院,后于2019年11月7日因上腹部疼痛10个月,加重伴乏力、食欲缺乏3个月,意识模糊、大小便失禁1天入住××县中心医院,11月10日不治身亡。

三、资料摘要

1.××县人民医院住院病历摘录

住院时间:2019年8月5日—2019年9月5日。

住院号:××。

主诉:皮肤湿冷、大汗,双下肢肿胀、疼痛、出血1小时。

专科情况:患者意识清楚,精神差,自动睁眼,能回答问题。全身湿冷、大汗,双侧瞳孔等大等圆,直径约2.0 mm,对光反射灵敏。胸廓挤压征阴性,双侧肺叩诊轻音,两肺呼吸音清,未闻及干湿啰音,无胸膜摩擦音。腹肌稍紧,右肾区叩击痛,右下肢开放性骨折,肿胀畸形。左下肢膝关节远端毁损伤,皮肤脱套,骨折外露,足背动脉不能触及。

辅助检查:DR提示,双侧胫腓骨及右跟骨骨折中断,错位明显(2019.08.05,本院)。

诊疗经过:入院后完善相关辅助检查,积极给予大量补液、输血、抗炎、抗应激、对症处理,病情稳定后急诊行"左大腿离断术、右胫腓骨开放性粉碎性骨折清除胫骨内固定术"。术后给予抗炎、输血纠正贫血、活血、理疗、对症处理及患肢功能锻炼。

出院诊断:创伤性失血性休克;胸腹部闭合性损伤;右胫腓骨开放性粉碎性骨折;左小腿左足毁损伤;右跟骨骨折。

2.××县中心医院住院病历摘录

住院时间:2019年11月7日—2019年11月11日。

住院号:××。

主诉:上腹部疼痛10个月,加重伴乏力、食欲缺乏3个月,意识模糊、大小便失禁1天。

体格检查:体温36.2 ℃,脉搏106次/分,呼吸20次/分,血压93/63 mmHg。外观发育正常,营养偏差。意识清醒,精神差,由平车推入病房,查体欠合作。重度贫血貌,全身皮肤黏膜中度黄染,无出血点,未触及肿大淋巴结。口唇轻度发绀,咽腔无充血,扁桃体无肿大。桶状胸,肋间肌增宽,触诊语颤减弱,叩诊呈过清音,听诊两肺呼吸音粗,双下肺可闻及细水泡音。腹平软,剑突下压痛阳性,肝脾肋下未触及,腹水征阴性,肠鸣音正常。

治疗经过:止酸、保护胃黏膜;补液、营养支持等对症治疗。

死亡诊断:多脏器功能衰竭。

四、鉴定过程

检验日期:2019 年 11 月 18 日。

检验地点:××县公安局解剖室。

检验方法:

(1)《道路交通事故尸体检验》(GA/T 268—2019)。

(2)《法医学尸表检验》(GA/T 149—1996)。

(3)《法医学尸体解剖》(GA/T 147—1996)。

(4)《法医病理学检材的提取、固定、包装及送检方法》(GA/T 148—1996)。

尸表检查:

(1)一般情况:冷藏尸体,脱去衣服后检验。老年男性尸体,尸长 162 cm,外观发育正常,营养中等。尸斑呈红色,分布于躯干及四肢背侧未受压部位,指压不褪色。尸僵已缓解。

(2)头颈部:花白短发,发长 2.0 cm,头皮未触及肿胀,颅骨无骨擦感。双侧眼睑闭合,双眼球、睑结膜苍白,角膜重度混浊,双侧瞳孔不可窥视。双侧耳廓外形完整,双侧外耳道无异物。鼻骨未触及骨擦感,鼻腔内无异物。口唇干燥,舌位置形态正常,牙齿陈旧性缺失,牙龈、颊黏膜苍白、无损伤。

(3)躯干及四肢:胸廓外形正常,胸部未触及肿胀,胸骨、肋骨未触及骨擦感。双手十指甲床发绀。右关节前侧、右前臂后侧、右手背、左腕关节前侧均可见针眼,周围皮肤红紫。右小腿前侧见纵向陈旧性手术瘢痕,左大腿自膝关节 8.0 cm 以上缺如。外生殖器、肛周清洁。脊柱、骨盆及四肢未触及骨折。

尸体解剖:

(1)颅腔解剖:头皮下未见肿胀、出血,双侧颞肌无出血。全脑重 1180 g,大脑位置形态正常,硬脑膜外、硬脑膜下未见出血,大脑、小脑和脑干表面及切面未见明显异常。

(2)颈部解剖:颈部皮肤、皮下组织、颈前肌群无损伤或出血。颈部血管分布正常。甲状软骨、舌骨完整,未见骨折。甲状腺、扁桃体未见明显肿大。喉头不水肿,黏膜无出血。

(3)胸腔解剖:直线法切开胸腹壁,胸骨、双侧肋骨未见骨折,左侧胸腔有

270 mL淡红色液体,右侧胸腔有720 mL淡红色液体,双侧胸膜与胸壁无粘连。气管、支气管内有少量黄色黏液。左、右肺分别重701 g和692 g,两肺表面呈灰褐色,表面炭末沉积,两肺表面及叶间见黄色颗粒状物质,切面呈红褐色,质地不均匀。心包膜完整,心包腔内少量淡红色液体,心脏重285 g,心脏表面脂肪较多,主动脉壁见动脉瘤,各瓣膜光滑、未见赘生物。各瓣膜周径:三尖瓣11.5 cm,肺动脉瓣7.0 cm,二尖瓣9.5 cm,主动脉瓣7.0 cm。左心室壁厚1.2 cm,右心室壁厚0.3 cm,室间隔厚1.0 cm。左、右冠状动脉位置、开口正常,左前降支距开口2.5 cm处管腔狭窄Ⅲ~Ⅳ级,余冠状动脉未见明显异常。

(4)腹、盆腔解剖:腹腔无积液,大网膜、肠系膜的位置和形态正常,肠系膜淋巴结不肿大。膈肌高度:左侧位于第五肋,右侧平第四肋。肝脏位置:右锁骨中线处距肋缘上3.0 cm,距剑突下3.0 cm,肝重1059 g,外观形态正常,呈黄褐色,表面呈颗粒状,切面呈黄褐色,胆管及胆囊未触及结石。脾重254 g,被膜完整,表面呈颗粒状、红褐色,切面呈颗粒状、红褐色。左、右肾分别重94 g和100 g,双肾被膜完整、易剥离,切面皮髓质界限尚清晰。胰腺重76 g,被膜及切面无出血。食管黏膜苍白,未见异物,胃内空虚,黏膜散在出血。肠管胀气,肠壁无出血。脊柱、骨盆及四肢未触及骨折。

法医病理学检验:

(1)心脏:冠状动脉管壁增宽,局部管腔内机化再通。心肌纤维间隙增宽,部分心肌波浪样改变,个别心肌细胞肥大,心肌间质血管扩张淤血。

(2)肺:肺泡腔内见均质红染液体,肺间质扩张淤血,局部肺泡腔内红细胞渗出,部分肺泡壁断裂、融合,肺间质局灶性小圆样类上皮细胞增生,局部肺间质及胸膜增厚。

(3)肝:肝内纤维结缔组织增生,正常肝小叶结构被破坏,假小叶结构形成,假小叶内多发大小不等的巢样肿瘤组织,部分肿瘤细胞异型性较大,存在核分裂象。

(4)脾:脾组织内可见多发巢样肿瘤组织,肿瘤细胞多为小圆样细胞,部分肿瘤细胞异型性较大,存在核分裂象。

(5)肾:肾小球、肾小管细胞自溶;部分肾小球纤维化,肾间质多发灶性炎症细胞浸润,间质血管淤血,部分小血管玻璃样变性。

(6)胰腺:胰腺组织自溶,间质血管玻璃样变性。

(7)脑:脑膜及脑实质内血管扩张淤血,脑皮质神经细胞及毛细血管周围间隙稍增宽,局部脑实质内可见淀粉样小体沉积,多发灶性脑组织坏死、吸收呈空网状改变,伴胶质细胞增多,小脑局部颗粒层细胞数量减少。

法医病理学诊断：

(1)左大腿截肢术(膝关节以上8.0 cm)、右胫腓骨骨折内固定术后。

(2)小圆细胞恶性肿瘤(肺、肝、脾)。

(3)冠状动脉粥样硬化：左前降支狭窄Ⅲ~Ⅳ级；个别心肌细胞肥大，部分心肌呈波浪样改变。肺淤血、肺水肿、肺气肿。脑水肿。

(4)灶性腔隙性脑梗死；部分肾小球纤维化，肾间质灶性炎症细胞浸润，部分肾小管玻璃样变性；脾小血管玻璃样变性。

(5)心、肺、肾、脑淤血。

五、分析说明

1.法医尸体检验　未发现被鉴定人××心、肺、肝、肾、脑内脏器官有明显致命性机械性损伤，可排除其因上述重要器官机械性暴力损伤导致死亡的可能。未发现××颈部皮肤、皮下组织及肌肉有明显损伤出血，可排除其因扼压颈部导致机械性窒息死亡的可能。

2.送鉴材料记载　2019年8月5日，××发生交通事故，行左大腿截肢术、右胫腓骨骨折内固定术，于2019年9月5日出院，后于2019年11月7日因上腹部疼痛10个月，加重伴乏力、食欲缺乏3个月，意识模糊、大小便失禁1天入住××县中心医院，11月10日不治身亡。经系统尸体解剖检验和组织病理学检验，发现××有小圆细胞恶性肿瘤(肺、肝、脾)，冠状动脉粥样硬化，左前降支狭窄Ⅲ~Ⅳ级，个别心肌细胞肥大，部分心肌呈波浪样改变，肺淤血，肺水肿，肺气肿，脑水肿，灶性腔隙性脑梗死，部分肾小球纤维化，肾间质灶性炎症细胞浸润，部分肾小管玻璃样变性，脾小血管玻璃样变性，心、肺、肾、脑淤血等改变。其冠状动脉粥样硬化(左前降支狭窄Ⅲ~Ⅳ级)，尸检未见心肌明显急性心肌梗死表现，可排除冠心病急性发作致死的可能；个别心肌细胞肥大、灶性腔隙性脑梗死、部分肾小球纤维化、肾间质灶性炎症细胞浸润、部分肾小管玻璃样变性、脾小血管玻璃样变性属于自身既往病变，不足以导致个体急性死亡。根据医学文献记载，小圆细胞恶性肿瘤是形态以小圆细胞为主的一类恶性肿瘤，发病率低，临床表现及影像学无明显特征。在排除机械性损伤、机械性窒息的前提下，结合案情和病情进展过程，分析认为被鉴定人××符合小圆细胞恶性肿瘤(肺、肝、脾)致多脏器功能衰竭而死亡的征象。

六、鉴定意见

被鉴定人××符合小圆细胞恶性肿瘤(肺、肝、脾)致多脏器功能衰竭而死亡的征象。

七、附件

照片(略)。

司法鉴定人:××
《司法鉴定人执业证》证号:××
司法鉴定人:××
《司法鉴定人执业证》证号:××

××司法鉴定中心
2019 年 12 月 24 日

第二部分　本案鉴定解析

一、小圆细胞恶性肿瘤

小细胞恶性肿瘤,即小细胞癌,是一种恶性程度很高的疾病,细胞增殖非常迅速,大约 1 个月内病变可能翻倍,因此应该高度重视。小圆细胞恶性肿瘤是小细胞恶性肿瘤的一种,能否治愈取决于发现时的疾病阶段。若在体检中发现异常病变,如小细胞肺癌,病变范围非常有限,不涉及重要器官或血管,可以通过根治性手术临床治愈。

小圆细胞恶性肿瘤症状比较繁多,不同系统的疾病临床表现不一样。小圆细胞恶性肿瘤常见的种类有未分化癌、恶性淋巴瘤、神经内分泌癌、神经母细胞瘤、横纹肌肉瘤等,每个疾病的表现都有差别。比如恶性淋巴瘤以颈部无痛性淋巴结肿大为首发症状的比较多,神经内分泌癌可以发生于食管、胃、肺等各个部位,表现为吞咽困难、上腹部疼痛、呕吐或者咳嗽咳痰。患者的临床表现主要与发病的部位有关,但是恶性肿瘤患者都会出现一些全身不适症状,如消瘦、乏力、贫血、食欲缺乏、发热等。

小圆细胞恶性肿瘤是指光镜下不易区分、组织来源不易确切诊断、形态以小圆细胞为主的一类恶性肿瘤。因其中每种肿瘤各有不同的生物学特性,治疗方法和预后也不尽相同,所以应用先进的病理学方法将其进一步分类,这样不但有学术意义,而且有一定的实用价值。

小圆细胞恶性肿瘤罕见,是近十年才明确界定的一类恶性肿瘤,为一组细胞形态相近而组织学结构呈弥漫分布的肿瘤,尤其当某些肿瘤分化很差时,仅凭 HE 染色切片光镜观察,诊断十分困难,误诊率较高。免疫组化技术的应用,为诊断这些病理形态学上难以明确来源的肿瘤提供了新的诊断方法,提高了诊断准确率。例如,当未分化癌细胞表现为圆形细胞,弥漫分布不呈巢状,尤其转移到淋巴结使得淋巴结结构被破坏时,与恶性淋巴瘤难以鉴别。上皮性标记物[尿酮体(KET)、上皮膜抗原(EMA)或癌胚抗原(CEA)]与细胞角蛋白抗原(LCA)联合标记,前者阳性可肯定为来源于上皮细胞组织的癌。

(一)小圆细胞恶性肿瘤的种类和免疫组化特征

神经母细胞瘤、嗅神经母细胞瘤、原始神经外胚层肿瘤、肺神经内分泌癌的免疫组化特征为神经元特异性烯醇化酶(NSE)阳性,而 Des 阴性;未分化癌KET、EMA、CEA 阳性;胚胎性横纹肌肉瘤免疫组化染色 MG、Vim、Des 呈阳性反应;尤因肉瘤 Vim 阳性,有些病例 NSE 阳性;未分化滑膜肉瘤 Vim 阳性,部分病例 KET、EMA 阳性;无色素性恶性黑色素瘤 HMB45 阳性。LCA 是恶性淋巴瘤特异性标记;人绒毛膜促性腺激素、甲胎蛋白可作为精原细胞瘤的标志物。

(二)骨与软组织小细胞恶性肿瘤

那加等对 22 例小细胞恶性肿瘤行临床、病理形态和多种免疫组化与电镜观察分析,对小细胞恶性肿瘤进行科学的病理学分类。结果如下,将 22 个病例分为 4 组:①尤因肉瘤和神经内分泌肿瘤组 9 例(骨内尤因肉瘤 3 例,骨外尤因肉瘤 1 例,Askin 瘤 1 例,原始神经外胚层肿瘤 1 例,节细胞性神经母细胞瘤 1 例和神经内分泌癌 2 例);②胚胎性横纹肌肉瘤 8 例;③结外恶性淋巴瘤 3 例;④腹腔内硬化性小圆细胞瘤和小细胞恶性间皮瘤各 1 例。结论认为:小细胞肿瘤的种类繁多,对其诊断应密切结合临床,同时辅以多种特殊检查。

(三)骨的小圆细胞肿瘤

以小圆细胞为主要特征的骨肿瘤发病率低,其中大多属高度恶性肿瘤,诊断常需要结合临床、X 射线和组织学改变。而目前即使是在规模较大的综合性医院,每位骨科或病理科医师一年中所遇到的这类肿瘤病例数极其有限,故较难积累经验,在诊断(尤其是做冰冻切片来确定肿瘤的来源和良恶性)时往往感到束手无策。这类肿瘤如下所示。

(1)尤因肉瘤。

(2)骨原始神经外胚层肿瘤。

(3)转移性神经母细胞瘤。

(4)恶性淋巴瘤:原发于骨的恶性淋巴瘤可伴骨皮质侵犯和邻近软组织累及,但无淋巴结和内脏同时累及,免疫学研究表明,"原发性网状细胞肉瘤"实际上是恶性淋巴瘤,故这一名称现已废弃不用了。骨恶性淋巴瘤也可分为霍奇金淋巴瘤和非霍奇金淋巴瘤两大类,原发于骨的霍奇金淋巴瘤极为罕见,大多数为非霍奇金淋巴瘤。

(5)浆细胞性骨髓瘤:又称为多发性骨髓瘤,是一种由不同分化程度的浆细胞构成的以多发或弥漫性骨累及为特征的恶性肿瘤。分化程度高的骨髓瘤须与反应性浆细胞增生鉴别,而分化差的浆母细胞性或多形性骨髓瘤则须与恶性淋巴瘤鉴别,骨髓瘤的预后与病变范围及瘤细胞的分化程度有关。

(6)其他含小圆细胞的骨肿瘤和骨病变:某些骨原发或继发性肿瘤如小细胞型骨肉瘤、间叶性软骨肉瘤、胚胎性横纹肌肉瘤、未分化滑膜肉瘤及小细胞癌骨转移等,均可含小圆细胞,尤其是活检时肿瘤组织可仅见小圆细胞成分,此时与上述骨小圆细胞肿瘤不易鉴别,须结合临床、X 射线表现、免疫组化,甚至电镜才能明确诊断。

(四)硬化性小圆细胞肿瘤

硬化性小圆细胞肿瘤是近年才被确认的一种少见的恶性肿瘤。此肿瘤由 Gerald 和 Rosai 于 1989 年首先报道,其特点为沿浆膜侵袭和播散性生长,由呈巢性小细胞和硬化性间质构成的组织结构,以及免疫组化有特殊的上皮、间叶和神经性标志物的复合表达。最初文献报道的名称不同,包括伴有异向分化的硬化性小细胞瘤、腹腔内硬化性小圆细胞瘤、表达间叶型中间丝的腹膜恶性小细胞上皮性肿瘤、伴异向分化的腹膜硬化性小圆细胞瘤、伴异向分化的儿童腹腔神经外胚瘤和伴多向分化的硬化性小细胞瘤等。

(五)与良性骨病变的区别

有些良性骨病变如慢性骨髓炎和骨嗜酸性肉芽肿,在临床表现和 X 射线特征上有时不易与骨的小圆细胞肿瘤区别。虽然这些骨病变主要由小圆细胞组成,但是其细胞成分多样,呈明显良性形态表现,通常不会引起诊断上的困难。

二、交通事故合并小圆细胞恶性肿瘤(肺、肝、脾)致多脏器功能衰竭引起死亡的机制

尸体解剖检验和组织病理学检验,被鉴定人××有小圆细胞恶性肿瘤(肺、肝、脾),根据医学文献记载,小圆细胞恶性肿瘤是形态以小圆细胞为主的一类恶性肿瘤,发病率低,临床表现及影像学无明显特征。在排除机械性损伤、机械性窒息的前提下,结合案情和病情进展过程,分析认为,被鉴定人××符合因小圆细胞恶性肿瘤(肺、肝、脾)致多脏器功能衰竭而死亡的征象。其死亡与本次交通事故无关。

第十一节　交通事故驾驶室自燃致全身广泛性重度烧伤及炭化

【本案鉴定要点】

1. 本案为交通事故驾驶室自燃致全身广泛性重度烧伤及炭化。

2. 通过法医病理学检验,确定自燃致全身广泛性重度烧伤及炭化的部位、面积,肺内有无吸入性炭末或粉尘。

3. 分析说明自燃致全身广泛性重度烧伤及炭化引起死亡的机制。

第一部分　案例鉴定介绍

××司法鉴定中心
司法鉴定意见书

编号:××司法鉴定中心[2019]病鉴字第××号

一、基本情况

委托人:××市公安局交通巡逻警察大队。

委托鉴定事项:对齐××的死亡原因进行鉴定。

受理日期:2019 年 11 月 19 日。

鉴定材料:

(1)司法鉴定委托书一份。

(2)齐××尸体一具。

鉴定日期:2019 年 11 月 19 日。

检验地点:××市人民医院太平间。

被鉴定人:齐××,男,36 岁,身份证号为 41022319821230××××。

二、基本案情

根据委托人提供的材料:2019 年 11 月 11 日 20:15,孙××驾驶重型半挂牵引车挂重型平板自卸半挂车,沿××市××镇××路由西向东行驶至××路与××大道交叉路口处时,与齐××驾驶水泥罐车由南向北行驶发生交通事故,造成两车不同程度损坏,事故发生后水泥罐车驾驶室起火,齐××当场死亡。

三、资料摘要

无。

四、鉴定过程

检验日期:2019 年 11 月 19 日。

检验地点:××市人民医院太平间。

检验方法:

(1)《道路交通事故尸体检验》(GA/T 268—2019)。

(2)《法医学尸表检验》(GA/T 149—1996)。

(3)《法医学尸体解剖》(GA/T 147—1996)。

(4)《法医病理学检材的提取、固定、包装及送检方法》(GA/T 148—1996)。

尸表检查:

(1)一般情况:冷藏尸体,脱去衣服后检验。男性尸体,尸长 160 cm,外观发育正常,营养良好,体型偏胖。拳斗姿态,全身呈黑色焦炭状,部分表皮皲裂,肌肉、骨质外露。肢体关节僵硬。

(2)头颈部:颅骨未触及骨擦感。头皮质地变硬,与颅骨粘连,部分头皮皲裂,颅骨露出。双侧眼睑紧闭,双眼睑球结膜苍白,角膜重度混浊,瞳孔不可窥视。双侧耳廓萎缩变硬,与头皮粘连。鼻骨未触及骨擦感。口唇萎缩变硬,牙关紧闭,舌尖位于齿列外。颈部可见气管切开创口。

(3)躯干及四肢:胸廓外形正常,大面积皮肤皲裂,肌肉外露。胸部未触及肿胀,胸骨、肋骨未触及骨擦感。四肢肢体表皮大面积皲裂,肌肉骨质外露,左小腿后部近踝部见大面积创口,骨质外露。

尸体解剖:

(1)颅腔解剖:头皮下、双侧颞肌无出血,颅骨未见骨折,额部硬脑膜外可见一血肿,硬脑膜下及蛛网膜下腔无出血。全脑重 1468 g,表面呈鲜红色,大脑形态正常,大脑、小脑、脑干表面及切面未见损伤或出血。

(2)颈部解剖:颈部皮肤皲裂、炭化,皮下组织、颈前肌群无损伤或出血。颈部血管分布正常。甲状软骨、舌骨完整,未见骨折。甲状腺、扁桃体未见明显肿大。喉头未见明显水肿、出血。

(3)胸腔解剖:直线法切开胸腹壁,胸壁、肋间肌肉无出血,胸骨和肋骨无骨折。双侧胸腔无积液、胸膜无粘连。气管、支气黏膜呈鲜红色,可见红色液体附着。左、右肺分别重 434 g 和 538 g,左肺叶间粘连,右肺上叶与中叶粘连,两肺表面呈鲜红色,切面质地均匀。心包膜完整,心包腔内无液体,心脏重

498 g,脂肪附着明显。各瓣膜周径:三尖瓣11.5 cm,肺动脉瓣7.5 cm,二尖瓣9.0 cm,主动脉瓣6.5 cm。左心室壁厚1.7 cm,右心室壁厚0.5 cm,室间隔厚1.4 cm。左、右冠状动脉开口正常,管腔通畅。

(4)腹、盆腔解剖:腹壁脂肪厚4.5 cm,腹腔无积液,大网膜、肠系膜的位置和形态正常,肠系膜淋巴结不肿大。膈肌高度:左侧平第五肋,右侧位于第四肋间。肝下缘位置:右锁骨中线处距肋缘上2.0 cm,剑突处平剑突。肝重1290 g,外观形态正常,表面光滑,呈鲜红色,切面质地均匀,胆囊未触及结石。脾重120 g,被膜完整,表面光滑,切面淤血。双肾共重275 g,双肾被膜完整易剥离,切面皮髓质界限清晰。胰腺重116 g,被膜及切面无出血。食管黏膜苍白;胃内空虚,胃黏膜无出血,肠管无出血。膀胱空虚。

法医病理学检验:

(1)心脏:心肌水肿,间质血管淤血,右心室心肌间脂肪浸润,个别心肌细胞肥大。

(2)肺:肺泡腔内充满均质浓染蛋白液体;肺间质毛细血管充血,间质少量炭末沉积,肺泡间隔增厚,小动脉内红细胞聚集成团,支气管黏膜上皮细胞脱落,细胞核浓缩。

(3)肝:肝窦扩张,部分肝细胞水样变性,个别肝细胞脂肪变性,局灶性肝组织内炎症细胞浸润,组织自溶。

(4)脾:脾窦淤血,组织自溶。

(5)肾:肾小球体积增大,肾小管上皮细胞肿胀红染,个别肾小球玻璃样变性,个别肾小管蛋白管型形成,间质血管淤血。

(6)胰腺:间质血管淤血,个别小血管管壁稍增厚,组织自溶。

(7)脑:脑组织呈冰晶样改变,脑膜及脑实质内血管扩张,脑皮质神经细胞周围间隙增宽,神经元细胞红染变性,部分神经细胞空泡样改变,脑干神经纤维疏松肿胀,小脑分子层、浦肯野细胞层、颗粒层结构正常。

(8)喉头:腺体分泌亢进,局部黏膜变性坏死,黏膜下层组织疏松。

法医病理学诊断:

(1)全身广泛性重度烧伤及炭化;硬脑膜外血肿形成。

(2)左小腿开放性骨折伴周围软组织损伤。

(3)肺水肿,肺毛细血管充血;局部喉头黏膜变性坏死。

(4)肝细胞水肿,局灶性肝组织内炎症细胞浸润;脑水肿。

(5)脑、心、肺、脾、肾、胰腺组织淤血。

五、分析说明

1.法医学尸体检验　未发现被鉴定人齐××脑、心、肺、肝、脾、肾等内脏器官有机械性损伤改变,可排除其因重要器官机械性暴力损伤导致死亡的可能。未发现齐××颈部皮肤、皮下组织及肌肉有损伤出血,可排除其因扼压颈部导致机械性窒息死亡的可能。左小腿开放性骨折伴周围软组织损伤,符合交通事故外伤所致征象,但损伤程度不足以导致个体急性死亡。

2.综合分析　送鉴材料记载,齐××驾驶的车辆于2019年11月11日发生交通事故后驾驶室自燃,齐××当场死亡。法医学尸体检验见齐××有全身广泛性重度烧伤及炭化,尸体呈拳斗姿势,眼睑紧闭,牙关紧闭,舌尖位于齿列外,脏器表面颜色鲜红,硬脑膜外血肿形成改变;组织病理学检验发现齐××肺泡腔内充满均质浓染蛋白液体、肺间质毛细血管充血、小动脉内红细胞聚集成团、局部喉头黏膜变性坏死改变。死亡形态学改变符合烧死征象。

结合案情,综合以上分析,被鉴定人齐××符合交通事故驾驶室自燃致全身广泛性重度烧伤及炭化死亡的征象。

六、鉴定意见

被鉴定人齐××符合交通事故驾驶室自燃致全身广泛性重度烧伤及炭化死亡的征象。

七、附件

照片(略)。

司法鉴定人:××
《司法鉴定人执业证》证号:××
司法鉴定人:××
《司法鉴定人执业证》证号:××

××司法鉴定中心
2019 年 12 月 23 日

第二部分　本案鉴定解析

一、烧伤

烧伤一般指热力,包括热液(水、汤、油等)、蒸气、高温气体、火焰、炽热金属液体或固体(如钢水、钢锭)等引起的组织损害,主要指皮肤和/或黏膜,严重者也可伤及皮下和/或黏膜下组织,如肌肉、骨、关节甚至内脏。烫伤是由热液、蒸气等引起的组织损伤,是热力烧伤的一种。中国九分法:由中国人民解放军第三军医大学(现中国人民解放军陆军军医大学)提出,将成人体表面积分为11等份,其中头面颈部为9%,双上肢为2个9%,躯干前后(各占13%)及会阴(占1%)为3个9%,双下肢包括臀部为5个9%+1%(46%)。

烧伤可以按烧伤程度和烧伤深浅分类。

(一)按烧伤程度分类

1. Ⅰ度烧伤　又称为红斑性烧伤,仅伤及表皮的一部分,但生发层健在,因而增殖再生能力活跃,常于3~5天内愈合,不留瘢痕。

2. 浅Ⅱ度烧伤　伤及整个表皮和部分乳头层。由于生发层部分受损,上皮的再生有赖于残存的生发层及皮肤附件,如汗腺及毛囊的上皮增殖。如无继发感染,一般经1~2周愈合,亦不留瘢痕。

3. 深Ⅱ度烧伤　烧伤深及真皮乳头层以下,但仍残留部分真皮及皮肤附件,愈合依赖于皮肤附件上皮,特别是毛囊突出部内的表皮祖细胞的增殖。如无感染,一般需要3~4周自行愈合,常留有瘢痕。临床变异较多,浅的接近浅Ⅱ度,深的则临界Ⅲ度。

4. Ⅲ度烧伤　又称为焦痂性烧伤。一般指全程皮肤的烧伤,表皮、真皮及皮肤附件全部毁损,创面修复依赖于手术植皮或皮瓣修复。

5. Ⅳ度烧伤　烧伤深及肌肉、骨骼甚至内脏器官,创面修复依赖于手术植皮或皮瓣修复,严重者需截肢。

(二)按烧伤深浅分类

1. 浅度烧伤　创面在伤后21天内自行愈合的烧伤,包括Ⅰ度烧伤和浅Ⅱ度和部分较浅的深Ⅱ度烧伤。

2. 深度烧伤　创面自行愈合需要21天以上的烧伤,包括较深或伴感染的深Ⅱ度烧伤、Ⅲ度烧伤和Ⅳ度烧伤,通常需要手术治疗。深Ⅱ度烧伤表皮发白或呈棕黄色,去除坏死皮后,创面微湿或红白相间,感觉迟钝,可见粟粒大小的红色小点,一般需3~4周愈合。Ⅲ度烧伤局部表现可为苍白、黄褐色、焦黄,严重者呈焦灼状或炭化,皮肤失去弹性,触之硬如皮革,干燥无渗液,感觉差,需要手术植皮治疗,愈合后有瘢痕。

3. 中度烧伤　成人烧伤面积在11%~30%(小儿5%~15%)或Ⅲ度烧伤面积在10%以下(小儿在5%以下),并且无吸入性损伤或者严重并发症的烧伤。

4. 重度烧伤　成人烧伤面积在31%~50%(小儿16%~25%)或Ⅲ度烧伤面积在10%~20%(小儿在10%以下),或成人烧伤面积不足31%(小儿不足16%），但有下列情况之一者：①全身情况严重或有休克；②复合伤（严重创伤、冲击伤、放射伤、化学中毒等）；③中、重度吸入性损伤；④婴儿头面部烧伤超过5%。

二、自燃

自燃是指可燃物在空气中没有外来火源的作用，靠自热或外热而发生燃烧的现象。在自燃温度时，可燃物质与空气接触，不需要明火的作用就能发生燃烧。自燃点不是一个固定不变的数值，它主要取决于氧化时所析出的热量和向外导热的情况。可见，同一种可燃物质，由于氧化条件不同及受不同因素的影响，有不同的自燃点。

1. 自燃的两种情况　由于外来热源的作用而发生的自燃叫作受热自燃；某些可燃物质在没有外来热源作用的情况下，由于其本身内部进行的生物、物理或化学过程而产生热，这些热在条件适合时足以使物质自动燃烧起来，这叫作本身自燃。

本身自燃和受热自燃的本质是一样的，只是热的来源不同，前者是物质本身的热效应，后者是外部加热的结果。物质自燃是在一定条件下发生的，有的能在常温下发生，有的能在低温下发生。本身自燃的现象说明，这种物质潜伏着的火灾危险性比其他物质要大。在一般情况下，能引起本身自燃的物质常见的有植物产品、油脂类、煤及其他化学物质。如磷、磷化氢是自燃点低的物质。

2. 广义的自燃　包括受热自燃和本身自燃两种。

（1）受热自燃（加热自燃）：可燃物被外部热源间接加热达到一定温度时，未与明火直接接触就发生燃烧，这种现象叫作受热自燃。比如可燃物靠近高温物体时，有可能被加热到一定温度被"烤"着火；在熬炼（熬油、熬沥青等）或热处理过程中，受热介质因达到一定温度而着火，都属于受热自燃现象。

（2）本身自燃：可燃物在没有外部热源直接作用的情况下，由于其内部的物理作用（如吸附、辐射等）、化学作用（如氧化、分解、聚合等）或生物作用（如发酵、细菌腐败等）而发热，热量积聚导致升温，当可燃物达到一定温度时，未与明火直接接触而发生燃烧，这种现象叫作本身自燃。比如煤堆、干草堆、赛璐珞、堆积的油纸油布、黄磷等的自燃都属于本身自燃现象。

受热自燃和本身自燃都是可燃物在不接触明火的情况下"自动"发生的燃烧。它们的区别在于导致可燃物升温的热源不同，引起受热自燃的是外部热源，而引起本身自燃的热源来自可燃物内部。

三、自燃致全身广泛性重度烧伤及炭化引起死亡的机制

被鉴定人齐××驾驶的车辆于 2019 年 11 月 11 日发生交通事故后驾驶室自燃,齐××当场死亡。法医学尸体检验见齐××有全身广泛性重度烧伤及炭化,尸体呈拳斗姿势,眼睑紧闭,牙关紧闭,舌尖位于齿列外,脏器表面颜色鲜红,硬脑膜外血肿形成改变;组织病理学检验发现齐××肺泡腔内充满均质浓染蛋白液体、肺间质毛细血管充血、小动脉内红细胞聚集成团、局部喉头黏膜变性坏死改变。被鉴定人死亡形态学改变符合烧死征象。结合案情,综合以上分析,被鉴定人齐××符合交通事故驾驶室自燃致全身广泛性重度烧伤及炭化死亡的征象。

第十二节　心肌梗死后并发肺部感染

【本案鉴定要点】

1. 本案为心肌梗死后并发肺部感染,了解其临床治疗经过。

2. 通过法医病理学检验,确定心肌梗死的部位、面积,以及肺感染的病理学证据。

3. 分析说明心肌梗死后并发肺部感染引起死亡的机制。

第一部分　案例鉴定介绍

××司法鉴定中心
司法鉴定意见书

编号:××司法鉴定中心[2019]病鉴字第××号

一、基本情况

委托人:××市公安局××分局。

委托鉴定事项:死亡原因分析。

受理日期:2019 年 4 月 2 日。

鉴定材料:

(1)司法鉴定委托书一份。

(2)李××尸体一具。

（3）××医学院附属中心医院住院病历复印件一份。

鉴定日期：2019 年 4 月 2 日。

鉴定地点：××司法鉴定中心。

被鉴定人：李××，男，35 岁，身份证号为 22018119740505××××。

二、基本案情

根据委托人提供的材料：2019 年 3 月 19 日 15 时许，接报警称在××市××区××市场内石××与李××发生口角纠纷，之后双方互相辱骂并发生撕扯，当日 16 时许，李××突然昏迷，被送至医院住院治疗，于 2019 年 3 月 28 日 0 时许，李××抢救无效死亡。

三、资料摘要

××医学院附属中心医院（2019 年 3 月 19 日—2019 年 3 月 28 日）住院病历摘录如下。

主诉：被人打伤后呼吸心搏骤停约 7 小时。

专科检查：由平车推入，气管插管接简易呼吸器辅助呼吸。心电监护示：血压 151/101 mmHg，心率 141 次/分，呼吸 33 次/分，血氧饱和度 97%。查体：昏迷，双侧瞳孔散大，直径为 4.0 mm，对光反射迟钝，两肺可闻及湿啰音，心率快，心律齐，腹软，肠鸣音 2 次/分，右上肢可动，其余肢体未见活动，双侧巴宾斯基征未引出。

辅助检查：2019 年 3 月 19 日，本院头胸腹 CT 显示脑内未见明显异常；左侧眼眶内侧壁及鼻骨形态改变，注意陈旧性骨折可能；副鼻窦炎；两肺炎性改变伴部分实变；两肺广泛渗出性改变，不除外肺水肿？双侧胸膜局限性增厚；左肾结石；前列腺增大伴钙化。急诊实验室检查：肌钙蛋白 T>2000 ng/L（正常值为 0 ~ 50 ng/L），急诊淀粉酶 261 U/L（正常值为 37 ~ 125 U/L），肌酐 123 μmol/L（正常值为 53 ~ 97 μmol/L），白细胞计数 29.8×10^9/L［正常值为 $(3.5 ~ 9.5) \times 10^9$/L］，中性粒细胞百分比 91.9%（正常值为 40% ~ 75%）。

诊疗经过：患者入院后接受持续呼吸机、对症促醒、营养脑细胞及心肌治疗，完善各项检查，经循环科会诊，被诊断为急性非 ST 段抬高心肌梗死，接受对症治疗。因患者病情危重，预后不佳，家属于 3 月 21 日签字要求放弃一切治疗及抢救。3 月 21 日夜晚家属签字同意用药及吸氧治疗。3 月 23 日家属再次签字要求放弃一切治疗及抢救，医生劝阻无效，签字为凭。患者于 3 月 27 日 23:50 死亡。

死亡原因：呼吸心搏骤停；心肺复苏术后呼吸衰竭；急性心肌梗死。

死亡诊断：呼吸心搏骤停；心肺复苏术后呼吸衰竭；缺血缺氧性脑病；脑水

肿;肾功能不全;冠心病;急性非 ST 段抬高心肌梗死;心源性休克;两肺炎症;左肾结石;前列腺增大。

四、鉴定过程

检验日期:2019 年 4 月 2 日。

检验地点:××市公安局解剖室。

检验方法:

(1)《法医学尸表检验》(GA/T 149—1996)。

(2)《法医学尸体解剖》(GA/T 147—1996)。

(3)《法医病理学检材的提取、固定、包装及送检方法》(GA/T 148—1996)。

尸表检查:

(1)一般情况:冷藏解冻尸体,脱去衣服后检验。男性尸体,尸长 170 cm,外观发育正常,营养可。尸斑呈暗红色,分布于颈部、躯干、四肢的前侧、背侧未受压部位,指压不褪色。

(2)头颈部:黑色花白短发,长 0.8 cm。左侧颞顶部有 4 处条状瘢痕,大小分别为 9.5 cm×0.3 cm、1.3 cm×0.2 cm、2.9 cm×0.2 cm、1.5 cm×1.2 cm,头枕部见 2 处条形瘢痕,一处条形,一处"L"形,见 4.0 cm×4.0 cm 褐色头皮改变。双侧眼睑闭合,双眼球、睑结膜苍白,角膜重度混浊,双侧瞳孔直径均为 0.6 cm。鼻骨未触及骨擦感,鼻腔未见异物。双侧耳廓外形完整,双侧外耳道无异物。牙列完整,舌尖位于齿列内,口腔内无异物,牙龈、颊黏膜苍白,唇黏膜、双侧颊黏膜未见出血、损伤。下颌见 1.2 cm×1.1 cm 擦伤,颈部正中有一条形伤疤,大小为 3.0 cm×1.8 cm。

(3)躯干及四肢:胸廓外形正常,胸部未触及肿胀。胸部胸骨第三、四肋间可触及摩擦感。左手中指背侧有一处 3.0×0.5 挫伤,右手背侧有两处挫伤,大小分别为 0.5 cm×0.6 cm、0.7 cm×0.5 cm,双手十指甲床、双足十趾甲床无青紫。会阴部、肛周清洁,会阴部未见损伤。

尸体解剖:

(1)颅腔解剖:头皮未见肿胀,双侧颞肌无出血,颅骨未见骨折。全脑重 1492 g,大脑、小脑、脑干表面及切面未见损伤或出血。

(2)颈部解剖:颈部皮肤、皮下组织、颈前肌群无损伤或出血。颈部血管分布正常。甲状软骨、舌骨未见骨折。甲状腺、扁桃体未见明显肿大。喉头未见明显水肿、出血。

(3)胸腔解剖:用直线法切开胸腹壁,见右侧第五、六肋间及第六、七肋间出血,大小为9.0 cm×10.0 cm,胸骨第三、第四肋骨骨折。双侧胸腔无积液、胸膜无粘连。气管、支气管腔内无异物。左、右肺分别重708 g和876 g,两肺表面及切面呈红褐色,切面质地均匀。心包腔内少量淡红色液体,心脏重376 g,心脏外观无畸形,各瓣膜光滑、未见赘生物。各瓣膜周径:三尖瓣10.0 cm,肺动脉瓣5.0 cm,二尖瓣9.5 cm,主动脉瓣6.0 cm。左心室壁厚1.4 cm,右心室壁厚0.3 cm,室间隔厚0.9 cm。左、右冠状动脉开口正常,左前降支距开口2.5 cm处狭窄Ⅱ级。其余冠状动脉管腔通畅。

(4)腹、盆腔解剖:腹腔无积液,大网膜、肠系膜的位置和形态正常,肠系膜淋巴结不肿大。膈肌高度:左侧位于第五肋间,右侧平第五肋。肝下缘位置:右锁骨中线处距肋缘上5.0 cm,剑突处平剑突。肝重1594 g,外观形态正常,表面呈红褐色,切面呈砖红色,质地均匀,胆管及胆囊未触及结石。脾重60 g,被膜完整,切面呈暗红色。左、右肾分别重146 g和136 g,双肾被膜易剥离,切面皮髓质界限清晰。胰腺重46 g,表面呈樱桃红色,被膜及切面无出血。食管黏膜苍白,见大量胃内容物。膀胱空虚,盆腔见少量淡黄色液体。脊柱、骨盆和四肢未触及骨折。

法医病理学检验:

(1)心:心肌纤维嗜酸红染,横纹消失,部分心肌细胞肥大,核形状不规则,部分心肌纤维断裂,左心室全层心肌梗死,局灶房室结区少量出血。

(2)肺:细支气管黏膜脱落,部分肺泡内可见淡染水肿液,左肺部分肺泡内出血,局灶肺间质内见炎性细胞浸润,局部肺大疱;右肺肺泡内见多量脓性炎症细胞浸润。

(3)肝:肝小叶结构清晰,汇管区见少量炎症细胞浸润,部分肝组织自溶。

(4)脾:红髓白髓分界清,脾血管淤血,皮组织自溶。

(5)肾:肾被膜外少量出血,肾内血管扩张淤血,个别肾小动脉玻璃样变性,个别肾小管内可见透明管型。

(6)脑:蛛网膜下腔少量出血,蛛网膜下腔血管扩张充血,部分脑血管周围间隙增宽。

(7)胃肠:黏膜自溶。

(8)胰腺:自溶。

法医病理学诊断:

(1)肺水肿、肺出血、支气管肺炎、化脓性肺炎。

(2)肾被膜外出血、肾小动脉玻璃样变性、透明管型。

(3)脑水肿、蛛网膜下腔出血。

(4)左心室心肌梗死、心肌肥厚、心肌断裂。

五、分析说明

1. 法医学尸体检验　未发现被鉴定人李××内脏器官有机械性暴力损伤改变,未发现李××颈部皮肤、皮下组织及肌肉有出血损伤改变,故可排除其因重要器官机械性损伤、机械性窒息导致死亡的可能。

2. 法医病理学检验　李××有心肌梗死和化脓性肺炎。结合其案情,可认为李××符合心肌梗死后并发肺部感染死亡的征象。

六、鉴定意见

被鉴定人李××符合心肌梗死后并发肺部感染死亡的征象。

七、附件

照片(略)。

司法鉴定人:××

《司法鉴定人执业证》证号:××

司法鉴定人:××

《司法鉴定人执业证》证号:××

××司法鉴定中心

2019 年 4 月 19 日

第二部分　本案鉴定解析

一、急性心肌梗死

急性心肌梗死是冠状动脉急性、持续性缺血缺氧所引起的心肌坏死。临床上多有剧烈而持久的胸骨后疼痛,休息及硝酸酯类药物不能完全缓解,伴有血清心肌酶活性增高及进行性心电图变化,可并发心律失常、休克或心力衰竭,常可危及生命。

(一)诱因

患者多发生在冠状动脉粥样硬化狭窄基础上,某些诱因致使冠状动脉粥样斑块破裂,血中的血小板在破裂的斑块表面聚集,形成血块(血栓),突然阻塞冠状动脉管腔,导致心肌缺血坏死;另外,心肌耗氧量剧烈增加或冠状动脉痉挛也可诱发急性心肌梗死,常见的诱因如下。

1. 过劳　过重的体力劳动,尤其是负重登楼,过度体育活动,连续紧张、劳累等,都可使心脏负担加重,心肌需氧量突然增加,而冠心病患者的冠状动脉已发生硬化、狭窄,不能充分扩张而造成心肌缺血。剧烈体力负荷也可诱发斑块破裂,导致急性心肌梗死。

2. 情绪变化　激动、紧张、愤怒等激烈的情绪变化,可诱发急性心肌梗死。

3. 暴饮暴食　不少心肌梗死病例发生于暴饮暴食之后。进食大量含高脂肪、高热量的食物后,血脂浓度突然升高,导致血液黏稠度增加,血小板聚集性增高。在冠状动脉狭窄的基础上形成血栓,引起急性心肌梗死。

4. 寒冷刺激　突然的寒冷刺激可能诱发急性心肌梗死。因此,冠心病患者要十分注意防寒保暖,寒冷是急性心肌梗死冬春季发病较多的原因之一。

5. 便秘　便秘在老年人当中十分常见。临床上,因便秘时用力屏气而导致心肌梗死的老年人并不少见。必须引起老年人足够的重视,要保持大便通畅。

6. 吸烟、大量饮酒　吸烟和大量饮酒可通过诱发冠状动脉痉挛及心肌耗氧量增加而诱发急性心肌梗死。

(二)临床表现

约半数以上的急性心肌梗死患者,在起病前 1～2 天或 1～2 周有前驱症状,最常见的是原有的心绞痛加重,发作时间延长,或硝酸甘油治疗效果变差;或继往无心绞痛者,突然出现长时间心绞痛。典型的心肌梗死症状如下。

1. 突然发作剧烈而持久的胸骨后或心前区压榨性疼痛　休息和含服硝酸甘油不能缓解,常伴有烦躁不安、出汗、恐惧或濒死感。

2. 少数患者无疼痛　一开始即表现为休克或急性心力衰竭。

3. 部分患者疼痛位于上腹部　可能被误诊为胃穿孔、急性胰腺炎等急腹症;少数患者表现为颈部、下颌、咽部及牙齿疼痛,易误诊。

4. 意识障碍　可见于高龄患者。

5. 全身症状　如难以形容的不适、发热。

6. 胃肠道症状　表现为恶心、呕吐、腹胀等,下壁心肌梗死患者更常见。

7. 心律失常　见于 75%～95% 的患者,发生在起病的 1～2 周内,以 24 小时内多见。前壁心肌梗死易发生室性心律失常,下壁心肌梗死易发生心率减慢、房室传导阻滞。

8. 心力衰竭　主要是急性左心衰竭,在起病的最初几小时内易发生,也可在发病数日后发生,表现为呼吸困难、咳嗽、发绀、烦躁等症状。

9. 低血压、休克　急性心肌梗死时,剧烈疼痛、恶心、呕吐、出汗、血容量不足、心律失常等可引起低血压;大面积心肌梗死(梗死面积大于 40%)时心排血量急剧减少,可引起心源性休克,收缩压低于 80 mmHg,面色苍白,皮肤湿冷,烦躁不安或情感淡漠,心率增快,尿量减少(小于 20 mL/h)。

(三)实验室检查

1. 心电图　特征性改变为新出现 Q 波、ST 段抬高和 ST-T 动态演变。

2. 心肌坏死血清标志物　血清肌酸激酶同工酶(CK-MB)及肌钙蛋白(T 或 I)水平升高是诊断急性心肌梗死的重要指标。血清标志物可于发病后 3～6 小时开始增高,CK-MB 于 3～4 天恢复正常,肌钙蛋白于 11～14 天恢复正常。谷草转氨酶和乳酸脱氢酶诊断特异性差,现已很少应用。而采用肌钙蛋白 I/肌红蛋白/CK-MB 的快速诊断试剂,可快速地辅助诊断突发的心肌梗死,被越来越多地应用于临床。

3. 其他　白细胞数增多,中性粒细胞数增多,嗜酸性粒细胞数减少或消失,红细胞沉降率增加,血清肌球蛋白轻链增高。

二、心肌梗死后并发肺部感染引起死亡的机制

排除李××因重要器官机械性损伤、机械性窒息导致死亡的可能。被鉴定人李××有心肌梗死和化脓性肺炎,结合其案情,可认为被鉴定人李××符合心肌梗死后并发肺部感染死亡的征象。

第十三节　一氧化碳中毒致急性呼吸功能障碍

【本案鉴定要点】

1. 本案为一氧化碳中毒致急性呼吸功能障碍,注意碳氧血红蛋白(HbCO)在体内的变化及现场有无一氧化碳中毒的环境。

2. 通过法医病理学检验,确定口唇、肺等的病理变化,以及血中 HbCO 的含量。

3. 分析说明一氧化碳中毒引起死亡的机制。

第一部分　案例鉴定介绍

××司法鉴定中心
司法鉴定意见书

编号:××司法鉴定中心[2019]病鉴字第××号

一、基本情况

委托人:××县××有限责任公司。

委托鉴定事项:对××死亡原因进行分析。

受理日期:2019 年 11 月 10 日。

鉴定材料:

(1)司法鉴定委托书一份。

(2)××尸体一具。

鉴定日期:2019 年 11 月 10 日。

鉴定地点:××司法鉴定中心。

被鉴定人:××,男,50 岁,身份证号为 41122319690205××××。

二、基本案情

根据委托人提供的材料:2019 年 10 月 26 日 17:00 左右在××市××镇××坑口发现××不明原因死亡。

三、资料摘要

××司法鉴定中心[2019]毒鉴字第××号检验报告记载:从送检的××血液中检出的碳氧血红蛋白饱和度为 70.28%。

四、鉴定过程

检验日期:2019 年 11 月 10 日。

检验地点:××市公安局解剖室。

检验方法:

(1)《法医学尸表检验》(GA/T 149—1996)。

(2)《法医学尸体解剖》(GA/T 147—1996)。

(3)《法医病理学检材的提取、固定、包装及送检方法》(GA/T 148—1996)。

尸表检查：

（1）一般情况：男性尸体，尸长170.0 cm，外观发育正常，营养一般，冷藏尸体已解冻。尸斑呈鲜红色，分布于项背部及四肢低位未受压处，指压不褪色。尸僵已缓解。胸腹部尸绿及四肢腐败静脉网形成。

（2）头颈部：光头状，黑色发根约0.2 cm。头皮下未见出血，颅骨未触及骨折。颜面部发绀，眼睑闭合，双侧球、睑结膜充血，角膜重度混浊，双侧瞳孔不可窥视。鼻骨未触及骨擦感，鼻腔内无异物。耳廓外形完整，外耳道未见明显异物。口唇轻度皮革样化，舌尖位于齿列内，牙列完整，口腔内无异物，牙龈、颊黏膜苍白，唇黏膜、双侧颊黏膜未见出血、损伤。颈部皮肤完整，气管居中，淋巴结未触及肿大。

（3）躯干及四肢：胸廓对称，外观形态正常，胸部皮肤未触及肿胀，胸骨、肋骨未触及骨擦感。腹部平坦，十指甲床苍白。生殖器在位，未见明显异常。脊柱、骨盆及四肢未触及骨擦感。

尸体解剖：

（1）颅腔解剖：头皮下未见肿胀、出血，双侧颞肌无出血，颅骨无骨折。全脑重1226 g，脑表面未见明显损伤出血，脑实质切面未见出血，小脑和脑干未见明显异常。

（2）颈部解剖：颈部皮下及肌肉无出血，颈部血管分布正常。扁桃体、甲状腺不肿大。甲状软骨、舌骨无骨折。喉头未见明显水肿，黏膜未见明显出血。

（3）胸腔解剖：直线法切开胸腹壁，胸壁、肋间肌肉无出血，胸骨和肋骨无骨折。双侧胸腔无积液、左肺上叶与胸壁粘连并可见长约2.0 cm陈旧性瘢痕，右肺叶间粘连。气管、支气管腔内无异物。左右肺分别重772 g和981 g，两肺表面及切面呈粉红色，切面质地均匀。心包腔内少量淡红色液体，心脏重456 g，心脏外观无畸形，主动脉弓及肺动脉瓣处可见凝血样物，余各瓣膜光滑、未见赘生物。各瓣膜周径：三尖瓣10.0 cm，肺动脉瓣7.5 cm，二尖瓣8.5 cm，主动脉瓣6.5 cm。左心室壁厚2.0 cm，右心室壁厚0.5 cm，室间隔厚1.5 cm。左右冠状动脉开口正常，左前降支距起始部0.5 cm处狭窄Ⅲ～Ⅳ级，余管腔未见明显狭窄。

（4）腹、盆腔解剖：腹膜呈粉红色，腹腔无积液，大网膜、肠系膜的位置和形态正常，肠系膜淋巴结不肿大。膈肌高度：左侧位于第五肋间，右侧平第四肋。肝下缘位置：右锁骨中线处距肋缘上1.0 cm，剑突处平剑突。肝重1064 g，外观形态正常，表面呈红褐色，切面呈粉红色，质地均匀，胆管及胆囊未触及结石。脾重206 g，被膜完整，表面及切面呈红褐色，切面淤血。左、右肾分别重198 g和189 g，双肾被膜易剥离，切面皮髓质界限清晰。胰腺表面及切面呈红褐色,被膜及切面无出血。食管黏膜苍白,胃内容物为黄色黏液半流质食糜样物质。脊柱、骨盆和四肢未触及骨折。

理化检验:提取××心血 5 mL 送××医科大学司法鉴定中心做血液中碳氧血红蛋白饱和度的测定。

法医病理学检验:

(1)心脏:心肌间隙增宽,部分心肌纤维断裂,个别心肌细胞肥大,心肌间质血管充盈不佳。

(2)心腔内凝血样物:可见大量纤维素样物质,伴少量红细胞及炎症细胞浸润。

(3)肺:肺泡腔内充满均质红染液体,部分肺泡壁断裂,肺间质血管淤血,间质有少量炭末沉积,支气管黏膜上皮细胞脱落自溶。

(4)肝:肝窦扩张淤血,肝细胞水样变性,组织自溶。

(5)脾:脾中央小动脉管壁增厚,组织自溶。

(6)肾:肾小球内细胞水样变性,肾小管上皮细胞脱落自溶,部分肾小球纤维化,间质血管淤血。

(7)胰腺:组织结构不清,组织自溶,间质血管充盈不佳。

(6)脑:脑膜及脑实质内血管扩张淤血,脑皮质神经细胞及毛细血管周围间隙增宽,脑实质内偶见淀粉样小体沉积,脑干神经纤维疏松、自溶,小脑浦肯野细胞红染变性。

法医病理学诊断:

(1)肺水肿、肺淤血。

(2)脑水肿、肝细胞水样变性、肾小球细胞水样变性。

(3)肝、肾、脑淤血。

(4)心、肺、肝、脾、肾、胰腺、脑组织自溶。

五、分析说明

1.法医学尸体检验　未发现被鉴定人××心、肺、肝、肾、脑等内脏器官有明显致命性机械性损伤,可排除其因上述重要器官机械性暴力损伤导致死亡的可能。未发现××颈部皮肤、皮下组织及肌肉有明显损伤出血,可排除其因扼压颈部导致机械性窒息死亡的可能。

2.组织病理学检验　未发现××有先天性畸形、内脏器官致死性器质性病变,故可排除其因畸形、重要器官器质性病变导致死亡的可能。

3.综合分析　毒物分析发现,××血液中碳氧血红蛋白(HbCO)饱和度为70.28%。法医学尸体检验发现,××尸斑呈鲜红色,腹膜及心、肺、脑等组织器官呈粉红色。组织病理学检验发现,××有急性肺水肿、肺淤血、脑水肿、肝细胞水样变性、肾小球细胞水样变性等改变。根据《法医毒理学》教材记载,一氧化碳经呼吸道进入体内,与血液中血红蛋白中的二价铁结合,生成 HbCO,血液中 HbCO 饱和度达到50%以上即可致死。

综合以上分析,被鉴定人××符合一氧化碳中毒导致急性呼吸功能障碍而死亡的征象。

六、鉴定意见

被鉴定人××符合一氧化碳中毒导致急性呼吸功能障碍而死亡的征象。

七、附件

照片(略)。

司法鉴定人:××
《司法鉴定人执业证》证号:××
司法鉴定人:××
《司法鉴定人执业证》证号:××

××司法鉴定中心
2019 年 12 月 14 日

第二部分　本案鉴定解析

一、一氧化碳中毒

一氧化碳中毒是指含碳物质燃烧不完全时的产物经呼吸道吸入引起中毒,俗称煤气中毒。中毒机制是一氧化碳与血红蛋白的亲和力比氧与血红蛋白的亲和力高200~300倍,所以一氧化碳极易与血红蛋白结合,形成碳氧血红蛋白(HbCO),使血红蛋白丧失携氧的能力和作用,造成组织窒息。HbCO对全身的组织细胞均有毒性作用,尤其对大脑皮质的影响最为严重。

(一)临床表现

临床表现主要为缺氧,其严重程度与 HbCO 饱和度呈比例关系。轻者有头痛、无力、眩晕、劳动时呼吸困难,HbCO 饱和度达10%~20%。症状加重,患者口唇呈樱桃红色,可有恶心、呕吐、意识模糊、虚脱或昏迷,HbCO 饱和度达30%~40%。重者呈深昏迷,伴有高热、四肢肌张力增强和阵发性或强直性痉挛,HbCO 饱和度超过 50%。患者多有脑水肿、肺水肿、心肌损害、心律失常和呼吸抑制,可造成死亡。某些患者的胸部和四肢皮肤可出现水疱和红肿,主要是由自主神经营养障碍所致。部分急性一氧化碳中毒患者于昏迷苏醒后,经 2～30 天的假愈期,会再度昏迷,并出现痴呆木僵型精神病、帕金森综合征、感觉运动障碍或周围神经病等精神神经后发症,又称为急性一氧化碳中毒迟发性脑病。长期接触低浓度一氧化碳者,可有头痛、眩晕、记忆力减退、注意力不集中、心悸。

1. 轻度　中毒时间短,血液中 HbCO 饱和度为 10%～20%。患者表现为中毒的早期症状,如头痛、眩晕、心悸、恶心、呕吐、四肢无力,甚至出现短暂的昏厥,一般意识尚清醒。吸入新鲜空气,脱离中毒环境后,症状迅速消失,一般不留后遗症。

2. 中度　中毒时间稍长,血液中 HbCO 饱和度占 30%～40%,在轻度中毒症状的基础上,可出现虚脱或昏迷。皮肤和黏膜呈现煤气中毒特有的樱桃红色。如抢救及时,患者可迅速清醒,数天内完全恢复,一般无后遗症。

3. 重度　发现时间过晚,吸入煤气过多,或在短时间内吸入高浓度的一氧化碳,血液中 HbCO 饱和度常超过 50%,患者呈现深度昏迷,各种反射消失,大小便失禁,四肢厥冷,血压下降,呼吸急促,会很快死亡。一般昏迷时间越长,预后越严重,常留有痴呆、记忆力和理解力减退、肢体瘫痪等后遗症。

(二)检查

1. 血中 HbCO 测定　正常人血液中 HbCO 饱和度可达 5%～10%,其中有少量来自内源性一氧化碳,为 0.4%～0.7%。轻度一氧化碳中毒者血中 HbCO 可高于 10%,中度一氧化碳中毒者 HbCO 可高于 30%,重度一氧化碳中毒时 HbCO 可高于 50%。但 HbCO 测定必须及时,不接触一氧化碳 8 小时后 HbCO 即可降至正常,且与临床症状可不呈平行关系。

2. 脑电图　据报道,54%～97% 的急性一氧化碳中毒患者有异常脑电图,表现为低波幅慢波增多。一般以额部及颞部的 θ 波及 δ 波多见,常与临床上的意识障碍有关。有些昏迷患者还可出现特殊的三相波,类似肝性脑病时的波形;假性阵发性棘慢波或表现为慢的棘波和慢波。部分急性一氧化碳中毒患者后期出现智力障碍,脑电图的异常可长期存在。

3. 大脑诱发电位检查　一氧化碳中毒的急性期及迟发性脑病者可见视觉诱发电位(VEP)100 潜时延长,异常率分别为 50% 和 68%,恢复期则可分别降至 5% 及 22%。正中神经体感诱发电位(SEP)检查见 N32 等中长潜时成分选择性受损,两类患者的异常率皆超过 70%,并随意识好转而恢复。脑干听觉诱发电位（BAEP）的异常与意识障碍的程度密切相关,与中毒病情的结局相平行。

4.脑影像学检查　一氧化碳中毒患者于急性期和出现迟发性脑病时进行颅脑 CT 检查,主要异常为双侧大脑皮质下白质及苍白球或内囊出现大致对称的密度减低区,后期可见脑室扩大或脑沟增宽,异常率分别为 41.2% 和 87.5% 。脑 CT 无异常者预后较好,有 CT 异常者昏迷时间大都超过 48 小时。但迟发性脑病早期并无 CT 改变,上述 CT 异常一般在迟发性脑病症状出现 2 周后方可查见,故不如大脑诱发电位及脑电图敏感。

5.血、尿、脑脊液常规化验　周围血红细胞总数、白细胞总数及中性粒细胞数增高,重度中毒时白细胞数高于 $18×10^9/L$ 者预后严重不良。1/5 的患者可出现尿糖,40% 的患者尿蛋白者阳性。脑脊液压力及常规多数正常。

6.血液生化检查　血清丙氨酸氨基转移酶活性及非蛋白氮一过性升高。乳酸盐及乳酸脱氢酶活性于急性中毒后即增高。血清谷草转氨酶活性于早期也开始增高,24 小时升至最高值,如超过正常值 3 倍时,常提示病情严重或有合并症。合并横纹肌溶解症时,血中肌酸磷酸激酶（CPK）活性明显增高。血气检查可见血氧分压正常,血氧饱和度可正常,血 pH 值降低或正常,血中二氧化碳分压常有代偿性下降,血钾可降低。

7.心电图　部分患者可出现 ST-T 改变,也可见到室性期前收缩、传导阻滞或一过性窦性心动过速。

（三）诊断

临床可根据一氧化碳接触史、突然昏迷、皮肤黏膜樱桃红色等做出诊断。

1.有产生煤气的条件及接触史　职业性一氧化碳中毒常为集体性,生活性一氧化碳中毒常为冬季生火取暖而室内通风不良所致,同室人也有中毒表现。使用热水器也是煤气中毒的重要原因。

2.轻度中毒者的表现　有头晕、头痛、乏力、心悸、恶心、呕吐及视力模糊。

3.病情严重者的表现　皮肤呈樱桃红色,呼吸及脉搏加快,四肢张力增强,意识障碍,处于深昏迷甚至呈尸厥状态。最终因肺衰竭、心力衰竭而死亡。

4.迟发性脑病的表现　严重患者抢救苏醒后,经 2~60 天的假愈期,可出现迟发性脑病症状,表现为痴呆、木僵、震颤麻痹、偏瘫、癫痫发作、感觉运动障碍等。

5.血中 HbCO 呈阳性反应　轻度一氧化碳中毒者血液 HbCO 饱和度为 10%~30% ,中度一氧化碳中毒者血液 HbCO 饱和度为 30%~40% ,重度一氧化碳中毒者血液 HbCO 饱和度可超过 50% 。

二、一氧化碳中毒引起死亡的机制

排除机械性损伤和疾病,被鉴定人××血液中检出的 HbCO 饱和度为70.28%。法医学尸体检验发现××尸斑呈鲜红色,腹膜及心、肺、脑等组织器官呈粉红色,组织病理学检验发现××有急性肺水肿、肺淤血、脑水肿、肝细胞水样变性、肾小球细胞水样变性等改变。根据《法医毒理学》教材记载:一氧化碳经呼吸道进入体内,与血液中血红蛋白中的二价铁结合,生成 HbCO,血液中HbCO 达到50%以上即可致死。结合案情,分析认为被鉴定人××符合一氧化碳中毒导致急性呼吸功能障碍而死亡的征象。

第十四节　交通事故多发伤合并高血压致小脑出血破入脑室

【本案鉴定要点】

1.本案为交通事故合并高血压致小脑出血破入脑室。

2.通过法医病理学检验,确定小脑出血的部位及出血量。

3.分析说明交通事故合并高血压致小脑出血破入脑室引起死亡的机制。

第一部分　案例鉴定介绍

××司法鉴定中心
司法鉴定意见书

编号:××司法鉴定中心[2020]病鉴字第××号

一、基本情况

委托人:××市公安局交通管理警察大队××中队。

委托鉴定事项:对贺××死亡原因进行分析。

受理日期:2020 年 8 月 18 日。

鉴定材料:

(1)司法鉴定委托书一份。

(2)贺××尸体一具。

(3)××医院住院病历复印件一份。

鉴定日期:2020 年 8 月 20 日。

鉴定地点:××司法鉴定中心。

被鉴定人:贺××,女,89 岁,身份证号为 41012419300715××××。

二、基本案情

根据委托人提供的材料:2020 年 7 月 9 日 20 时许,赵××驾驶轿车在××市××镇政府门口处与行人贺××相撞,致贺××受伤,造成道路交通事故。

三、资料摘要

××医院住院病历摘录如下。

住院时间:2020 年 7 月 10 日—2020 年 7 月 23 日。

住院号:××。

主诉:车祸伤致右踝足部疼痛、流血 5 小时。

现病史:5 小时前行走时被轿车挂倒,压伤右踝、足部,随即疼痛,逐渐肿胀,血流不止,不能站立行走,活动明显受限。右肘部、左面颊皮肤擦伤,稍许渗血。急诊入××市人民医院诊治,经检查拍片诊断为"右踝、足开放性骨折",医院给予包扎处理。急来我院求治,门诊以"①右踝关节骨折;②右足第四、五跖骨基底部骨折;③右踝前、足背软组织挫裂伤"收入院。

既往史:既往有高血压病史 2 年,规律口服"苯磺酸氨氯地平、缬沙坦"药物治疗,诉血压控制正常。

专科检查:体温 36.2 ℃,脉搏 88 次/分,呼吸 22 次/分,血压 126/75 mmHg。由平车推入病房。右踝、足部敷料加压包扎,已血性渗透,拆除后可见右踝、足部明显肿胀,足背部青紫瘀斑,皮肤广泛碾挫,右踝前及足背分别见一长约 10 cm、8 cm 皮肤挫裂伤,深至筋膜,肌腱外露,皮肤边缘不整齐,血流不止,右踝关节活动明显受限,右下肢皮肤感觉正常。右肘部后侧可见 0.2 cm×3 cm 皮肤划痕伤,周围瘀青肿胀,肘关节活动正常,右上肢皮肤感觉及远端血液循环好。

辅助检查:右足 X 射线片(2020.07.09 外院)显示,右足内、外踝骨折,第四、五跖骨基底部骨折。

诊疗经过:患者于 2020 年 7 月 11 日 07:30 突然恶心、呕吐,自述左面部麻木,后患者逐渐出现意识不清,血压最高 181/91 mmHg,经会诊后紧急将患者转入 ICU 监护治疗。入科后患者病情危重,呼之不应。医生立即给予气管插管接呼吸机辅助呼吸。患者血压低,给予对症处理。急查 CT 检查回示"左侧小脑出血并破入脑室、脑池、蛛网膜下腔"。给予甘露醇脱水降颅压。目前患者呈昏迷状态,无自主呼吸,双侧瞳孔不等大,左侧瞳孔散大,直径约 4.0 mm,

右侧瞳孔直径约 2.0 mm,对光反射消失。听诊两肺呼吸音粗,两肺可闻及哮鸣音及痰鸣音。2020 年 7 月 23 日 08:46 突发心率下降、血压测不出,大动脉搏动未触及,心电监护提示心室颤动,医生给予对症处理后,10:19 复查心电图呈持续直线,抢救 90 分钟,于 10:19 宣布临床死亡。

死亡原因及诊断:①多脏器功能衰竭。②闭合性颅脑损伤重型:小脑出血并破入脑室;小脑幕裂孔疝? ③高血压 3 级(极高危组)。④中枢性呼吸衰竭。⑤冠心病:不稳定型心绞痛。⑥心律失常:短阵房性心动过速;阵发性心房颤动;偶发房室性期前收缩。⑦右踝关节骨折。⑧右踝前、足背软组织挫裂伤。⑨右肘部、左面颊部皮肤擦伤。⑩心搏骤停。

四、鉴定过程

检验日期:2020 年 8 月 20 日。

检验地点:××市殡仪馆。

检验方法:

(1)《道路交通事故尸体检验》(GA/T 268—2019)。

(2)《法医学　尸体检验技术总则》(GA/T 147—2019)。

(3)《法医学　病理检材的提取、固定、取材及保存规范》(GA/T 148—2019)。

尸表检查:

(1)一般情况:冷藏已解冻尸体,脱去衣服后检验。老年女性尸体,尸长 155 cm,外观发育正常,营养较好,体型正常。尸斑呈淡红色,分布于躯干及四肢背侧未受压部位,指压不褪色。尸僵已缓解。

(2)头颈部:花白短发,长约 12.5 cm。颅骨未触及骨擦感。左侧面颊略红肿。双侧眼睑闭合,左侧睑结膜略充血,余睑、球结膜苍白,角膜重度混浊,瞳孔不可窥视。双侧耳廓外形完整,双侧外耳道无异物。鼻骨未触及骨擦感。口唇发绀、干燥,舌位置形态正常,牙列陈旧性缺失,牙龈、颊黏膜苍白、无出血。

(3)躯干及四肢:胸部未触及肿胀,胸骨及肋骨未触及骨擦感。左上臂前侧可见两处点状出血,左肘窝见 9.0 cm×6.0 cm 皮下紫红,右前臂尺侧近肘关节处红肿,可见 5.0 cm 斜纵向已结痂伤口。右小腿内侧及右足青紫肿胀,可见部分表皮剥脱。十指甲床发绀。外生殖器、会阴部未见损伤,肛周清洁。

尸体解剖:

(1)颅腔解剖:头皮下、双侧颞肌无出血,颅骨未见骨折,硬脑膜外、硬脑膜下无血肿。全脑重935 g,左侧颅中窝可见少量积血,大脑形态正常,颅底蛛网膜下腔及脑室内可见出血。

（2）颈部解剖：颈部皮肤、皮下组织、颈前肌群无损伤或出血。颈部血管分布正常。甲状软骨、舌骨完整，未见骨折。甲状腺、扁桃体未见明显肿大。喉头未见明显水肿、出血。

（3）胸腔解剖：直线法切开胸腹壁，胸壁、肋间肌内无出血，胸骨及肋骨无骨折。左侧胸腔见200 mL暗红色积液，右侧胸腔见300 mL暗红色积液。气管、支气管有少量水样液体附着。左、右肺分别重476 g和680 g，右肺上叶与中叶稍粘连，两肺表面及切面呈红褐色。心包膜完整，心包腔内见15 mL暗红色积液，心脏重442 g，表面脂肪较多，肺动脉分支及右心流出道未见血栓样物，二尖瓣瓣膜少许钙化，腱索融合成片。各瓣膜周径：三尖瓣9.5 cm，肺动脉瓣6.0 cm，二尖瓣8.0 cm，主动脉瓣7.0 cm。左心室壁厚1.5 cm，右心室壁厚0.5 cm，室间隔厚1.2 cm。左、右冠状动脉开口正常，冠状动脉管腔通畅。

（4）腹、盆腔解剖：腹壁脂肪厚2.5 cm，腹腔无积液，大网膜、肠系膜的位置和形态正常，肠系膜淋巴结不肿大。膈肌高度：左侧位于第五肋间，右侧位于第五肋间。肝下缘位置：右锁骨中线处距肋缘下2.0 cm，剑突处位于剑突上4.5 cm。肝重858 g，外观形态正常，表面及切面呈红褐色，表面光滑，切面质地均匀。脾重83 g，被膜完整、皱缩，表面光滑、呈灰褐色，切面呈红褐色。左、右肾分别重122 g和102 g，表面凹凸不平，双肾被膜完整易剥离，切面皮髓质界限清晰。胰腺重64 g，被膜及切面无出血。食管黏膜苍白，见少量水样液体附着，胃内空虚，胃黏膜无出血，肠管无出血。膀胱空虚。

法医病理学检验：

（1）心脏：二尖瓣钙化，可见胆固醇结晶；心肌自溶，部分心肌细胞核溶解，心肌间质血管淤血；局部心肌肥大，核深染、大小形态不一，排列紊乱；左心室乳头肌局部心肌纤维化。

（2）肺：肺泡腔内可见均质红染水肿液，肺间质血管淤血，部分肺泡壁断裂融合，局灶肺不张，组织自溶。

（3）肝：肝组织自溶，组织结构不清。

（4）脾：脾中央小动脉管壁增厚，组织自溶。

（5）肾：肾小球、肾小管自溶，少数肾间质血管硬化，管壁增厚，局部肾小管管型。

（6）胰腺：自溶，组织结构不清。

（7）脑：脑细胞及脑血管周围间隙增宽，局部蛛网膜下腔出血，小脑出血，脑室积血；小脑颗粒层坏死，数量减少，脑组织自溶。

影像学检查：2020年7月11日××医院CT片（编号：××）示：左侧小脑见大

片高低混杂密度影,第三脑室、第四脑室内见高密度影;提示左侧小脑出血破入脑室。

法医病理学诊断:

(1)交通事故外伤:右踝关节骨折,多发软组织损伤。

(2)左侧小脑出血破入脑室、蛛网膜下腔,脑水肿。

(3)肺水肿,肺淤血,部分肺气肿,局灶性肺不张。

(4)心肌肥大,脾中央小动脉硬化,肾小血管硬化。

(5)多脏器(脑、心、肺、肝、脾、肾)组织自溶。

五、分析说明

1. 送鉴材料记载   2020 年 7 月 9 日,被鉴定人贺××发生交通事故受伤,伤后入住××医院接受对症支持治疗,于 2020 年 7 月 11 日出现神经系统症状,于 2020 年 7 月 23 日抢救无效死亡,死亡诊断为"闭合性颅脑损伤重型:小脑出血并破入脑室;高血压 3 级(极高危组)"等。

2. 法医学尸体检验及法医病理学检验   贺××既往有高血压病史 2 年,法医学尸体检验及法医病理学检验见左侧小脑出血破入脑室、蛛网膜下腔出血;并有心肌肥大、脾中央小动脉硬化、肾小血管硬化等高血压病理改变及右踝关节骨折、多发软组织损伤。结合案情及其死亡进程,分析认为被鉴定人贺××符合高血压致小脑出血破入脑室而死亡的征象,交通事故外伤考虑为死亡诱因。

六、鉴定意见

被鉴定人贺××符合高血压致小脑出血破入脑室而死亡的征象,交通事故外伤考虑为死亡诱因。

七、附件

照片(略)。

司法鉴定人:××

《司法鉴定人执业证》证号:××

司法鉴定人:××

《司法鉴定人执业证》证号:××

××司法鉴定中心

2020 年 9 月 25 日

第二部分　本案鉴定解析

一、小脑出血

小脑出血主要是小脑的齿状核动脉破裂引起,大多数与高血压有关系,此外平常如果长时间吸烟酗酒,或者长时间高盐饮食,以及劳累、精神压力大、紧张、疲劳等都有可能诱发小脑出血。所以平常一定要控制好血压,避免情绪激动,生活要规律,以便起到预防小脑出血的作用。小脑出血可以出现突发性的后枕部头痛症状,可以出现眩晕、共济失调、恶心、呕吐症状,有上述症状时可以通过颅脑 CT 检查确诊。

小脑出血破入脑室是比较严重的情况,会造成颅内压增高,并且会引起严重的脑膜刺激症状,患者的病死率比较高。

二、交通事故合并高血压致小脑出血破入脑室引起死亡的机制

被鉴定人贺××既往有高血压病史 2 年,法医学尸体检验及法医病理学检验见左侧小脑出血破入脑室、蛛网膜下腔出血;并有心肌肥大、脾中央小动脉硬化、肾小血管硬化等高血压病理改变及右踝关节骨折、多发软组织损伤。结合案情及其死亡进程,分析认为被鉴定人贺××符合高血压致小脑出血破入脑室而死亡征象。交通事故外伤考虑为死亡诱因。

第十五节　新生儿肺发育不全、肺不张合并胎粪吸入致呼吸循环衰竭

【本案鉴定要点】

1. 本案为新生儿肺发育不全、肺不张合并胎粪吸入致呼吸循环衰竭。
2. 通过法医病理学检验,确定新生儿肺发育不全、肺不张的病理改变。
3. 分析说明新生儿肺发育不全、肺不张合并胎粪吸入引起死亡的机制。

第一部分　案例鉴定介绍

××司法鉴定中心
司法鉴定意见书

编号:××司法鉴定中心[2020]病鉴字第××号

一、基本情况

委托人:××市第二中心医院。

鉴定事项:王××之子死亡原因鉴定

受理日期:2020 年 5 月 10 日。

鉴定材料:

(1)司法鉴定委托书一份。

(2)王××之子尸体一具。

(3)刘××的××市第二中心医院住院病历复印件一份。

(4)王××之子××市第二中心医院住院病历复印件一份。

鉴定日期:2020 年 5 月 10 日。

鉴定地点:××司法鉴定中心。

被鉴定人:王××之子,男,2020 年 5 月 6 日出生。

二、基本案情

2020 年 5 月 1 日,王××陪同妻子刘××前往××市第二中心医院产检,医生检查说宫口开了 1.5 cm,宫缩频繁,要求住院。当天下午办理住院,一直到5 月 6 日检查发现胎心较高,进行剖宫产。新生儿刚出生时有生命体征,没多久出现心搏停止,医生持续抢救 4 小时后宣告死亡。

三、资料摘要

1. 刘××的××市第二中心医院住院病历摘录

入院时间:2020 年 5 月 1 日。

住院号:××。

主诉:孕足月,第一胎,不规则腹部发紧发硬 1 周。

现病史:平素月经不规律。6/45 天,末次月经:2019 年 8 月 10 日。停经30 多天尿妊娠试验阳性,无明显恶心、呕吐等早孕反应。孕 2 个月查孕酮低,无阴道出血,予黄体酮肌内注射 1 周,地屈孕酮口服 2 周后好转。孕 6 个月做口服葡萄糖耐量试验,0.5、1、2 小时血糖依次为 4.81、10.03、6.74 mmol/L,诊断为妊娠糖尿病,饮食控制、血糖控制尚可。孕中期查彩超提示胎盘位置偏低,后复查彩超未提示。夜间睡眠时偶有闷气,改变体位后好转。现孕足月,近一周有不规则腹部发紧发硬,无明显腹痛,自觉胎动好,要求待产入院。

婚姻史:28 岁结婚,爱人体健,非近亲结婚。

月经史及生育史:14(6/45)2019 年 8 月 10 日。月经周期规律,月经量中等,颜色正常。既往妊娠 0 次,流产 0 次,引产 0 次,顺产 0 次。

家族史:母亲患糖尿病,胰岛素治疗。

体格检查:腹部膨隆,呈晚孕腹型,宫高 31 cm,腹围 100 cm,胎心音152 次/分。胎方位:左枕前(LOA)。胎先露:头,半入盆。宫体无压痛,触有不规则宫缩。估计胎儿体重为 3600 g。双下肢无水肿。分娩前高危评分为10 分。

初步诊断:①妊娠糖尿病;②孕 1 产 0,宫内孕 37^{+5}周,头位,产兆。

手术记录:2020 年 5 月 6 日行子宫下段剖宫产术。新生儿体重未测,身长约 51 cm,胎盘大小 22 cm×20 cm×2.5 cm,无钙化,无早剥,重量 700 g,脐带长约 50 cm,形状水肿。

2. 王××之子××市第二中心医院住院病历摘录

住院时间:2020 年 5 月 6 日 17:13—19:45。

住院号:××。

主诉:糖尿病母亲儿,生后 Apgar 评分倒退,需要生命支持 1 小时 32 分钟。

入院情况:患儿系胎龄 38^{+3}周,第 1 胎第 1 产,因"胎儿宫内窘迫、孕母妊娠糖尿病"于我院产科经剖宫产术娩出,羊水清,无脐带绕颈。Apgar 评分:出生后 1 分钟、5 分钟均为 9 分(肤色青紫,扣 1 分),出生后 8 分钟患儿皮肤青紫加重,肌张力减低,评分为 8 分。立即给予清理呼吸道、复苏囊加压给氧、电话呼叫我科医师抢救,10 分钟评分倒退为 4 分(肤色 0 分,呼吸 1 分,心率 1 分,肌张力 1 分,反射 1 分),给予肌内注射纳洛酮 0.3 mg 及胸外心脏按压。15:52我科王××主治医师到达手术室,查看患儿自主呼吸微弱,偶有抽气样呼吸,心率40 次/分,心音遥远,较前无改善。15:55 于气管插管内滴入 1∶10 000 肾上腺素 1 mL,患儿肤色仍青紫,心音遥远无力,持续复苏囊加压给氧辅助呼吸及胸外心脏按压。16:07 再次从气管插管内滴入 1∶10 000 肾上腺素 1 mL,患儿无明显自主呼吸。16:09 给予纳洛酮 0.2 mg 肌内注射,患儿反射、肤色、心率无明显好转。为给予更全面的监护及抢救治疗,于 16:15 在气管插管连接复苏囊加压给氧辅助呼吸下,患儿转来我科。16:20 患儿到达我科,在呼吸支持下肤色青紫,部分皮肤苍白,皮温凉,肌张力低下,无反应,心搏微弱,心率约

10次/分,立即进入重症监护室继续抢救,重症监护室以"新生儿窒息"收入院。

查体:体温35.8 ℃,行胸外心脏按压及气管插管,血压37/14 mmHg,经皮血氧饱和度($TcSO_2$)46%,昏迷状,无反应,足月新生儿貌,周身皮肤青紫、发花,毛细血管充盈时间为5秒,未见皮疹,后背散在出血点,前囟平坦,张力不高,两肺可闻及均匀送气音,心率为10次/分,心音遥远、无力,腹软。肝、脾未触及肿大,脐部干燥,无渗血及渗液,四肢肌张力低下,新生儿反射均未引出。入院快速查血糖水平,为18 mmol/L。

诊疗经过:虽然给予积极抢救,但患儿病情无好转,19:00患儿自主心率消失,无自主呼吸,瞳孔散大固定,对光反射消失。继续积极抢救,持续心肺复苏。继续抢救至19:40,患儿父亲表示放弃抢救,患儿心率为0,无自主呼吸,瞳孔散大固定,无对光反射,$TcSO_2$降至0,心电图呈直线,无电生理活动,19:45医生宣布临床死亡。

死亡诊断:心脏停搏、新生儿Ⅱ型呼吸衰竭、新生儿吸入性肺炎? 新生儿重度窒息、呼吸性酸中毒合并代谢性酸中毒、新生儿高血糖症、新生儿消化道出血、糖尿病母亲儿。

四、鉴定过程

检验日期:2020年5月10日。

检验地点:××市中医院太平间。

检验方法:

(1)《法医学　新生儿尸体检验规范》(GA/T 151—2019)。

(2)《法医学　病理检材的提取、固定、取材及保存规范》(GA/T 148—2019)。

尸表检验:

(1)一般情况:男性婴儿尸体,尸长53.0 cm,头围33.5 cm,胸围34.0 cm,腹围32.5 cm,坐高32.0 cm,外观发育正常,营养一般,冷藏尸体已解冻。尸斑呈暗紫色,分布于项背部及四肢低位未受压处,指压不褪色。

(2)头颈部:头皮未触及肿胀,颅骨未触及骨折。双侧球、睑结膜苍白,角膜重度混浊,双侧瞳孔不可窥视。鼻骨未触及骨擦感,鼻腔内无异物。耳廓外形完整,外耳道未见明显异物。口唇轻度皮革样化,牙齿未萌出,舌尖位于齿列外,口腔内无异物,牙龈、颊黏膜苍白,唇黏膜、双侧颊黏膜未见出血、损伤。颈部皮肤完整,气管居中,淋巴结未触及肿大。

(3)躯干及四肢:胸廓对称,外观形态正常,胸部皮肤未触及肿胀,可见一

3.8 cm×3.0 cm敷料,胸骨及肋骨未触及明显骨擦感。腹部平坦,未触及波动感。十指及十趾甲床发绀。生殖器在位,阴囊轻度皮革样化,余未见明显异常。脊柱、骨盆及四肢未触及骨擦感。

尸体解剖:

(1)颅腔解剖:头皮下未见肿胀、出血,双侧颞肌无出血,颅骨无骨折。全脑重409 g,脑表面未见明显损伤出血,脑实质切面未见出血,小脑和脑干未见明显异常。

(2)颈部解剖:颈部皮肤、皮下组织、颈前肌群无损伤或出血。颈部血管分布正常。甲状软骨、舌骨未见骨折。甲状腺、扁桃体未见明显肿大。喉头未见明显水肿、出血。

(3)胸腔解剖:直线法切开胸腹壁,胸壁、肋间肌肉无出血,胸骨无骨折,双侧胸腔无积液、胸膜无粘连。气管、支气管黏膜未见异物。胸腺重23 g,表面及切面未见明显异常。左、右肺分别重25.5 g和34.5 g,两肺浮扬试验阴性,两肺表面及切面呈红褐色,切面质地较实。心脏重23 g,心脏外观无畸形,心脏表面可见散在出血点,卵圆窝未闭,心脏包膜完整,心包腔内见3 mL淡红色液体,各瓣膜光滑、未见赘生物。各瓣膜周径:三尖瓣3.0 cm,肺动脉瓣2.0 cm,二尖瓣3.0 cm,主动脉瓣1.8 cm。左心室壁厚0.3 cm,右心室壁厚0.1 cm,室间隔厚0.5 cm。左、右冠状动脉开口正常,各冠状动脉管腔通畅,未见明显异常。

(4)腹、盆腔解剖:腹腔可见10 mL浅黄色冰碴样液体,大网膜和肠系膜位置、形态正常,肠系膜淋巴结不肿大。肝重148 g,外观形态正常,表面呈红褐色,切面呈红色,质地均匀,胆管及胆囊未触及结石。脾重12 g,被膜完整,切面无出血。左、右肾分别重16 g和14 g,双肾被膜易剥离,切面皮髓质界限清晰,一侧肾切面呈红褐色。胰腺重3.5 g,被膜及切面无出血。食管黏膜苍白,可见片状出血。左、右肾上腺分别重4.0 g和4.0 g。脊柱、骨盆和四肢未触及骨折。

法医病理学检验:

(1)心脏:心肌间隙增宽,心肌间质血管淤血。

(2)肺:肺间质血管淤血,细支气管呈花边样改变,肺不张,肺间质增厚,肺间质见炎症细胞浸润,肺泡腔内可见角化上皮细胞脱落,部分肺泡腔内可见黄褐色颗粒状物。

(3)肝:肝窦淤血,局部可见髓外造血灶,肝组织结构不清。

(4)脾:红髓区淤血,组织自溶。

(5)肾:肾小球毛细血管和肾间质小血管淤血。

（6）胰腺：间质血管淤血，未见出血、炎症等。

（7）脑：蛛网膜下腔及脑实质小血管淤血，脑神经细胞及脑血管周围间隙增宽，小脑及脑干未见明显异常。

（8）胸腺：间质血管淤血，局部片状出血。

法医病理学诊断：

（1）肺不张、胎粪吸入、肺发育不全。

（2）脑水肿、脑淤血。

（3）肝组织内髓外造血灶。

（4）胸腺局部片状出血。

（5）心、肝、脾、肾、胰腺、胸腺等组织淤血。

五、分析说明

1. 法医学尸体检验　未发现被鉴定人王××之子心、肺、肝、肾、脑等内脏器官有明显致命性机械性损伤，可排除其因上述重要器官机械性暴力损伤导致死亡的可能。未发现王××之子颈部皮肤、皮下组织及肌肉有明显损伤出血，可排除其扼压颈部导致机械性窒息死亡的可能。

2. 送鉴材料记载　2020年5月6日17:13，王××之子因"糖尿病母亲儿，出生后Apgar评分倒退"入住××市第二中心医院。Apgar评分：出生后1分钟、5分钟均为9分（肤色青紫，扣1分）；出生后8分钟患儿皮肤青紫加重，肌张力减低，评分为8分；出生后10分钟评分倒退为4分（肤色0分，呼吸1分，心率1分，肌张力1分，反射1分），经相关抢救治疗后于2020年5月6日19:45因抢救无效而死亡。死亡诊断为"心脏停搏、新生儿Ⅱ型呼吸衰竭、新生儿吸入性肺炎？新生儿重度窒息、呼吸性酸中毒合并代谢性酸中毒、新生儿高血糖症、新生儿消化道出血、糖尿病母亲儿"。

3. 组织病理学检验　王××之子有肺不张、胎粪吸入、肺发育不全、脑水肿、脑淤血、肝组织内髓外造血灶、胸腺局部片状出血等改变。结合案情、病历资料及死亡进程，其刚出生即出现Apgar评分持续下降，分析认为被鉴定人王××之子符合新生儿肺发育不全、肺不张合并胎粪吸入导致呼吸循环衰竭而死亡的征象。

六、鉴定意见

被鉴定人王××之子符合新生儿肺发育不全、肺不张合并胎粪吸入导致呼吸循环衰竭而死亡的征象。

七、附件

照片(略)。

司法鉴定人:××

《司法鉴定人执业证》证号:××

司法鉴定人:××

《司法鉴定人执业证》证号:××

××司法鉴定中心

2020 年 7 月 13 日

第二部分 本案鉴定解析

一、新生儿肺发育不全、肺不张

(一)新生儿肺发育不全

新生儿肺发育不全主要表现在呼吸中枢、呼吸器官发育不成熟、肺泡数量减少、呼吸道黏膜上皮细胞明显减少,因此容易出现呼吸浅快不规则,出现周期性的呼吸暂停。新生儿肺发育不全,轻症无明显临床表现者,给予常规 X 射线检查发现,肺发育不全明显的可以表现肺泡表面活性物质减少。主要发生在早产儿,早产儿胎龄越小,发病率越高。肺发育不全即新生儿呼吸窘迫综合征,表现出生后不久出现呼吸急促、呼吸呻吟、吸气性三凹症,并呈进行性的加重的临床综合征。新生儿肺发育不全还会出现长期反复的呼吸道感染,一般新生儿听诊明显的呼吸音减低。

(二)新生儿肺不张

新生儿肺不张是指出生后肺从未充盈过气体,而已经充气的肺组织失去原有的气体应称作肺萎陷。但由于多年来沿用习惯,广义肺不张可包括先天性肺不张及后天性肺萎陷。

新生儿肺不张的原因如下。

1. 外力压迫肺实质或支气管受压迫 胸廓运动障碍、膈肌运动障碍、膨胀受限制、气管受外力压迫都会影响腹腔,出现积液的情况,以至于影响肺部,出现肺不张。

2. 支气管或细支气管内的梗阻支气管内腔被阻塞 可能是异物堵塞支气

管,比如牛奶、米饭等食物,宝宝吃东西的时候没有完全吞下去,或者是吞下去的过程堵住了。

支气管病变也会导致堵塞,因为发炎使支气管发炎肿痛。宝宝的呼吸道较狭小,容易被阻塞患肺部炎症性疾病,如肺炎支气管炎,百日咳麻疹等。患支气管哮喘时,支气管黏膜肿胀平滑肌痉挛黏稠分泌物,会阻塞呼吸道引起肺不张。

（三）Apgar 评分

Apgar 评分这个名字的英文字母刚好对应检查项目的英文首字母,包括肌张力（activity）、脉搏（pulse）、皱眉动作即对刺激的反应（grimace）、外貌（肤色,appearance）、呼吸（respiration）,是胎儿出生后立即检查其身体状况的标准评估方法。在胎儿出生后,根据肤色、心率、呼吸、肌张力及运动、反射 5 项体征进行评分,具体的评分标准如下。

1. 肤色　评估新生儿肺部血氧交换的情况。全身皮肤呈粉红色为 2 分,手脚末梢呈青紫色为 1 分,全身呈青紫色为 0 分。

2. 心率　评估新生儿心脏搏动的强度和节律性。心搏有力、大于 100 次/分为 2 分,心搏微弱、小于 100 次/分为 1 分,听不到心音为 0 分。

3. 呼吸　评估新生儿中枢和肺的成熟度。呼吸规律为 2 分,呼吸节律不齐（如浅而不规则或急促费力）为 1 分,没有呼吸为 0 分。

4. 肌张力及运动　评估新生儿中枢反射及肌肉强健度。肌张力正常为 2 分,肌张力异常亢进或低下为 1 分,肌张力松弛为 0 分。

5. 反射　评估新生儿对外界刺激的反应能力。对弹足底或其他刺激大声啼哭为 2 分,低声抽泣或皱眉为 1 分,毫无反应为 0 分。

评分结果:以这 5 项体征为依据,满 10 分者为正常新生儿;评分在 7 分以下的新生儿考虑患有轻度窒息;评分在 4 分以下的新生儿考虑患有重度窒息。大部分新生儿的评分在 7～10 分。一般新生儿出生后,分别做 1 分钟、5 分钟、10 分钟的 Apgar 评分,以便观察新生儿有无窒息及其变化,决定是否需要做处理,以及做相应处理后评价新生儿的恢复情况。

二、新生儿肺发育不全、肺不张合并胎粪吸入引起死亡的机制

检验发现被鉴定人王××之子有肺不张、胎粪吸入、肺发育不全、脑水肿、脑淤血、肝组织内髓外造血灶、胸腺局部片状出血等改变。结合案情、病历资料及死亡进程,其刚出生即出现 Apgar 评分持续下降,考虑被鉴定人王××之子符合新生儿肺发育不全、肺不张合并胎粪吸入导致呼吸循环衰竭而死亡。

第十六节　新生儿双胎输血综合征致呼吸循环衰竭

【本案鉴定要点】

1. 本案为新生儿双胎输血综合征致呼吸循环衰竭。
2. 通过法医病理学检验,确定主要器官的病理改变及特点。
3. 分析说明新生儿双胎输血综合征引起死亡的机制。

第一部分　案例鉴定介绍

××司法鉴定中心
司法鉴定意见书

编号:××司法鉴定中心[2020]病鉴字第××号

一、基本情况

委托人:××律师事务所。

委托鉴定事项:死亡原因鉴定。

受理日期:2020 年 6 月 1 日。

鉴定材料:

(1)司法鉴定委托书一份。

(2)××之子大宝、小宝尸体。

(3)××县第二人民医院住院病历一份。

鉴定日期:2020 年 6 月 1 日。

鉴定地点:××司法鉴定中心。

被鉴定人:××娩出双胞胎男婴,大宝于 2020 年 5 月 27 日 21:26 出生,编号 20××××1;小宝于 2020 年 5 月 27 日 21:27 出生,编号 20××××2。

二、基本案情

根据委托人提供的材料:2020 年 5 月 27 日上午 9 时,××入住××县第二人民医院待产,当天约 21:30 在××县第二人民医院行剖宫产术,之后医院告知"死胎",××认为××县第二人民医院的医疗行为在术前、术后均存在过错,且延误了生产时机,导致了胎儿的死亡。

三、资料摘要

××县第二人民医院住院病历摘录如下。

入院时间:2020年5月27日。

住院号:××。

主诉:停经9月余,入院待产。

现病史:年龄30岁,平素月经规律。末次月经日期:2019-09-10。预产期:2020-06-17。孕早期查彩超提示:双胎妊娠。停经40多天出现轻微早孕反应,持续月余消失。停经18周自觉胎动,持续至今,孕期未正规产检,自述孕期经过良好,近1个月来出现双下肢水肿,休息后稍缓解,未予重视,逐渐加重。

婚育史:21岁结婚,爱人体健,夫妻感情好。孕5产2,流产2次,2女均为经阴分娩,体健。

体格检查:外观发育正常,贫血貌。产检:宫高34 cm,腹围110 cm,其一胎方位左枕前(LOA),胎心音144次/分,其二胎方位右骶前(RSA),胎心音134次/分。内诊:宫口1 cm,胎膜未破,骨盆外测量(髂嵴间径、髂棘间径、骶耻外径和出口横径)23、26、19、9 cm。

辅助检查:彩超显示,羊水有点状稍强回声。胎儿颜面部、部分肢体等因体位关系显示欠清。

初步诊断:①孕5产2,宫内孕37^{+2}周,双胎,待产;②子痫前期;③中度贫血。

治疗经过:2020年5月27日行子宫下段剖宫产术,术中钳破一羊膜囊,以头位娩出一男婴,出生即时Apgar评分0分;钳破另一羊膜囊,以臀位助娩另一男婴,出生即时Apgar评分0分。抢救20分钟后两胎儿仍无生命体征,家属放弃小宝,要求继续抢救大宝,抢救至1小时大宝仍无生命体征。大宝,男性,出生时间为21:26,出生体重为3000 g。小宝,男性,出生时间为21:27,出生体重为1500 g。

四、鉴定过程

检验日期:2020年6月1日。

检验地点:××县殡仪馆。

检验方法:

(1)《法医学　新生儿尸体检验规范》(GA/T 151—2019)。

(2)《法医学　尸体检验技术总则》(GA/T 147—2019)。

(3)《法医学　病理检材的提取、固定、取材及保存规范》(GA/T 148—2019)。

（一）法医病理检验（编号:20××××1,婴儿）

尸表检查:

（1）一般情况:男性婴儿尸体,体重2879 g,尸长50.0 cm,头围33.0 cm,胸围30.0 cm,腹围29.0 cm,坐高28.0 cm,肤色较苍白,外观发育正常,营养一般,冷藏尸体已解冻。尸斑呈暗红色,颜色较淡,分布于项背部及四肢低位未受压处,指压不褪色。

（2）头颈部:头皮未触及肿胀,颅骨未触及骨折。双侧球、睑结膜苍白,角膜重度混浊,双侧瞳孔不可窥视。鼻骨未触及骨擦感,鼻腔内无异物。耳廓外形完整,外耳道未见明显异物。口唇轻度皮革样化,人中处较显著,牙齿未萌出,舌尖位于齿列内,口腔内无异物,牙龈、颊黏膜苍白,唇黏膜、双侧颊黏膜未见出血、损伤。颈部皮肤完整,气管居中,淋巴结未触及肿大。

（3）躯干及四肢:胸廓对称,外观形态正常,胸骨体近剑突处可见0.8 cm×0.4 cm皮下出血,胸部皮肤未触及肿胀,胸骨及肋骨未触及明显骨擦感。腹部平坦,脐带苍白,未触及波动感。十指甲床鲜红。生殖器外观无异常,阴囊轻度皮革样化,睾丸未触及,余未见明显异常。脊柱、骨盆及四肢未触及骨擦感。

尸体解剖:

（1）颅腔解剖:头皮下未见肿胀、出血,双侧颞肌无出血,颅骨无骨折。全脑重290 g,脑表面未见明显损伤出血,脑实质切面未见出血,小脑和脑干未见明显异常。

（2）颈部皮肤、皮下组织、颈前肌群无损伤或出血。颈部血管分布正常。甲状软骨、舌骨未见骨折。甲状腺、扁桃体未见明显肿大。喉头未见明显水肿、出血。

（3）胸腔解剖:直线法切开胸腹壁,胸壁、肋间肌肉无出血,胸骨无骨折,双侧胸腔无积液、胸膜无粘连。气管、支气黏膜未见异物。胸腺重12 g,表面及切面未见明显异常。左、右肺分别重32.5 g和42 g,两肺浮扬试验阴性,两肺表面及切面呈红褐色,切面质地均匀。心脏重36 g,心脏外观无畸形,心脏表面可见散在出血点,卵圆窝未闭,心脏包膜完整,心包腔内见3 mL淡红色液体,各瓣膜光滑、未见赘生物。各瓣膜周径:三尖瓣3.2 cm,肺动脉瓣1.8 cm,二尖瓣3.0 cm,主动脉瓣1.6 cm。左心室壁厚0.6 cm,右心室壁厚0.3 cm,室间隔厚0.9 cm。左、右冠状动脉开口正常,各冠状动脉管腔通畅,未见明显异常。

（4）腹、盆腔解剖:腹腔未见积液,大网膜和肠系膜位置、形态正常,肠系膜淋巴结不肿大。肝重172 g,外观形态正常,表面呈红褐色,切面呈红色,质地均匀,胆管及胆囊未触及结石。脾重13 g,被膜完整,切面无出血。左、右肾分别重16 g和14 g,双肾被膜易剥离,切面皮髓质界限清晰,一侧肾切面呈红褐色。胰腺重6.0 g,被膜及切面无出血。食管黏膜苍白,可见片状出血。左、右肾上腺均重4.0 g。脊柱、骨盆和四肢未触及骨折。

法医病理学检验:

(1)心脏:心肌间质血管淤血,心肌自溶。

(2)肺:肺泡未膨胀,肺实变,肺间质增厚,间质血管淤血,红细胞漏出,细支气管呈花边样改变,肺泡腔内可见上皮细胞脱落,局灶肺间质内可见黄褐色颗粒状物。

(3)肝:组织自溶,肝窦贫血,可见造血细胞。

(4)脾:组织自溶,脾窦贫血,间质血管淤血。

(5)肾:肾小球、肾小管自溶,肾髓质血管淤血,组织自溶。

(6)胰腺:组织自溶,细胞结构不清晰,间质血管贫血。

(7)脑:神经细胞及脑血管周围间隙增宽,间质血管内贫血,脑组织自溶,小脑和脑干未见明显异常。

(8)胸腺:间质血管贫血,组织自溶。

法医病理学诊断:

(1)肺泡膨胀不全、肺不张。

(2)肝髓外造血灶。

(3)脑水肿。

(4)心、肺、肝窦、脾窦、肾皮质、胸腺、胰腺间质血管贫血。

(5)脑、心、肝、脾、肾、胰腺组织自溶。

(二)法医病理检验(编号:20××××2,婴儿)

尸表检查:

(1)一般情况:男性婴儿尸体,体重1510 g,尸长42.0 cm,头围28.0 cm,胸围23.0 cm,腹围19.0 cm,坐高23.0 cm,肤色深红,外观发育正常,营养一般,冷藏尸体已解冻。尸斑呈暗紫色,分布于项背部及四肢低位未受压处,指压不褪色。

(2)头颈部:头皮未触及肿胀,颅骨未触及骨折。双侧球、睑结膜淤血,角膜重度混浊,双侧瞳孔不可窥视。鼻骨未触及骨擦感,鼻腔内无异物。耳廓外形完整,外耳道未见明显异物。口唇轻度皮革样化,人中处较显著,牙齿未萌出,舌尖位于齿列内,口腔内无异物,牙龈、颊黏膜淤血,唇黏膜、双侧颊黏膜未见出血、损伤。颈部皮肤完整,气管居中,淋巴结未触及肿大。

（3）躯干及四肢：胸廓对称，外观形态正常，胸部皮肤未触及肿胀，胸骨及肋骨未触及明显骨擦感。腹部平坦，未触及波动感，脐带淤血。十指甲床鲜红。生殖器外观无异常，阴囊皮革样化，睾丸未触及，余未见明显异常。脊柱、骨盆及四肢未触及骨擦感。

尸体解剖：

（1）颅腔解剖：头皮下未见肿胀、出血，双侧颞肌无出血，颅骨无骨折。全脑重246 g，脑表面未见明显损伤出血，脑实质切面未见出血，小脑和脑干未见明显异常。

（2）颈部皮肤、皮下组织、颈前肌群无损伤或出血。颈部血管分布正常。甲状软骨、舌骨未见骨折。甲状腺、扁桃体未见明显肿大。喉头未见明显水肿、出血。

（3）胸腔解剖：直线法切开胸腹壁，胸壁、肋间肌肉无出血，胸骨无骨折，双侧胸腔无积液、胸膜无粘连。气管、支气黏膜未见异物。胸腺重5 g，表面及切面未见明显异常。左、右肺分别重13 g和12 g，两肺浮扬试验阴性，两肺表面及切面呈红褐色，切面质地均匀。心脏重18.5 g，心脏外观无畸形，卵圆窝未闭，心脏包膜完整，心包腔内见3 mL淡红色液体，各瓣膜光滑、未见赘生物。各瓣膜周径：三尖瓣3.0 cm，肺动脉瓣0.6 cm，二尖瓣2.6 cm，主动脉瓣0.7 cm。左心室壁厚0.3 cm，右心室壁厚0.2 cm，室间隔厚0.4 cm。左、右冠状动脉开口正常，各冠状动脉管腔通畅，未见明显异常。

（4）腹、盆腔解剖：腹腔未见积液，大网膜和肠系膜位置、形态正常，肠系膜淋巴结不肿大。肝重59 g，外观形态正常，表面呈红褐色，切面呈红褐色，质地均匀，胆管及胆囊未触及结石。脾重6 g，被膜完整，切面淤血。左、右肾分别重9 g和12 g，双肾被膜易剥离，切面皮髓质界限清晰，肾切面呈红褐色。胰腺重2.5 g，被膜及切面无出血。食管黏膜苍白，未见出血。脊柱、骨盆和四肢未触及骨折。

法医病理学检验：

（1）心脏：心肌间质血管淤血，心肌自溶。

（2）肺：肺泡未膨胀，肺实变，肺间质增厚，间质血管淤血，红细胞漏出，细支气管呈花边样改变，肺泡腔内可见上皮细胞脱落，局灶肺间质内可见黄褐色颗粒状物。

（3）肝：组织自溶，肝窦淤血，可见造血细胞。

（4）脾：组织自溶，脾窦淤血，间质血管淤血。

（5）肾：肾小球、肾小管自溶，肾间质血管淤血，组织自溶，肾动脉及肾盂肾盏周围间质大量红细胞聚集。

（6）胰腺:组织自溶,细胞结构不清晰,间质血管淤血。

（7）脑:神经细胞及脑血管周围间隙增宽,间质血管内淤血,脑组织自溶,小脑和脑干未见明显异常。

（8）胸腺:间质血管淤血,组织自溶。

法医病理学诊断:

（1）肺泡膨胀不全、肺不张。

（2）肝髓外造血灶。

（3）脑水肿。

（4）心、肝、脾、肾、胰腺、胸腺组织淤血。

（5）脑、心、肝、脾、肾、胰腺组织自溶。

五、分析说明

1. 送鉴材料记载　××于2020年5月27日入院待产,诊断为"孕5产2,宫内孕37^{+2}周,双胎,待产;子痫前期;中度贫血",××之子出生即时Apgar评分均为0分,抢救20分钟两胎儿仍无生命体征,家属放弃抢救小宝,要求继续抢救大宝,抢救1小时大宝仍无生命体征。大宝,男性,出生时间为21:26,出生体重为3000 g;小宝,男性,出生时间为21:27,出生体重为1500 g。

2. 法医学尸体检验及法医病理学检验　编号为20××××1的婴儿有肺泡膨胀不全、肺不张,肝髓外造血灶,脑水肿,心、肺、肝窦、脾窦、肾皮质、胸腺、胰腺间质血管贫血等改变;编号为20××××2的婴儿有肺泡膨胀不全、肺不张,肝髓外造血灶,脑水肿,心、肝、脾、肾、胰腺、胸腺组织淤血等改变。双胎出生时Apgar评分均为0分,存在肺膨胀不全、肺不张的表现,符合死胎(未呼吸肺)的表现。编号为20××××1的婴儿有贫血貌、多脏器贫血,考虑为供血儿;编号为20××××2的婴儿有充血貌、多脏器淤血,考虑为受血儿。

根据送鉴材料,结合案件情况及死亡进程,分析认为被鉴定人(编号为20××××1的婴儿和编号为20××××2的婴儿)符合新生儿双胎输血综合征致呼吸循环衰竭而死亡的征象。

鉴定过程中未见胎盘,故不对胎盘带进行检验评价。

六、鉴定意见

××双胞胎男婴符合新生儿双胎输血综合征致呼吸循环衰竭而死亡的征象。

七、附件

照片(略)。

司法鉴定人:××
《司法鉴定人执业证》证号:××
司法鉴定人:××
《司法鉴定人执业证》证号:××

××司法鉴定中心
2020 年 7 月 20 日

第二部分　本案鉴定解析

一、新生儿双胎输血综合征

双胎输血综合征(TTT)是双胎妊娠中的一种严重并发症,围产儿死亡率极高,未经治疗的死亡率为 70% ~ 100%。目前,胎儿镜下胎盘交通血管激光凝固术成为国际上多个胎儿医学中心的首选 TTT 治疗方法,可使其中至少一个胎儿的存活率达 75% ~ 80%。

(一)病因

TTT 绝大多数都发生在双羊膜囊单绒毛膜双胎(MCT)。MCT 胎盘存在表层及深层血管吻合,有 4 种血管连接方式:①毛细血管的表浅吻合;②大血管间的动脉吻合;③大血管间的静脉吻合;④绒毛毛细血管吻合。前 3 种为表浅的血管吻合。表浅的血管吻合是指胎盘胎儿面表层的较大血管的吻合,大多数是动脉-动脉直接吻合,少数是静脉-静脉直接吻合。胎盘深部动静脉吻合引起血液循环的不平衡是导致 TTT 的原因。

在正常情况下,两胎间胎盘的血流交换是平衡的,胎盘浅表血管吻合为双向血流,因此可以维持两胎的血流动力学平衡。深层的吻合是处在两个胎儿所属胎盘相邻的一个或多个胎盘小叶中,在这些胎盘小叶中两个胎盘的动脉-静脉吻合,其血液流向的分布是对等的,结果是单位时间内从甲胎儿流向乙胎儿的血流量相当于乙胎儿流至甲胎儿的血流量,所以胎儿发育的速度也相差不多。深部的动脉-静脉吻合往往呈单向血流,当缺乏浅表的动脉-动脉、静脉-静脉补偿性血管吻合时,会造成单向供血,导致血流动力学失衡。在单位时间内甲胎儿流向乙胎儿的血流量多于乙胎儿流向甲胎儿的血流量,甲胎儿成为供血儿,乙胎儿成为受血儿,血流的不平衡导致一系列的病理变化。血管交通发生于85%~100%的MCT,但在双绒毛膜双胎罕见。因此,TTT几乎都发生在单绒毛膜双胎。供血胎儿由于不断地向受血胎儿输血,处于低血容量、贫血状态,胎儿发育迟缓,少尿,羊水少。受血胎儿则高血容量,尿量增加引起羊水增多,胎儿个体较大,其心、肝、肾等脏器增大,红细胞增多,红细胞比容增高,胎儿可出现水肿。

(二)临床表现

1.羊水过多 正常妊娠时的羊水量随孕周增加而增多,最后2~4周开始逐渐减少,妊娠足月时平均羊水量约为1000 mL(800~1200 mL)。妊娠期内羊水量超过2000 mL,称为羊水过多。最高可达20 000 mL。多数孕妇羊水增多较慢,并在较长时期内形成,称为慢性羊水过多;少数孕妇在数日内羊水急剧增加,称为急性羊水过多。

2.双胎静脉吻合 双胎分单卵双胎及双卵双胎两种。而单卵双胎又分为双羊膜囊双绒毛膜双胎、MCT及单羊膜囊单绒毛膜双胎。血液循环相通,包括动脉-动脉、静脉-静脉、动脉-静脉吻合3种。血管的吻合可分为浅表及深层两种。在少数单绒毛膜双胎胎盘的胎儿面表面,两种吻合都存在。深层的吻合是处在两个胎儿所属胎盘相邻的一个或多个胎盘小叶中,虽然它有多种通过毛细血管的吻合方式,却没有直接的动脉-静脉吻合。但是其血液是从一个胎儿流向另一个胎儿,Schaty称之为"第3种循环"。双胎静脉吻合是TTT的一种表现。TTT是指单合子单绒毛膜双羊膜囊双胎,在宫腔内一胎儿(供血儿)通过胎盘不平衡的血管吻合网将血液输送给另一胎儿(受血儿)而引起的一系列病理生理改变和临床症状,是双胎妊娠或多胎妊娠的严重并发症。该病可分为急性和慢性两种,通常所说的都是指慢性。此病在单绒毛膜双胎中的发病率为10%~15%,预后较差。

3.纸样胎儿 纸样胎儿是指双胎或多胎妊娠中,因胎儿生长受限,早期死亡,被其他胎儿压成薄片的胎儿,这种纸样胎儿多发生在TTT。

4.胎儿水肿 胎儿水肿发生率为1/4000~1/1400,有两种类型,即免疫性和非免疫性。母儿血型不合是引起免疫性胎儿水肿的主要原因,近年已少见。非免疫性胎儿水肿的病因较复杂,包括严重贫血(如巴氏胎儿水肿综合征)、心血管畸形、染色体异常、宫内感染等。地中海贫血是东南亚常见的单基因遗传病。

（三）诊断

1. 产前诊断

（1）单卵双胎的确定：TTT 一般均为单绒毛膜双胎，因此以 B 超确定其为单绒毛膜双胎为诊断的重要条件。

（2）胎儿体重的差异及胎儿表现：目前，用 B 超对胎儿做体重估计的各项参数中，若以单项计，则以腹围最准确。不少学者认为，腹围相差 20 mm，则体重相差 20% 上下。

（3）羊水多少的差异：羊水过多及羊水过少的存在是 TTT 的重要诊断条件之一。

（4）脐带和胎盘的差异：B 超中可见受血儿的脐带粗于供血儿，有时受血儿脐带伴有单脐动脉。对胎盘用彩色多普勒超声显像观察可能有助于确定 TTT 的胎盘血管的交通支。

（5）两个胎儿内脏的差异。

（6）脐穿刺：有人认为，在 B 超引导下穿刺脐血管取得的血样本对诊断 TTT 有较大的帮助。首先可以用血样证实其为单卵双胎，其次可以了解两个胎儿之间的血红蛋白水平，最后可以了解供血儿贫血状态。

（7）胎儿是否出现水肿：严重的任一胎儿可出现水肿，甚至死胎，或其中一胎为黏附儿。

2. 产后诊断

（1）胎盘：供血儿胎盘色泽苍白、水肿，呈萎缩貌，绒毛有水肿及血管收缩，因羊水过少，羊膜上有羊膜结节。受血儿胎盘色泽红、充血。

（2）血红蛋白水平：一般 TTT 的受血儿和供血儿的血红蛋白水平相差常在 5 g/dL 以上，故目前以相差 5 g/dL 为诊断标准。但也有报道相差不足 5 g/dL 者，特别是在妊娠中期时有此现象。

（3）体重差异：两胎之间的体重差异的标准一般定为 20%。

二、新生儿双胎输血综合征引起死亡的机制

法医学尸体检验及法医病理学检验发现编号为 20××××1 的婴儿有肺泡膨胀不全、肺不张，肝髓外造血灶，脑水肿，心、肺、肝窦、脾窦、肾皮质、胸腺、胰腺间质血管贫血等改变；编号为 20××××2 的婴儿有肺泡膨胀不全、肺不张，肝髓外造血灶，脑水肿，心、肝、脾、肾、胰腺、胸腺组织淤血等改变。双胎均出现"出生时 Apgar 评分 0 分"，存在"肺膨胀不全、肺不张的表现"，符合死胎（未呼吸肺）的表现。编号为 20××××1 的婴儿有贫血貌、多脏器贫血，考虑为供血儿；编号为 20××××2 的婴儿有充血貌、多脏器淤血，考虑为受血儿。根据送鉴材料,结合案件情况及死亡进程,分析认为:被鉴定人编号为20××××1的婴儿、编号为20××××2的婴儿符合新生儿TTT致呼吸循环衰竭而死亡的征象。

第十七节　交通事故致主动脉离断

【本案鉴定要点】

1. 本案为交通事故致主动脉离断,注意损伤的部位、伤口特点,区别开放性损伤还是闭合性损伤。

2. 通过法医病理学检验,确定体表伤和主动脉离断病理学特点。

3. 分析说明交通事故致主动脉离断引起死亡的机制。

第一部分　案例鉴定介绍

××司法鉴定中心
司法鉴定意见书

编号:××司法鉴定中心[2022]病鉴字第580号

一、基本情况

委托人:××县公安局交通管理大队。

委托鉴定事项:死亡原因鉴定。

受理日期:2021年12月8日。

鉴定材料:

(1)司法鉴定委托书一份。

(2)××尸体一具。

(3)××司法鉴定中心司法鉴定意见书复印件一份。

鉴定日期:2021年12月11日。

鉴定地点:××司法鉴定中心。

被鉴定人:××,男,身份证号为41282819750105××××。

二、基本案情

送鉴材料示:2021年12月5日22:27接"110"指令,在××县××乡东搅拌站发生交通事故,车着火,车主××死亡。

三、资料摘要

《××司法鉴定中心司法鉴定意见书》鉴定意见：送检××心包血液（检材编号：AHZT-JC-DW-2021-5542）检出乙醇成分，其浓度为279.9 mg/100 mL。

四、鉴定过程

检验日期：2021年12月11日。

检验地点：××县殡仪馆。

检验方法：

(1)《法医学　尸体检验技术总则》(GA/T 147—2019)。

(2)《法医学尸体解剖规范》(SF/Z JD0101002——2015)。

尸表检查：

(1)一般情况：全身烧伤严重，大部分炭化，毁损严重，尸体屈曲状，炭化车座椅外皮附着于胸背部。

(2)头颈部：头面部皮肤、肌肉火烧缺失，颅骨局部缺失，脑组织外溢，面颅骨外露，严重炭化。颈部皮肤火烧缺失，颈部肌肉炭化。

(3)躯干及四肢：躯干部皮肤、肌肉火烧缺失，胸腹腔外露，可见局部肠管、肝脏。双上肢皮肤、肌肉火烧炭化，左上肢呈蜷缩状，右上肢上臂皮肤火烧缺失，肌肉炭化，右上肢前臂火烧缺失。双大腿皮肤火烧缺失，肌肉炭化，双小腿皮肤及肌肉火烧缺失，小腿骨质炭化，大部分骨质缺失。

尸体解剖：

(1)颅腔解剖：颅骨缺失，脑组织外溢，遗留脑组织210 g。残余脑组织苍白，未见出血损伤痕迹。

(2)颈部解剖：甲状软骨、舌骨无骨折，喉头黏膜充血。打开食管、气管，气管、食管内未见异物。

(3)胸腔解剖：打开胸腔，右侧胸腔大量积血，左侧少量积血，两肺与胸壁无粘连。左肺重462 g，右肺重554 g，两肺表面呈红褐色。心包完整，打开心包，心包积血，主动脉根部离断，心脏重434 g。心脏各瓣膜周径：三尖瓣10.0 cm，肺动脉瓣6.5 cm，二尖瓣9.0 cm，主动脉瓣7.0 cm。左心室壁厚0.9 cm，右心室壁厚0.3 cm，室间隔厚0.8 cm。打开心脏，心腔内血液流失。左、右冠状动脉开口位置、直径正常，左前降支、左旋支、右冠状动脉轻度增厚、狭窄Ⅰ级。

(4)腹、盆腔解剖：腹腔裸露，腹腔各脏器排列正常。胃内可见食糜，量200 mL。肝重1361 g，外观形态正常，表面呈砖红色，切面无异常。脾重133 g，被膜完整，被膜皱缩，表面及切面呈红褐色。双肾重269 g，双肾被膜易剥离，表面及切面呈淡红色,切面皮髓质界限清晰。部分胰腺重 76 g,被膜及切面未见出血。

法医病理学检验:

(1)脑:局部脑组织炭末沉积,未见脑出血及炎症细胞浸润。

(2)心脏:心外膜未见炎症细胞浸润,心肌未见梗死,心肌间未见出血及炎症细胞浸润,局灶心肌波浪样改变。左前降支、左旋支及右冠状动脉管壁增厚,管腔狭窄Ⅰ级。

(3)肺:肺间质小血管扩张淤血,支气管及细支气管管腔内未见炎症细胞浸润,未见炭末沉积。

(4)肝:肝被膜完整,肝小叶存在,肝细胞体积增大,胞质疏松、淡染,胞核居中,肝窦受压变小,肝间质小血管淤血,余未见异常。

(5)脾:脾被膜完整,红-白髓分界尚清,脾小梁结构尚清晰,脾窦空虚。

(6)肾:肾被膜完整,近曲小管自溶改变,肾小球毛细血管、肾间质血管淤血。

(7)胰腺:组织自溶,未见出血及炎症细胞浸润。

(8)喉头:未见出血、炎症细胞浸润。

法医病理学诊断:

(1)主动脉根部离断;心包积血;胸腔积血。

(2)全身烧伤炭化。

(3)脾贫血。

五、分析说明

1. 送鉴材料记载　被鉴定人××于 2021 年 12 月 5 日 22:27 在××县××乡东搅拌站发生交通事故,车着火,人已死亡。

2. 法医学尸体检验及法医病理学检验　法医学尸体检验发现,被鉴定人××全身烧伤,严重炭化,且存在主动脉根部离断、心包积血、胸腔积血、脾贫血等改变。法医病理学检验发现,××咽喉、气管及支气管未见炭末沉积。

综合以上分析,被鉴定人××符合交通事故致主动脉离断死亡的征象。

六、鉴定意见

被鉴定人××符合交通事故致主动脉离断死亡的征象。

七、附件

照片(略)。

司法鉴定人:××

《司法鉴定人执业证》证号:××

司法鉴定人:××

《司法鉴定人执业证》证号:××

××司法鉴定中心

2022 年 1 月 11 日

第二部分 本案鉴定解析

一、外伤性主动脉离断

主动脉离断常见的是主动脉弓离断,是指主动脉从左心室向上行,然后向右,再沿脊柱向下行,这一段主动脉略呈弓状,称主动脉弓,这一段如果有缺失称为离断。主动脉根部离断极为少见。本案例由交通事故造成胸部巨大撞击,在剪切力的作用下发生主动脉根部离断。

二、交通事故致主动脉离断引起死亡的机制

被鉴定人××全身烧伤,严重炭化,且存在主动脉根部离断、心包积血、胸腔积血、脾贫血等改变,结合其法医病理学检验,被鉴定人咽喉、气管及支气管未见炭末沉积。结合案情,分析认为被鉴定人××符合交通事故致主动脉离断大出血死亡的征象。

第十八节 自发性脑出血并发肺部感染

【本案鉴定要点】

1.本案为自发性脑出血并发肺部感染。

2.通过法医病理学检验,确定脑出血部位、肺部病理改变。

3.分析说明自发性脑出血并发肺部感染引起死亡的机制。

第一部分　案例鉴定介绍

××司法鉴定中心
司法鉴定意见书

编号:××司法鉴定中心[2021]病鉴字第××号

一、基本情况

委托人:××省××女子监狱。

委托鉴定事项:死亡原因鉴定。

受理日期:2021 年 12 月 21 日。

鉴定材料:

(1)司法鉴定委托书一份。

(2)××尸体一具。

(3)××人民医院病历复印件一份。

(4)影像学资料一套。

鉴定日期:2021 年 12 月 21 日。

鉴定地点:××司法鉴定中心。

被鉴定人:××,女,身份证号为 41232219660215××××。

二、基本案情

送鉴材料示:2021 年 11 月 16 日,××省××监狱在押人员××突发意识障碍,后送至××市人民医院救治,2021 年 12 月 19 日××抢救无效死亡。

三、资料摘要

××市人民医院病历摘录如下。

入院时间:2021 年 11 月 16 日 00:40。

死亡时间:2021 年 12 月 19 日 18:55。

住院号:××。

主诉:(代)发现意识障碍半小时余。

现病史:半小时前患者睡觉时被人发现意识障碍、昏迷、呼之不应,伴呕吐,呕吐胃内容物具体不详,无大小便失禁,无四肢抽搐,监狱医院给予"甘露醇、呋塞米(具体不详)"等后,为求进一步诊治,急呼"120"急救电话。我院急诊医师给予吸氧、监护、建立静脉通路等处理后返院。急诊以"脑出血、高血压

3级(很高危)"为诊断收入院。

既往史:高血压病史10年,间断服用药物治疗(具体不详),血压控制不佳。

专科检查:昏迷,格拉斯哥昏迷量表(GCS)评分为3分、E1V1M1,双侧额纹对称,双眼球居中位、眼球活动无法配合检查,无明显眼震,双侧瞳孔直径为5.0 mm,对光反射消失,两肺呼吸音清,未闻及明显干、湿啰音,心率为72次/分,律齐,未闻及明显杂音,腹软,压痛、反跳痛无法配合检查,无腹肌紧张,肠鸣音正常,四肢肌力无法配合检查,肌张力略降低,双侧巴宾斯基征阳性,脑膜刺激征阴性。美国国立卫生研究院卒中量表评分(NIHSS)为35分,其中意识3分,指令2分,水平2分,凝视2分,面瘫2分,视野3分,左上肢4,左下肢4分,右上肢4分,右下肢4分,言语3分,感觉2分。日常生活活动能力(ADL)评分为0分。发病前脑卒中患者神经功能恢复状态评定量表(mRS)评分为0分,目前mRS评分为5分。洼田饮水试验:无法评分。

辅助检查:头颅+胸部CT(2021-11-16)显示,①右侧小脑半球、右侧丘脑、基底节区、放射冠区、脑干出血破入脑室系统;大脑镰、小脑幕密度增高,考虑蛛网膜下腔出血可能,出血量为20~25 mL。②右肺中叶内侧段条索慢性炎性改变。③两肺下叶胸膜下坠积性改变。④右侧乳腺钙化灶。

初步诊断:①脑出血(脑干、丘脑、基底节区、小脑)破入脑室系统并脑疝形成。②高血压3级(极高危组)。

诊疗经过:入院后经神经外科副主任医师评估后建议急诊手术治疗,因患者病情危重,转我科加强监护治疗并积极术前准备。于2021年11月16日在全身麻醉下行立体定向下脑干血肿钻孔引流术+小脑血肿清除术+去骨瓣减压术+右侧脑室钻孔引流术,术后持续给予呼吸机维持通气、升压药维持升压、脱水降颅压、醒脑、改善脑代谢、尼莫地平防治脑血管痉挛、抗感染、化痰、雾化、护肝、液体复苏、营养支持、益生菌调节肠道菌群等治疗,病情无好转趋势;11月27日行腰池引流术+脑脊液置换术,11月29日行经皮微创气管切开术,12月2日因消耗性贫血输注红细胞2单位,12月4日行胃镜引导下空肠营养管置入术,12月13日因连续多日未再发热、抗生素疗程用足后停用美罗培南及万古霉素,降阶梯为头孢曲松;近两日患者间断发热,热峰呈上升趋势,结合纤维支气管镜检查气道内较多黏稠分泌物,考虑痰液引流不畅致肺炎加重,予以升级抗生素,并继续加强气道管理治疗。患者于2021年12月19日17:56突然出现心率减低至40次/分,血压75/43 mmHg,血氧饱和度60%,持续呼吸机辅助呼吸,调吸氧浓度100%,立即给予胸外心脏按压及阿托品、肾上腺素(每5分钟一次)治疗,其间反复与患者家属及狱警沟通病情变化。抢救至

18:55,患者心率未恢复,患者心率为 0 次/分,大动脉搏动消失,血压及血氧饱和度均测不出,双侧瞳孔散大固定,心电图呈一条直线,宣布临床死亡。

死亡原因:脑出血(脑干、丘脑、基底节区、小脑)破入脑室系统并脑疝形成。

四、鉴定过程

检验日期:2021 年 12 月 21 日。

检验地点:××市殡仪馆。

检验方法:《法医学　尸体检验技术总则》(GA/T 147—2019)。

尸表检查:

(1)一般情况:女性,外观发育正常,营养中等。尸斑呈紫红色,分布于项背部及四肢未受压处,指压不褪色。

(2)头颈部:黑色短发,发长 5 cm。右顶部有一长 3 cm 手术瘢痕,右颞枕部有一长 7 cm 手术缝合瘢痕。双侧眼睑闭合,双侧眼眶未见凹陷,双侧球、睑结膜苍白,双侧角膜中度混浊,左侧瞳孔直径 0.4 cm,右侧瞳孔直径 0.4 cm。鼻骨未触及骨擦感,鼻腔内见血迹附着。耳廓外形完整,双侧外耳道未见明显异物。口唇未见损伤。牙列完整,舌尖位于齿列外。唇黏膜及双侧颊黏膜无出血。翻动尸体,口腔少量血液流出。颈部附着一纱布,打开纱布见一直径为 1.5 cm 类圆形气管插管切口。

(3)躯干及四肢:胸廓对称,外观形态正常,胸部皮肤未触及肿胀,胸骨及双侧肋骨未触及骨擦感。腹部未见皮肤损伤痕迹。腰背部附着一纱布,打开纱布,见穿刺针孔痕。会阴部未见损伤痕迹。十指甲床苍白。四肢未触及骨擦感。

影像学所见:

2021 年 11 月 16 日××市人民医院 CT 片(编号:0002749055)示:右侧小脑半球、右侧丘脑、基底节区、放射冠区、脑干出血破入脑室系统;大脑镰、小脑幕密度增高;右肺中叶内侧段条索慢性炎性改变。

2021 年 11 月 19 日××市人民医院 CT 片(编号:0002762682)示:开颅术后,右额顶部颅骨局部骨质缺失,右额顶部见一引流管影,右侧小脑半球、右侧丘脑、基底节区、放射冠区、脑干血肿清除后,双侧脑室后角、大脑镰、小脑幕及环池少量积血。右肺中叶内侧段条索慢性炎性改变。

2021 年 12 月 6 日××市人民医院 CT 片(编号:0002856529)示:开颅术后,右额顶部颅骨局部骨质缺失,双侧脑室后角、大脑镰、小脑幕及环池少量积血,蛛网膜下腔出血。气管内见置管影,两肺纹理增多,增粗,右肺中叶内侧段条索慢性炎症改变,两肺下叶肺炎。

五、分析说明

1. 送鉴材料记载 2021 年 11 月 16 日,××省××监狱在押人员××突发意识障碍,后被送至××市人民医院救治,被诊断为脑出血(脑干、丘脑、基底节区、小脑)破入脑室系统并脑疝形成,高血压 3 级(极高危组)。2021 年 12 月 19 日××因抢救无效死亡。

2. 综合分析 法医学尸体检验发现,被鉴定人××体表未见明显机械性损伤痕迹。结合送检资料,××有高血压病史 10 年,其突发意识障碍伴呕吐后被送医治疗,影像学资料显示××右侧小脑半球、右侧丘脑、基底节区、放射冠区、脑干出血破入脑室系统,头皮未见损伤,颅骨未见骨折,符合自发性脑出血的征象,考虑与其高血压有关。影像学资料显示××两肺存在感染。

结合案情及其死亡进程,分析认为被鉴定人××符合自发性脑出血并发肺部感染死亡的征象。

六、鉴定意见

被鉴定人××符合自发性脑出血并发肺部感染死亡的征象。

七、附件

照片(略)。

司法鉴定人:××

《司法鉴定人执业证》证号:××

司法鉴定人:××

《司法鉴定人执业证》证号:××

××司法鉴定中心

2021 年 12 月 30 日

第二部分 本案鉴定解析

一、自发性脑出血

自发性脑出血是指非外伤情况下各种原因引起的脑大、小动脉,静脉和毛细血管自发性破裂所致脑内出血。自发性脑出血是一种多因素疾病,受环境和遗传因素共同作用。

自发性脑出血的最常见原因是高血压,另一些多见的病因为淀粉样变性血管病、先天性血管瘤、动静脉畸形、凝血障碍和各种原因的占位。其他还有烟雾病、结节性多动脉炎、抗凝剂和抗血小板聚集剂的应用和某些药物的使用等。

（一）自发性脑出血的诊断

自发性脑出血是指在没有明显外因情况下的脑内出血。出血量可大可小,由于自发性,往往症状突然出现,且较危重。如不及时抢救和适当治疗,会有致命危险。

1.高血压性脑室内出血　高血压性脑室内出血患者中,绝大多数有明显的高血压病史,中年以上突然发病,意识障碍相对较重,偏瘫、失语较明显,脑血管造影无颅内动脉瘤及畸形血管。

2.动脉瘤性脑室内出血　多见于 40～50 岁,女性多于男性,发病前无特殊症状或有一侧眼肌麻痹、偏头痛等。发病后症状严重,反复出血较多见,间隔时间 80% 为 1 个月之内。患者有一侧动眼神经损伤,视力进行性下降,视网膜出血,在此基础上突然出现脑室内出血的表现,很有可能为动脉瘤破裂出血导致脑室内出血,应及时行 CT 扫描和脑血管造影明确诊断。

3.脑动静脉畸形性脑室内出血　易发年龄为 15～40 岁,平均年龄比动脉瘤性脑室内出血约小 20 岁。性别发生率与动脉瘤相反,即男性多于女性。发病前可有出血或癫痫病史,进行性轻偏瘫而无明显颅内压增高表现,或有颅后窝症状,呈缓慢波动性进展。如突然发生轻度意识障碍和一系列脑室内出血表现,应首先考虑脑动静脉畸形。确诊需要 CT 扫描及脑血管造影术。

4.烟雾病性脑室内出血　多见于儿童及青年,在发生脑室内出血之前,儿童主要表现为发作性偏瘫,成人则多表现为蛛网膜下腔出血,在此基础上出现脑室内出血的症状和体征。脑血管造影示颈内动脉末端严重狭窄或闭塞,在脑底部有密集的毛细血管网,如同烟雾状为其特征表现。

5.颅内肿瘤性脑室内出血。

（二）自发性脑出血的病因

自发性脑室内出血分为原发性与继发性两大类。原发性脑室内出血系指出血来源于脑室脉络丛、脑室内、脑室壁和脑室旁区的血管。继发性脑室内出血是指脑室内或蛛网膜下腔出血,血肿破入或逆流入脑室内。

1.原发性脑室内出血的病因　主要是脉络丛动脉瘤及脑动静脉畸形,高血压、颈动脉闭塞、烟雾病也是常见的病因,其他少见或罕见的病因有脑室内脉络丛乳头状瘤或错构瘤囊肿、出血体质、胶样囊肿或其他脑室旁肿瘤先天性脑积水、过度紧张、静脉曲张破裂(特别是丘纹静脉或大脑大静脉)、室管膜下腔隙梗死性出血、脉络丛猪囊尾蚴病、白血病、垂体卒中及术后(脑室穿刺、引流术、分流术)等,许多病因不明者可能与"隐性血管瘤"有关,采用显微镜或尸体解剖详细检查脉络丛可能会发现更多的"隐性血管瘤"。

2. 继发性脑室内出血的病因 主要是高血压、动脉瘤、脑动静脉畸形、烟雾病、颅内肿瘤、卒中,其他少见或罕见的病因有凝血功能异常,约占自发性脑室内出血的0.9%。这类脑室内出血一部分是因为疾病引起的凝血功能障碍,另一部分是因为抗凝治疗。引起出血的疾病有白血病、再生障碍性贫血、血友病、血小板减少性紫癜、肝病、维生素缺乏症等,脑梗死后出血是继发性脑室内出血的另一少见原因,约占自发性脑室内出血的1.4%。其他引起继发性脑室内出血的病因有出血体质、蛛网膜下腔出血后血管痉挛的血流动力学治疗、系统性红斑狼疮、脑曲霉病、遗传蛋白C缺乏症、颈动脉内膜切除术后和代谢性疾病。

(三)自发性脑出血的检查

1. 血常规、出凝血时间及凝血酶原时间 约85%的病例白细胞计数高于$1\times10^4/mm^3$,主要是多核白细胞升高。白细胞计数多在$(1.0\sim2.5)\times10^4/mm^3$,小儿可出现血红蛋白下降。其他常规项目可无明显变化。绝大多数患者出凝血时间及凝血酶原时间正常,只有在白血病、肝病、子痫及抗凝治疗等引起凝血功能障碍而发生脑室内出血的患者身上才出现异常,表现为出凝血时间及凝血酶原时间延长,但有时亦在正常范围之内。

2. 尿常规 部分患者可出现尿糖和蛋白尿。凝血功能异常或妊高征子痫引起的脑室内出血,发病前后可以出现进行性血尿,提示将有可能发生脑室内出血。

3. 腰椎穿刺 几乎所有的患者都出现血性脑脊液。腰椎穿刺脑脊液压力多超过2.6 kPa(200 mmH$_2$O),多数患者为3.3~6.7 kPa(250~500 mmH$_2$O)。脑室压力为1~10 kPa(80~800 mmH$_2$O)。急性期脑脊液中以红细胞和中性粒细胞为主,病后3~5天可见含铁血黄素吞噬细胞,7~10天可见胆红质巨噬细胞。但是,此项检查在急性期要慎重施行,以免诱发脑疝。腰椎穿刺放液时要缓慢,放液速度每分钟不超过8滴,放液量每分钟不超过7 mL。

4. 颅骨X射线平片 大脑半球出血引起的继发性脑室内出血可见松果体或脉络丛钙化斑向对侧移位。病因为动脉瘤者,有时可见一侧眶上裂扩大,颈内动脉管增粗,视神经孔扩大及边缘模糊。脑动静脉畸形者,可见颅骨血管沟异常,颅内异常钙化斑点。颅内肿瘤者,可见慢性颅内压增高征象,亦可见局部颅骨增生或破坏,这些对自发性脑室内出血的病因诊断均有一定的参考价值。

5.脑血管造影 脑血管造影除能显示自发性脑室内出血的病因(如动脉瘤、脑血管畸形、烟雾病和颅内肿瘤等)及脑实质内血肿的表现外,血肿破入脑室时尚有如下表现:正位片可见外侧豆纹动脉向内侧移位,其远端下压或变直;大脑前动脉仍居中或移位不明显,大脑内静脉明显向对侧移位(超过6 mm),与大脑前动脉之间有"移位分离"现象,这是血肿破入脑室的特征表现。侧位片可见侧脑室扩大征象,即大脑前动脉膝部呈球形、胼周动脉弧度增大、静脉角变大、室管膜下静脉拉直等。

6.CT 扫描 它是目前诊断脑室内出血最安全、可靠、迅速和无创伤的手段。必要时应反复检查,以便动态观察出血的变化。脑室内出血 CT 扫描特征为脑室内高密度影,偶尔可表现为等密度影。CT 扫描尚能清楚地显示原发出血部位、血肿大小和形态、脑水肿程度、中线结构移位程度、脑积水阻塞部位及其程度、穿破脑室的部位、脑室内出血的程度等,为临床指导治疗、判断预后提供重要的资料依据。反复 CT 扫描不仅能动态观察血肿的自然过程,而且能发现是否有再出血。脑室内出血多见于成人,凡是脑室内出血恢复过程不典型或脑室内出血急性期脑水肿消退,意识或定位体征不见好转,查体发现双侧视盘水肿等慢性颅内压增高的表现,或发病前有颅内占位性病变表现,或脑肿瘤术后放疗患者,应考虑有脑肿瘤出血导致脑室内出血的可能,必要时可行 CT 增强扫描。

二、自发性脑出血并发肺部感染引起死亡的机制

被鉴定人××有高血压病史 10 年,其突发意识障碍伴呕吐后被送到医院治疗,影像学检查示其右侧小脑半球、右侧丘脑、基底节区、放射冠区、脑干出血破入脑室系统,头皮未见损伤,颅骨未见骨折,符合自发性脑出血的特征,考虑与其高血压有关。影像学检查显示两肺存在感染。结合案情及其死亡进程,被鉴定人××符合自发性脑出血并发肺部感染死亡的征象。

第十九节 先天性心脏病致心源性猝死

【本案鉴定要点】

1.本案为先天性心脏病引起心源性猝死。

2.通过法医病理学检验,确定先天性心脏病的类型及缺损的部位。

3.分析说明先天性心脏病引起心源性猝死的机制。

第一部分　案例鉴定介绍

××司法鉴定中心
司法鉴定意见书

编号:××司法鉴定中心[2021]病鉴字第××号

一、基本情况

委托人:××律师事务所。

委托鉴定事项:死亡原因鉴定。

受理日期:2021 年 11 月 26 日。

鉴定材料:

(1)司法鉴定委托书一份。

(2)××市第一人民医院病历复印件一份。

(3)××尸体一具。

鉴定日期:2021 年 11 月 26 日。

鉴定地点:××司法鉴定中心。

被鉴定人:××,男,身份证号为 41048219910408××××。

二、基本案情

送鉴材料示:2021 年 9 月 28 日,××在××市××区××家常菜馆厨房内工作时倒地,经××市第一人民医院抢救无效死亡。

三、资料摘要

××市第一人民医院病历:2021 年 9 月 28 日 19:40 抢救记录。

患者××,男,30 岁,以"意识丧失十余分钟"于 2021 年 9 月 28 日 17:49 由救护车送入我院急诊科,入院查体:意识丧失,呼之不应,双侧瞳孔散大固定,对光反射消失,心音听不到,大动脉搏动消失,左手中指可见一伤口,左手环指可见一伤口,左前臂可见一擦伤。心电监护呈一条直线。立即给予胸外心脏按压,气管插管辅助呼吸,开放静脉通路,并给予肾上腺素、多巴胺等抢救治疗,经积极抢救约 1 小时 46 分钟后,患者呼吸、心搏未恢复,大动脉搏动消失,双侧瞳孔散大固定,一切反射消失,心电图呈一条直线,与家属沟通后,放弃进一步抢救,于2021年9月28日19:35宣布临床死亡。

四、鉴定过程

检验日期:2021年11月26日。

检验地点:××市第一人民医院太平间。

检验方法:

(1)《法医学 尸体检验技术总则》(GA/T 147—2019)。

(2)《法医学尸体解剖规范》(SF/Z JD0101002——2015)。

(3)《法医学 病理检材的提取、固定、取材及保存规范》(GA/T 148—2019)。

尸表检查:

(1)一般情况:男性,尸长173 cm,外观发育正常,营养中等。尸斑呈暗红色,分布于项背部及四肢未受压处,指压不褪色。腹部尸绿及四肢腐败静脉网形成。

(2)头颈部:黑色头发,发长5 cm。头颅无畸形,头皮未触及肿胀及骨擦感。眼眶未见凹陷,双侧眼睑闭合,双侧球、睑结膜苍白,角膜重度混浊,双侧瞳孔均不可视。鼻骨未触及骨擦感,鼻腔内未见异物。耳廓外形完整,外耳道未见明显异物。口唇未见损伤,牙列完整,舌尖位于齿列内。唇黏膜及双侧颊黏膜无出血。颈部皮肤完整,未见挫伤出血,气管居中。

(3)躯干及四肢:胸廓对称,外观形态正常,表皮未见明显损伤,胸部皮肤未触及肿胀,按压胸骨及双侧肋骨未触及骨擦感。腹部平坦,未见挫伤出血。十指(趾)甲床发绀。右手中指及环指中节指腹皮肤裂创,会阴部未见损伤。

尸体解剖:

(1)颅腔解剖:头皮下未见出血。双侧颞肌未见出血。颅骨未见骨折。硬脑膜完整,硬脑膜下未见异常。脑重1276 g,双侧大脑对称,蛛网膜下腔未见出血,脑实质切面及脑室未见明显出血,小脑及脑干未见明显异常。

(2)颈部解剖:颈部皮下及肌肉无出血,颈部血管分布正常。甲状软骨、舌骨无骨折。喉头黏膜未见水肿。

(3)胸腔解剖:直线法打开胸腔,胸骨、肋骨无骨折。双侧胸腔无积液,两肺与胸壁无粘连。气管、支气管内无异物。左肺重803 g,右肺重749 g,两肺表面呈黑褐色,切面未见明显异常。心包内可见少量淡红色积液,心脏重331 g。心脏各瓣膜周径:三尖瓣9.0 cm,肺动脉瓣7.0 cm,二尖瓣8.0 cm,主动脉瓣7.0 cm。左心室壁厚0.9 cm,右心室壁厚0.2 cm,室间隔厚1.0 cm。左、右冠状动脉开口位置、直径正常,各管腔未见狭窄,管腔通畅。打开右心房,见卵圆孔未闭合,开口大小为 0.8 cm×0.5 cm。

(4)腹、盆腔解剖:腹腔未见积液。大网膜、肠系膜的位置和形态正常,腹腔各脏器排列正常。肝重 1307 g,外观形态正常,表面呈砖红色,切面无异常。脾重 136 g,被膜完整,表面及切面呈红褐色。双肾重 309 g,双肾被膜易剥离,表面及切面呈红色,切面皮髓质界限清晰。部分胰腺重 52 g,被膜及切面未见出血。四肢无骨折。余未见明显异常。

法医病理学检验:

(1)心脏:部分肌原纤维溶解,核溶解消失;部分心肌纤维断裂;局部心肌纤维波浪样变。心肌小血管淤血。冠状动脉及分支管腔通畅,未见狭窄。

(2)肺:肺泡内大量粉红色均质水肿液,间质小血管扩张淤血,肺泡边缘吞噬细胞增多,局部肺泡壁断裂,局部融合,肺间质炭末沉积。

(3)肝:肝被膜完整,肝小叶界限不清晰,肝小叶中央静脉淤血,肝血窦扩张。

(4)脾:脾被膜完整,红-白髓分界不清,脾小梁结构尚清晰,脾窦淤血,中央动脉未见异常。

(5)肾:肾被膜完整,皮髓质界限尚清,近曲小管上皮细胞广泛性均质红染,细胞核消失,个别肾小球囊内少量蛋白絮状物渗出,部分肾小球组织自溶改变。肾间质血管淤血。

(6)胰腺:胰腺小叶、胰岛分界不清,胰腺组织结构不清,细胞结构消失。

(7)脑:脑膜完整,脑组织内冰晶形成,蛛网膜下腔及脑实质血管内扩张淤血。

法医病理学诊断:

(1)先天性心脏病:卵圆孔未闭。

(2)急性肺淤血、肺水肿。

(3)急性脑淤血。

(4)心、肝、脾、肾组织淤血。

五、分析说明

1.送鉴材料记载　被鉴定人于 2021 年 9 月 28 日,在××市××区××家常菜馆厨房内工作时倒地,经××市第一人民医院抢救无效死亡。

2.法医学尸体检验　××右手中指及环指中节指腹皮肤裂创,损伤不足以导致个体急性死亡,余体表未见明显损伤,各组织器官未见明显损伤出血,可排除其因重要器官机械性损伤导致死亡的可能。其口鼻部未见明显损伤,颈部皮下组织及肌肉未见明显损伤,可排除其因捂压口鼻及扼颈导致死亡的可能。

3.法医病理学检验　××存在先天性心脏病(卵圆孔未闭);急性肺淤血、肺水肿;急性脑淤血;心、肝、脾、肾组织淤血等改变。

结合案情,分析认为被鉴定人××符合先天性心脏病引起心源性猝死的征象;劳累、情绪激动等因素考虑为其死亡诱因。

六、鉴定意见

被鉴定人××符合先天性心脏病引起心源性猝死的征象;劳累、情绪激动等因素考虑为其死亡诱因。

七、附件

照片(略)。

司法鉴定人:××
《司法鉴定人执业证》证号:××
司法鉴定人:××
《司法鉴定人执业证》证号:××

××司法鉴定中心
2021 年 12 月 31 日

第二部分　本案鉴定解析

一、先天性心脏病

先天性心脏病是先天性畸形中最常见的一类,约占各种先天性畸形的28%,是指在胚胎发育时期,心脏及大血管的形成障碍或发育异常引起解剖结构异常,或出生后应自动关闭的通道未能闭合(在胎儿属正常)。先天性心脏病发病率不容小视,占出生活婴的 0.4% ~ 1.0%,这意味着我国每年新增先天性心脏病患者 15 万 ~ 20 万。先天性心脏病谱系特别广,包括上百种分型,有些患者可以同时合并多种畸形,症状千差万别,最轻者可以终生无症状,重者出生即出现严重症状如缺氧、休克甚至夭折。根据血流动力学结合病理生理变化,先天性心脏病可分为发绀型和非发绀型,也可根据有无分流分为 3 类:无分流类(如肺动脉狭窄、主动脉缩窄)、左至右分流类(如房间隔缺损、室间隔缺损、动脉导管未闭)和右至左分流类(如法洛四联症、大血管错位)。

少部分先天性心脏病在 5 岁前有自愈的机会,另外有少部分患者畸形轻微、对循环功能无明显影响,而无须任何治疗,但大多数患者需要手术治疗校正畸形。随着医学技术的飞速发展,手术效果已经极大地提高,多数患者如及时手术治疗,可以和正常人一样恢复正常,生长发育不受影响,并能胜任普通的工作。

二、卵圆孔未闭

卵圆孔一般在生后第一年闭合,若大于 3 岁的幼儿卵圆孔仍不闭合称为卵圆孔未闭,成年人中有 20% ~ 25% 的卵圆孔不完全闭合。卵圆孔未闭是目前成人中最常见的先天性心脏病,在正常人群中约 4 人中即可检出 1 人患有此病。长期以来人们认为卵圆孔未闭一般不引起两房间的分流,对心脏的血流动力学并无影响,因而认为"无关紧要"。

近年来的许多研究表明,卵圆孔未闭与不明原因脑卒中患者之间存在着密切的联系,这是因为通过未闭的卵圆孔,下列栓子可进入左心系统引起相应的临床症状:①下肢深静脉或盆腔静脉的血栓;②潜水病或减压病所致的空气栓子;③手术或外伤后形成的脂肪栓子。

而且对于发生过血栓事件的卵圆孔未闭患者,其再发的危险性依然很高。因此,针对病因治疗,封闭高危人群开放的卵圆孔,有望降低患者的发生率。另外,研究也发现卵圆孔未闭与减压病、偏头痛等的发病有关,闭合卵圆孔可能有益于上述患者。

三、心源性猝死

心源性猝死是指急性症状发作后 1 小时内发生的以意识骤然丧失为特征、由心脏原因引起的自然死亡,死亡的时间与形式都在意料之外,是心血管疾病最常见、最凶险的死亡原因。

(一)病因

1. 心室颤动和心动过速　心源性猝死多数由心室颤动(简称室颤)引起,大部分患者先出现室性心动过速(室速),持续恶化发生室颤,由于不能得到及时有效的除颤治疗而发生死亡。冠心病是心源性猝死最主要的病因,20% ~ 25% 的冠心病患者以心源性猝死为首发症状,发生过心肌梗死的患者,其心源性猝死的发生率比正常人高 4 ~ 6 倍。此外,心肌病和遗传性心律失常患者也是心源性猝死的高危人群。

2. 从年龄上来看　心肌病、遗传性心律失常、冠状动脉起源异常等是35 岁以下人群心源性猝死的主要病因,而冠心病、心肌病则是 35 岁以上人群心源性猝死的最主要病因。在血运重建的时代,虽然急性心肌梗死后心源性猝死的发生率有所降低,但是其依然占全因死亡的24%~40%。

3. 器质性心脏病　心源性猝死者绝大多数患有器质性心脏病,主要包括冠心病、肥厚型和扩张型心肌病、心脏瓣膜病、心肌炎、非粥样硬化性冠状动脉异常、浸润性病变、传导异常(QT间期延长综合征、心脏传导阻滞)和严重室性心律失常等。另外,洋地黄和奎尼丁等药物中毒亦可引起。大多数心源性猝死则是室性快速心律失常所致。一些暂时的功能性因素,如心电不稳定、血小板聚集、冠状动脉痉挛、心肌缺血及缺血后再灌注等使原有稳定的心脏结构发生异常。某些因素如自主神经系统不稳定、电解质紊乱、过度劳累、情绪压抑及用致室性心律失常的药物等,都可触发心源性猝死。

(二)临床表现

心源性猝死的临床过程可分为4个时期。

1. 前驱期　在心源性猝死前的数天或数周,甚至数月可出现胸痛、气促、乏力、软弱、持续性心绞痛、心律失常、心力衰竭等症状,但有些患者亦可无前驱症状,瞬即发生心搏骤停。

2. 终末事件期　由于猝死原因不同,终末事件期的临床表现也各异。典型的表现包括严重胸痛,急性呼吸困难,突发心悸或眩晕等。若心搏骤停瞬间发生,事先无预兆,则绝大部分是心源性。在猝死前数小时或数分钟内常有心电活动的改变,其中以心率加快及室性异位搏动增加最常见。因室颤猝死的患者,常先有室性心动过速。另有少部分患者以循环衰竭发病。

3. 心搏骤停期　心搏骤停的症状和体征如下:①突然的意识丧失或抽搐,可伴有惊厥。②大动脉(颈动脉、股动脉)搏动消失,脉搏扪不到,血压测不出。③听诊心音消失。④叹息样呼吸或呼吸停止伴发绀。⑤瞳孔散大。

4. 生物学死亡期　心搏骤停发生后,大部分患者将在4~6分钟内开始发生不可逆脑损害,随后经数分钟过渡到生物学死亡。心搏骤停发生后立即实施心肺复苏和尽早除颤,是避免发生生物学死亡的关键。

(三)检查

1. 实验室检查　可出现缺氧所致的代谢性酸中毒、血pH值下降;血糖、淀粉酶增高等表现。

2. 心电图检查

(1)心室颤动(或扑动)呈现心室颤动波或扑动波,约占80%,复苏的成功率最高。

(2)心室停搏心电图呈一条直线或仅有心房波。

(3)心电-机械分离心电图虽有缓慢而宽大的QRS波,但不能产生有效的心脏机械收缩。一般认为,心室停顿和心电-机械分离复苏成功率较低。

3.脑电图　脑电波低平。

（四）诊断

突发意识丧失,颈动脉或股动脉搏动消失,特别是心音消失,是心搏骤停最主要的诊断标准。心搏骤停时,常出现喘息性呼吸或呼吸停止,但有时呼吸活动可在心搏骤停发生后持续存在1分钟或更长的时间,如复苏迅速和有效,自动呼吸可以一直保持良好。心搏骤停时,常出现皮肤黏膜苍白和发绀。在心搏骤停前如有严重的窒息或缺氧,则发绀常很明显。

四、本案例死亡机制

被鉴定人××存在先天性心脏病:卵圆孔未闭;急性肺淤血、肺水肿;急性脑淤血;心、肝、脾、肾组织淤血等改变。结合案情,分析认为被鉴定人××符合先天性心脏病引起心源性猝死的征象;劳累、情绪激动等因素为其死亡诱因。

第二十节　货物砸伤致严重头颈部损伤

【本案鉴定要点】

1.本案为货物砸伤致严重头颈部损伤,注意损伤方式和过程,以及货物的性质、方向。

2.通过法医病理学检验,确定头颈部损伤的部位、特点。

3.分析说明货物砸伤致严重头颈部损伤引起死亡的机制。

第一部分　案例鉴定介绍

××司法鉴定中心
司法鉴定意见书

编号:××司法鉴定中心［2021］病鉴字第××号

一、基本情况

委托人:××市公安局。

委托鉴定事项:死亡原因鉴定。

受理日期:2021 年 12 月 24 日。

鉴定材料:

(1)司法鉴定委托书一份。

(2)赵××尸体一具。

鉴定日期:2021 年 12 月 24 日。

鉴定地点:××司法鉴定中心。

被鉴定人:赵××,男,身份证号为 41011219580912××××。

二、基本案情

送鉴材料示:2021 年 6 月 24 日 15 时左右,赵××步行经过××市白寨镇王寨河村华沟 3 组李××家养牛厂门前停放的装有草料的货车北侧时,被货车上突然倒下的草料砸倒在地上而死亡。

三、资料摘要

无。

四、鉴定过程

检验日期:2021 年 12 月 24 日。

检验地点:××中康医院太平间。

检验方法:

(1)《法医学 尸体检验技术总则》(GA/T 147—2019)。

(2)《法医学尸体解剖规范》(SF/Z JD0101002——2015)。

(3)《法医学 病理检材的提取、固定、取材及保存规范》(GA/T 148—2019)。

尸表检查:

(1)一般情况:男性,尸长 163 cm,外观发育正常,营养良好。尸斑呈暗红色,分布于背部及四肢未受压处,指压不褪色。腹部尸绿及四肢腐败静脉网形成。

(2)头颈部:黑色直发,长约 0.3 cm。顶部触及骨擦感。双眼眼周皮肤皮革样化,眼窝凹陷,双侧眼睑未闭合,双侧角膜重度混浊,瞳孔窥不及。鼻骨未触及骨擦感,鼻背皮肤皮革样化,双鼻孔见霉斑。双侧耳廓外形完整,右侧外耳道血迹附着,右耳、右耳后、右侧颈及项部皮下淤血伴一大小为 6 cm×1 cm 皮肤裂创,损伤区局部霉斑形成。口唇皮革样化,未见损伤。颈部皮肤完整,气管居中,项部皮下淤血伴霉斑形成。

(3)躯干及四肢:胸廓对称,外观形态正常,表皮未见明显损伤,双侧肋骨未触及骨擦感。腹部平坦,未见挫伤出血。十指(趾)甲床发绀,十指中远节皮肤皮革样化。会阴区睾丸霉斑形成,四肢未触及骨擦感。

尸体解剖:

(1)颅腔解剖:打开头皮,左侧额顶部头皮下血肿,右侧顶骨骨折,骨折线累及颞骨,右侧颞肌上部局部出血,面积为 4 cm×5 cm,左侧颞肌未见出血。硬脑膜完整。脑重 1125 g,双侧大脑、小脑及脑干未见损伤、出血。

(2)颈部解剖:颈部血管分布正常,第5、6颈椎椎体骨折并离断,对应椎旁软组织出血。甲状软骨、舌骨无骨折。喉头黏膜未见水肿。

(3)胸腔解剖:直线法打开胸腔,锁骨、胸骨及双侧肋骨无骨折。双侧胸腔无积液,两肺与胸壁无粘连。气管、支气管内无异物。左肺重 603 g,右肺重545 g,两肺表面呈红褐色,切面未见明显异常。心包完整,心包内未见积液,心脏重 310 g。心脏各瓣膜周径:三尖瓣 11.0 cm,肺动脉瓣 7.0 cm,二尖瓣9.0 cm,主动脉瓣 7.0 cm。左心室壁厚 0.8 cm,右心室壁厚 0.3 cm,室间隔厚0.8 cm。左、右冠状动脉开口位置、形态正常,前降支管腔部分狭窄,狭窄Ⅱ级,可见钙化;左旋支未见狭窄,右冠状动脉狭窄Ⅱ级。

(4)腹、盆腔解剖:腹腔未见积液。大网膜、肠系膜的位置和形态正常,腹腔各脏器排列正常。部分肝重 119 g,肝脏外观形态正常,表面呈砖红色,切面无异常。部分脾重 23 g,脾被膜完整,表面及切面呈红褐色。部分双肾重155 g,双肾被膜易剥离,表面及切面呈红色,切面皮髓质界限清晰。部分胰腺重48 g,被膜及切面未见出血。四肢无骨折。

法医病理学检验:

(1)脑:蛛网膜下腔、脑实质小血管扩张淤血,脑实质内未见明显挫伤、出血及炎症细胞浸润。

(2)心脏:心肌间质血管淤血,心肌未见梗死,心肌间未见明显出血及炎症细胞浸润,局灶心肌波浪样改变。

(3)肺:局部肺泡腔内大量均质红染液体,间质小血管扩张淤血,局灶肺间质炭末沉积,支气管及细支气管管腔内未见炎症细胞浸润。

(4)肝:肝被膜完整,肝小叶结构不清晰,肝组织自溶,门管区血管内淤血,肝实质未见明显出血及炎症细胞浸润。

(5)脾:脾被膜完整,红-白髓分界尚清,脾小梁结构尚清晰,脾组织未见挫伤、出血。

(6)肾:肾被膜完整,肾小球、肾小管自溶,肾间质血管淤血,余未见明显异常。

(7)胰腺:组织自溶,未见出血及炎症细胞浸润。

法医病理学诊断：

（1）第5、6颈椎椎体离断。

（2）头皮下血肿、颅骨骨折。

（3）冠状动脉粥样硬化：冠状动脉前降支管腔狭窄Ⅱ级，左旋支、右冠状动脉管腔狭窄Ⅱ级。

（4）肺淤血、肺水肿。

（5）心、脑、肝、肾组织淤血。

（6）右耳、右耳后、右侧颈、项部皮下淤血伴皮肤裂创。

五、分析说明

1. 送鉴材料记载　被鉴定人赵××于2021年6月24日15时左右，步行经过××市白寨镇王寨河村华沟3组李××家养牛厂门前停放的装有草料的货车北侧时，被货车上突然倒下的草料砸倒在地而死亡。

2. 综合分析　法医学尸体检验发现，赵××存在头皮下血肿、颅骨骨折，第5、6颈椎椎体离断，右耳、右耳后、右侧颈及项部皮下淤血伴皮肤裂创等损伤。法医病理学检验发现，赵××存在肺淤血、肺水肿；心、脑、肝、肾组织淤血等急死征象，未见致死性疾病。赵××头颈部损伤严重，足以导致急性死亡。

结合案情，分析认为被鉴定人赵××符合严重头颈部损伤死亡的征象。

六、鉴定意见

被鉴定人赵××符合严重头颈部损伤死亡的征象。

七、附件

照片（略）。

司法鉴定人：××

《司法鉴定人执业证》证号：××

司法鉴定人：××

《司法鉴定人执业证》证号：××

××司法鉴定中心

2022年1月14日

第二部分　本案鉴定解析

一、颈椎离断伤

颈椎脊髓损伤是指外界直接或间接因素导致脊髓损伤,在损害的相应节段出现各种运动、感觉和括约肌功能障碍,肌张力异常及病理反射等的相应改变。

颈椎离断伤是指颈椎断裂,也就是颈椎骨折。患者会表现为肢体感觉的麻木、无力、胀痛,并且躯体感觉会明显减弱或者消失,严重的可能会出现大小便异常,甚至会出现肢体完全瘫痪、大小便失禁的情况。

颈椎断裂如果位置比较高,就会影响延髓呼吸中枢,从而危及患者生命,是颈椎断裂常见的后果。颈椎断裂患者通常需要积极地进行拍片检查,如局部 CT 和磁共振检查,以明确断裂的严重程度及颈脊神经的损伤程度,从而确定积极的治疗方案。多数患者还是以手术治疗为主要,可恢复局部的稳定性,解除对脊神经的受压,尽量为神经的恢复创造条件。

二、货物砸伤致严重头颈部损伤引起死亡的机制

被鉴定人赵××存在头皮下血肿、颅骨骨折,第 5、6 颈椎椎体离断,影响延髓呼吸中枢的功能,有货物砸伤史。被鉴定人赵××符合货物砸伤致严重头颈部损伤引起急性死亡的征象。

第二十一节　交通事故多发伤合并脑出血

【本案鉴定要点】

1. 本案为交通事故多发伤合并脑出血。
2. 通过法医病理学检验,确定脑出血的部位及出血量。
3. 分析说明交通事故多发伤合并脑出血引起死亡的机制。

第一部分　案例鉴定介绍

××司法鉴定中心
司法鉴定意见书

编号:××司法鉴定中心[2021]病鉴字第××号

一、基本情况

委托人:××县公安交通警察大队。

委托鉴定事项:死亡原因鉴定。

受理日期:2021 年 12 月 25 日。

鉴定材料:

(1)司法鉴定委托书一份。

(2)杜××尸体一具。

(3)××县人民医院病历复印件一份。

鉴定日期:2021 年 12 月 25 日。

鉴定地点:××司法鉴定中心。

被鉴定人:杜××,男,身份证号为 41292319690118××××。

二、基本案情

送鉴材料示:2021 年 12 月 19 日 15:29,李××驾驶小型轿车沿××至××快速通道行驶,行至××县田关乡庞营桥路段,与同向杜××驾驶的两轮摩托车碰撞,造成杜××受伤、两车不同程度受损的道路交通事故。2021 年 12 月 20 日凌晨 1 时许,杜××死亡。

三、资料摘要

××县人民医院病历摘录如下。

住院时间:2021 年 12 月 19 日 18:32—2021 年 12 月 20 日 0:36。

住院号:××。

入院情况:3 小时前患者家属发现患者摔倒在地,左侧面部挫伤,大声呼喊可睁眼,疼痛刺激左侧肢体无反应,右侧见自主运动,伴恶心、呕吐,呕吐物为咖啡色胃内容物,小便失禁。家属立即拨打"120"急救电话,患者被送至××卫生院,入院后行头颅 CT 检查,CT 提示右侧基底节区出血,遂急送至我院。转送途中患者意识障碍逐渐加重,呼之不应,门诊以"脑出血"收住我科。患者自发病以来,意识呈浅昏迷状,未进食,小便失禁。有高血压1年多,最高血压为160/120 mmHg,平时不规律口服抗高血压药物治疗,具体药名不详,血压控制情况不详,本次住院需进一步监测。入院查体:浅昏迷状态,高级智力检查无法配合。眼球居中,双侧瞳孔等大等圆,直径为2.0 mm,直接对光反射迟钝;肌力检查不配合,左侧肢体肌张力增高,用力按压眶上缘左侧肢体无反应,右侧肢体可见自主运动;左侧巴宾斯基征阳性,其余神经系统检查不配合。入院GCS评分为10分,脑卒中患者神经功能恢复状态评定量表(mRS)评分为5分。

辅助检查:××卫生院头颅CT显示,右侧基底节区出血。我院头颅CT显示,右侧丘脑、颞叶及基底节区见大片状高密度影,右侧侧脑室及第三脑室受压,脑池、脑沟消失,中线结构左移;考虑脑疝形成。

入院诊断:右侧基底节脑出血;高血压3级(极高危组);左侧面部挫伤;上消化道出血。

诊疗经过:入院后给予脱水降颅内压、减轻脑水肿、气管插管、监测和调控血压、对症支持治疗。

出院诊断:右侧基底节脑出血、脑疝形成;高血压3级(极高危组);左侧面部挫伤;上消化道出血。

出院情况:患者于00:30出现自主呼吸消失,心率减慢,随时可能出现心搏停止。GCS评分为3分,mRS评分为5分。

四、鉴定过程

检验日期:2021年12月25日。

检验地点:××县公安局解剖室。

检验方法:

(1)《法医学　尸体检验技术总则》(GA/T 147—2019)。

(2)《法医学尸体解剖规范》(SF/Z JD0101002——2015)。

(3)《道路交通事故尸体检验》(GA/T 268—2019)。

(4)《法医学　病理检材的提取、固定、取材及保存规范》(GA/T 148—2019)。

尸表检查:

(1)一般情况:男性,尸长168 cm,外观发育正常,营养中等。尸斑呈暗红色,分布于背部及四肢未受压处,指压不褪色。四肢局部腐败静脉网形成。

(2)头颈部:光头状。右额部一条状缝合瘢痕,头颅无畸形,头皮未触及肿胀及骨擦感。左眼外眦处有一大小为5 cm×3 cm皮肤擦挫伤。眼眶未见凹

陷,双侧眼睑闭合,双侧球、睑结膜苍白,角膜轻度混浊,左侧瞳孔直径为
0.4 cm,右侧瞳孔直径为0.4 cm。鼻骨未触及骨擦感。耳廓外形完整,外耳道
未见明显异物。口唇未见损伤,局部牙齿陈旧性缺失,舌尖位于齿列内。唇黏
膜及双侧颊黏膜无出血。颈部皮肤完整,未见挫伤出血,气管居中。

(3)躯干及四肢:胸廓对称,外观形态正常,表皮未见明显损伤,胸部皮肤
未触及肿胀,按压胸骨及双侧肋骨未触及骨擦感。腹部平坦,上腹部正中有一
纵行愈合手术缝合瘢痕,腹部未见挫伤出血。十指(趾)甲床发绀。左膝关节
上有一大小为1.5 cm×2.0 cm皮肤擦伤,会阴部未见损伤。

尸体解剖:

(1)颅腔解剖:头皮下未见出血。双侧颞肌未见出血。颅骨未见骨折。硬
脑膜完整。脑重1465 g,双侧大脑不对称,右侧脑室内可见大量凝血块,右侧
侧脑室扩张,小脑及脑干未见明显异常。

(2)颈部解剖:颈部皮下及肌肉无出血,颈部血管分布正常。甲状软骨、舌
骨无骨折。喉头黏膜未见水肿。

(3)胸腔解剖:直线法打开胸腔,胸骨、肋骨无骨折。双侧胸腔无积液,两
肺与胸壁无粘连。气管、支气管内无异物。左肺重450 g,右肺重542 g,两肺
表面呈红褐色,切面未见明显异常。心包完整,心包内未见积液,心脏重460 g。
心脏各瓣膜周径:三尖瓣11.0 cm,肺动脉瓣7.0 cm,二尖瓣9.0 cm,主动脉瓣
6.0 cm。左心室壁厚1.2 cm,右心室壁厚0.3 cm,室间隔厚1.1 cm。左、右冠
状动脉开口位置、直径正常,前降支距开口2 cm处,狭窄Ⅱ级,狭窄长度为
3 cm;左旋支狭窄Ⅱ级,右冠状动脉狭窄Ⅱ级。

(4)腹、盆腔解剖:腹腔未见积液。大网膜、肠系膜的位置和形态正常,腹
腔各脏器排列正常。肝重1321 g,外观形态正常,表面呈砖红色,切面无异常。
脾重140 g,被膜完整,表面及切面呈红褐色。双肾重269 g,双肾被膜易剥离,
表面及切面呈红色,切面皮髓质界限清晰。部分胰腺重42 g,被膜及切面未见
出血。四肢无骨折。

法医病理学检验:

(1)脑:蛛网膜下腔未见出血及炎症细胞浸润,脑膜及脑实质血管扩张淤
血,脑实质神经细胞及小血管周围间隙增宽,脑实质未见挫伤,基底节局部脑
组织内片状出血,组织结构疏松。

(2)心脏:心外膜未见炎症细胞浸润,心肌间质血管淤血,心肌未见梗死,
心肌间未见出血及炎症细胞浸润,部分心肌纤维断裂,部分心肌细胞肥大,心
内膜未见明细增厚。左旋支、右冠状动脉管壁增厚,管腔狭窄Ⅱ级;前降支管
壁增厚,管腔狭窄Ⅱ级。

(3)肺:局部肺泡腔内大量粉红色液体,间质小血管扩张淤血,肺间质炭末沉积,支气管及细支气管管腔内未见炎症细胞浸润。

(4)肝:肝被膜完整,肝小叶结构存在,肝血窦扩张淤血,小叶间静脉淤血。

(5)脾:脾被膜完整,红-白髓分界尚清,脾小梁结构尚清晰,部分脾中央动脉管壁增厚、玻璃样变,脾窦淤血。

(6)肾:肾被膜完整,皮髓质界限尚清,近曲小管上皮细胞广泛性均质红染,细胞核消失,部分肾小球组织自溶改变。

(7)胰腺:组织自溶,未见出血及炎症细胞浸润。

法医病理学诊断:

(1)右侧基底节区出血伴右侧脑室积血;脑淤血、水肿。

(2)冠心病:冠状动脉前降支管腔狭窄Ⅱ级,左旋支、右冠状动脉管腔狭窄Ⅱ级;部分心肌肥大;部分心肌纤维断裂。

(3)急性肺淤血、肺水肿。

(4)部分脾小动脉硬化。

(5)心、肝、脾、肾组织淤血。

(6)左面部片状挫伤、左膝关节片状擦伤。

影像学所见:2021年12月19日××县人民医院CT片(编号:10369602)示右侧基底节区见大片状高密度影,右侧侧脑室及第三脑室受压,脑池、脑沟消失,中线结构左移。影像学诊断:右侧基底节脑出血。

五、分析说明

1.送鉴材料记载　被鉴定人杜××于2021年12月19日15:29发生交通事故而受伤,入××县人民医院接受治疗,被诊断为右侧基底节脑出血、高血压3级(极高危组)、左侧面部挫伤等。2021年12月20日凌晨1时许,杜××死亡。

2.综合分析　法医学尸体检验发现,杜××存在大脑右侧基底节区出血破入右侧脑室,脑出血部位位于基底节区。结合送检资料,杜××既往有高血压病史;法医病理学检验发现,杜××存在冠状动脉粥样硬化、部分心肌肥大、部分脾小动脉硬化,符合高血压的一般病理改变。故被鉴定人杜××符合脑出血死亡的征象。其存在面部片状挫伤,颅骨未见骨折,脑组织未见挫伤,上述损伤不足以导致个体死亡,但参与其死亡过程,考虑为其次要死因。

六、鉴定意见

被鉴定人杜××符合脑出血死亡的征象,交通事故考虑为其次要死因。

七、附件

照片(略)。

司法鉴定人：××

《司法鉴定人执业证》证号：××

司法鉴定人：××

《司法鉴定人执业证》证号：××

××司法鉴定中心

2021 年 12 月 31 日

第二部分　本案鉴定解析

一、脑出血

(一)外伤性脑出血

外伤性脑出血是头部受到外力作用引起的脑出血。按出血部位不同,可分为硬脑膜外出血、硬脑膜下出血、蛛网膜下腔出血和脑实质出血4种。

脑出血的症状随出血量的增多而逐渐加重,具体表现为头痛、不安、呕吐、谵妄、血压上升、脉搏缓慢、瞳孔缩小。严重时出现意识消失、呼吸不整、脉搏微弱、瞳孔放大、大小便失禁等症状,甚至死亡。

脑出血的发作因出血的部位不同而呈不同的症状。脑出血引发意识障碍,出血部位在大脑的右半部则左半身出现麻痹,反之,则右半身出现麻痹。脑室出血主要表现为意识障碍,伴有高热,偶有知觉障碍,有时还会发生运动障碍。小脑出血会有恶心、呕吐、昏迷,不能站立和行走,严重时会陷入昏迷状态。脑桥出血会急性发作进入昏迷状态,手脚麻痹,伴有呼吸困难。出现了出血,必须到正规医院进行治疗。

(二)非外伤性脑出血

非外伤性脑出血是指脑实质内血管因疾病引起破裂所致出血,占全部脑卒中的 20% ~ 30%,急性期病死率为 30% ~ 40%。发生的原因主要是脑血管病变,与高脂血症、糖尿病、高血压、血管老化、吸烟等密切相关。脑出血患者往往由于情绪激动、费劲用力时突然发病,早期死亡率很高,幸存者中多数留有不同程度的运动障碍、认知障碍、言语吞咽障碍等后遗症。

二、交通事故多发伤合并脑出血引起死亡的机制

本案根据法医学尸体检验,被鉴定人杜××存在大脑右侧基底节区出血破入右侧脑室,其脑出血部位位于基底节区,结合送检资料,其既往有高血压病史,法医病理学检验示冠状动脉粥样硬化、部分心肌肥大、部分脾小动脉硬化,符合高血压的一般病理改变。被鉴定人杜××符合脑出血死亡的征象。其存在面部片状挫伤,颅骨未见骨折,脑组织未见挫伤等,上述损伤不足以导致个体死亡,但参与其死亡过程,考虑为其次要死因。

第二十二节 冠状动脉粥样硬化性心脏病:前降支狭窄Ⅳ级

【本案鉴定要点】

1. 本案为冠状动脉粥样硬化性心脏病(简称冠心病):前降支狭窄Ⅳ级。

2. 通过法医病理学检验,确定心脏病理改变,有无心肌坏死;前降支狭窄Ⅳ级的组织学改变。

3. 分析说明冠心病:前降支狭窄Ⅳ级引起死亡的机制。

第一部分 案例鉴定介绍

××司法鉴定中心
司法鉴定意见书

编号:××司法鉴定中心[2021]病鉴字第619号

一、基本情况

委托人:××市公安局新区派出所。

委托鉴定事项:死亡原因鉴定。

受理日期:2021年12月31日。

鉴定材料:

(1)司法鉴定委托书一份。

(2)××尸体一具。

鉴定日期:2022年1月1日。

鉴定地点:××司法鉴定中心。

被鉴定人:××,男,身份证号为413024119821227××××。

二、基本案情

送鉴材料示:2021年12月24日11:53,我所接"110"电话指令:在新区办翔云路有人报食物中毒,已通知"120",后该男子经抢救无效死亡。

三、资料摘要

无。

四、鉴定过程

检验日期:2022年1月1日。

检验地点:××市公安局解剖室。

检验方法:

(1)《法医学 尸体检验技术总则》(GA/T 147—2019)。

(2)《法医学尸体解剖规范》(SF/Z JD0101002——2015)。

(3)《法医学 病理检材的提取、固定、取材及保存规范》(GA/T 148—2019)。

尸表检查:

(1)一般情况:男性,已解冻尸体,尸长179 cm,外观发育正常,营养中等。尸斑呈暗红色,分布于背部及四肢未受压处,指压不褪色。四肢腐败静脉网形成。

(2)头颈部:黑色头发,发长2.5 cm。头颅无畸形,头皮未触及肿胀及骨擦感。眼眶未见凹陷,双侧眼睑闭合,双侧球、睑结膜淤血,角膜中度混浊,双侧瞳孔直径均为0.5 cm。鼻骨未触及骨擦感,鼻腔内未见异物。耳廓外形完整,外耳道未见明显异物。口唇未见损伤,口唇发绀,牙列完整,舌尖位于齿列内。唇黏膜及双侧颊黏膜未见损伤痕迹。颈部皮肤完整,未见挫伤出血,气管居中。

(3)躯干及四肢:胸廓对称,外观形态正常,表皮未见明显损伤,胸部皮肤未触及肿胀,按压胸骨及双侧肋骨未触及骨擦感。腹部平坦,右腹股沟上方有一引流口。双手手背可见针痕,左足背有一3 cm×7 cm红肿,未触及骨擦感,十指(趾)甲床发绀。会阴部未见损伤。

尸体解剖:

(1)颅腔解剖:头皮下未见出血。双侧颞肌未见出血。颅骨未见骨折。硬脑膜完整,硬脑膜下未见异常。脑重1125 g,双侧大脑对称,蛛网膜下腔未见出血,脑实质切面及脑室未见明显出血,小脑及脑干未见明显异常。

(2)颈部解剖:颈部皮下及肌肉无出血,颈部血管分布正常。甲状软骨、舌骨无骨折。喉头未见水肿、出血。

(3)胸腔解剖:直线法打开胸腔,胸骨、肋骨无骨折。双侧胸腔无积液,两肺与胸壁无粘连。气管内可见少量冰碴。左肺重666 g,右肺重1090 g,两肺表面呈红褐色,切面淤血。心包完整,打开心包,可见 50 mL 淡红色液体。心脏重 861 g,心脏体积明显增大,心尖圆钝。心脏各瓣膜周径:三尖瓣 13.0 cm,肺动脉瓣 8.5 cm,二尖瓣 10.0 cm,主动脉瓣 7.0 cm。左心室壁厚 1.8 cm,右心室壁厚 0.7 cm,室间隔厚 2.0 cm。左、右冠状动脉开口位置正常,前降支距离开口 11 cm 处冠状动脉粥样硬化,管腔狭窄Ⅳ级,狭窄长度 2 cm。

(4)腹、盆腔解剖:腹壁皮下脂肪厚 8.0 cm,腹腔内未见异常积血、积液,大网膜、肠系膜的位置和形态正常,腹腔各脏器排列正常。肝脏大小为 30 cm×20 cm×12 cm,外观形态正常,表面呈红色,切面淤血。脾大小为 17 cm×10 cm×5 cm,被膜完整,表面及切面淤血,呈红褐色。右肾大小为 13.5 cm×8 cm×5 cm,左肾大小为 14 cm×8 cm×5.5 cm,双肾被膜易剥离,表面及切面呈红色,切面皮髓质界限尚清晰。部分胰腺重 70 g,表面未见损伤。胃内见食糜 500 mL,胃壁黏膜未见出血。四肢无骨折。

法医病理学检验:

(1)心脏:前降支周围见大量淋巴细胞浸润,内膜明显增厚,内膜下见大量淋巴细胞、胆固醇结晶及粥样物质,管腔狭窄达Ⅳ级。部分心肌细胞肥大,核深染、形态大小不一,心肌排列紊乱;部分心肌嗜酸红染,肌浆疏松,胞质溶解,局灶心肌纤维化,灶性心肌间质炎症细胞浸润;左心室乳头肌瘢痕形成;心肌间质小血管淤血。

(2)肺:局部肺泡腔内充满粉红色均质水肿液,部分肺泡腔边缘吞噬细胞增多,肺泡壁毛细血管及肺间质小血管扩张淤血,肺组织内未见挫伤、出血及炎症细胞浸润。

(3)肝:肝被膜完整,肝小叶界限不清晰,肝血窦、间质小血管淤血,未见挫伤、出血及炎症细胞浸润。

(4)脾:脾被膜完整,红-白髓分界尚清,脾小梁结构尚清晰,脾窦淤血,局部脾组织自溶。

(5)肾:肾被膜完整,皮髓质界限尚清,部分肾小管自溶,肾间质血管淤血,个别肾小球纤维化,未见肾挫伤、出血及炎症细胞浸润。

(6)胰腺:胰腺小叶、胰岛分界不清,胰腺组织结构不清,细胞结构消失。

(7)脑:脑膜完整,脑组织内冰晶形成,蛛网膜下腔未见出血,脑组织小血管淤血,局部脑组织自溶,脑组织未见挫伤、出血及炎症细胞浸润。

(8)喉头:局灶黏膜下见淋巴细胞浸润,未见水肿及嗜酸性粒细胞浸润。

法医病理学诊断:

(1)冠心病:冠状动脉前降支狭窄Ⅳ级;心肌肥厚、局灶心肌纤维化、心肌间灶性炎症细胞浸润;左心室乳头肌瘢痕形成。

（2）急性肺淤血、肺水肿。

（3）心、肝、脾、肾、脑组织淤血。

（4）左足背软组织损伤。

理化检验：送检血样中检出乙醇成分，含量低于 0.05 mg/mL。

五、分析说明

1. 送鉴材料记载　2021 年 12 月 24 日 11：53，我所接"110"电话指令：在新区办翔云路有人报食物中毒，已通知"120"，后该男子经抢救无效死亡。

2. 法医学尸体检验　被鉴定人××左足背软组织损伤，损伤轻微，不足以导致个体急性死亡，余体表未见明显损伤，各组织器官未见明显损伤出血，可排除其因重要器官机械性损伤导致死亡的可能。其口鼻部未见明显损伤，颈部皮下组织及肌肉未见明显损伤，可排除其因捂压口鼻及扼颈导致死亡的可能。

3. 理化检验　××血液中检出乙醇成分，含量低于 0.05 mg/mL，其含量未达致死血浓度，故排除其急性酒精中毒死亡的可能。

4. 法医病理学检验　××喉头、心、肺等脏器未见嗜酸性粒细胞浸润，可排除其因过敏导致死亡的可能。

5. 综合分析　法医学尸体检验及法医病理学检验发现，××心脏体积明显增大（861 g），心尖圆钝，左心室壁厚度为 1.8 cm，室间隔厚度为 2.0 cm，冠状动脉前降支狭窄Ⅳ级，心肌肥厚，局灶心肌纤维化，心肌间灶性炎症细胞浸润，左心室乳头肌瘢痕形成；并有急性肺淤血、肺水肿，心、肝、脾、肾、脑组织淤血等急性死亡改变。

结合案情及死亡进程，分析认为被鉴定人××符合冠心病发作死亡的征象。

六、鉴定意见

被鉴定人××符合冠心病发作死亡的征象。

七、附件

照片（略）。

司法鉴定人：××

《司法鉴定人执业证》证号：××

司法鉴定人：××

《司法鉴定人执业证》证号：××

××司法鉴定中心

2022 年 1 月 19 日

第二部分　本案鉴定解析

一、冠心病

（一）临床表现

1.症状

（1）典型胸痛：由体力活动、情绪激动等诱发，突感心前区疼痛，多为发作性绞痛或压榨痛，也可为憋闷感。疼痛从胸骨后或心前区开始，向上放射至左肩、臂，甚至小指和环指，休息或含服硝酸甘油可缓解。胸痛放射的部位也可涉及颈部、下颌、牙齿、腹部等。胸痛也可出现在安静状态下或夜间，由冠状动脉痉挛所致，也称变异型心绞痛。胸痛性质发生变化，如新近出现的进行性胸痛，痛阈逐步下降，以至于稍事体力活动或情绪激动甚至休息或熟睡时亦可发作。疼痛逐渐加剧、变频，持续时间延长，去除诱因或含服硝酸甘油不能缓解，此时往往怀疑不稳定型心绞痛。

心绞痛的分级：国际上一般采用加拿大心血管协会（CCSC）分级法。

Ⅰ级：日常活动如步行、爬楼梯，无心绞痛发作。

Ⅱ级：日常活动因心绞痛而轻度受限。

Ⅲ级：日常活动因心绞痛而明显受限。

Ⅳ级：任何体力活动均可导致心绞痛发作。

发生心肌梗死时胸痛剧烈，持续时间长（常超过半小时），硝酸甘油不能缓解，并可有恶心、呕吐、出汗、发热，甚至发绀、血压下降、休克、心力衰竭。

（2）注意事项：一部分患者的症状并不典型，仅仅表现为心前区不适、心悸或乏力，或以胃肠道症状为主。某些患者可能没有疼痛，如老年人和糖尿病患者。

（3）猝死：约1/3的患者首次发作冠心病时表现为猝死。

（4）其他：合并心力衰竭者，可伴有全身症状。

2.体征　心绞痛患者未发作时无特殊特征。一旦发作，患者可出现心音减弱、心包摩擦音。并发室间隔穿孔、乳头肌功能不全者，可于相应部位听到杂音。心律失常时听诊心律不规则。

（二）检查

1.心电图　是诊断冠心病最简便、常用的方法，尤其是患者症状发作时最重要的检查手段，还能够发现心律失常。不发作时心电图多数无特异性。心绞痛发作时心电图 ST 段异常压低,变异型心绞痛患者出现一过性 ST 段抬高。不稳定型心绞痛患者多有明显的 ST 段压低和 T 波倒置。心肌梗死时的心电图表现:①急性期有异常 Q 波、ST 段抬高。②亚急性期仅有异常 Q 波和 T 波倒置(梗死后数天至数周)。③慢性或陈旧性期(3～6 个月)仅有异常 Q 波。若 ST 段抬高持续 6 个月以上,则有可能并发室壁瘤。若 T 波持久倒置,则称为陈旧性心肌梗死伴冠状动脉缺血。

2. 心电图负荷试验　包括运动负荷试验和药物负荷试验[如双嘧达莫(潘生丁)、异丙肾上腺素试验等]。对于安静状态下无症状或症状很短而难以捕捉的患者,可以通过运动或药物增加心脏负荷来诱发心肌缺血,通过心电图记录到 ST-T 变化而证实心肌缺血的存在。运动负荷试验最常用,结果阳性为异常。但是怀疑心肌梗死的患者禁忌做此试验。

3. 动态心电图　是一种可以长时间连续记录并分析在活动和安静状态下心电图变化的方法。此技术于 1947 年由 Holter 首先运用于监测电活动的研究,所以又称为 Holter。该方法可以记录患者在日常生活状态下心电图的变化,如一过性心肌缺血导致的 ST-T 变化等。该方法无创、方便,患者容易接受。

4. 核素心肌显像　根据病史、心电图检查不能排除心绞痛者,以及某些不能进行运动负荷试验的患者,可做此项检查。核素心肌显像可以显示缺血区,明确缺血的部位和范围。结合运动负荷试验,则可提高心肌缺血的检出率。

5. 超声心动图　可以对心脏形态、结构、室壁运动及左心室功能进行检查,是目前最常用的检查手段之一。超声心动图对室壁瘤、心腔内血栓、心脏破裂、乳头肌功能等有重要的诊断价值。但是其准确性与超声检查者的经验关系密切。

6. 血液学检查　患者通常需要采血来测定血脂、血糖等指标,以评估其是否存在冠心病的危险因素。心肌损伤标志物是急性心肌梗死诊断和鉴别诊断的重要手段之一。目前临床上以心肌肌钙蛋白作为主要的心肌损伤标志物。

7. CT 扫描　多层螺旋 CT 心脏和冠状动脉成像是一项无创、低危、快速的检查方法,已逐渐成为一种重要的冠心病早期筛查和随访手段。它适用于:①不典型胸痛患者,心电图、运动负荷试验或核素心肌显像等辅助检查不能确诊。②冠心病低风险患者的诊断。③可疑冠心病,但不能进行冠状动脉造影。④无症状的高危冠心病患者的筛查。⑤已知冠心病或介入治疗及手术治疗后的随访。

8. 冠状动脉造影及血管内成像　是目前冠心病诊断的"金标准",可以明确冠状动脉有无狭窄及狭窄的部位、程度、范围等,并可据此指导进一步治疗。

血管内超声可以明确冠状动脉内的管壁形态及狭窄程度。光学相干断层成像（OCT）是一种高分辨率断层成像技术，可以更好地观察血管腔和血管壁的变化。左心室造影可以对心功能进行评价。冠状动脉造影的主要指征为：①内科治疗后心绞痛仍较重者，明确动脉病变情况以考虑旁路移植术；②胸痛似心绞痛而不能确诊者。

二、醉酒和酒驾

（一）酒驾

酒驾是指机动车驾驶人饮酒后血液内乙醇含量大于或等于20 mg/100 mL，小于80 mg/100 mL 的驾驶行为。

（二）醉驾

醉驾是指机动车驾驶人饮酒后血液内乙醇含量大于或等于80 mg/100 mL 的驾驶行为。

喝酒时乙醇的刺激使人兴奋，在不知不觉中就会喝多。当乙醇在人体血液内达到一定浓度时，人对外界的反应能力及控制能力就会下降，处理紧急情况的能力也随之下降。对于酒后驾车者而言，其血液中乙醇含量越高，发生撞车的概率越大。发生交通事故的概率是血液中不含乙醇时的4.7 倍。即使在少量饮酒的状态下，交通事故的危险度也可达到未饮酒状态的2 倍左右。

三、冠心病：前降支狭窄Ⅳ级引起死亡的机制

法医学尸体检验及法医病理学检验显示，被鉴定人存在心脏体积明显增大（861 g），心尖圆钝，左心室壁厚度为1.8 cm，室间隔厚度为2.0 cm，冠状动脉前降支狭窄Ⅳ级，心肌肥厚，局灶心肌纤维化，心肌间灶性炎症细胞浸润，左心室乳头肌瘢痕形成。排除中毒、醉酒、机械性损伤和窒息，被鉴定人××符合冠心病心肌梗死引起死亡的征象。

第二十三节　交通事故多发伤合并冠心病发作死亡

【本案鉴定要点】

1.本案为交通事故多发伤合并冠心病发作死亡，关注临床治疗经过。

2.通过法医病理学检验，确定心脏的病理改变。

3.分析说明交通事故多发伤合并冠心病发作引起死亡的机制。

第一部分 案例鉴定介绍

××司法鉴定中心
司法鉴定意见书

编号:××司法鉴定中心[2022]病鉴字第××号

一、基本情况

委托人:××县公安交通警察大队。

委托鉴定事项:死亡原因鉴定。

受理日期:2022 年 1 月 17 日。

鉴定材料:

(1)司法鉴定委托书一份。

(2)李××尸体一具。

(3)××县北郊乡卫生院病历复印件一份。

(4)××县人民医院病历复印件一份。

(5)××市第六人民医院病历复印件一份。

(6)询问笔录复印件一份。

鉴定日期:2022 年 1 月 17 日。

鉴定地点:××司法鉴定中心。

被鉴定人:李××,男,身份证号为 41272819690621××××。

二、基本案情

送鉴材料示:2021 年 11 月 14 日 10 时许,孙××驾驶的小型普通客车与李××驾驶的电动二轮车相撞,造成李××受伤,经××县北郊乡卫生院、××县人民医院、××市第六人民医院治疗,李××2021 年 12 月 22 日出院,2022 年 1 月 2 日在家中死亡。

三、资料摘要

1.××县北郊乡卫生院住院病历摘录

住院时间:2021 年 11 月 15 日。

住院号:××。

主诉:外伤致左膝关节及左踝关节肿痛 1 小时余。

入院情况:患者 1 小时前因外伤致左膝关节肿胀,疼痛,伴活动受限,遂来我院做 X 射线检查,初步诊断:左膝关节胫骨平台骨折,左踝关节骨折。患者家属为进一步治疗要求住院,门诊以"胫骨平台骨折、左踝关节骨折"为诊断收住我科。自入院以来,患者意识清楚,精神可,饮食睡眠可,两便正常。

检查或治疗情况:给予患者石膏夹板外固定对症治疗,输液对症治疗。

出院诊断:胫骨平台骨折;左踝关节骨折;艾滋病;丙型病毒性肝炎;肝硬化。

2.××县人民医院住院病历摘录

住院时间:2021 年 11 月 16 日—2021 年 11 月 18 日。

住院号:××。

主诉:外伤致左膝、左踝疼痛并活动受限 2 天。

治疗经过:入院后完善相关检查,左膝、左踝三维 CT 提示骨折移位,建议行手术治疗,患者人类免疫缺陷病毒(HIV)阳性,既往确诊,医生建议去××市第六人民医院继续治疗。遵嘱执行。

出院诊断:左侧内外踝骨折;左侧胫骨平台骨折;HIV 阳性。

出院情况:患者诉左下肢疼痛不适,意识清楚,精神可,饮食、睡眠可,大小便正常。查体:脊柱生理曲度存在,左膝关节外侧压痛,左足肿胀、压痛,活动受限。左下肢石膏固定可,余肢体活动可。

3.××市第六人民医院住院病历摘录

住院时间:2021 年 11 月 18 日—2021 年 12 月 22 日。

住院号:××。

主诉:外伤致左下肢疼痛伴活动受限 4 天。

专科检查:左膝关节外侧、左踝关节可见大片瘀斑,肿胀明显,局部触诊疼痛明显,未触及明显骨擦感,未闻及骨擦音,主被动活动明显受限,巴宾斯基征阴性,足背动脉搏动正常,末梢血运及感觉良好;余未见明显异常。

辅助检查:DR、CT(外院 2021.11.14 DR,2021.11.16 CT)检查结果显示左胫骨平台外侧骨折并塌陷;左踝关节内外侧骨折,位置良好。

诊疗经过:入院后完善相关术前准备,于 2021 年 12 月 4 日行"左胫骨平台、左内外踝骨折切开复位钢板内固定术"。

出院诊断:左胫骨平台骨折;左侧内外踝骨折;重度骨质疏松症;冠心病;HIV 感染;慢性丙型病毒性肝炎;肝、肾功能不全;高脂血症。

4.询问笔录(摘要)

被询问人:朱××。

问:你丈夫李××什么时间去世的?

答:2022 年 1 月 2 日凌晨 1 时许在家去世。

问:从医院出院几天后去世的?

答:出院后到家10日后去世。

问:李××去世前几天,身体有什么反应吗?

答:去世前几天,他说腿疼,然后心里难受,他是一阵一阵的。

问:他说有其他不舒服的吗?

答:没有其他反应,他吃饭正常,腿疼时心里难受,不想吃饭。

问:出院检查时他有什么毛病吗?

答:进院时没毛病,做完手术后他心里难受,医生检查后说没啥事,他出院后又做了心电图,也没啥事。

四、鉴定过程

检验日期:2022年1月17日。

检验地点:被鉴定人家中。

检验方法:

(1)《法医学　尸体检验技术总则》(GA/T 147—2019)。

(2)《法医学尸体解剖规范》(SF/Z JD0101002——2015)。

(3)《道路交通事故尸体检验》(GA/T 268—2019)。

(4)《法医学　病理检材的提取、固定、取材及保存规范》(GA/T 148—2019)。

尸表检查:

(1)一般情况:男性,尸长171 cm,外观发育正常,营养中等。尸斑呈暗红色,分布于背部及四肢未受压处,指压不褪色。四肢腐败静脉网形成。

(2)头颈部:花白直发,发长8 cm。头颅无畸形,按压颅骨,未触及骨擦感。双侧眼眶未见凹陷,双侧眼睑闭合,双侧球、睑结膜苍白,角膜混浊,左侧瞳孔直径为0.5 cm,右侧瞳孔直径为0.5 cm。鼻骨未触及骨擦感,鼻腔未见出血,耳廓外形完整,外耳道未见明显异物。口唇未见损伤,牙列完整,舌尖位于齿列内。唇黏膜及双侧颊黏膜无出血。颈部皮肤完整,未见挫伤出血,气管居中。

(3)躯干及四肢:胸廓对称,外观形态正常,表皮未见明显损伤,胸部皮肤未触及肿胀,按压胸骨及双侧肋骨未触及骨擦感。腹部平坦,腹部未见挫伤出血。十指(趾)甲床发绀。左膝关节下有一斜形手术缝合瘢痕,左内踝及左外踝均有一纵行手术缝合瘢痕,会阴部未见损伤。

尸体解剖:

(1)颅腔解剖:头皮下未见出血。双侧颞肌未见出血。颅骨未见骨折。硬脑膜完整。脑重1446 g,双侧大脑对称,双侧大脑、脑室、小脑及脑干未见明显异常。

(2)颈部解剖:颈部皮下及肌肉无出血,颈部血管分布正常。甲状软骨、舌骨无骨折,喉头黏膜水肿。

(3)胸腔解剖:直线法打开胸腔,胸骨、肋骨无骨折。双侧胸腔无积液,两肺与胸壁无粘连。气管、支气管内无异物。左肺重614 g,右肺重650 g,两肺表面呈红褐色,右肺叶间见散在出血点,切面未见明显异常。心包完整,心包内未见积液。心脏左侧面见散在出血点。心脏重392 g,心脏体积增大,心尖圆钝。心脏各瓣膜周径:三尖瓣10.5 cm,肺动脉瓣7.0 cm,二尖瓣9.0 cm,主动脉瓣6.5 cm。左心室壁厚1.1 cm,右心室壁厚0.4 cm,室间隔厚1.0 cm。左、右冠状动脉开口位置、直径正常,右冠状动脉狭窄Ⅲ~Ⅳ级,部分可见钙化,左旋支狭窄Ⅰ级,前降支狭窄Ⅱ~Ⅲ级,部分可见钙化。

(4)腹、盆腔解剖:腹腔未见积液。大网膜、肠系膜的位置和形态正常,腹腔各脏器排列正常。部分肝重875 g,肝表面呈结节样改变,表面及切面呈砖红色。部分脾重196 g,被膜完整,表面及切面呈红褐色。双肾重174 g,双肾被膜易剥离,表面及切面呈红色,切面皮髓质界限尚清晰。部分胰腺重62 g,被膜及切面未见出血。

法医病理学检验:

(1)脑:蛛网膜下腔未见出血及炎症细胞浸润,脑膜及脑实质血管扩张淤血,脑实质神经细胞及小血管周围间隙增宽,脑实质未见挫伤出血及炎症细胞浸润。

(2)心脏:右冠状动脉管腔增厚,管壁硬化,管腔狭窄Ⅳ级,前降支管腔增厚,管腔狭窄Ⅲ级。心肌间质血管淤血;部分心肌肌浆疏松,胞质、胞核溶解,局部心肌纤维嗜酸红染,心肌纤维断裂,局灶心肌波浪样改变;局部心肌肥厚,核深染,形态不一;左心室壁局部心肌纤维坏死溶解,可见含铁血黄素沉积及肉芽组织增生;局灶心肌间出血;右心少量脂肪组织浸润。

(3)肺:广泛肺泡腔内大量均质红染液体,间质小血管扩张淤血,肺间质炭末沉积,支气管及细支气管管腔内未见炎症细胞浸润。

(4)肝:正常肝小叶结构破坏,由广泛增生纤维组织将肝细胞再生结节分割包绕成假小叶,纤维间隔内见大量淋巴细胞浸润,局部肝细胞自溶,局部肝血窦及间质血管扩张淤血。

(5)脾:脾被膜完整,红-白髓分界尚清,脾小梁结构尚清晰,脾窦淤血。

(6)肾:肾被膜完整,皮髓质界限尚清,部分肾小管、肾小球组织自溶改变,肾间质血管淤血。

（7）胰腺：组织自溶，未见出血及炎症细胞浸润。

（8）喉头：组织未见挫伤、出血。

法医病理学诊断：

（1）冠心病：右冠状动脉狭窄Ⅳ级，前降支狭窄Ⅲ级；左心室前壁、后壁局部心肌梗死；局部心肌肥厚；局部心肌纤维断裂。

（2）急性肺淤血、肺水肿；急性脑淤血、脑水肿。

（3）肝硬化。

（4）心、肝、脾、肾组织淤血。

（5）左胫骨平台、左内外踝骨折术后。

影像学所见：2021 年 11 月 16 日××县人民医院 CT 片（编号：P00536154）示左侧胫骨平台骨折、左侧内外踝骨折。

五、分析说明

1. 送鉴材料记载　2021 年 11 月 14 日 10 时许，孙××驾驶的小型普通客车与李××驾驶的电动二轮车相撞，造成李××受伤。经××县北郊乡卫生院、××县人民医院、××市第六人民医院治疗，李××行左胫骨平台、左内外踝骨折切开复位钢板内固定术，于 2021 年 12 月 22 日出院，于 2022 年 1 月 2 日在家中死亡。

2. 法医学尸体检验　李××体表未见明显损伤，各组织器官未见明显损伤出血，可排除其因重要器官机械性损伤导致死亡的可能。李××口鼻部未见明显损伤，颈部皮下组织及肌肉未见明显损伤，可排除其因捂压口鼻及扼颈导致死亡的可能。李××肝硬化属既往病变，不足以导致个体急性死亡，与本次死亡原因无关。

3. 法医病理学检验　李××心脏左侧面见散在出血点，心脏体积增大（392 g），心尖圆钝，右冠状动脉狭窄Ⅳ级，前降支狭窄Ⅲ级；左心室前壁、后壁局部心肌梗死；局部心肌肥厚；局部心肌纤维断裂；急性肺淤血、肺水肿；急性脑淤血、脑水肿；心、肝、脾、肾组织淤血等。未见其存在血栓栓塞。

结合案情及送鉴材料，分析认为被鉴定人李××符合冠心病发作死亡的征象。其存在左胫骨平台、左内外踝骨折，并行手术治疗，上述损伤不足以导致个体死亡，结合死亡情形，交通事故为死亡诱因。

六、鉴定意见

被鉴定人李××符合冠心病发作死亡的征象，交通事故为死亡诱因。

七、附件

照片(略)。

司法鉴定人:××

《司法鉴定人执业证》证号:××××

司法鉴定人:××

《司法鉴定人执业证》证号:××××

××司法鉴定中心

2022 年 2 月 22 日

第二部分　本案鉴定解析

一、HIV 阳性、丙型肝炎病毒感染患者解剖

本案例为 HIV 感染、慢性丙型病毒性肝炎,法医病理解剖要严格按照《传染病病人或疑似传染病病人尸体解剖查验规定》进行,本案鉴定过程的检验方法中未显示采用该规定。

二、HIV 感染与慢性丙型病毒性肝炎

(一)艾滋病

艾滋病是一种危害性极大的传染病,由 HIV 感染引起。HIV 是一种能攻击人体免疫系统的病毒,它把人体免疫系统中最重要的 CD_4^+ 淋巴细胞作为主要攻击目标,大量破坏该细胞,使人体丧失免疫功能。因此,人体易于感染各种疾病,并发生恶性肿瘤,病死率较高。HIV 在人体内的平均潜伏期为 8～9 年,在潜伏期内,患者可以没有任何症状地生活和工作多年。

HIV 感染者要经过数年甚至长达 10 年或更长的潜伏期后才会发展成艾滋病患者,因机体抵抗力极度下降,会出现多种感染,如带状疱疹、口腔霉菌感染、肺结核,特殊病原微生物引起的肠炎、肺炎、脑炎,念珠菌、肺孢子虫等多种病原体引起的严重感染等,后期常发生恶性肿瘤,并发生长期消耗,以致全身衰竭而死亡。

1.临床表现　发病以青壮年较多,发病年龄 80% 在 18～45 岁,即性生活较活跃的年龄段。在感染 HIV 后往往患有一些罕见的疾病,如肺孢子虫肺炎、弓形体病、非典型性分枝杆菌与真菌感染等。感染 HIV 后,最开始的数年至

十余年可无任何临床表现。一旦发展为艾滋病,患者就会出现各种临床表现。一般初期的症状如同普通感冒、流感样,可有全身疲劳无力、食欲减退、发热等,随着病情的加重,症状日见增多,如皮肤、黏膜出现白念珠菌感染,出现单纯疱疹、带状疱疹、紫斑、血疱、淤血斑等;以后渐渐侵犯内脏器官,出现原因不明的持续性发热,可长达 3~4 个月;还可出现咳嗽、气促、呼吸困难、持续性腹泻、便血、肝脾大,并发恶性肿瘤等。临床症状复杂多变,但每个患者并非上述所有症状全都出现。侵犯肺部时常出现呼吸困难、胸痛、咳嗽等;侵犯胃肠可引起持续性腹泻、腹痛、消瘦无力等;还可侵犯神经系统和心血管系统。

(1)一般症状:持续发热、虚弱、盗汗,持续广泛性全身淋巴结肿大。特别是颈部、腋窝和腹股沟淋巴结肿大更明显。淋巴结直径在 1 cm 以上,质地坚实,可活动,无疼痛。体重下降在 3 个月之内可达 10% 以上,最多可降低 40%,患者消瘦特别明显。

(2)呼吸道症状:长期咳嗽、胸痛、呼吸困难,严重时痰中带血。

(3)消化道症状:食欲下降、厌食、恶心、呕吐、腹泻,严重时可便血。通常用于治疗消化道感染的药物对这种腹泻无效。

(4)神经系统症状:头晕、头痛、反应迟钝、智力减退、精神异常、抽搐、偏瘫、痴呆等。

(5)皮肤和黏膜损害:单纯疱疹、带状疱疹、口腔和咽部黏膜炎症及溃烂。

(6)肿瘤:可出现多种恶性肿瘤,位于体表的卡波西肉瘤可见红色或紫红色的斑疹、丘疹和浸润性肿块。

2.检查

(1)机体免疫功能检查:主要是中度以上细胞免疫缺陷,包括 CD_4^+ T 淋巴细胞耗竭,外周血淋巴细胞显著减少,$CD_4 < 200/\mu L$,$CD_4/CD_8 < 1.0$(正常人为 $1.25 \sim 2.10$),迟发型变态反应皮试阴性,有丝分裂原刺激反应低下。NK 细胞活性下降。

(2)各种致病性感染的病原体检查:如用聚合酶链反应(PCR)检测相关病原体,恶性肿瘤的组织病理学检验。

(3)HIV 抗体检测:采用酶联免疫吸附法、明胶颗粒凝集试验、免疫荧光检测法、免疫印迹检测法、放射免疫沉淀法等,其中前三项常用于筛选试验,后二者用于确证试验。

(4)PCR 技术检测 HIV。

3.诊断

(1)急性期:诊断标准是患者近期内有流行病学史和临床表现,结合实验室 HIV 抗体由阴性转为阳性即可诊断,或仅实验室检查 HIV 抗体由阴性转为阳性即可诊断。80%左右HIV感染者感染后6周初筛试验可检出抗体,几乎100%感染者12周后可检出抗体,只有极少数患者在感染后3个月内或6个月后才检出。

(2)无症状期:诊断标准是有流行病学史,结合HIV抗体阳性即可诊断,或仅实验室检查HIV抗体阳性即可诊断。

(3)艾滋病期:原因不明的持续不规则发热,体温在38℃以上,>1个月;慢性腹泻次数每日多于3次,>1个月;6个月之内体重下降10%以上;反复发作的口腔白念珠菌感染;反复发作的单纯疱疹病毒感染或带状疱疹病毒感染;肺孢子虫肺炎;反复发生的细菌性肺炎;活动性结核或非结核分枝杆菌病;深部真菌感染;中枢神经系统占位性病变;中青年人出现痴呆;活动性巨细胞病毒感染;弓形体脑病;青霉菌感染;反复发生的败血症;皮肤黏膜或内脏的卡波西肉瘤、淋巴瘤。

(二)慢性丙型病毒性肝炎

慢性丙型病毒性肝炎是感染丙型肝炎病毒(HCV)所致。HCV是一种小RNA病毒,分类为黄病毒科肝病毒属。由于肝脏的巨大代偿能力,大部分人感染HCV后没有任何症状,常偶然在体检时发现,或者很多年后出现不适症状时才发现。

大约85%的人在感染HCV后发展成慢性肝炎。当病毒侵犯肝脏的时候,人体内会引发一系列免疫反应,以抵抗感染。如果不予治疗,就会发展为肝硬化,还有少部分患者会发展至肝癌。

1.临床表现　慢性丙型病毒性肝炎多由急性丙型病毒性肝炎演变而来,分为慢性肝炎轻度和慢性肝炎中度,因临床上症状体征常不显著,以单项丙氨酸氨基转移酶增高为唯一异常现象的为数甚多,故常为亚临床型。如果有症状,常表现为乏力、食欲缺乏、关节疼痛、厌食、恶心和发热。后期可出现黄疸、腹胀或食管静脉曲张破裂出血等。由于慢性丙型病毒性肝炎患者症状多轻微,并有较大比例的患者无明确的传播途径,故基于上述临床表现很难明确诊断,而需依赖实验室检查。

2.传播途径

(1)经血和血液制品传播:经血和血液制品传播是丙型病毒性肝炎的主要传播途径。输血后非甲非乙型肝炎患者,80%以上由HCV引起。反复输入多个供血员血液或血制品者,更易发生丙型病毒性肝炎,输血3次以上者感染HCV的危险性增高2~6倍。微量血液也可传播HCV,如共用污染血液的注射器的毒瘾、药瘾者丙型病毒性肝炎发病率明显高于一般人群。意外针刺、创伤性医疗检查、血液透析、器官移植等医源性传播也不能忽视。

（2）经生活密切接触传播：病毒基因型分析显示，同一家庭成员 HCV-RNA 阳性者，为同一亚型，提示家庭内生活密切接触可以传播丙型病毒性肝炎。经生活密切接触传播 HCV 在非输血传播的患者中可能占有重要地位，但尚不能明确是通过何种方式传播。

（3）母婴传播：母婴传播可分为产前（宫内）感染、分娩时感染和产后传播。产后传播主要是哺乳传播，乳汁中可检出 HCV-RNA，哺乳可以传播 HCV。

（4）经性接触传播：HCV 感染可以经性接触传播，但其概率较乙型肝炎病毒（HBV）低。

3. 检查

（1）抗-HCV 检测：感染 HCV 后，机体可产生相应的抗体，最早出现的抗体是针对病毒核心壳区的 C22 蛋白（抗 C22），随后是针对 NS3 区的 C33 蛋白（抗 C33），该抗体的滴度低于 C22，但高于最后出现的抗 C100。

（2）HCV-RNA 检测：在感染 HCV 几天内，即在丙氨酸氨基转移酶升高及抗-HCV 出现前几周，即可测出 HCV-RNA，因此 HCV-RNA 可作为 HCV 感染的早期诊断指标，也可作为 HCV 复制、转归及有无传染性的指标。

4. 诊断　发现抗-HCV 阳性超过 6 个月，现 HCV-RNA 为阳性者，可诊断为慢性丙型病毒性肝炎。根据 HBV 感染者的血清学、病毒学、生化学试验及其他临床和辅助检查结果，将慢性 HCV 感染分为：①慢性丙型病毒性肝炎；②丙型病毒性肝炎肝硬化，分为代偿期肝硬化及失代偿期肝硬化；③抗-HCV 携带者。

三、交通事故多发伤合并冠心病发作引起死亡的机制

根据法医学尸体检验及法医病理学检验，被鉴定人存在心脏左侧面见散在出血点，心脏体积增大（392 g），心尖圆钝，右冠状动脉狭窄Ⅳ级，前降支狭窄Ⅲ级；左心室前壁、后壁局部心肌梗死；局部心肌肥厚；局部心肌纤维断裂；被鉴定人符合冠心病发作死亡。其存在左胫骨平台、左内外踝骨折，并行手术治疗。上述损伤不足以导致个体死亡，结合死亡情形，交通事故为死亡诱因，值得商榷。另外，HIV 感染与慢性丙型病毒性肝炎降低机体的抵抗力和器官的功能，也应加以考虑其作用。

交通事故与死亡发生的时间相对较长，之间的关联性是否存在，也值得探讨。本案中关联性不大。

第二十四节 钝性外力致严重颅脑损伤

【本案鉴定要点】

1. 本案为钝性外力致严重颅脑损伤,注意局部损伤的特点。

2. 通过法医病理学检验,确定颅脑损伤的部位。

3. 分析说明钝性外力致严重颅脑损伤引起死亡的机制。

第一部分 案例鉴定介绍

××司法鉴定中心
司法鉴定意见书

编号:××司法鉴定中心[2022]病鉴字第 16 号

一、基本情况

委托人:××县公安局。

委托鉴定事项:死亡原因鉴定。

受理日期:2022 年 1 月 17 日。

鉴定材料:

(1)司法鉴定委托书一份。

(2)徐××脑、心、部分肺、甲状腺、部分肝、脾、双肾、胰腺等组织。

(3)××县公安局××尸检电子照片一份及尸检记录复印件一份。

(4)××县人民医院抢救记录复印件一份。

(5)××市公安局物证鉴定所检验报告复印件一份。

鉴定日期:2022 年 1 月 25 日。

鉴定地点:××司法鉴定中心。

被鉴定人:徐××,男,身份证号为 41282819560318××××。

二、基本案情

送鉴材料示:2022 年 1 月 15 日,赵××因宅基地问题与徐××、李××夫妻俩发生厮打,赵××使用铁锨将徐××、李××头部打伤,徐××经抢救无效死亡。

三、资料摘要

1. ××县人民医院抢救记录

入院时间:患者于 2022 年 1 月 15 日 12:34 由医务人员推入抢救大厅。

门诊号:××。

入院诊断:闭合性颅脑损伤重型。

入院时查体:未触及颈动脉、桡动脉搏动,口唇发绀,双侧瞳孔散大,直径约 5.0 mm,对光反射消失。急诊给予心电监护,测心率 0 次/分,血压测不出,经皮血氧饱和度($TcSO_2$)20%,呼吸 0 次/分,给予气管插管连接呼吸机、胸外心脏按压,心电图回示:未见心电活动。12:35、12:38、12:41、12:44、12:47、12:50、12:53、12:56、12:59、13:02、13:04,分别给予盐酸肾上腺 1 mg 静脉注射,并持续给予呼吸机辅助呼吸、胸外心脏按压。复查心电图,回示:未见心电活动,向上级医师汇报,并反复与患者家属沟通后,家属放弃抢救,医生于 13:06 宣布临床死亡,进行尸体料理。

2. ××市公安局物证鉴定所检验报告

徐××心血、肝块及胃内容均未检出毒鼠强、敌敌畏、对硫磷、甲拌磷、氯氰菊酯、巴比妥、地西泮(安定)、阿普唑仑、三唑仑成分;检材心血中未检出乙醇成分。

3. ××县公安局××尸检记录

(1)尸表检验:尸长 168 cm,肤色苍白,外观发育正常,营养一般。尸斑呈淡紫红色,位于背臀部未受压处,指压褪色。尸僵:颌、颈、上肢、下肢。强度:强。腐败征象:新鲜。头部包扎敷料,面部密布干涸血迹,左侧面部广泛紫红色皮下出血。头面部:头发花白色,短发,顶部发长 1 cm。左侧瞳孔直径为 0.7 cm,右侧瞳孔直径为 0.5 cm。双眼闭合,球、睑结膜:左侧片状出血,右侧苍白。外耳道:左无出血,右出血。外鼻:塌陷变形,向右侧偏移,鼻梁部短条状表皮剥脱。鼻腔:出血。口唇:左侧上、下唇出血,内侧黏膜不规则挫裂创。两眉间上方偏左侧有一 4.0 cm 挫裂创,左眉弓处有一 5.1 cm 挫裂创,深达骨质,对应额骨骨折;左眼外眦外侧有一 3.0 cm 挫裂创,深达骨质,对应颧骨粉碎性骨折;左侧面部塌陷变形;左侧下颌缘下方有一 1.5 cm 浅表性挫裂创。胸部:未见明显异常。腹部:未见明显异常。背臀部:未见明显异常。四肢:右手指背侧散在点状血迹,右手掌散在点状血迹。会阴部、生殖器、肛门:未见明显异常。

(2)解剖检验:头皮,左侧额部创口对应处头皮下广泛性出血。颞肌:左侧广泛性出血,右侧少量出血。颅盖:左侧颞骨额骨粉碎性骨折。颅底:左侧颅前窝、双侧颅中窝及蝶鞍区粉碎性骨折。硬脑膜外无血肿,硬脑膜无出血,硬脑膜下:左侧颞叶、右侧颞顶叶蛛网膜下腔出血(广泛)。左侧颞叶、额叶底部脑挫裂伤,双侧枕叶脑挫裂伤,右侧小脑扁桃体可见压迹。颈部皮下组织无出血,颈部肌肉无出血。气管:多量血液及胃内容物。支气管(左):血性液体及胃内容物。胸腹部脏器在位,未见破裂损伤。食管:血性液体及胃内容物。胃内容物:性状为稀糊状,量为300 mL,成分为面块、青菜等。

四、鉴定过程

检验日期:2022年1月25日。

检验地点:××司法鉴定中心。

检验方法:

(1)《法医学　尸体检验技术总则》(GA/T 147—2019)。

(2)《法医学尸体解剖规范》(SF/Z JD0101002——2015)。

(3)《法医学　病理检材的提取、固定、取材及保存规范》(GA/T 148—2019)。

法医病理学检验:

(1)脑:全脑重1534 g,左侧颞叶、右侧颞顶叶蛛网膜下腔出血,左侧颞叶见脑挫伤,双侧枕叶见脑挫伤。镜下:蛛网膜下腔出血,左侧颞叶及双侧枕叶见片状脑皮质挫碎伴出血,脑实质神经细胞及小血管周围间隙增宽。

(2)心脏:心脏重450 g,心脏外观未见异常,各瓣膜未见赘生物。心脏各瓣膜周径:三尖瓣12.0 cm,肺动脉瓣6.5 cm,二尖瓣8.5 cm,主动脉瓣7.0 cm。左心室壁厚1.1 cm,右心室壁厚0.3 cm,室间隔厚1.0 cm。左、右冠状动脉开口位置正常,前降支、右冠状动脉及左旋支管壁增厚,管腔狭窄,前降支狭窄Ⅲ级,右冠状动脉狭窄Ⅱ级。镜下:前降支、右冠状动脉及左旋支管壁增厚,管腔狭窄,前降支狭窄Ⅲ级,右冠状动脉狭窄Ⅱ级。心肌间质血管淤血,局灶心肌波浪样改变,心肌间未见出血及炎症细胞浸润。

(3)肺:部分两肺重170 g,两肺表面黑褐色,切面红褐色,质地均匀。镜下:广泛肺泡腔内大量均质红染液体,间质小血管扩张淤血,肺泡隔炭末沉积,支气管及细支气管管腔内未见炎症细胞浸润。

(4)肝:部分肝重128 g,肝表面及切面呈红色,切面质地均匀。镜下:肝被膜完整,肝小叶结构存在,局部肝细胞自溶,肝血窦及间质血管扩张淤血,未见挫伤及出血。

(5)脾:脾重225 g,被膜皱缩,脾切面呈红色。镜下:脾被膜完整,红-白髓分界尚清,脾小梁结构尚清晰,脾窦淤血。

（6）肾：双肾重404 g，双肾被膜完整，双肾表面及切面未见挫伤出血，切面呈红色。镜下：肾被膜完整，皮髓质分界尚清，肾间质血管淤血，部分肾小管自溶改变，个别肾小球纤维化。

（7）胰腺：部分胰腺重65 g，胰腺表面及切面未见挫伤及出血。镜下：胰腺组织自溶，未见出血及炎症细胞浸润。

（8）甲状腺：双侧甲状腺重16 g，表面及切面未见挫伤及出血。镜下：甲状腺组织未见挫伤出血及炎症细胞浸润。

法医病理学诊断（结合原尸检）：

（1）颅脑损伤：小脑扁桃体疝，左颞叶及双枕叶脑挫裂伤，蛛网膜下腔出血，左侧颞骨、额骨粉碎性骨折，左侧颅前窝、双侧颅中窝及蝶鞍区粉碎性骨折。

（2）冠状动脉硬化：冠状动脉前降支狭窄Ⅲ级、右冠状动脉狭窄Ⅱ级。

（3）肺淤血、肺水肿。

（4）心、肝、脾、肾组织淤血。

（5）头面部、右手软组织损伤。

五、分析说明

1. 送鉴材料记载　2022年1月15日，赵××因宅基地问题与徐××、李××夫妻俩发生厮打，赵××使用铁锹将徐××、李××头部打伤，徐××经抢救无效死亡。

2. 理化检验　被鉴定人徐××心血、肝块及胃内容物中均未检出毒鼠强、敌敌畏、对硫磷、甲拌磷、氯氰菊酯、巴比妥、地西泮（安定）、阿普唑仑、三唑仑成分，可排除其因上述毒物导致死亡的可能。检材心血中未检出乙醇成分，可排除其因酒精中毒死亡的可能。

3. 法医学尸体检验及法医病理学检验　徐××冠状动脉前降支狭窄Ⅲ级，右冠状动脉狭窄Ⅱ级，未发现急性心肌梗死发作表现，可排除其因冠心病急性发作导致死亡的可能。

徐××存在颅脑损伤（小脑扁桃体疝，左颞叶及双枕叶脑挫裂伤，蛛网膜下腔出血，左侧颞骨、额骨粉碎性骨折，左侧颅前窝、双侧颅中窝及蝶鞍区粉碎性骨折）；肺淤血、肺水肿；心、肝、脾、肾组织淤血；头面部、右手软组织损伤等改变。结合送检资料，被鉴定人徐××颅脑损伤严重，由钝性外力形成，足以导致其急性死亡。

结合案情及死亡进程，分析认为被鉴定人徐××符合钝性外力致严重颅脑损伤死亡的征象。

六、鉴定意见

被鉴定人徐××符合钝性外力致严重颅脑损伤死亡的征象。

七、附件

照片(略)。

司法鉴定人:××
《司法鉴定人执业证》证号:××
司法鉴定人:××
《司法鉴定人执业证》证号:××

××司法鉴定中心
2022 年 2 月 16 日

第二部分　本案鉴定解析

一、钝性外力与颅脑损伤

钝性外力是指受到砖头、锤子、棍子等没有刃的物体的外力打击。钝性物体其实就是钝器,最常见的钝器为棍棒、斧锤、砖块、石头、徒手伤等。具有锋利刃口或锐利尖端的器物作为致伤物时,称为锐器。钝性物体作用是指后果的形成是因与表面不尖锐的固体接触。

钝性外力作用于颅脑,因力的大小、方向、作用部位不同,可以导致不同部位的头皮、颅骨或脑组织损伤。

二、钝性外力致严重颅脑损伤引起死亡的机制

本案被鉴定人存在颅脑损伤:小脑扁桃体疝,左颞叶及双枕叶脑挫裂伤,蛛网膜下腔出血,左侧颞骨、额骨粉碎性骨折,左侧颅前窝、双侧颅中窝及蝶鞍区粉碎性骨折。被鉴定人徐××符合钝性外力致严重颅脑损伤死亡的征象。

第二十五节　糖尿病伴多种并发症致多器官功能衰竭

【本案鉴定要点】

1. 本案为糖尿病伴多种并发症致多器官功能衰竭,了解病史及临床治疗经过。

2.通过法医病理学检验,确定主要器官的病理改变。

3.分析说明糖尿病伴多种并发症致多器官功能衰竭引起死亡的机制。

第一部分　案例鉴定介绍

××司法鉴定中心
司法鉴定意见书

编号:××司法鉴定中心[2022]病鉴字第41号

一、基本情况

委托人:××市公安局××分局刑事侦查大队。

委托鉴定事项:死亡原因鉴定。

受理日期:2022年2月7日。

鉴定材料:

(1)司法鉴定委托书一份。

(2)周××尸体一具。

(3)××医学高等专科学校附属医院住院病历复印件四份。

(4)××市公安司法鉴定中心检验报告复印件一份。

鉴定日期:2022年2月14日。

鉴定地点:××司法鉴定中心。

被鉴定人:周××,女,身份证号为41282819950310××××。

二、基本案情

送鉴材料示:2021年12月28日06:00,在××市二七区王胡砦村委会院内发现一具无名女尸。经查视频监控发现2021年12月27日21:00,有两名身份不明的人驾驶电动三轮车将该女子故意抛弃在××市二七区郑平公路贺江路东北角处,然后驾车离开现场。22:30,该女子被"120"急救人员安置在××市二七区王胡砦村委会内,经监控视频追踪,锁定犯罪嫌疑人为张××、林××,并得知被遗弃女子名叫周××。张××为周××继父,林××为周××生母,因周××身患重病,犯罪嫌疑人张××和林××无力承担医疗费用,故将周××遗弃在××市二七区郑平公路贺江路处。

三、资料摘要

1. ××医学高等专科学校附属医院住院病历摘录

住院时间:2020 年 2 月 9 日—2020 年 2 月 11 日。

住院号:××。

主诉:发作性意识不清 2 小时。

现病史:2 小时前吃饭时突发意识不清倒地,呼之不应,两目上视,口吐白沫,呕吐物掺杂血丝,四肢强直。家属遂给予针刺人中穴,症状持续 5 分钟左右缓解,遂呼叫我院"120"。急救车上患者出现频繁呕吐,呕吐胃内容物伴咖啡色液体,情绪烦躁。急诊行血糖及尿常规监测,血糖 52.6 mmol/L,尿常规示葡萄糖+++,遂以"不明原因抽搐;1 型糖尿病"收入我科,发病以来,烦躁,精神差,饮食正常,体重无变化。

既往史:发现"1 型糖尿病"病史十余年,长期应用胰岛素治疗,近 2 个月未应用胰岛素治疗;高血压病史数年,最高血压 180/130 mmHg,口服抗高血压药物(具体药名不详),血压控制情况不详。

诊疗经过:入院完善检查,给予补液、降糖、抗感染、促醒等对症支持治疗。

出院诊断:癫痫;糖尿病性高血糖状态;1 型糖尿病;肺部感染;消化道出血;高血压 3 级(极高危组)。

2. ××医学高等专科学校附属医院住院病历摘录

住院时间:2020 年 12 月 15 日—2020 年 12 月 23 日。

住院号:××。

主诉:(代)突发意识障碍 30 分钟。

诊疗经过:入院完善检查,给予抢救、补液、抗感染、雾化、调控血糖及血压等对症支持治疗。

出院诊断:糖尿病酮症酸中毒;1 型糖尿病;糖尿病肾病Ⅳ期;肺部感染;吸入性肺炎;高血压 3 级(极高危组);急性心力衰竭;低蛋白血症;低钾血症。

3. ××医学高等专科学校附属医院住院病历摘录

住院时间:2021 年 8 月 31 日—2021 年 9 月 3 日。

住院号:××。

主诉:血糖高 13 年,全身水肿 1 个月,气喘 1 周。

诊疗经过:入院后完善相关检查,给予心电监护、吸入氧气、控制血糖、改善循环、扩张冠状动脉、改善心肌代谢、控制血压、护肾和降低尿蛋白、利尿、补充白蛋白等对症治疗。

出院诊断:1 型糖尿病;肾病Ⅳ期;心力衰竭,心功能Ⅳ级;低蛋白血症;肾性高血压;肾性贫血。

4.××医学高等专科学校附属医院住院病历摘录

住院时间:2021 年 12 月 26 日—2021 年 12 月 27 日。

住院号:××。

主诉:(代)血糖高 13 年,突发意识障碍 1 小时。

治疗经过:入院完善相关检查,患者呼吸急促,SPO_2 持续偏低,再次和家属谈话需气管插管,家属同意后立即给予气管插管。2021 年 12 月 27 日 0:10 给予气管插管,连接呼吸机辅助呼吸,吸出粉红色泡沫样痰,并给予化痰解痉、扩张气管、抗感染、维持水电解质平衡、纠正酸中毒等对症治疗,以及营养心肌、利尿纠正心功能,监测血糖、血压。与患者家属谈话:目前患者用呼吸机辅助呼吸,糖尿病多年,合并多种糖尿病并发症,呼吸循环衰竭,患者预后差,花费高。患者家属要求出院,医生告知院外风险并让家属签署危重患者自动出院告知书后给予出院。

出院诊断:Ⅰ型呼吸衰竭;呼吸窘迫综合征;急性心力衰竭;低血糖性昏迷;肺部感染;1 型糖尿病伴多种并发症(糖尿病性肾病、糖尿病周围神经病变);高血压 3 级(极高危组);多浆膜积液? 乳酸酸中毒;低蛋白血症;低钾血症。

5.××市公安司法鉴定中心检验报告   从送检周××胃壁、肝脏、心血中未检出地西泮、毒鼠强成分。

四、鉴定过程

检验日期:2022 年 2 月 14 日。

检验地点:××大学第五附属医院太平间。

检验方法:

(1)《法医学   尸体检验技术总则》(GA/T 147—2019)。

(2)《法医学尸体解剖规范》(SF/Z JD0101002——2015)。

(3)《法医学   病理检材的提取、固定、取材及保存规范》(GA/T 148—2019)。

尸表检查:

(1)一般情况:女性,尸长 156 cm,外观发育正常,营养良好。尸斑呈紫红色,分布于背部未受压处,指压不褪色。双上肢腐败静脉网形成。

(2)头颈部:黑色直发,发长 15 cm。头颅未见畸形,按压头皮,未触及肿胀及骨擦感。双侧眼眶未见凹陷,双侧眼睑闭合。双侧球、睑结膜苍白,双侧角膜重度混浊,瞳孔窥不及。鼻骨未触及骨擦感,鼻腔未见异物,耳廓外形完整,外耳道未见明显异物。口唇无损伤,牙列完整,舌尖位于齿列内。双侧颊黏膜无损伤出血。颈部皮肤完整,无挫伤出血,气管居中。

(3)躯干及四肢:胸廓对称,外观形态正常,表皮未见明显损伤,胸部皮肤未触及肿胀,按压胸骨及双侧肋骨未触及骨擦感。腹部平坦,腹部未见挫伤出血。十指(趾)甲床轻度发绀。右膝关节见椭圆形瘢痕,右胫前下段见小片状陈旧性瘢痕,背部见多发条形陈旧性瘢痕,会阴部未见损伤。

尸体解剖:

(1)颅腔解剖:打开头皮,头皮下未见出血,双侧颞肌未见出血,颅骨完整,未见骨折,打开颅骨,硬脑膜外、硬脑膜下及蛛网膜下腔未见出血,双侧大脑对称,脑实质表面及切面未见挫伤出血,小脑、脑干表面及切面未见损伤出血,脑室未见积血。全脑重 1043 g。

(2)颈部解剖:颈部皮下及肌肉无出血,颈部血管分布正常。甲状软骨、舌骨无骨折,喉头黏膜未见出血水肿。

(3)胸腔解剖:直线法打开胸腔,胸骨、肋骨无骨折。左侧胸腔淡粉色积液,量为 180 mL,右侧胸腔无积液。两肺叶间均粘连。气管、心包完整,心包腔内淡红色积液,量为 200 mL。心脏重 341 g,心脏各瓣膜周径:三尖瓣 10.0 cm,肺动脉瓣 7.0 cm,二尖瓣 8.0 cm,主动脉瓣 5.0 cm。左心室壁厚 1.1 cm,右心室壁厚 0.3 cm,室间隔厚 1.0 cm。支气管内无异物。左肺重 467 g,右肺重 643 g,两肺表面呈灰白灰褐色,两肺切面呈红褐色。左、右冠状动脉开口位置正常,前降支狭窄Ⅰ~Ⅱ级,余冠状动脉通畅。

(4)腹、盆腔解剖:腹腔淡粉色积液,量为 420 mL。大网膜、肠系膜的位置和形态正常,腹腔各脏器排列正常。肝重 1577 g,肝表面及切面呈砖红色,切面未见异常。脾重 185 g,被膜完整,表面及切面呈红褐色,切面未见异常。左肾重 196 g,右肾重 244 g,双肾被膜易剥离,表面及切面呈红色,切面皮髓质界限尚清晰。部分胰腺重 38 g,被膜及切面未见出血。双侧肾上腺重 9 g。胃内空虚。

法医病理学检验:

(1)脑:蛛网膜下腔及脑实质小血管淤血,脑组织冰晶形成,呈串珠样改变,局部脑实质神经细胞及小血管周围间隙增宽,未见脑组织挫伤、出血及炎症细胞浸润。

(2)心脏:前降支管壁增厚,管腔狭窄Ⅱ级,局部管周炎症细胞浸润;心肌间质血管淤血;局灶心肌纤维断裂,未见心肌间挫伤、出血。

(3)肺:广泛肺泡腔内大量均质红染液体,间质小血管扩张淤血,肺间质炭末沉积,局部肺组织纤维化伴散在结节形成;部分肺泡壁断裂融合;肺间质个别钙化灶形成,肺小动脉硬化,管壁增厚;局灶肺泡壁毛细血管内吞噬细胞形成。

(4)肝:肝被膜完整,肝小叶结构可见,肝间质血管、肝窦扩张淤血;肝组织内未见挫伤、出血及炎症细胞浸润,局部肝细胞自溶。

(5)脾:脾被膜完整,红-白髓分界不清,脾小梁结构可见,脾窦淤血,组织未见挫伤、出血。

(6)肾:肾被膜完整,皮髓质界限尚清,部分肾小管、肾小球组织自溶改变,肾间质血管淤血;广泛肾小球呈结节性硬化,肾小球血管袢内多个呈嗜伊红蛋白渗出物覆盖,伴球囊内纤维化灶形成。

(7)胰腺:组织自溶,未见出血及炎症细胞浸润。

法医病理学诊断:

(1)糖尿病肾病:广泛肾小球呈结节性硬化,肾小球血管袢内多个呈嗜伊红蛋白渗出物覆盖,伴球囊内纤维化灶形成。

(2)肺气肿、肺结节、肺组织局灶钙化、肺小动脉硬化、两肺叶间粘连。

(3)急性肺水肿、脑水肿。

(4)心、脑、肺、肝、脾、肾组织淤血。

(5)左侧胸腔积液、心包积液、腹腔积液。

五、分析说明

1. 送鉴材料记载　2021年12月28日6:00,在××市二七区王胡砦村委会院内发现一具无名女尸。经查视频监控,发现2021年12月27日21:00,有两名身份不明的人驾驶电动三轮车将该女子故意抛弃在××市二七区郑平公路贺江路东北角处,然后驾车离开现场。22:30,该女子被"120"急救人员安置在××市二七区王胡砦村委会内,经监控视频追踪,锁定犯罪嫌疑人为张××、林××,并得知被遗弃女子名叫周××。张××为周××继父,林××为周××生母,因周××身患重病,犯罪嫌疑人张××和林××无力承担医疗费用,故将周××遗弃在××市二七区郑平公路贺江路处。周××住院病历记载:被鉴定人周××存在Ⅰ型呼吸衰竭、呼吸窘迫综合征、急性心力衰竭、低血糖性昏迷、肺部感染、1型糖尿病伴多种并发症(糖尿病肾病、糖尿病周围神经病变)、高血压3级(极高危组)、乳酸酸中毒、低蛋白血症、低钾血症等病症。

2. 理化检验　从送检周××胃壁、肝脏、心血中未检出地西泮(安定)、毒鼠强成分,可排除其因上述毒/药物中毒导致死亡的可能。

3. 法医学尸体检验　周××颈部皮肤及皮下未见损伤痕迹,重要脏器亦未见明显机械性损伤,可排除其因机械性窒息、机械性损伤导致死亡的可能。

4.法医病理学检验　周××存在糖尿病肾病(广泛肾小球呈结节性硬化,肾小球血管袢内多个呈嗜伊红蛋白渗出物覆盖,伴球囊内纤维化灶形成);肺气肿、肺结节、肺组织钙化、肺小动脉硬化、两肺叶间粘连;急性肺水肿、脑水肿;心、脑、肝、脾、肾组织淤血;左侧胸腔积液、心包积液、腹腔积液等改变;其自身疾病严重。病历资料显示周××有糖尿病病史十余年。

结合案情,分析认为被鉴定人周××符合糖尿病伴多种并发症致多器官功能衰竭死亡的征象。

六、鉴定意见

被鉴定人周××符合糖尿病伴多种并发症致多器官功能衰竭死亡的征象。

七、附件

照片(略)。

司法鉴定人:××

《司法鉴定人执业证》证号:××

司法鉴定人:××

《司法鉴定人执业证》证号:××

××司法鉴定中心

2022 年 3 月 10 日

第二部分　本案鉴定解析

一、糖尿病及并发症

糖尿病是一种以高血糖为特征的代谢性疾病。高血糖则是由胰岛素分泌缺陷或其生物作用受损,或两者兼有引起。长期存在的高血糖,导致各种组织,特别是眼、肾、心脏、血管、神经的慢性损害和功能障碍。

(一)病因

1.遗传因素　1 型或 2 型糖尿病均存在明显的遗传异质性。糖尿病存在家族发病倾向,1/4 ~ 1/2 患者有糖尿病家族史。临床上有 60 种以上的遗传综合征可伴有糖尿病。1 型糖尿病有多个 DNA 位点参与发病,其中以 HLA 抗原基因中 DQ 位点多态性与 1 型糖尿病的关系最为密切。在 2 型糖尿病已发现多种明确的基因突变,如胰岛素基因、胰岛素受体基因、葡萄糖激酶基因、线粒体基因等。

2.环境因素　进食过多、体力活动减少导致的肥胖是 2 型糖尿病最主要的环境因素,使具有 2 型糖尿病遗传易感性的个体容易发病。1 型糖尿病患者存在免疫系统异常,在某些病毒如柯萨奇病毒、风疹病毒、腮腺炎病毒等感染后导致自身免疫反应,破坏胰岛 β 细胞。

(二)临床表现

1."三多一少"症状　多饮、多尿、多食和消瘦是严重高血糖时出现的典型的"三多一少"症状,多见于 1 型糖尿病。发生酮症或酮症酸中毒时,"三多一少"症状更明显。

2.疲乏无力及肥胖　多见于 2 型糖尿病。2 型糖尿病患者发病前常有肥胖,若得不到及时诊断,体重会逐渐下降。

(三)检查

1.血糖　是诊断糖尿病的唯一标准。有明显"三多一少"症状者,只要一次异常血糖值即可诊断。无症状者诊断糖尿病需要两次异常血糖值。可疑者须做口服葡萄糖耐量试验。

2.尿糖　常为阳性。血糖浓度超过肾糖阈(160 ~ 180 mg/dL)时尿糖阳性。肾糖阈增高时即使血糖达到糖尿病诊断标准亦可呈阴性。因此,尿糖测定不作为诊断标准。

3.尿酮体　酮症或酮症酸中毒时尿酮体阳性。

4.糖化血红蛋白　是葡萄糖与血红蛋白非酶促反应结合的产物,反应不可逆。糖化血红蛋白水平稳定,可反映取血前 2 个月的平均血糖水平,是判断血糖控制状态最有价值的指标。

5.糖化血清蛋白　是血糖与血清白蛋白非酶促反应结合的产物,反映取血前 1 ~ 3 周的平均血糖水平。

6.血清胰岛素和 C 肽水平　反映胰岛 β 细胞的储备功能。2 型糖尿病早期或肥胖型血清胰岛素正常或增高,随着病情的发展,胰岛功能逐渐减退,胰岛素分泌能力下降。

7.血脂　糖尿病患者常见血脂异常,在血糖控制不良时尤为明显。表现为甘油三酯、总胆固醇、低密度脂蛋白胆固醇水平升高,高密度脂蛋白胆固醇水平降低。

8.免疫指标　胰岛细胞抗体(ICA)、胰岛素自身抗体(IAA)和谷氨酸脱羧酶(GAD)抗体是 1 型糖尿病体液免疫异常的三项重要指标,其中以 GAD 抗体阳性率高,持续时间长,对 1 型糖尿病的诊断价值大。在 1 型糖尿病的一级亲属中也有一定的阳性率,有预测 1 型糖尿病的意义。

9. 尿白蛋白排泄量(放射免疫或酶联免疫吸附试验)　可灵敏地检出尿白蛋白排出量,早期糖尿病肾病尿白蛋白轻度升高。

（四）并发症

1. 糖尿病肾病　由于其存在复杂的代谢紊乱,糖尿病肾病一旦发展到终末期,可导致肾衰竭。

2. 糖尿病眼部并发症　如糖尿病视网膜病变、与糖尿病相关的葡萄膜炎、糖尿病性白内障等。

3. 糖尿病足　因周围神经病变与外周血管疾病合并过高的机械压力,可引起足部软组织及骨关节系统的破坏与畸形,进而引发一系列足部问题,从轻度的神经症状到严重的溃疡、感染、血管疾病、沙尔科关节(又称为夏科特关节)和神经病变性骨折。

4. 糖尿病心血管并发症　包括心脏和大血管上的微血管病变、心肌病变、心脏自主神经病变,是引起糖尿病患者死亡的首要病因。冠心病是糖尿病的主要大血管并发症,糖尿病患者冠心病的死亡风险比非糖尿病患者高 3 ~ 5 倍。其病理机制是动脉粥样硬化。高血糖、高收缩压、高胆固醇、低密度脂蛋白增高、高密度脂蛋白下降、年龄、性别、吸烟、家族史均是其发病的危险因素。

5. 糖尿病性脑血管病　是指由糖尿病引起的颅内大血管和微血管病变。据统计,2 型糖尿病患者有 20% ~ 40% 会发生脑血管病,主要表现为脑动脉硬化、缺血性脑血管病、脑出血、脑萎缩等,是糖尿病患者的主要死亡原因之一。

6. 糖尿病神经病变　最常见的类型是慢性远端对称性感觉运动性多发神经病变,即糖尿病周围神经病变,发病率很高,部分患者在新诊断为糖尿病时就已经存在周围神经病变,遗憾的是在治疗上,尤其是在根治糖尿病神经病变方面相当困难,所以重点还在于预防其发生和控制发展。

二、糖尿病伴多种并发症致多器官功能衰竭引起死亡的机制

本案例被鉴定人存在糖尿病肾病:广泛肾小球呈结节性硬化,肾小球血管祥内多个呈嗜伊红蛋白渗出物覆盖,伴球囊内纤维化灶形成;肺气肿、肺结节、肺组织钙化、肺小动脉硬化、两肺叶间粘连;左侧胸腔积液、腹腔积液、心包积液;急性肺水肿、脑水肿;心、脑、肝、脾、肾组织淤血等病理改变,其自身疾病严重。病历资料显示,其有糖尿病史十余年。被鉴定人周××符合糖尿病伴多种并发症致多器官功能衰竭死亡的征象。

第二十六节 交通事故致颅脑损伤后并发脑组织严重破坏

【本案鉴定要点】

1.本案为交通事故致颅脑损伤后并发脑组织严重破坏。

2.通过法医病理学检验,确定脑组织损伤的部位、病理改变。

3.分析说明交通事故致颅脑损伤后并发脑组织严重破坏引起死亡的机制。

第一部分 案例鉴定介绍

××司法鉴定中心
司法鉴定意见书

编号:××司法鉴定中心[2022]病鉴字第71号

一、基本情况

委托人:××市公安局偃师分局交通警察大队。

委托鉴定事项:死亡原因鉴定。

受理日期:2022年2月17日。

鉴定材料:

(1)司法鉴定委托书一份。

(2)李××尸体一具。

(3)××市中医院住院病历一份。

(4)××学第一附属医院住院病历二份。

(5)医学影像片一套。

鉴定日期:2022年2月17日。

鉴定地点:××司法鉴定中心。

被鉴定人:李××,女,身份证号为41038119570715××××。

二、基本案情

送鉴材料示:2020年10月16日14:10,谢××驾驶小型轿车与李××的电动二轮车相撞,造成李××受伤,先后在××市中医院、××大学第一附属医院治疗。

三、资料摘要

1.××市中医院住院病历摘录

住院时间:2020 年 10 月 16 日—2020 年 10 月 27 日。

住院号:××。

主诉:外伤后头痛、头晕伴恶心呕吐约 2 小时。

现病史:约 2 小时前在交通事故中致头部、胸腹及四肢等处受伤,伤后意识不清,诉头痛,双侧鼻腔见血性液流出,伴呕吐,呕吐物为咖啡色胃内容物,无肢体瘫痪,无肢体抽搐,无大小便失禁,急呼"120"来我院,急诊给予对症处理。急查头颅 CT 显示:①左额叶脑挫裂伤、血肿;②蛛网膜下腔出血;③右侧枕顶部头皮血肿;请结合临床及其他检查。为进一步治疗,急诊以"头部外伤"收住院治疗。入科症见:昏睡状,枕部伤口少量渗出,双侧鼻腔可见血痂,四肢可活动。发病以来患者未进食水,未排大小便。

既往史:高血压病史 30 多年,平时服用硝苯地平缓释片(1 片/次,每日 2 次)、依那普利片(1 片/次,每日 2 次)和酒石酸美托洛尔片(半片/次,每日 1 次),血压控制情况不详。冠心病病史 13 年,分别于 2007 年、2015 年在洛阳××第一附属医院置入 1 枚及 3 枚支架,平时服用阿司匹林肠溶片(100 mg/次,每日 1 次)、硝酸异山梨酯片(1 片/次,每日 1 次)。糖尿病病史 13 年,平时使用门冬胰岛素(12 U/次,每日 3 次)、重组甘精胰岛素(12 U/次,每日 1 次),血糖控制在 8.0 mmol/L,最高达 20.0 mmol/L。

专科情况:患者昏睡,查体欠合作,右枕部可触及头皮血肿,伤口表面少量渗出,双侧瞳孔等大等圆,直径约 2.5 mm,直接及间接对光反射均灵敏,双侧鼻腔可见血痂,下唇黏膜淤血明显,鼻唇沟对称,口角不歪,颈软,无抵抗,左小腿内侧可见两处皮下淤血斑,四肢可自主活动,四肢肌力 3 级,肌张力正常,腹壁反射未引出,膝反射正常,双侧巴宾斯基征阴性。

辅助检查:本院 2020 年 10 月 16 日检查,头部 CT 显示,①左额叶脑挫裂伤、血肿;②蛛网膜下腔出血;③右侧枕顶部头皮血肿;请结合临床及其他检查。胸部 CT 显示:①两肺密度不均,考虑吸气不充分可能,建议复查;②两肺轻度肺气肿;③心影增大,冠状动脉钙化;请结合临床及其他检查。上腹部 CT 显示:①上腹部 CT 平扫未见明显急性外伤征;②双肾结石,左肾囊肿;请结合临床及其他检查。颧弓 CT 平扫+三维显示:①双侧颧弓未见明显骨折征象;②双侧上颌窦、筛窦炎症;③右侧蝶窦积液,右侧蝶窦后壁骨折;请结合临床及其他检查。

诊疗经过:完善相关检查,患者颅内挫伤及水肿加重、意识状态变差,于

2020年10月17日急诊行"颅内多发血肿清除术+内减压术+去骨瓣减压术",术中见脑膜呈蓝色,硬脑膜张力高,剪开硬脑膜,见少量硬脑膜下血肿,脑组织迅速向外碰触。清除硬脑膜下血肿后见额叶、颞叶多发脑挫伤,清除挫伤脑组织和血肿,脑组织肿胀明显,决定行内减压术,切除部分额极及颞极。27日复查头颅CT,显示左侧额叶新发出血灶,出血量约40 mL,出血原因考虑可能与动脉瘤破裂和软化灶出血有关,需再次手术治疗,同时处理动脉瘤,与患者家属沟通,告知患者家属目前病情及治疗方案,患者家属商议后要求转上级医院进一步治疗。

出院诊断:创伤性蛛网膜下腔出血;动脉瘤? 多发脑挫伤;颅底骨折并脑脊液鼻漏;头皮血肿;应激性溃疡;肺部感染,双侧少量胸腔积液,双下肺局限性膨胀不全;双下肢肌间静脉血栓形成;2型糖尿病;高血压3级(极高危组);冠心病;多发软组织损伤。

2. ××大学第一附属医院住院病历摘录(1)

住院时间:2020年10月27日—2021年1月12日。

住院号:××。

主诉:颅脑损伤术后10天。

诊疗经过:2020年10月27日行"左侧大脑中动脉瘤夹闭术+脑内血肿清除+前颅底修补术"。术中见额叶脑内血肿,量约30 mL,予以清除,小心分离侧裂,可见视神经、颈内动脉,大脑中动脉动脉瘤位于分叉部,大小约4 mm×4 mm,分离瘤颈后以2枚动脉瘤夹夹闭动脉瘤,小心清除部分视野内可见出血,彻底止血后减张缝合硬脑膜。术中出血不多,未予输血。后患者病情逐渐平稳,但遗留意识不清等不适,转入康复科进一步行康复治疗。

出院诊断:外伤性蛛网膜下腔出血;左侧大脑中动脉瘤;迟发型脑内血肿;肺部感染;菌血症;颅内感染;低蛋白血症;双侧小腿肌间静脉血栓;运动障碍;吞咽困难;电解质紊乱;泌尿系统感染。

3. ××大学第一附属医院住院病历摘录(2)

住院时间:2021年1月12日—2021年8月28日。

住院号:××。

主诉:间断恶心、呕吐20多天。

诊疗经过:入康复科后积极完善相关评定及制订康复计划,给予对症治疗。

出院情况:患者意识模糊,精神一般,鼻饲饮食,查体不配合,头部骨窗。压力不高,局部轻度塌陷,双侧瞳孔等大等圆,直径约3.0 mm,对光反射可,两肺呼吸音粗,偶可闻及少许干湿啰音,心前区无隆起,心尖冲动不能明视,心前区未触及震颤,心律齐,各瓣膜听诊区未闻及病理性杂音,腹软,稍膨隆,左下腹叩诊呈实音,无压痛及反跳痛,右侧肢体 Brunnstrom 分期:上肢 1 期,手 1 期,下肢 1 期,肢体肌张力低下,左侧肢体可见小范围自主活动,右侧病理征阳性,左侧病理征未引出。独坐、独站不能完成,ADL 评定:Barthel 指数 0 分,日常生活自理能力完全依赖。

出院诊断:肺部感染;泌尿系统感染;颅脑损伤术后;动脉瘤夹闭术后;外伤性蛛网膜下腔出血;左侧大脑中动脉动脉瘤;迟发性脑内血肿;运动障碍;吞咽困难;继发性癫痫;呕吐查因,中枢性? 高血压 3 级(极高危组);糖尿病;冠心病支架植入术后;菌血症;颅内感染;双下肢肌间静脉血栓;低蛋白血症;电解质紊乱。

四、鉴定过程

检验日期:2022 年 2 月 17 日。

检验地点:××市殡仪馆。

检验方法:

(1)《法医学 尸体检验技术总则》(GA/T 147—2019)。

(2)《法医学尸体解剖规范》(SF/Z JD0101002——2015)。

(3)《道路交通事故尸体检验》(GA/T 268—2019)。

(4)《法医学 病理检材的提取、固定、取材及保存规范》(GA/T 148—2019)。

尸表检查:

(1)一般情况:女性,尸长 151 cm,外观发育正常,营养良好。尸斑呈紫红色,分布于背部未受压处,指压不褪色。腹部尸绿形成。

(2)头颈部:花白直发,发长 1.0 cm。左额颞部塌陷,对应塌陷区颅骨缺失,缺失范围为 8.0 cm×9.0 cm。双侧颞部片状皮肤皮革样化,双侧眼眶未见凹陷,双侧眼睑闭合。双侧球、睑结膜苍白,双侧角膜重度混浊,瞳孔窥不及。鼻骨未触及骨擦感,鼻腔未见异物,耳廓外形完整,外耳道未见明显异物。口唇无损伤,义齿在位,舌尖位于齿列内。双侧颊黏膜无损伤出血。颈部皮肤完整,无挫伤出血,气管居中。

(3)躯干及四肢:胸廓对称,外观形态正常,表皮未见明显损伤,胸部皮肤未触及肿胀,按压胸骨及双侧肋骨未触及骨擦感。腹部平坦,腹部未见挫伤出血。十指(趾)甲床轻度发绀。四肢未见损伤痕迹,未触及骨折,会阴部未见损伤。

尸体解剖:

(1)颅腔解剖:打开头皮,头皮下未见出血,左侧额颞部颅骨缺如,硬脑膜与头皮粘连严重,左额颞部脑组织破坏,可见侧脑室。右侧颞肌未见出血。脑重840 g,脑组织结构严重破坏,液化、坏死。

(2)颈部解剖:颈部皮下及肌肉无出血,颈部血管分布正常。甲状软骨、舌骨无骨折,喉头黏膜未见出血、水肿。

(3)胸腔解剖:直线法打开胸腔,胸骨、肋骨无骨折。双侧胸腔无积液,两肺叶间未见粘连。气管、支气管内无异物。左肺重393 g,右肺重596 g,两肺表面及切面呈红褐色。心包完整,心包腔内未见积液。心脏重344 g,心脏各瓣膜周径:三尖瓣11.0 cm,肺动脉瓣5.0 cm,二尖瓣10.0 cm,主动脉瓣5.0 cm。左心室壁厚0.9 cm,右心室壁厚0.3 cm,室间隔厚0.9 cm。左、右冠状动脉开口位置正常,前降支狭窄Ⅱ~Ⅲ级,部分可见钙化,左旋支狭窄Ⅱ级,右冠状动脉支架植入术后,右冠状动脉狭窄Ⅱ级。

(4)腹、盆腔解剖:腹腔未见积液。大网膜、肠系膜的位置和形态正常,腹腔各脏器排列正常。肝重1524 g,肝表面及切面呈砖红色,切面未见异常。脾重92 g,被膜稍皱缩,表面及切面呈红褐色,切面未见异常。左肾重120 g,右肾重124 g,双肾被膜易剥离,表面及切面呈红色,切面皮髓质界限稍模糊。部分胰腺重40 g,被膜及切面未见出血。胃内见200 mL乳黄色水样胃内容物。

法医病理学检验:

(1)脑:脑组织破坏,结构不清。

(2)心脏:前降支管壁增厚,管腔狭窄Ⅲ级;左旋支管壁增厚,管腔狭窄Ⅱ级;心肌间质血管淤血;左心室前壁、后壁及右心室壁局部心肌纤维化;左心室局灶心肌纤维波浪样改变;心肌组织未见挫伤、出血。

(3)肺:两肺广泛肺泡腔内大量均质红染液体;两肺部分肺泡腔断裂融合;肺间质血管扩张、淤血;局灶肺间质炭末沉积;肺组织未见挫伤、出血。

(4)肝:肝被膜完整,肝小叶结构可见,肝间质血管、肝窦扩张淤血;肝组织内未见挫伤、出血及炎症细胞浸润。

(5)脾:脾被膜完整,红-白髓分界尚清,脾小梁结构可见,间质血管淤血,组织内未见挫伤、出血。

(6)肾:肾被膜完整,皮髓质界限尚清,部分肾小管、肾小球组织自溶改变,肾间质血管淤血;个别肾小球纤维化。

(7)胰腺:局部组织自溶,组织内未见挫伤出血及炎症细胞浸润。

理化检验:提取李××血液进行常规毒/药物检验,李××血液未检出常规毒/药物甲基苯丙胺(冰毒)、3,4-亚甲双氧甲基苯丙胺(MDMA,摇头丸)、氯胺酮(K粉)、美沙酮、巴比妥、异戊巴比妥、曲马多、地西泮、氯丙嗪、咪达唑仑、阿普唑仑、艾司唑仑、毒鼠强、对硫磷、甲基对硫磷、喹硫磷、治螟磷、马拉硫磷、三唑磷、呋喃丹、胺菊酯、氯氰菊酯、氰戊菊酯、溴氰菊酯。

影像学所见：

（1）2020 年 10 月 16 日被鉴定人李××的××市中医院 CT 片（编号：143252）：两侧胸廓对称，两肺纹理增粗、增多，两肺野局限性透亮度增高，两肺野内散在片状略高密度影，边界模糊，以双下叶为著。左额部、双颞极条片状高密度影，边缘清晰，周围见低密度水肿区，左额叶、双颞叶脑挫裂伤、出血；脑沟裂、纵裂池内高密度影，蛛网膜下腔出血。

（2）2020 年 10 月 19 日被鉴定人李××的××市中医院 CT 片（编号：143394）：两侧胸廓对称，两肺纹理增粗、增多，左肺上叶舌段斑片状高密度影，两肺野内散在片状磨玻璃密度影，边界模糊，双侧胸腔少量积液。

（3）2020 年 10 月 27 日被鉴定人李××的××市中医院 CT 片（编号：143866）：左侧额叶新发出血灶，左侧侧脑室前脚受压变窄；左侧额颞部颅骨术后缺损，蛛网膜下腔出血，纵裂池积血较前减少，左侧侧脑室积血较前增多；右侧额颞部硬脑膜下积液。

（3）2021 年 6 月 22 日被鉴定人李××的××大学第一附属医院 CT 片（编号：18196491）：两侧胸廓对称，两肺纹理清晰，肺野清晰。左侧颞顶部开颅术后，颅骨缺如，对应脑组织软化，左额部局部脑组织缺如，左侧侧脑室扩大。

法医病理学诊断：

（1）颅脑损伤：颅脑损伤开颅术后；脑组织严重破坏、坏死。

（2）冠状动脉粥样硬化：冠状动脉前降支管壁增厚，管腔狭窄Ⅲ级；左旋支管壁增厚，管腔狭窄Ⅱ级；右冠状动脉支架植入术后。

（3）急性肺水肿、肺气肿。

（4）心、肺、肝、脾、肾组织淤血。

五、分析说明

1. 送鉴材料记载　2020 年 10 月 16 日 14∶10，被鉴定人谢××驾驶小型轿车与李××骑的电动车相撞，造成李××受伤，先后就诊于××市中医院、××大学第一附属医院，被诊断为创伤性蛛网膜下腔出血、多发脑挫伤、颅底骨折并脑脊液鼻漏、头皮血肿等，行颅内多发血肿清除术+内减压术+去骨瓣减压术等治疗，出院回家后死亡。

2. 理化检验　从李××血液中未检出甲基苯丙胺（冰毒）、MDMA、氯胺酮（K 粉）、美沙酮、巴比妥、异戊巴比妥、曲马多、地西泮、氯丙嗪、咪达唑仑、阿普唑仑、艾司唑仑、毒鼠强、对硫磷、甲基对硫磷、喹硫磷、治螟磷、马拉硫磷、三唑磷、呋喃丹、胺菊酯、氯氰菊酯、氰戊菊酯、溴氰菊酯，可排除其因上述毒/药物中毒导致死亡的可能。

3. 法医学尸体检验　未发现李××颈部皮肤、皮下组织及肌肉有损伤出血,可排除其因扼压颈部导致机械性窒息死亡的可能。

4. 法医病理学检验　李××存在颅脑损伤(脑重 840 g;颅脑损伤开颅术后;脑组织破坏、坏死);冠状动脉管壁硬化(冠状动脉前降支管壁增厚,管腔狭窄Ⅲ级;左旋支管壁增厚,管腔狭窄Ⅱ级;右冠状动脉支架植入术后);急性肺水肿、肺气肿;以及心、肺、肝、脾、肾组织淤血等病理改变。李××心肌未见新鲜梗死表现,排除其心脏病急性发作导致死亡的可能。另外,李××脑组织破坏严重、液化、坏死。

根据送鉴材料记载,李××伤后一直处于意识模糊及昏迷状态,结合案情及病程发展进程,分析认为,被鉴定人李××符合交通事故致颅脑损伤后并发脑组织严重破坏、坏死致脑功能障碍死亡的征象。

六、鉴定意见

被鉴定人李××符合交通事故致颅脑损伤后并发脑组织严重破坏、坏死致脑功能障碍死亡的征象。

七、附件

照片(略)。

司法鉴定人:××

《司法鉴定人执业证》证号:××

司法鉴定人:××

《司法鉴定人执业证》证号:××

××司法鉴定中心

2022 年 3 月 12 日

第二部分　本案鉴定解析

一、交通事故与颅脑损伤

(一)交通事故

交通事故是指车辆在道路上因过错或者意外造成人身伤亡或者财产损失的事件。交通事故不仅是由不特定的人员违反道路交通安全法规造成的;也可以是由地震、台风、山洪、雷击等不可抗拒的自然灾害造成。

（二）颅脑损伤

颅脑损伤是一种常见外伤,可单独存在,也可与其他损伤复合存在。其根据颅脑解剖部位分为头皮损伤、颅骨损伤与脑损伤,三者可合并存在。头皮损伤包括头皮血肿、头皮裂伤、头皮撕脱伤。颅骨骨折包括颅盖骨线状骨折、颅底骨折、凹陷性骨折。脑损伤包括脑震荡、弥漫性轴索损伤、脑挫裂伤、脑干损伤。按损伤发生的时间和类型又可分为原发性颅脑损伤和继发性颅脑损伤。按颅腔内容物是否与外界交通分为闭合性颅脑损伤和开放性颅脑损伤。根据伤情程度又可分为轻、中、重、特重 4 型。

二、Brunnstrom 6 个分期表现

1. Ⅰ期　无任何随意运动,手、上下肢无任何运动。

2. Ⅱ期　有联合反应,可共同运动,仅有极少的随意运动。

3. Ⅲ期　随意出现共同运动,上肢可以随意发起协同运动,手可抓握但不能伸展,下肢在坐和站立位上有髋、膝、踝的协同性屈曲。

4. Ⅳ期　可以分离运动,如手能侧捏、小范围伸展,下肢在坐位上可以屈膝 90°以上,足可以向后滑动。

5. Ⅴ期　肌张力逐渐恢复,有分离精细运动。手指可同时伸展但单独伸展差,下肢健腿站,患肢可以先屈膝,后伸髋;伸膝下踝,可背屈。

6. Ⅵ期　运动能力接近正常,速度和准确性较正常差。

三、脑组织严重破坏引起死亡的机制

导致脑死亡的直接原因就是外伤造成脑组织、脑细胞严重破坏,失去生理功能。脑死亡的间接原因多由于全身缺氧和代谢紊乱,引起脑组织缺氧坏死。脑组织是全身对缺氧最敏感的器官,一般缺氧 4~6 分钟就会导致不可逆死亡。脑死亡后患者自主呼吸停止,无自主性的肌肉活动,瞳孔散大,对光反射消失。但是,脑死亡后心搏还会存在,如果用药物和呼吸机等支持治疗,全身其他器官还会存活一段时间。

人的大脑虽然有头颅骨的保护,但是也不能避免大脑会受到一些外伤,脑外伤有时很严重,会直接导致死亡。坚实的颅骨,就像一个天然的头盔保护着我们的大脑,尽管如此,大脑仍然容易受到各种外伤。50 岁以下的人中,脑外伤是常见的致死和致残原因,脑外伤也是 35 岁以下男性死亡的第二位原因（枪伤为第一位）。大约一半的严重脑外伤患者不能存活。严重的脑外伤会牵拉、扭曲或撕裂脑内的神经、血管及其他组织。神经通路受到破坏,或引起出血、水肿。脑出血和脑水肿使颅腔内容物增大,但颅腔本身不能相应扩大,其结果是颅内压升高,脑组织进一步遭到破坏。颅内压升高将脑向下推移,迫使

上部的脑组织和脑干进入与之相连的孔道,这种情况称作脑疝。小脑和脑干可从颅底的孔道向脊髓移位。因为脑干有维持呼吸和心搏的重要功能,所以脑疝常是致命的。

有时很轻的头部外伤也可能引起严重的脑损伤。老年人头部外伤后尤易引起大脑周围的出血(硬脑膜下出血),服用抗凝药物预防血栓的人也是外伤后硬脑膜下出血的高危人群。

第二十七节　透壁性心肌梗死致左心室破裂和心包压塞

【本案鉴定要点】

1. 本案为透壁性心肌梗死致左心室破裂和心包压塞。

2. 通过法医病理学检验,确定透壁性心肌梗死左心室破裂部位、心包压塞出血量及病理改变。

3. 分析说明透壁性心肌梗死致左心室破裂和心包压塞引起死亡的机制。

第一部分　案例鉴定介绍

××司法鉴定中心
司法鉴定意见书

编号:××司法鉴定中心[2021]病鉴字第××号

一、基本情况

委托人:××公安局。

委托鉴定事项:死亡原因鉴定。

受理日期:2021 年 2 月 21 日。

鉴定材料:

(1)司法鉴定委托书一份。

(2)何××尸体一具。

(3)××中医院急重症抢救记录本复印件一份。

鉴定日期:2021 年 2 月 21 日。

鉴定地点:××司法鉴定中心。

被鉴定人:何××。女,身份证号为41122419490401××××。

二、基本案情

送鉴材料示:2021 年 2 月 17 日 9 时许,何××因身体不适到李××(未取得从医执业资格证)经营的济世堂大药房看病,经李××输液治疗。2021 年 2 月 17 日14 时许,何××身体出现不适、昏迷症状,后何××家属将其送往××中医院,经医生检查确认何××已死亡。

三、资料摘要

××中医院急重症抢救记录本(2021 年 2 月 17 日)摘录:口吐白沫,眼上翻并呼之不应约20 分钟(代主诉)。门诊检查无呼吸、心搏,血压测不出。抢救约 40 分钟,心电图呈一条直线。确定诊断为院前死亡。

四、鉴定过程

检验日期:2021 年 2 月 21 日。

检验地点:××人民医院。

检验方法:

(1)《法医学　尸体检验技术总则》(GA/T 147—2019)。

(2)《法医学尸体解剖规范》(SF/Z JD0101002——2015)。

(3)《法医学　病理检材的提取、固定、取材及保存规范》(GA/T 148—2019)。

尸表检查:

(1)一般情况:女性,尸长 155 cm,外观发育正常,营养良好。尸斑呈紫红色,分布于项背部及四肢未受压处,指压不褪色。尸僵已缓解。

(2)头颈部:黑色头发,顶部发长 15 cm。头颅无畸形,头皮未触及肿胀。双眼睑闭合,双侧球、睑结膜苍白,角膜轻度混浊,双侧瞳孔等大等圆,直径为 0.5 cm。鼻骨未触及骨擦感,鼻腔内未见明显异物。耳廓外形完整,外耳道未见明显异物。口唇中度发绀。牙列完整,舌尖位于齿列内。唇黏膜及双侧颊黏膜无出血。口腔内未见明显异物。颈部皮肤完整,未见挫伤出血,气管居中。

(3)躯干及四肢:胸廓对称,外观形态正常,胸部见多处除颤痕,胸骨、肋骨未触及骨擦感。腹部平坦,未见皮肤损伤痕迹。十指甲床重度发绀,左右手背及右肘窝处见针孔。会阴部未见损伤。脊柱、骨盆及四肢未触及骨擦感。

尸体解剖:

(1)颅腔解剖:头皮下无出血,双侧颞肌未见出血,颅骨无骨折。硬脑膜下未见异常。脑重1153 g,表面及切面未见明显异常。

（2）颈部解剖：颈部皮下及肌肉无出血，颈部血管分布正常。甲状软骨、舌骨无骨折。喉头黏膜未见水肿。

（3）胸腔解剖：直线法打开胸腔，皮下组织未见出血，胸骨及肋骨未见骨折。双侧胸腔无积液，胸膜与胸壁无粘连。气管、支气管内无异物。左肺重445 g，右肺重488 g，两肺表面呈红褐色，切面未见明显异常。心包内见240 mL血液及大量凝血块。心脏重390 g，心外膜脂肪组织增生明显，左心室后壁近心尖处见0.5 cm×0.2 cm破裂口，周围出血明显。各瓣膜周径：三尖瓣9.0 cm，肺动脉瓣6.0 cm，二尖瓣8.0 cm，主动脉瓣6.5 cm。左心室壁厚1.3 cm，右心室壁厚0.4 cm，室间隔厚1.0 cm。左前降支、右冠状动脉狭窄Ⅰ级，左旋支管腔内见灰褐色血栓样物堵塞，周围脂肪组织暗红色变。

（4）腹、盆腔解剖：腹腔未见积液。大网膜、肠系膜的位置和形态正常，腹腔脏器排列正常。肝重1340 g，外观形态正常，表面呈砖红色，切面无异常。脾重181 g，被膜完整，表面及切面呈红褐色。左肾重130 g，右肾重119 g，双肾被膜易剥离，表面及切面呈红色，切面皮髓质界限清晰。部分胰腺重66 g，被膜及切面未见出血。

法医病理学检验：

（1）心脏：左前降支、右冠状动脉内膜下纤维组织增生，管腔狭窄Ⅰ级；左旋支内膜下纤维组织增生，管腔内血栓形成，由大量纤维蛋白、少量炎症细胞及红细胞构成，几乎完全堵塞管腔，周围脂肪组织广泛性出血；心脏破口处可见大量红细胞聚集，心肌细胞坏死，周围心肌间质可见大量以中性粒细胞为主的炎症细胞浸润，部分聚集成堆；心外膜下脂肪组织增多，右心室可见大量脂肪组织浸润，心肌被脂肪组织分割成岛屿状，左心室部分区域间质脂肪组织浸润（较右心为轻）。

（2）肺：肺泡壁毛细血管及肺间质血管扩张淤血，部分肺泡腔内见均质红染水肿液，灶性肺出血，余未见明显异常。

（3）肝：肝小叶形态正常，肝细胞索排列整齐，肝窦及间质血管扩张淤血，肝细胞轻度水肿，门管区见少量淋巴细胞浸润。

（4）脾：被膜未见明显增厚，脾小梁形态正常，脾窦淤血明显，少数脾小动脉玻璃样改变。

（5）肾：肾间质血管扩张淤血，间质未见明显炎症细胞浸润，肾小球毛细血管扩张淤血，个别肾小球纤维化，肾小管上皮细胞胞质红染，细胞核模糊。

（6）胰腺：胰岛结构形态正常，间质血管扩张淤血，胰岛细胞轮廓尚在，细胞核模糊。

（7）脑：脑间质血管及蛛网膜下腔血管扩张淤血，脑神经细胞、胶质细胞及间质血管周围间隙轻度增宽,余未见明显异常。

法医病理学诊断:

(1)冠状动脉左旋支粥样硬化并血栓形成、透壁性心肌梗死伴左心室破裂、心包积血、脂肪心。

(2)急性肺淤血、肺水肿、灶性肺出血。

(3)脑、肝、脾、肾、胰腺等组织淤血。

五、分析说明

1.送鉴材料记载　2021年2月17日9时许,被鉴定人何××因身体不适到李××(未取得从医执业资格证)经营的济世堂大药房看病,经李××输液治疗。2021年2月17日14时许,何××身体出现不适、昏迷症状,其家属将其送往××中医院,经医生检查,何××已死亡。

2.法医学尸体检验及法医病理学检验　何××存在心包内大量血液及凝血块,左心室后壁破裂口;冠状动脉左旋支粥样硬化并血栓形成、透壁性心肌梗死、脂肪心;急性肺淤血、肺水肿、灶性肺出血;多器官淤血等改变。

结合案情,分析认为被鉴定人何××符合左旋支粥样硬化并血栓形成引起透壁性心肌梗死致左心室破裂和心包压塞死亡的征象。

六、鉴定意见

被鉴定人何××符合左旋支粥样硬化并血栓形成引起透壁性心肌梗死致左心室破裂和心包压塞死亡的征象。

七、附件

照片(略)。

司法鉴定人:××

《司法鉴定人执业证》证号:××

司法鉴定人:××

《司法鉴定人执业证》证号:××

××司法鉴定中心

2021年3月10日

第二部分　本案鉴定解析

一、心肌梗死致左心室破裂和心包压塞

心肌梗死会引起心脏破裂或心包内血管损伤,造成心包腔内血液积存,称为血心包或心包压塞,心包压塞是心脏创伤的急速致死原因。

(一)心肌梗死的并发症

1.心脏破裂　坏死的心肌非常薄弱,在心脏收缩增强时,容易出现破裂并可导致心包压塞而危及生命。

2.室间隔破裂　即左右心室间的间隔破裂,易出现心力衰竭、心源性休克。

3.乳头肌或腱索断裂　造成二尖瓣反流,引发心源性休克。

4.室壁瘤　易导致心力衰竭或周围动脉栓塞,如脑血栓。

(二)心脏破裂的类型

1.缝隙型破裂　这种破裂最早发生于心肌梗死24小时之内,主要是因为乳头肌底部或者是游离壁与室间隔交界处的内膜撕裂,迅速发展而来。

2.侵蚀性的破裂　常发生在心肌梗死之后的24小时以后,梗死心肌常受到侵蚀,心内膜破口比较大,提示破裂之前有慢性的撕裂过程。

3.室壁瘤破裂　这种破裂是比较少见的,主要是室壁瘤过度扩张导致。

二、死亡机制

心肌梗死最常见、最严重的并发症就是心脏破裂,心脏破裂占心肌梗死死亡人数的15%～20%,是心肌梗死肌泵衰竭之后第二大死亡原因。心脏破裂的发生率是比较高的,主要是因为急性心肌梗死导致心肌坏死后,在心肌的收缩力依然比较强的情况下,就会出现心脏破裂,导致心包压塞,心脏的机械收缩功能停止。

心脏破裂的时间有两个高峰:心肌梗死之后的第1天和第3～5天。在心肌梗死发生之后,一定要及早地打通血管,恢复血流,这是预防心脏破裂的重要方式。

第二十八节　缢颈后并发缺血缺氧性脑病和肺部感染致呼吸循环衰竭

【本案鉴定要点】

1. 本案为缢颈后并发缺血缺氧性脑病和肺部感染致呼吸循环衰竭。
2. 通过法医病理学检验,确定缢颈局部及主要器官的病理改变。
3. 分析说明缢颈引起死亡的机制。

第一部分　案例鉴定介绍

××司法鉴定中心
司法鉴定意见书

编号:××司法鉴定中心[20××]病鉴字第××号

一、基本情况

委托人:××公安局郑东新区分区。

委托鉴定事项:死亡原因鉴定。

受理日期:2022 年 4 月 24 日。

鉴定材料:

(1)司法鉴定委托书一份。

(2)××尸体一具。

(3)××第三人民医院病历资料一份。

(4)××第一附属医院病历资料一份。

鉴定日期:2022 年 4 月 24 日。

鉴定地点:××司法鉴定中心。

被鉴定人:××,男,身份证号为 41112219870827××××。

二、基本案情

送鉴材料示:2022 年 4 月 14 日 18 时许,××在××派出所自缢,后被送至××第三人民医院(东院区)抢救,于 2022 年 4 月 17 日转院至××第一附属医院(东院区),于 2022 年 4 月 18 日 9 时许,抢救无效死亡。

三、资料摘要

1. ××第三人民医院住院病历摘录

住院时间:2022 年 4 月 14 日—2022 年 4 月 17 日。

住院号:××。

入院情况:患者以"被发现意识丧失 1 小时"就诊。因"被发现意识丧失 1 小时"入院。1 小时前(18:30 左右)患者在派出所被民警发现意识丧失,呼之不应,伴口唇、面色青紫,无抽搐,无呕吐及大小便失禁。民警打"120"电话求助,急救医师询问病情后初步判断患者为"呼吸心搏骤停",电话指导民警行心肺复苏术,急救医护人员到达现场(18:43)查看患者呼吸停止、颈动脉搏动未触及、皮肤黏膜发绀,双侧瞳孔等大等圆,直径为 4.0 mm,对光反射消失,判断患者呼吸心搏骤停,立即行高质量心肺复苏术,持续胸外心脏按压,在可视喉镜下行经口气管插管术,成功后接呼吸机辅助呼吸,迅速建立静脉通路,给予 1 mg 肾上腺素注射液静脉注射(每 5 分钟注射 1 次,共应用 2 次),并给予生理盐水注射液、5% 碳酸氢钠注射液 250 mL 静脉滴注。18:55 心电监护示恢复自主心律:心率 133 次/分,血压 135/108 mmHg,呼吸 16 次/分(呼吸机辅助呼吸),脉搏血氧饱和度(SpO_2)91%,双侧瞳孔直径为 3.0 mm,对光反射迟钝。18:57 急查心电图显示:①窦性心律(心率 132 次/分);②Ⅰ、aVL 导联 ST 段抬高改变,广泛胸前导联 ST 段压低改变。为求进一步诊治,立即返回我院,返院途中复测血压 122/70 mmHg,SpO_2 97%,以"心脏停搏复苏成功"为诊断收入我科。

查体:体温 36.5 ℃,脉搏 159 次/分,血压 152/84 mmHg;结膜充血水肿,瞳孔大小不等,左侧瞳孔直径为 5.0 mm,右侧瞳孔直径为 6.0 mm,对光反射消失,口唇色淡,口插管接呼吸机辅助呼吸。颈部可见约 20 cm 暗红色勒痕,可见皮肤挫裂、胸骨中下段凹陷,胸骨压痛检查不合作,触觉语颤检查不合作,两肺呼吸音粗,未闻及干湿啰音。心率 159 次/分,律齐,心音低钝,心脏各瓣膜听诊区未闻及杂音。腹部平坦,软,全腹压痛及反跳痛不合作,双肾区叩痛检查不合作,肠鸣音弱。四肢无畸形,可见不自主抽动,双下肢无明显水肿。生理反射消失,病理反射未引出。

辅助检查:院前急查心电图显示,①窦性心律(心率 132 次/分);②Ⅰ、aVL 导联 ST 段抬高改变,广泛胸前导联 ST 段压低改变。入科急查动脉血气分析(19:41):pH 值 7.02,PO_2 48.9 mmHg,PCO_2 69 mmHg,HCO_3^- 17.8 mmol/L,碱剩余(BE)-14.4 mmol/L,乳酸(Lac)14.5 mmol/L。

入院诊断:心脏停搏复苏成功;Ⅱ 型呼吸衰竭;缺血缺氧性脑病;继发性癫痫;代谢性酸中毒;高乳酸血症;闭合性胸部损伤,肋骨骨折? 吸入性肺炎;应激性心肌损伤;颈部损伤,颈部皮肤挫伤。

诊疗经过:入院后给予呼吸机辅助呼吸、抗感染、脱水降颅压、补液、维持内环境稳定等治疗,患者瞳孔逐渐回缩,目前处于昏迷状态,持续呼吸机辅助通气,机设频率 16 次/分,自主呼吸频率在 8 ~ 10 次/分,双侧瞳孔直径为 4.0 mm,对光反射消失,生理反射及病理反射未引出。

出院诊断:心脏停搏复苏成功;Ⅱ型呼吸衰竭;缺血缺氧性脑病;继发性癫痫;代谢性酸中毒;高乳酸血症;闭合性胸部损伤;吸入性肺炎;全身炎症反应综合征;急性肝损伤;应激性心肌病;左肾结石并积液。

出院医嘱:病情危重,继续治疗。

2.××第一附属医院住院病历摘录

住院时间:2022 年 4 月 17 日—2022 年 4 月 18 日。

住院号:××。

代主诉:自缢后意识丧失 3 天。

入院情况:患者入院时处于昏迷状态,被动体位,急性面容,查体不合作。经口气管插管接呼吸机通气。口鼻中涌出大量稀薄血性分泌物。经鼻胃管中引流出褐色胃容物。头颈皮肤潮红,颈部约平喉结有一长约 25 cm、宽约 0.5 cm 横向黑褐色勒痕。双侧瞳孔等大等圆,直径为 4 mm,对光反射均消失。腹壁反射消失,肌张力正常,肌力查体不合作,双侧肱二、三头肌腱反射消失,双侧膝反射、跟腱反射消失,双侧巴宾斯基征未引出,双侧霍夫曼征阴性,克尼格征阴性。格拉斯哥昏迷量评分 3 分。2022-04-17 于我院检验。血气分析:PCO_2 55.50 mmHg ↑, PO_2 48.7 mmHg ↓,氧饱和度 83.30% ↓,血钾 5.00 mmol/L↑,血钠 148.0 mmol/L↑,血氯 109.00 mmol/L↑,标准碱剩余 7.50 mmol/L↑,实际碱剩余 5.800 mmol/L↑,实际碳酸氢根 32.70 mmol/L↑,全血总二氧化碳 65.80 mmol/L↑。血常规(急诊):白细胞计数 $15.56×10^9$/L↑,中性粒细胞百分比 88.4% ↑。尿常规自动分析:酮体+↑,隐血+↑,蛋白弱阳性↑,维生素 C +++↑,红细胞 710/μL↑,白细胞 127/μL↑。血氨:132.00 μmol/L↑。心肌酶(急):谷草转氨酶 202 U/L↑,肌酸激酶 1045 U/L↑,肌酸激酶同工酶 83.3 U/L↑,乳酸脱氢酶 736 U/L↑;B 型钠尿肽前体 3634.00 pg/mL↑,淀粉酶 306.00 U/L↑,降钙素原 11.040 μg/L↑,乳酸 3.09 mmol/L↑,C 反应蛋白 70.50 mg/L ↑,肌酸激酶同工酶(质量法)8.28 μg/L ↑,肌红蛋白 619.70 μg/L,肌钙蛋白 0.393 μg/L。CT 检查显示:蛛网膜下腔出血待排? 脑水肿? 双上肺小类结节,考虑炎症,双上肺小肺大疱或局限性肺气肿;两肺炎症;主支气管内分泌物? 双侧胸膜增厚;部分肋骨双边征(考虑伪影所致),左侧局部肋骨骨痂;胆囊显示不清;肝门部胆管稍宽,请结合临床;左肾结石;左肾部分肾盏稍扩张;双肾周少许渗出;左侧肾上腺局部稍粗;前列腺钙化灶。

入院诊断:脑疝;循环衰竭;呼吸衰竭;蛛网膜下腔出血;缺氧缺血性脑病;脑水肿;中枢性高热;肝功能不全;心肌损害;肺部感染;电解质紊乱,高钾血症;心脏停搏复苏成功;肾结石。

诊疗经过:入院后立即开始抢救,予以生理盐水、人工胶体快速输注,去甲肾上腺素、间羟胺等升压药物持续深静脉泵入以升高血压,高渗糖加胰岛素静脉泵入以降低血钾水平,给予冰毯、冰盐水灌肠降温,布洛芬退热,亚冬眠降温降颅压等脑保护措施,调整呼吸机参数以升高指脉氧饱和度。并给予抗感染、抗抽搐等治疗措施。同时完善各项必要检查检验,结果显示(2022-04-17):pH 值 7.378,PCO_2 55.50 mmHg↑,钾 5.00 mmol/L↑,钠 148.0 mmol/L↑,氯 109.00 1 mmol/L。血氨:132.00 μmol/L↑。心肌酶(急):谷草转氨酶 202 U/L↑,肌酸激酶 1045 U/L↑,肌酸激酶同工酶 83.3 U/L↑,乳酸脱氢酶 736 U/L↑,谷丙转氨酶 59 U/L↑,谷氨酸转肽酶 106 U/L↑。血常规(急诊):白细胞计数 15.56×10^9/L↑,中性粒细胞百分比 88.4 %↑。pH 值 7.182↓,PCO_2 74.60 mmHg↑,PO_2 48.7 mmHg↑,钾 4.70 mmol/L↑,钠 150.0 mmol/L↑,氯 114.00 mmol/L↑;pH 值 7.166↓,PCO_2 79.60 mmHg↑,PO_2 63.7 mmHg↓,钾 4.60 mmol/L,钠 150.0 mmol/L↑,氯 114.00 mmol/L↑。患者双侧瞳孔散大,对光反射消失,自主呼吸停止,脑组织广泛缺血坏死、肿胀改变,无外科治疗指征。2022-04-18 07:47 患者突发心率下降至 25 次/分,氧饱和度测不出,大动脉搏动消失,立即给予高质量心肺复苏,持续胸外心脏按压、经口气管插管接呼吸机辅助通气,药物上给予肾上腺素 1 mg 每 3 分钟静脉注射,辅以血管活性药物,急查血气示:pH 值 6.870↓,PCO_2 74.10 mmHg↑,PO_2 52.0 mmHg↓,钾 7.30 mmol/L↑,氯 116.00 mmol/L↑,钙 1.07 mmol/L↓,葡萄糖 1.90 mmol/L↓,乳酸 8.1 mmol/L↑,实际碳酸氢根 13.50 mmol/L↓,全血总二氧化碳 32.40 mmol/L↑,阴离子间隙 14.80 mmol/L,给予碳酸氢钠纠正酸中毒,积极补充晶体、胶体液,持续抢救至 2022-04-18 09:47,患者仍未恢复自主呼吸、心搏,描记心电图呈直线,双侧瞳孔散大固定,对光反射消失,大动脉无搏动,医生宣告临床死亡。

死亡原因:呼吸循环衰竭。

死亡诊断:脑疝;循环衰竭;呼吸衰竭;蛛网膜下腔出血;缺氧缺血性脑病;脑水肿;中枢性高热;肝功能不全;心肌损害;肺部感染;电解质紊乱;心脏停搏复苏成功;肾结石。

四、鉴定过程

检验日期:2022 年 4 月 24 日。

检验地点:××司法鉴定中心。

检验方法:

(1)《法医学　尸体检验技术总则》(GA/T 147—2019)。

(2)《法医学尸体解剖规范》(SF/Z JD0101002——2015)。

(3)《法医学　机械性损伤尸体检验规范》(GA/T 168—2019)。

(4)《法医学　病理检材的提取、固定、取材及保存规范》(GA/T 148—2019)。

尸表检查:

(1)一般情况:男性,尸长 170 cm,外观发育正常,营养良好。尸斑呈暗红色,分布于尸体背侧未受压处,指压不褪色。

(2)头颈部:黑色头发,发长 2.5 cm。头颅无畸形,头皮未触及肿胀。面部发绀,双眼睑闭合,双侧球、睑结膜充血,双侧内眼睑片状出血,角膜混浊,双侧瞳孔直径均为 0.5 cm。鼻骨未触及骨擦感,鼻腔内无异物。耳廓外形完整,外耳道未见明显异物。口唇轻度发绀,牙列完整,舌尖位于齿列内。唇黏膜及双侧颊黏膜无出血,口腔内无异物。颈部见一条 37.0 cm×0.4 cm 索沟,表皮呈羊皮纸样伴局部剥脱,索沟颈前部位最深,向左右两侧分别斜行向后上方,并逐渐变浅,在耳后形成提空。

(3)躯干及四肢:胸廓对称,外观形态正常,胸部皮肤未触及肿胀。腹部平坦,未见挫伤出血。左手五指甲床发绀,右手五指甲床发绀。会阴部未见损伤。

尸体解剖:

(1)颅腔解剖:颅骨无骨折。硬脑膜未见明显异常。脑重 1742 g,脑沟变浅,脑回增宽,表面及切面未见明显异常。

(2)颈部解剖:颈前部左、右两侧见小片状皮下组织出血。右侧舌骨大角骨折,右侧舌骨旁肌肉组织出血。喉头黏膜充血。

(3)胸腔解剖:直线法打开胸腔,胸骨无骨折;左侧第三、四肋骨锁骨中线骨折,肋间肌出血。双侧胸腔无积液。气管、支气管内无异物。左肺重 720 g,右肺重 860 g,两肺表面呈红褐色,两肺及肺裂间可见数个出血点,切面未见明显异常。心包内无积液。心脏重 400 g,心脏外观无畸形,右心室表面可见数个出血点。心脏各瓣膜周径:三尖瓣 10.5 cm,肺动脉瓣 6.0 cm,二尖瓣 9.0 cm,主动脉瓣 6.5 cm。左心室壁厚 1.0 cm,右心室壁厚 0.3 cm,室间隔厚 1.0 cm。左、右冠状动脉开口位置正常,各冠状动脉通畅。

(4)腹、盆腔解剖:腹腔无积液,大网膜、肠系膜的位置和形态正常,腹腔各脏器排列正常。肝重 1935 g,表面呈红褐色,切面未见明显异常。脾重 180 g,

表面及切面未见明显异常。双肾重410 g,左肾切面可见结石。胰腺被膜及切面未见出血。食管呈苍白色,胃内有少量食糜状液体,胃壁未见出血。

法医病理学检验:

(1)脑:脑组织实质内神经细胞、神经胶质细胞周围间隙明显增宽,脑膜及脑实质血管扩张淤血。脑实质未见出血及炎症细胞浸润。小脑浦肯野细胞广泛肿胀变圆。

(2)心脏:左心室壁局灶部分心肌纤维断裂,心肌未见梗死,心肌间质内未见出血及炎症细胞浸润,心肌间质血管淤血。

(3)肺:两肺肺泡隔毛细血管及肺间质血管扩张淤血,两肺部分区域肺泡腔内可见大量红细胞,部分肺泡腔内充有散在炎症细胞。

(4)肝:肝小叶未见明显异常,肝窦及门管区血管淤血。

(5)脾:脾小梁结构未见明显异常,脾窦淤血。

(6)肾:肾小球数量无减少,肾小囊腔未见出血及炎症细胞浸润;肾小管上皮细胞自溶,肾间质血管扩张淤血,个别肾小管内可见蛋白管型形成。

(7)胰腺:组织自溶,未见明显异常。

(8)颈部皮肤、皮下组织及舌骨旁肌肉:颈部皮肤表皮层局部脱落,细胞肿胀变性,部分细胞极性化改变,其下结缔组织胶原纤维肿胀变性,部分断裂;皮下组织局部可见大量红细胞伴少量炎症细胞浸润;右侧舌骨旁肌肉见片状出血。

法医病理学诊断:

(1)颈部损伤:颈部皮肤局部表皮剥脱及皮下出血,右侧舌骨大角骨折。

(2)缺血缺氧性脑病、脑水肿、脑淤血。

(3)肺淤血、局部性肺出血、肺部感染。

(4)个别肾小管蛋白管型形成、左肾结石。

(5)心、肝、肾组织淤血。

理化检验:××心血中未检出常规毒/药物甲基苯丙胺(冰毒)、3,4-亚甲双氧甲基苯丙胺(MDMA,摇头丸)、氯胺酮(K粉)、美沙酮、巴比妥、异戊巴比妥、曲马多、阿普唑仑、艾司唑仑、毒鼠强、对硫磷、甲基对硫磷、喹硫磷、治螟磷、马拉硫磷、三唑磷、呋喃丹、胺菊酯、氯氰菊酯、氰戊菊酯、溴氰菊酯。

五、分析说明

1.送鉴材料记载　2022年4月14日18时许,被鉴定人××在××派出所自缢,后被送至××第三人民医院(东院区)抢救,于2022年4月17日转院至××第一附属医院(东院区),于2022年4月18日9时许,抢救无效死亡。

2.法医学尸体检验　××颈部见一条索沟,索沟颈前部位最深,向左右两侧分别斜行向后上方,并逐渐变浅,在耳后形成提空;另见球、睑结膜充血,片状出血,心肺表面出血点,右侧舌骨大角骨折等窒息征象。上述符合缢颈的一般尸体征象。

3.法医病理学检验　××存在缺血缺氧性脑病、脑水肿、肺部感染等病理改变。结合送检资料,其缢颈后持续昏迷,数天后死亡,属于缢颈后迟发性死亡,导致死亡的原因是感染和缺血缺氧引起的脑损害。

其左侧肋骨骨折符合抢救按压形成骨折的特征,各重要器官未见机械性损伤。未检出常规毒/药物成分。

综合以上分析,被鉴定人××符合缢颈后并发缺血缺氧性脑病和肺部感染致呼吸循环衰竭死亡的征象。

六、鉴定意见

被鉴定人××符合缢颈后并发缺血缺氧性脑病和肺部感染致呼吸循环衰竭死亡的征象。

七、附件

照片(略)。

司法鉴定人:××

《司法鉴定人执业证》证号:××

司法鉴定人:××

《司法鉴定人执业证》证号:××

××司法鉴定中心

2022 年 4 月 28 日

第二部分　本案鉴定解析

一、缢颈死亡的机制

缢颈是指用绳索缠绕脖子自杀。缢死,俗称吊死,是指利用自身全部或部分的体重,使环绕颈项部的绳索或其他类似物压迫颈项部而引起的死亡。

(一)窒息

颈部是连头部和躯干的狭窄通道。这里有呼吸道、血管、神经及食管等经过。绳索及其他物件压迫该部位,使其失去功能或者发生突变,就可能引起死亡。首先,绳索等物压迫颈部能够使呼吸道闭塞而引起窒息死亡。上吊的人一旦悬空后,由于体位的关系,绳索多压迫在舌骨和甲状软骨之间,又由于体重的关系,舌根被压向后上方,与咽后壁和软腭后端接触,从而使呼吸道部分或全部闭塞,空气不能畅通,肺呼吸不能正常进行而发生窒息。有人研究表明,颈部受到 15 kg 的压力,就足以压闭呼吸道。

(二)压迫血管

绳索等物压迫颈部血管,会发生血液循环障碍。脑部的血液主要由颈总动脉及椎动脉供应,而头部及脑的静脉血则经颈静脉回流到心脏。当颈部受到压迫时,颈静脉、颈动脉甚至椎动脉均易闭塞,发生脑血液循环障碍、脑贫血,使大脑皮质因缺氧而发生抑制,并且很快即可丧失意识,甚至死亡。国外法医学者的研究表明:大约 2 kg 的压力,就能使颈动脉血液回流受阻;5 kg 压力,便足以闭锁颈总动脉;16.6 kg 压力,即可压闭椎动脉。因此,当颈部受到 16.6 kg 以上的压力时,就足以闭塞颈部所有的血管,使脑血液循环完全停止。

(三)刺激迷走神经

绳索等物压迫颈部还能够刺激迷走神经而引起反射性心搏停止。迷走神经是人体的第十对脑神经,起始于延髓,出颅后经颈部、胸部而至腹部,有多个分支分布于外耳道、耳廓、呼吸道黏膜、心脏、肺、肝脏、肾脏、小肠、大肠左曲(脾曲)内上 2/3 段等部位;跟球、颈动脉窦等部位的副交感神经纤维也与迷走神中枢有间接关系。

现已明确,迷走神经的中央核及其发出的纤维组成了心脏抑制系统,它与心交感中枢起共同调节心脏活动的作用。正常情况下,二者处于动态的平衡。当体内因素刺激迷走神经感觉末梢,神经冲动传入迷走中枢使兴奋性相对增强时,就由传出迷走神经纤维将冲动传到心脏,通过心迷走神经的节后纤维释放乙酰胆碱而使心率变慢。当兴奋过度时,心迷走神经通过节后纤维释放大量乙酰胆碱,可致心搏骤停。

二、缢颈的特点

(一)位置

悬位正吊者可以致死,就是采取站、坐、跪、卧及侧吊、反吊的姿势,只要有人体部分重量,甚至仅仅是头部的重量,也能引起脑血液循环障碍,导致脑缺氧而死亡。

(二)缢绳

法医学上出于对缢绳检验的需要,将缢死分为硬绳索、软绳索和半硬质绳索 3 种。金属丝、电线、皮带等质地较硬的,可以称为硬绳索;腰带、围巾、布条、浴巾等质地比较软的,可以称为软绳索;棕绳、麻绳等,可以称为半硬质绳索。用硬绳索缢死形成的缢死沟呈羊皮纸样;用软绳索缢死的在一般情况下,留下软索沟,但若悬吊的时间较长,亦可形成硬索沟的征象。

(三)缢型

在缢死和勒死案件中形成的索沟、绳套等,是判明死亡性质、揭露和证实犯罪的重要证据。法医工作者在检验尸体时,应当详细记录绳索的性质、长短、粗细,绳套的周长、圈数、两端的长短,绳结的位置和打结的方法,悬吊点的位置、高度、死者的脚是否离地及距离地面的高度等。打结的方式,一般都与打结人的职业、生活习惯有关,所以可以用其推测打结人的身份。检查绳套时,不得将绳结打开,破坏绳套的原始状态,而应当在远离部位将绳套剪断,然后用胶纸粘接起来,必要时还应当提取保存。在剪断绳套之前,最好拍照固定。如果绳套被死者亲属等解开,应让其尽量记忆起来恢复绳套原始状态;如果已被犯罪分子拿走,检验时应当根据死者颈部索沟的形态、道数、宽度及印纹等,推断绳索的种类、质量和粗细,为侦查破案提供线索。

(四)缢状

平时人们所见到的缢死,死者都是双脚离地、悬于空中,全部体重压迫在颈前绳套的兜住弧处,绳结位于颈后,这称为典型缢死。法医实践中还可见到多种非典型的缢死。非典型缢死的姿势是多种多样的,一般有悬位、跪位、蹲位、半俯卧位、俯卧位等。悬位缢死者双脚离地、身体悬空,绳套承受全部体重的下坠力;站、坐、跪、蹲、卧位缢死者,只有身体的部分体重压迫颈部。故前者称为全缢死,后者称为不全缢死。非典型缢死绳套压迫的部位有前位、侧位和后位 3 种类型。前位缢死者绳套的兜住弧压迫后颈部,绳套绕过颈侧至前提空,又称为反吊;侧位缢死者绳套的兜住弧压迫颈部的左侧和右侧,绳结位于相对的一侧提空,又称为侧吊;后位缢死者绳套的兜住弧压迫颈前部,绳结位于颈后,又称为正吊。

(五)缢沟

凡是自缢死者,头颈都留有明显的八字痕。这是因为自缢者身子悬空,自身下垂的重量使绳索深深地嵌入舌骨与甲状软骨之间,颈的两侧受力多些,相对说绳索入肉也深些,到颈后结处,几乎就没有什么绳索的痕迹了,所以自缢者的颈部留下的痕迹,就像一个八字。而被他人勒死的,虽然也可见八字,但绳痕往往不规则。

缢沟的颜色和程度是由缢绳的性质和皮肤损伤情况决定的。较粗缢绳的压迫和摩擦,常使颈部皮肤发生表皮剥脱,干燥后形成羊皮纸样化,使缢沟呈浅褐色或者深褐色;但是,如果缢吊的时间较为短暂,则缢沟呈苍白色,并随时间的推移,逐渐变深而明显。缢沟一般都不出血,即使在血管破裂的情况下,因为缢沟受缢绳的压迫而使血液不能外溢。有两道以上缢沟的,在缢沟与溢沟之间的皮肤被绞榨成小嵴状隆起,这个部位常有点状出血。

三、缢颈的死亡机制

缢颈常引起缺血、缺氧,进而引起呼吸循环衰竭,并发缺氧性脑病、肺部感染时病情加重,导致死亡加速。

第二十九节　胎儿脐带相对过短引起脐内血管破裂出血和脐带根部出血致宫内窒息

【本案鉴定要点】

1. 本案为胎儿脐带相对过短引起脐内血管破裂出血和脐带根部出血致宫内窒息。

2. 通过法医病理学检验,确定胎儿脐带的长度、脐内血管破裂出血量及脐带根部出血造成宫内窒息。

3. 分析说明胎儿脐带相对过短引起脐内血管破裂出血和脐带根部出血致死亡的机制。

第一部分　案例鉴定介绍

××司法鉴定中心
司法鉴定意见书

编号:××司法鉴定中心[2020]病鉴字第××号

一、基本情况

委托人:××卫生健康委员会。

鉴定事项:死亡原因鉴定。

受理日期:2020年10月8日。

送鉴材料:

(1)司法鉴定委托书一份。

(2)陈××之子尸体一具。

(3)××妇幼保健院病历复印件一份。

鉴定日期:2020 年 10 月 8 日。

鉴定地点:××司法鉴定中心。

被鉴定人:陈××之子,新生儿。

二、基本案情

根据委托人提供的材料:2020 年 10 月 5 日,陈××在××妇幼保健院经剖宫产术娩出一男死婴。

三、资料摘要

××妇幼保健院病历摘录如下。

入院日期:2020 年 10 月 5 日 14:27。

住院号:××。

陈××,女,27 岁,以"宫内孕 38^{+2} 周,自觉胎动减弱 3 天"为主诉入科。患者既往体健,平素月经规律。末次月经日期:2019-01-10。预产期:2020-10-17。入院查体:体温 36.5 ℃,脉搏 72 次/分,呼吸 20 次/分,血压 130/78 mmHg,意识清楚,精神可,面色红润,呼吸平稳,自主体位,查体合作。产科检查:腹呈纵椭圆形,宫高 33 cm,腹围 103 cm,估计胎儿体重 3300 g,无宫缩,未破膜,未见红,胎心 140 次/分。未内诊。彩超(2020-10-05)示:宫内晚孕,单胎存活,臀位。孕妇诉无明显胎动,听诊胎心音正常,胎心监护无反应型,给予吸氧,完善术前相关检查,拟行剖宫产终止妊娠。

手术经过:麻醉达成后,打开腹腔,见子宫下段形成可,无胎盘附着象,钝性刺破胎膜,羊水清,量约 400 mL,遂以臀位娩一男死婴,断脐后交台下立即心肺复苏抢救。

抢救记录:新生儿于 18:22 剖宫产娩出,娩出时皮肤苍白,无肌张力,无呼吸、心率,无喉反射,Apgar 评分为 0 分。立即给予清理呼吸道,在氧气罩下进行心肺复苏,约 10 分钟,告知产妇家属病情后,因继续抢救无意义,家属放弃抢救。

四、鉴定过程

检验日期:2020 年 10 月 8 日。

检验地点:××妇幼保健院。

检验方法：

（1）《法医学尸体解剖规范》（SF/Z JD0101002——2015）。

（2）《法医学 新生儿尸体检验规范》（GA/T 151—2019）。

（3）《法医学 尸体检验技术总则》（GA/T 147—2019）。

（4）《法医病理学检材的提取、固定、包装及送检方法》（GA/T 148—1996）。

尸表检验：

（1）一般情况：男婴儿尸体，尸长44.0 cm，坐高32.0 cm，体重2881 g，外观发育正常，营养可，皮肤色泽苍白。尸斑呈淡红色，分布于项部、背部及四肢低下未受压部位，指压不褪色，尸僵已缓解。

（2）头颈部：头围35.0 cm，前后囟未闭合，顶枕部黑色短发，发长约1.0 cm，头皮未触及肿胀，颅骨未触及骨擦感。眼睑闭合，双侧球、睑结膜苍白，角膜混浊，双侧瞳孔不可窥视。鼻骨无骨擦感，鼻腔无异物；耳廓外形完整，外耳道清洁。口唇黏膜，口腔内未见异物，牙齿未萌出。颈部气管居中，淋巴结未触及肿大。

（3）躯干及四肢：胸廓对称，外观形态正常，胸围31 cm，胸部皮肤未见损伤，胸骨、肋骨未触及骨擦感。腹部平坦，腹围31 cm，附脐带10 cm，脐带苍白。双手十指甲床发绀，甲床未超出指端。肛周胎粪附着。

（4）胎盘：重676 g，外观形态正常、完整，附脐带20 cm，脐带苍白。

尸体解剖：

（1）颅腔解剖：枕部头皮下出血，双侧颞肌未见出血，颅盖骨无骨折，硬脑膜外、硬脑膜下及蛛网膜下腔无出血，全脑重408 g，大脑、小脑和脑干表面及切面未见出血，颅底无骨折。

（2）颈部解剖：颈部皮下及肌肉水肿、无出血，颈部血管分布正常。扁桃体、甲状腺不肿大。甲状软骨、舌骨无骨折。

（3）胸腔解剖：直线法切开胸腹壁，胸壁肋间无出血，双侧胸腔少量淡黄色液体，两肺胸膜不增厚，胸腺重13 g，发育正常。左、右肺重分别为30 g和30 g，两肺表面呈红褐色，可见点状出血，质地较实。肺浮扬试验：两肺未上浮。心包腔内见少量淡红色液体，心脏重18 g，外观形态正常，肺动脉、主动脉、肺静脉结构未见异常，心腔内结构形态正常，左心室壁厚0.4 cm，右心室壁厚0.3 cm，室间隔厚0.5 cm。冠状动脉开口和分布正常，主干通畅。

（4）腹、盆腔解剖：腹腔无积液，大网膜、肠系膜的位置和形态正常，肠系膜淋巴结无肿大。膈肌高度：左侧位于第四肋间，右侧平第四肋。肝重136.0 g，肝下缘位于右侧锁骨中线处距肋缘下3.0 cm，距剑突下4.0 cm，肝被膜完整，表面光滑,切面质地均匀,呈红褐色,胆管及胆囊未触及结石。脾重 11.0 g,被膜完整、皱缩。左、右肾及肾上腺分别重 19.0 g 和 23.0 g,双肾被膜易剥离,切面皮髓质界限尚清晰。胰腺重 2.0 g,被膜及切面未见出血。食管内无异物,黏膜呈灰白色,胃内空虚,阑尾位于盆位。脊柱、后肋骨、骨盆及四肢无骨折。

法医病理学检验:

(1)心脏:左、右心室壁及室间隔心肌组织结构正常,心肌间质部分小血管见炎症细胞稍增多。

(2)肺:部分肺不张,部分肺泡腔呈大小不等的囊性扩张,部分肺泡腔内可见羊水成分,肺间质小血管内炎症细胞增多。

(3)肝:肝细胞索、肝窦结构存在,可见中央静脉、汇管区结构,实质内散在分布有核红细胞,部分肝细胞浊肿变性。

(4)脾:红髓、脾小体、动脉周围淋巴鞘、中央动脉结构清晰,未见明显异常。

(5)肾:肾小球、肾小管结构清晰,部分肾近曲小管上皮细胞浊肿变性。

(6)胰腺:轻度自溶,间质未见出血、炎症细胞浸润。

(7)脑:脑神经细胞及脑血管周围间隙增宽,小脑和脑干未见明显异常。

(8)胸腺:皮质、髓质结构清晰,未见明显异常。

(9)脐带:部分脐内血管周围见片状出血伴散在炎症细胞浸润,部分脐带小动脉管壁显著纤维性增厚,管腔明显狭窄。

(10)胎盘:胎盘与脐带连接处绒毛组织可见片状出血,部分绒毛组织纤维蛋白沉积。

法医病理学诊断:

(1)脐带相对过短,脐内血管破裂出血,脐带根部出血,脐带小动脉管腔明显狭窄。

(2)羊水吸入性肺炎。

(3)脑水肿。

(4)肝、肾呈缺氧性改变。

五、分析说明

1.法医学尸体检验　未发现被鉴定人陈××之子脑、心、肺、肝、脾、肾等内脏器官有机械性损伤改变,可排除其因上述重要器官机械性暴力损伤导致死亡的可能。未发现其颈部皮肤、皮下组织及肌肉有损伤出血,可排除其因扼压颈部导致机械性窒息死亡的可能。

2.法医病理学检验　陈××之子存在脐带相对过短,脐内血管破裂出血,脐带根部出血,脐带小动脉管腔明显狭窄,羊水吸入性肺炎,脑水肿,肝、肾呈缺氧性改变。其出生后无呼吸、心搏,Apgar 评分为 0 分,出现皮肤苍白、甲床发绀等窒息征象。综合分析认为,陈××之子因脐带过短引起脐内血管破裂出血、脐带根部出血,血液循环受阻,导致缺氧,刺激呼吸中枢诱发喘息,将羊水吸入,引起吸入性肺炎,终造成宫内窒息死亡。

六、鉴定意见

被鉴定人陈××之子因脐带相对过短引起脐内血管破裂出血、脐带根部出血,造成宫内窒息死亡。

七、附件

照片(略)。

司法鉴定人:××
《司法鉴定人执业证》证号:××
司法鉴定人:××
《司法鉴定人执业证》证号:××

××司法鉴定中心
2020 年 11 月 9 日

第二部分　本案鉴定解析

一、脐带的解剖结构与生理

脐带是胎儿和胎盘之间的连接结构,形状如绳索,表面光滑透明,内含结缔组织、一条脐静脉、一对脐动脉。脐静脉沿着胎儿腹壁内面通过肝的血窦、脐动脉与胎儿主动脉相连通。这两种血管的另一端,形成许多相互联系的毛细血管网,分布于胎盘绒毛内。通过胎盘绒毛上皮的渗透作用,胎儿胎盘液与绒毛间隙内母体血液之间进行物质交换。

脐带的构成:脐带为胎儿与胎盘连接的纽带,外层为羊膜,内有两条管腔较小、管壁较厚的脐动脉和一条管腔较大、管壁较薄的脐静脉。一般有两条脐动脉,如果仅有一条脐动脉,则称为单脐。脐静脉最开始是有两条,在生长发育的时候有一条萎缩,仅剩向右弯曲的脐静脉,称为右脐静脉。脐血管周围有起保护作用的胚胎结缔组织,称为华通胶。脐带一般长 30～100 cm,平均为 50 cm。

脐带的作用:脐带是母体与胎儿间进行气体交换、营养物质供应和代谢废物排出的重要通道。

二、脐带过短或过长对胎儿的影响

(一)脐带过短

脐带是重要的胎儿附属物,为胎盘和胎儿之间进行血液交换提供必要的通道。正常情况下脐带长度应该在30~100 cm,短于30 cm就是脐带过短,脐带过短会带来以下几方面的危害:①可能会影响胎儿的生长发育,例如脐带受到牵拉时,会影响脐带的血流;②有可能会影响产程的进展,由于脐带比较短,胎儿难以自然下降,会造成产程进展阻滞;③严重的情况下,如果产力过大,会造成脐带断裂,短期之内胎儿会大量失血,有可能造成胎儿宫内死亡或者死胎、死产。但是对于脐带过短,目前在临床工作中缺乏有效的检测方法,只能通过临床表现,例如产程的进展来进行评估。

(二)脐带过长

脐带长度超过100 cm称为脐带过长。脐带越长,缠绕周数越多,羊水粪染的发生率越高,胎儿宫内窘迫及死胎、死产率越高。脐带缠绕尤其是过紧者由于脐血管受压,血液循环受阻或胎儿静脉受压,使胎儿脑组织缺血、缺氧,造成胎儿宫内窘迫、死胎、死产或新生儿窒息。如同时伴有脐带过短、扭转、打结等脐带异常,往往危及胎儿生命。胎儿在母体内长期缺氧,可造成胎儿宫内生长受限。新生儿生存率低,死亡率增高。

三、脐带相对过短引起脐内血管破裂出血死亡机制

法医病理检查胎儿脐带的长度为10 cm,胎儿脐带相对过短,脐带根部出血,考虑脐带在胎动牵拉作用下,引起脐内血管破裂出血造成宫内窒息死亡。

第三十节　纵隔肿瘤切除术中左锁骨下动脉破裂致失血性休克

【本案鉴定要点】

1.本案为纵隔肿瘤切除术中左锁骨下动脉破裂致失血性休克。

2.通过法医病理学检验,确定左锁骨下动脉破裂的部位、出血量。

3.分析说明左锁骨下动脉破裂出血引起死亡的机制。

第一部分 案例鉴定介绍

××司法鉴定中心
司法鉴定意见书

编号:××司法鉴定中心[2022]病鉴字第××号

一、基本情况

委托人:××管理委员会社会事业局。

委托鉴定事项:死亡原因鉴定。

受理日期:2022 年 2 月 18 日。

鉴定材料:

(1)司法鉴定委托书一份。

(2)××尸体一具。

(3)××医院住院病历复印件一份。

鉴定日期:2022 年 2 月 18 日。

鉴定地点:××司法鉴定中心。

被鉴定人:××,男,身份证号为 4105261976081××××。

二、基本案情

送鉴材料示:××于 2022 年 2 月 8 日 14:00 在××医院就诊,于 2022 年 2 月 14 日 21:00 死亡。

三、资料摘要

××医院住院病历摘录如下。

住院时间:2022 年 2 月 8 日—2022 年 2 月 15 日。

住院号:××。

主诉:左侧胸部及后背疼痛十余天。

现病史:十余天前患者无明显诱因出现左侧胸部及后背间断性疼痛,偶发胸闷伴气短,遂于当地医院就诊,医院给予对症治疗。行胃镜检查,结果显示:胃窦部轻度红斑性胃炎。行 CT 检查,结果显示:左肺上叶占位。今为求进一步诊治,门诊以"左肺上叶占位"收入我院。

专科检查:胸部对称,无局部隆起、塌陷、压痛,呼吸运动正常。乳房正常对称,无包块、红肿、压痛,左、右乳头无分泌物。胸壁无静脉曲张、皮下气肿。

胸骨无叩痛。

辅助检查:外院行胃镜检查,结果显示胃窦部轻度红斑性胃炎。行 CT 检查,结果显示左肺上叶占位。

死亡经过:入院后完善相关检查检验,于 2022-02-14 全身麻醉下行纵隔肿瘤切除术,取出瘤体后,可见后纵隔胸顶处广泛渗血。积极会诊,仔细探查出血位置,予以逐个缝扎。另有一大量出血处,探查见位于椎间孔处,周围缺乏软组织,难以缝合结扎,给予妥善压迫,仍不能完全止血,血压、心率不稳定,遂积极建立体外循环,尝试体外循环下妥善止血。体外循环建立后,尝试骨蜡压迫、凡士林纱布压迫、缝扎等手段,均不能妥善止血。后予以大量凡士林纱布、长纱给予压迫,创面渗血有减少倾向,台上多学科会诊后尝试关胸。遂停止体外循环,给予肝素对抗剂,关胸过程中患者创面再次出现大量渗血,再次打开胸腔尝试止血,后患者出血不止,心率、血压难以维持,再次以大量凡士林纱布压迫出血点,出血量有减少趋势。后患者出现心搏停止,给予台上心肺复苏,不成功。患者死于出血性休克、心搏停止。

死亡原因:术中大出血,低血压休克,心搏停止。

死亡诊断:低血压休克,心搏停止。

四、鉴定过程

检验日期:2022 年 2 月 18 日。

检验地点:××医院太平间。

检验方法:

(1)《法医学 尸体检验技术总则》(GA/T 147—2019)。

(2)《法医学尸体解剖规范》(SF/Z JD0101002——2015)。

(3)《法医学 病理检材的提取、固定、取材及保存规范》(GA/T 148—2019)。

尸表检查:

(1)一般情况:男性,尸长 175 cm,外观发育正常,营养良好。尸斑呈暗红色,分布于背部未受压处,指压不褪色

(2)头颈部:黑色头发,发长 2 cm。头颅无畸形,颅骨未触及骨擦感。双侧眼眶未见凹陷,双侧眼睑闭合,双侧球、睑结膜苍白,角膜中度混浊,双侧瞳孔等大等圆,直径为 0.5 cm。鼻骨未触及骨擦感,鼻腔未见出血,耳廓外形完整,外耳道未见明显异物。口唇发绀,口唇未见损伤,舌尖位于齿列内,唇黏膜及双侧颊黏膜无出血。颈部右侧白色敷料包扎在位,去除敷料见一类圆形穿刺孔。

(3)躯干及四肢:胸廓对称,外观形态正常,左胸前见一"L"形白色敷料包扎在位,去除敷料见一14.0 cm+16.0 cm"L"形手术切口缝合,缝线在位。左侧腋中线见一白色敷料包扎在位,去除敷料见一缝合口,缝线在位。右侧腹股沟处见一白色敷料包扎在位,去除敷料见缝合口,缝线在位。腹部平坦,腹部未见挫伤出血。十指甲床轻度发绀。四肢未触及骨擦感。会阴部未见损伤。

尸体解剖:

(1)颅腔解剖:头皮下未见出血。双侧颞肌未见出血。颅骨未见骨折。硬脑膜外未见出血,硬脑膜完整,硬脑膜下未见出血。脑重1488 g,两侧大脑半球对称,大脑表面苍白,蛛网膜下腔未见出血,脑实质切面未见损伤,小脑及脑干未见异常。

(2)颈部解剖:颈部皮下无出血,左胸锁乳突肌出血。甲状软骨、舌骨无骨折。喉头未见出血、水肿。

(3)胸腔解剖:直线法打开胸腔,左侧开胸术后,术区肋骨缝线在位。左侧胸腔见约800 mL暗红色液体,右侧胸腔未见积血、积液。左侧纵隔处肿瘤切除术后(肿瘤标本未送检),左肺上叶肺门处见黑色缝线在位,按压创面未见渗血;左侧胸顶部见团状纱布压迫在位,胸顶部多处缝合线在位;左侧第一至第三肋周围筋膜多处缝合线在位,左侧第二至第三肋脊柱旁部分骨质缺如;纵隔左侧顶部见缝合线在位,周围软组织大片出血,左侧锁骨下动脉见缝合线在位,从左侧颈总动脉处注射牛奶,见左侧锁骨下动脉破口缝合线处牛奶溢出,剪开左锁骨下动脉,见左锁骨下动脉近端缝合线处内膜有一破裂口,主动脉及锁骨下动脉内膜光滑。气管、支气管内无异物。左肺重490 g,右肺重1011 g,两肺表面苍白,切面质地均匀,未见明显异常。心包完整,心包内未见积液。心脏重350 g,心脏外观未见损伤,心脏各瓣膜周径:三尖瓣11.0 cm,肺动脉瓣7.5 cm,二尖瓣8.0 cm,主动脉瓣7.0 cm。左心室壁厚1.3 cm,右心室壁厚0.4 cm,室间隔厚1.2 cm。左、右冠状动脉开口位置正常,各大冠状动脉管腔通畅,未见异常。

(4)腹、盆腔解剖:腹腔未见积液。大网膜、肠系膜的位置和形态正常,腹腔各脏器排列正常,肠管苍白。食管黏膜苍白,未见异物。膈肌高度:左侧位于第四肋间,右侧位于第四肋间。肝重1315 g,表面及切面呈砖黄色,切面质地均匀。脾重114 g,表面苍白,被膜皱缩,切面呈红褐色。左、右肾分别重168 g和176 g,双肾被膜易剥离,表面及切面呈红色,切面皮髓质界限清晰。部分胰腺重101 g,被膜及切面未见出血,表面苍白。胃表面苍白,胃壁未见出血,胃内空虚。

(5)脊柱:胸2~3椎体旁肌肉出血,硬脊膜外可见凝血块,其间未见血管。

法医病理学检验：

（1）脑：脑膜血管充盈不佳，脑神经细胞及血管周围间隙增宽，脑实质未见挫伤出血，小脑和脑干未见明显异常。

（2）心脏：心外膜未见增厚，心肌纤维间隙增宽，心肌间血管充盈不佳，局灶心肌纤维肥厚，心肌间未见梗死灶。

（3）肺：部分肺泡壁毛细血管及间质血管充盈不佳，左肺上叶及局部右肺出血，局部肺泡腔充满均质粉红色水肿液，部分肺泡壁断裂、融合。

（4）肝：肝被膜完整，肝小叶结构清晰，未见挫伤、出血，肝窦扩张、充盈不佳。

（5）脾：脾被膜完整，脾小梁结构存在，红-白髓分界清晰，脾窦充盈不佳。

（6）肾：肾被膜完整，部分肾间质血管充盈不佳，余未见明显异常。

（7）胰腺：未见出血及炎症细胞浸润。

（8）左锁骨下动脉及周围软组织：动脉内膜未见增厚、钙化，破口处出血；周围软组织出血。

（9）脊髓：硬脊膜外见大量红细胞聚集，未见异常血管丛，脊髓实质未见挫伤出血。

法医病理学诊断：

（1）纵隔肿瘤切除术后；术区出血修补术后；左锁骨下动脉破裂修补术后；胸部脊髓硬脊膜外积血；左侧胸腔积血（800 mL）。

（2）左肺上叶、局部右肺出血，肺水肿。

（3）心、肺、肝、脾、肾等呈缺血性改变。

五、分析说明

1.送鉴材料记载　被鉴定人××于2022年2月8日14:00在××医院就诊，行纵隔肿瘤切除术，术后术区出血，于2022年2月14日21:00抢救无效死亡。

2.法医学尸体检验及法医病理学检验　××脑、肺、脾等脏器表面苍白，纵隔肿瘤切除术后，术区出血修补术后，左锁骨下动脉破裂修补术区破裂，胸部脊髓硬脊膜外积血，左侧胸腔积血（800 mL）；左肺上叶、局部右肺出血，肺水肿；心、肺、肝、脾、肾等呈缺血性改变。

结合案情，分析认为被鉴定人××符合纵隔肿瘤切除术中左锁骨下动脉破裂致失血性休克死亡的征象。

六、鉴定意见

被鉴定人××符合纵隔肿瘤切除术中左锁骨下动脉破裂致失血性休克死亡的征象。

七、附件

照片(略)。

司法鉴定人:××

《司法鉴定人执业证》证号:××

司法鉴定人:××

《司法鉴定人执业证》证号:××

××司法鉴定中心

2022 年 4 月 12 日

第二部分　本案鉴定解析

一、左锁骨下动脉的解剖结构

锁骨下动脉是颈根部的一大动脉干。右侧发自头臂干,左侧发自主动脉弓,沿胸膜顶内侧,斜过前面达颈根部,在前斜角肌后方,弓形向外跨过第一肋移行为腋动脉。其主要分支有椎动脉、胸廓内动脉、甲状颈干、肋颈干、颈横动脉等,分支分布于头颈、胸腹壁等区域。于锁骨上窝中点处下压此动脉于第一肋上,可达到止血目的。

左锁骨下动脉较右侧的稍长。左锁骨下动脉起始较为恒定,据统计,约99.8%直接起于主动脉弓,只有 0.2%与颈总动脉合成左头臂干起于主动脉弓。右锁骨下动脉98%起于头臂干,2%直接起于主动脉弓。右锁骨下动脉异常起始于主动脉弓胸主动脉移行部的情况,与右侧喉下神经行程变异有密切关系。

二、左锁骨下动脉破裂的形成分析

CT 检查结果显示:左肺上叶占位。手术过程中左锁骨下动脉破裂,病历中没有记载该处止血,说明存在手术中误伤,剥离左肺上叶占位性病变时,解剖关系不清,关注度和防范措施不够。

三、左锁骨下动脉破裂死亡机制

左锁骨下动脉破裂引起大量出血,法医病理解剖左侧锁骨下动脉见缝合线在位,从左侧颈总动脉处注射牛奶,见左侧锁骨下动脉破口缝合线处牛奶溢出,剪开左锁骨下动脉,见左锁骨下动脉近端缝合线处内膜有一破裂口,左侧胸腔见约800 mL暗红色液体。被鉴定人××符合纵隔肿瘤切除术中左锁骨下动脉破裂致失血性休克死亡的征象。

（刘惠勇　陈先陆　高盼盼　曹　霞　贾自发　闫俊俊）

附录一　新生儿尸体检验

（中华人民共和国公共安全行业标准　GA/T 151—1996）

1　范围

本标准规定了新生儿尸体检验的内容、步骤及方法。

本标准适用于各级公、检、法、司及院校系统进行司法解剖。

2　总则

2.1 目的

本标准的制定是为了使新生儿尸体检验有一个统一的方法及步骤,为今后的复核及国际交流奠定基础。

3　尸表检验

3.1 性别

3.2 身长

3.2.1 全长:颅顶至足跟的长度,正常足月儿身长 50 cm。

3.2.2 坐高:颅顶至臀部的长度,正常足月儿坐高 34 cm。

3.2.3 体重:正常足月儿体重为 3 kg。

3.3 周线测量

3.3.1 头围:在额结节和枕外隆凸水平测量,正常足月儿约 34.0 cm。

3.3.2 胸围:在两侧乳头水平测量,正常足月儿约 32.0 cm。

3.3.3 腹围:在脐的水平测量,正常足月儿约 28.0 cm。

3.4 头部径线测量

3.4.1 双顶径:双侧顶骨结节之间的距离,正常足月儿平均约为 9.3 cm。

3.4.2 枕额径:鼻根至枕外隆凸的距离,正常足月儿约为 11.3 cm。

3.4.3 枕颏径:颏部尖端至后囟门顶部的距离,正常足月儿约为 13.3 cm。

3.4.4 枕下前囟径:前囟门中心至枕外隆凸下方的距离,正常足月儿约为 9.5 cm。

3.4.5 前囟门直径:前囟门的各边与对边的距离,正常足月儿约为 2.0~2.5 cm。

3.5 身宽测量

3.5.1 肩宽:两侧肩胛最突出的距离,正常足月儿约为 11.7 cm。

3.5.2 宽:双侧髂前上棘之间的距离,正常足月儿约为 8.5 cm。

3.6 尸体附着的血液

3.7 胎脂

3.8 皮肤

3.9 脐带

3.10 产瘤

4 尸体剖验

4.1 头部剖验

4.1.1 一侧耳后切开头皮并将皮瓣分别向前、后翻开,检查头皮下有无出血、血肿、骨膜下血肿及骨折。

4.1.2 尖头剪刀的一刃插入人字缝后囟门的外侧角处,沿水平向前、向外经颞骨直达额前近中处剪开颅骨。

4.1.3 剪刀转向外侧角,向上、向后剪开额骨、顶骨直达人字缝起始点。

4.1.4 再以同样的方法剪开对侧颅骨。

4.1.5 此时可将剪开的骨片分离,暴露两侧大脑。

4.1.6 中央仅留一条 1 cm 宽的骨桥,形似篮状。

4.1.7 观察有无硬膜外出血。

4.1.8 检查脑顶部软脑膜静脉的末端进入上矢状窦处有无出血。

4.1.9 检查大脑镰有无血肿。

4.1.10 剪开上矢状窦检查有无血栓形成。

4.1.11 剪断大脑镰前端附着处,将大脑额叶向上、后抬起,切断第二对至第六对脑神经。

4.1.12 在小脑幕切迹处水平切断桥脑,取出大脑及上半部桥脑,暴露小脑幕。

4.1.13 检查小脑幕有无撕裂、血肿等。

4.1.14 沿枕骨外侧缘向颞骨边缘剪断小脑幕,切断第七至十二对脑神经再用细刀尽可能深地切断脊髓。

4.1.15 取颅后窝的内容,即将小脑连同下半部脑、延脑及深部脊髓一并取出,分别检查。

4.2 肺及胃肠浮扬试验

4.2.1 肺浮扬试验

4.2.1.1 常规尸体解剖方法打开胸腹部,分离颈部组织。

4.2.1.2 在喉头下方结扎气管。

4.2.1.3 在膈肌上方结扎食管,在食管结扎上方切断食管。

4.2.1.4 将舌、颈部脏器连同心、肺等胸部内脏一并取出,并投入到盛有清水的大玻璃缸内。

4.2.1.5 观察是否上浮、上浮的部位及程度。

4.2.1.6 如下沉,则先分离各脏器,在气管结扎的上方切断气管。

4.2.1.7 将肺同气管投入水中观察浮扬反应。

4.2.1.8 再切断两侧肺门部支气管,分开左右肺,分别投入水中,观察结果。

4.2.1.9 顺次分离各肺叶,并分别投入水中观察浮扬反应。

4.2.1.10 最后将各肺叶的不同部位剪取数小块肺组织投入水中观察。

4.2.1.11 如全部肺连心脏一起上浮,颈部脏器下沉,说明肺已充分呼吸,可经确证为活产。

4.2.1.12 如全肺上浮而个别部分的小块下沉,或全肺下沉个别的小块上浮,应作具体分析。

4.2.1.13 如全部肺下沉,可认为死产儿。

4.2.2 胃肠浮扬试验

4.2.2.1 常规剖开胸腹腔,分别结扎胃的贲门、幽门及十二指肠的上部、下部。

4.2.2.2 在空肠、回肠及结肠各段也分别作多段结扎,最后结扎大肠末端。

4.2.2.3 分离肠系膜,游离全部消化道一并取出。

4.2.2.4 投入水中,观察胃肠浮扬情况。

4.2.2.5 如胃及部分肠上浮,则可将下沉部位的肠再作多段双重结扎,分别在双重结扎的中间剪断,并分别投入水中观察。

4.2.2.6 如胃肠全部下沉,则在幽门作双重结扎,在结扎的中间切断胃肠连结,将胃单独放入水中观察是否上浮。

4.2.2.7 如仍下沉则在水中将胃壁剪一缺口,仔细观察是否有气体自胃中逸出。

4.2.2.8 将各段肠分别剪一缺口,观察有无气体自肠中逸出。

4.2.2.9 胃肠全部浮起,证明是活产。

4.2.2.10 如肺内含有空气而胃肠内不含空气,则可能是生活很短时间即死亡。

4.2.2.11 如肺和胃不含空气,而部分肠管内有空气,则可能为早期尸体腐败。

4.2.2.12 如尸体腐败则胃肠浮扬试验完全没有价值。

4.3 动脉导管检查

4.3.1 动脉导管检查应在原位进行。

4.3.2 剖开胸腔,分离胸腺,剪开心包。

4.3.3 在原位按血液循环方向剪开右心房、右心室及肺动脉。

4.3.4 沿剪开的肺动脉向上至肺动脉分叉附近寻找动脉导管,用探针试探能否通入主动脉。

4.4 脐部检查

4.4.1 切腹部时,当刀切至脐的上方时,切线向两侧分开,向左右下方直至腹股沟的中央部为止,形成倒"Y"形的皮瓣。

4.4.2 脐部下方连着脐动脉,上方连着脐静脉。

4.4.3 仔细检查各条血管有无血栓及炎症病变。

4.4.4 检查后在皮瓣内面剪断各条血管。

4.5 化骨核检查

4.5.1 股骨化骨核

4.5.1.1 检查者左手紧握新生儿尸体的小腿,右手持刀在髌骨上缘水平向作一切口,剔除髌骨。

4.5.1.2 再将小腿向后摆,使膝关节呈极度弯曲。

4.5.1.3 此时红色海绵体结构的化骨核即全部暴露,连续作多次水平方向的薄切片。

4.5.1.4 选择直径最大的一片测量,正常足月儿直径约为 0.5 cm。

4.5.2 跟骨及距骨的化骨核

4.5.2.1 检查方法是左手握脚,使尸体的脚趾指向解剖者,右手用长刀切入第三趾和第四趾之间。

4.5.2.2 穿过脚底直到脚跟,跟骨的化骨核即可暴露。正常足月儿跟骨化骨核的长径约为 0.8 ~ 1.0 cm。

4.6 胎盘检查

4.6.1 首先检查胎盘上的脐带长度及断面性质。

4.6.2 分离脐带后称胎盘重量(正常重 500 g)。

4.6.3 一般胎盘重量与胎儿体重的比例为 1∶6,若胎盘有病变,则比例有改变。

4.6.4 再检查胎儿面有无血肿、肿瘤或其他改变。

4.6.5 检查母体面有无梗死和血块及其在胎盘面上的压迹。

4.6.6 外表检查完成后再用长刀作多次切开,检查各切面有无异常。

5　新生儿成熟度的检验

5.1 妊娠期:根据胎儿的体重及身长可以推断胎儿妊娠期。

5.2 胎儿身长:计算方法是前五个月为月份的平方,后五个月为月份乘5。

5.3 胎儿体重:计算方法是前五个月为月份的立方乘2,后五个月为月份的立方乘3。

5.4 化骨核的检查"按4.5"。

6　死产与活产的鉴定

6.1 肺及胃浮扬试验

6.1.1 肺的浮扬试验"按4.2.1"。

6.1.2 胃肠浮扬试验"按4.2.2"。

6.2 肺的组织学检查

6.2.1 呼吸过的肺,各级支气管和肺泡均扩张,肺泡壁变薄,肺泡壁内毛细血管扩张,血液丰富。

6.2.2 呼吸微弱的肺,部分支气管及肺泡扩张,呈散在性分布。

6.2.3 未呼吸的肺则支气管及肺泡均未扩张,肺组织呈腺样结构,实体性。

附录二 法医学尸体解剖

(中华人民共和国公共安全行业标准 GA/T 147—1996)

1 范围

本标准规定了法医学尸体解剖的内容、步骤及方法。

本标准适用于各级公、检、法、司及医学院校系统进行司法解剖。

2 总则

2.1 目的

本标准的制定是使法医学尸体解剖有一个完整统一的方法和步骤,为今后的复核及国际交流奠定基础。

2.2 法医学尸体解剖环境及器械要求

2.2.1 法医剖验应在具有一定条件和设备的尸体解剖室进行。尸体解剖室设备要求见附录 A(提示的附录)。

2.2.2 如需在现场就地进行尸体剖验(如发生在农村,偏远山区的案件),应做好充分准备工作(包括携带全套解剖器械,固定液及盛装检材容器),选择光线充足而又比较僻静的地方,应用便携式解剖床或临时搭成的尸体解剖台,并应尊重当地群众的风俗习惯。如现场无充足的光源,又不具备上述条件,法医应拒绝剖验,以免造成误、漏诊。

2.2.3 法医学尸体解剖应具备的基本器械见附录 B(提示的附录)。

2.2.4 解剖器械必须干净、整齐,避免交叉污染。

3 尸体剖验

3.1 法医学尸体解剖分类

3.1.1 系统解剖,包括颅腔、胸腔、腹腔的剖验。如根据案件需要仅作一腔的解剖时,应按本标准执行。

3.1.2 局部解剖,包括脊髓腔、关节腔、四肢、背臀部及会阴部的剖验,可根据案件需要时进行。

3.1.3 法医学尸体解剖术式,在进行系统解剖时,尸体均取仰卧位,术者位于尸体右侧操作,根据不同要求,可以选择不同的术式。

3.1.3.1 直线切法:切线从下颌下缘正中线开始,沿颈、胸腹正中线绕脐左侧至耻骨联合上缘切开皮肤及皮下组织。

3.1.3.2 T 字弧形切法:切线从左肩峰经胸骨上切迹至右肩峰作弧形横切口,在其中点向下作直形纵切口,绕脐左侧至耻骨联合上缘。

3.1.3.3 Y 字形切开法:切线分别从左、右乳突向下至肩部,再向前内侧切开至胸骨切迹处会合,胸腹部切口同上,剥离颌下及胸前皮肤。将皮瓣上翻盖于颜面部,暴露颈前器官。

3.1.3.4 脑与脊髓解剖术式见3.6所述内容。

3.1.3.5 无论选择何种术式,必须在尸体外表检验后方可进行。如遇有损伤切线应绕过损伤处,以保留损伤的原始状况。

3.1.4 在进行解剖时,法医应随时将剖验所见口述,指定在旁的记录者笔录或携带声发音机录音,术后根据笔录或录音进行文字整理,必要时加以绘图说明损伤位置、形状、大小和方向,为了使解剖记录全面详尽,除阳性所见外,也应写明某些阴性情况。

3.1.5 剖验中对有损伤或病变的器官,应充分暴露清楚后,在原位进行拍照,切取后将脏器冲洗置于清洁背景上,旁置比例尺并拍照,必要时进行细目特写照相(如损伤或病变区域、管腔内异物、阻塞等)。对于某些损伤(如皮肤咬痕、工具所致损伤等)应垂直拍取原大照片,便于比对鉴定。具有创道的损伤,应在原位用探针贯通创道进行拍照,以说明损伤的连贯性和创道方向。

3.2 胸腹腔剖验

3.2.1 胸腹腔的切开

3.2.1.1 将胸部皮肤、皮下脂肪和胸大肌紧贴肋骨面向两侧剥离。

3.2.1.2 检查软组织有无出血、水肿,胸骨及肋骨有无骨折,骨折的部位及形态,周围组织有无生活反应。

3.2.1.3 用镊子提起腹膜并切一小口,左手食、中指插入小口中,用刀在两指间切开腹膜,沿肋弓切断连于胸壁下缘的肌肉,扩大腹腔。

3.2.1.4 用解剖刀自第二肋软骨开始,刀刃向外侧偏斜,沿肋骨与肋软骨交界处内侧约1 cm处逐一切断肋软骨及肋间肌,用手探查两侧胸腔内有无积液和积血,并估计其容量。

3.2.1.5 用解剖刀呈"S"形切断胸锁关节和第一肋骨,提起肋弓紧靠胸骨及肋软骨后壁将横有胸骨部和纵隔结缔组织分离,揭去胸骨暴露胸腔。

3.2.2 腹腔检验

3.2.2.1 打开腹腔后,注意腹膜表面是否光滑,有无出血、渗出和粘连。

3.2.2.2 探查腹腔内有无积血积液,测量其量。如有血性液体时应测量其比重,同时注意有无凝血块。观察腹腔内有无积脓或食物残渣。

3.2.2.3 观察大网膜是否透明,位置是否正常。各脏器位置及相互关系是否正常,有无粘连。

3.2.2.4 检查各脏器有无肿大,有无破裂出血及病变,胃肠有无胀气,小肠有无扭转、套叠。浆膜面有无充血、渗出物、穿孔和粘连。肠系膜淋巴结有无肿大。膀胱充盈程度。

3.2.2.5 打开网膜囊及胰腺表面腹膜,检查胰腺有无出血坏死。观察腹膜后有无出血或血肿。

3.2.2.6 测量横膈高度(正常右侧可达第四肋骨或第四肋间,左侧在第五肋水平)。

3.2.3 胸腔检验

3.2.3.1 打开胸腔后,注意心、肺的位置、颜色、大小及其相互关系是否正常,检查胸腺大小及脂肪化的程度,观察纵隔有无肿瘤或炎性包块,检查淋巴结的大小及其硬度。

3.2.3.2 探查胸腔,注意肺与胸膜有无粘连,粘连的部位及程度。肺脏表面有无肋骨压痕、萎陷及肺大泡。

3.2.3.3 用剪刀将心包作"人"字形剪开,观察心包腔内液体的量和性状,正常约有 5 ~ 10 mL 淡黄色清亮液体。

3.2.3.4 检查心脏与心包有无粘连,心脏表面有无渗出物。如有心包粘连或闭锁,注意其范围和程度。

3.3 腹腔脏器的取出与检查

3.3.1 脾脏的取出与检查

3.3.1.1 用剪刀分离大网膜,将胃上翻,显露小网膜囊,注意检查脾动、静脉的大小,管腔内有无血栓形成。

3.3.1.2 左手提起脾脏切断脾门部的血管,取出整个脾脏。

3.3.1.3 测量重量及大小。

3.3.1.4 观察包膜是否光滑,有无增厚。检查坚度如何,有无破裂出血。

3.3.1.5 脾膈面向上,沿长轴对着脾门依次作 3 ~ 4 个切面,观察每个切面滤泡、小梁和红髓的变化,并用刀背轻刮注意有无脱落。

3.3.2 空肠、回肠和结肠的取出与检查

3.3.2.1 将小肠和肠系膜推向左下方,在空肠的起始部结扎,从结扎线下将其切断。沿肠系膜与小肠相连处逐步将肠系膜切断,使小肠与肠系膜分离,至回盲部时将盲肠提起,用解剖刀将升结肠与腹后壁腹膜分离。切断横结肠系膜。将降结肠与腹后壁软组织分离,于乙状结肠与直肠交界线以上 4 ~ 5 cm 处,切断乙状结肠,取出小肠及结肠。

3.3.2.2 沿小肠的肠系膜附着线剪开空、回肠,并沿前结肠带剪开结肠。阑尾可作纵切面打开。

3.3.2.3 检查肠道,注意肠内容物的性状、色泽、气味及有无寄生虫,肠壁粘膜有无充血、出血、溃疡或假膜。注意肠壁的厚度和硬度。

3.3.3 胃和十二指肠的取出与检查

3.3.3.1 在腹腔内将十二指肠下部前面剪开,沿肝十二指肠韧带的对壁向上剪开至十二指肠上部。注意肠内容物是否染有胆色素,用手指自上而下轻压胆总管和胆囊,观察有无胆液从 Vater 氏壶腹流出。

3.3.3.2 将胃与大网膜及小网膜的连系切断,然后自十二指肠剪至幽门部,沿胃大弯剪开至贲门部,将胃和食管切断。

3.3.3.3 检查胃肠粘膜有无出血、炎症、溃疡和肿瘤。观察胃腔大小、粘膜厚度、皱襞的分布情况。

3.3.4 胰的取出与检查

3.3.4.1 观察胰包膜下有无出血,周围脂肪组织有无坏死。

3.3.4.2 将胰周围组织分离,取出胰脏。

3.3.4.3 从胰头至胰尾作一长切面,找到胰管插入探针,沿探针剪开,检查导管的大小、内容和管壁的情况。

3.3.4.4 将胰脏作多个横切面,观察胰小叶的结构是否清楚,有无出血坏死灶。

3.3.5 肝脏、胆总管和胆囊的取出与检查

3.3.5.1 剪开大小胆管,检查内容物的性状,注意有无胆石或寄生虫,胆管有无瘢痕狭窄。

3.3.5.2 剪开门静脉至肠系膜上静脉和脾静脉处,检查有无血栓。

3.3.5.3 切断肝十二指肠韧带(包括胆总管、门静脉、肝动脉),用剪刀紧沿肝脏面剪断肝镰状韧带、三角韧带和冠状韧带,在靠近下腔静脉处切断肝静脉,取出肝脏。

3.3.5.4 用镊子提起胆囊,用剪沿胆囊壁与肝脏分离。剖开胆囊,注意胆汁色泽,有无结石,粘膜有无炎症及胆固醇沉积,囊壁有无增厚。胆囊管有无阻塞。

3.3.5.5 测量肝脏大小及重量。

3.3.5.6 检查肝表面是否光滑、色泽及质地,有无破裂,包膜下有无出血。

3.3.5.7 用长刀顺着肝左右长径向着肝门作第一切面,继作数个平行切面,观察切面色泽,小叶结构是否清楚,汇管区结缔组织是否增生,有无肿块。

3.3.6 肾上腺和肾脏的取出与检查

3.3.6.1 用镊子和剪刀在两侧肾上极处分离脂肪结缔组织,找到肾上腺。

3.3.6.2 提起肾上腺,用剪刀将其分离,完整地取出两侧肾上腺(左侧半月形、右侧三角形)。

3.3.6.3 两侧肾上腺一起称重量。

3.3.6.4 将肾上腺作多数横切面,观察皮、髓质结构是否清楚,有无出血或肿瘤。

3.3.6.5 切开两侧腰部腹膜,剥离肾周围脂肪结缔组织,检查肾周围有无化脓、出血。

3.3.6.6 左手提起肾脏并在手内,肾门向下,将输尿管、血管夹在中指与无名指之间,右手用长刀沿外侧缘向肾门作纵行切开,仅留少许组织相连。

3.3.6.7 摊开肾脏,剪开肾盏、肾盂,检查其粘膜是否光滑,有无淤血、出血、结石及溃疡。

3.3.6.8 剪开输尿管,如无异常,即可剪断输尿管取出肾脏。

3.3.6.9 测量肾脏重量及大小。

3.3.6.10 注意肾包膜是否易剥,检查肾表面有无破裂口、梗死灶、囊肿、瘢痕、颗粒等。切面观察皮、髓质分界线及结构纹理是否清楚。皮质有无增宽或变窄,髓质有无淤血、坏死、空洞形成。

3.4 盆腔脏器的取出与检查

3.4.1 直肠和膀胱的取出与检查

3.4.1.1 如系男性先逐步分离耻骨后腹膜外软组织,剪开膀胱周围腹膜,将膀胱、前列腺和尿道后部一同分开,分离直肠后软组织,于肛门直肠连合线上方约2厘米处切断,将直肠、膀胱、前列腺和精囊一同取出。

3.4.1.2 沿正中线剪开直肠后壁,检查粘膜有无溃疡、肿瘤、炎症和痔瘘等。

3.4.1.3 剪开膀胱前壁至尿道内口上端,检查粘膜有无充血、出血,有无血尿、脓尿或结石。

3.4.1.4 检查前列腺和精囊。

3.4.2 睾丸和附睾的取出与检查

3.4.2.1 扩大腹股沟管内口。

3.4.2.2 一手向上推挤睾丸,另一手向上拉输精管,待睾丸拉出后切断与阴囊连系的睾丸引带,取出睾丸。

3.4.2.3 剪开鞘膜腔,注意其中有无液体,鞘膜有无增厚。

3.4.2.4 检查睾丸和附睾的大小和软硬度,剖开后用镊子试提细精管组织,注意是否易取。

3.4.3 子宫与附件的取出与检查

3.4.3.1 应与膀胱和直肠一同取出。剪断两侧子宫阔韧带和圆韧带的下缘,分离宫颈周围疏松结缔组织,左手握住子宫及宫颈上提,右手用刀在宫颈下切断阴道,将子宫、输卵管和卵巢一并取出。

3.4.3.2 直肠与膀胱检查完毕后分离子宫。

3.4.3.3 检查子宫、卵巢的大小。观察宫颈的形状,注意有无损伤出血、糜烂或肿块。

3.4.3.4 用剪刀从宫颈插入宫腔,至子宫底剪开子宫前壁,再向两侧剪至子宫角,形成"Y"字形切口。

3.4.3.5 检查子宫内膜有无增厚、出血或坏死。测量子宫壁厚度,检查有无肌瘤。

3.4.3.6 宫腔内如有胎儿,应根据胎儿的身长、体重及坐高推断胎儿的月份。

3.4.3.7 检查输卵管有无扩张,管壁有无破裂出血,打开输卵管观察管腔内有无炎性渗出物及闭塞。

3.4.3.8 检查卵巢表面是否光滑,有无囊肿。纵切卵巢观察切面有无异常。

3.4.3.9 结合尸表外生殖器的检查,进一步观察阴道内有无异物、粉末,粘膜有无损伤、腐蚀或颜色改变。

3.5 颈部和胸腔脏器的取出与检查

3.5.1 颈部及胸腔脏器的取出

3.5.1.1 在尸体肩背部垫一木枕,将颈部皮肤自切口处向外上提起并分离,分层解剖皮下、浅层及深层肌肉,检查有无损伤和出血。注意检查甲状软骨板及上角、舌骨大角、环状软骨等有无骨折。观察颈总动脉内膜有无横裂。

3.5.1.2 检查甲状腺有无肿大,有无结节状肿块,切面滤泡有无扩大。颈部淋巴结有无肿大。

3.5.1.3 用长刀刺入下颌骨下缘正中,沿下颌骨内缘切断下颌骨与口腔底的连系,拉出舌头,将软腭与硬腭交界处切开。

3.5.1.4 用力下拉舌头,用刀将咽、食道后壁与颈椎分离,继之与胸椎分离直至膈肌上方。

3.5.1.5 用剪刀从主动脉裂孔剪断膈肌,分离腹主动脉至左右髂总动脉分支处剪断,将舌、咽、喉以及颈、胸部器官连同腹主动脉一并取出。

3.5.2 舌、咽和食道的检查

3.5.2.1 检查舌有无咬破,有无舌苔和溃疡,腭扁桃体有无肿大,表面有无炎性渗出物及假膜。

3.5.2.2 观察食道粘膜有无颜色改变、充血、出血、假膜形成、腐蚀、溃疡及静脉曲张。

3.5.3 喉、气管和支气管的检查

3.5.3.1 检查喉头有无水肿及炎性渗出物,声门裂和前庭裂有无狭窄。

3.5.3.2 沿气管膜部剪开气管及支气管,观察腔内有无异物或炎性渗出物,粘膜有无充血、出血、假膜及肿块。

3.5.4 心脏的检查

3.5.4.1 把心肺按正常位置平放在垫板上,观察心外膜有无出血点或腱斑,心室壁上有无针眼或破裂,有无室壁动脉瘤形成。

3.5.4.2 左手提心脏,使心尖向上,在心包脏层与壁层折转处剪断上、下腔静脉、肺静脉、肺动脉(距瓣膜2厘米处)、主动脉(距瓣膜上方5厘米处),使心脏与肺脏分离。

3.5.4.3 观察心脏大小(正常如尸体右拳大小),测量心脏重量。

3.5.4.4 将心脏按正常位置放平,剪开上、下腔静脉和右心房、右心耳,沿右心室右缘剪至心尖部,从心尖部开始距室间隔左侧约1厘米处,剪开左心室前壁至肺动脉根部,剪线稍向左偏,在左冠状动脉主干左缘、肺动脉壁与左心耳之间剪开主动脉。

3.5.4.5 测量左、右心室壁厚度,测量各瓣膜口周径。

3.5.4.6 检查心内膜下、乳头肌有无出血;各瓣膜有无增厚,有无赘生物、缺损、粘连、缩短;腱索有无变粗、缩短。观察心腔有无扩张,心肌有无颜色改变、变软、梗死或瘢痕,有无附壁血栓。检查卵圆孔、动脉导管、房间隔、室间隔有无先天性畸形。

3.5.4.7 检查冠状动脉,观察左、右冠状动脉口有无狭窄或闭塞,周围有无粥样硬化斑块或内膜纤维性增厚。疑有冠心病急死的案例,将冠状动脉作间隔2~3 mm的多个横切面,观察有无粥样硬化斑和血栓,记录其位置、长短及堵塞管腔的程度。疑有心肌梗死时,将室间隔作多数横切,或沿室间隔作矢状切面,或在左室前后壁作多数额状切面,观察梗死灶的范围。

3.5.5 主动脉和下腔静脉的检查

3.5.5.1 沿主动脉弓部前壁剪开,直至髂动脉。

3.5.5.2 在主动脉起始部、横膈部、髂动脉分支部测量动脉周径。

3.5.5.3 检查动脉内膜是否平滑,有无溃疡或颜色改变。

3.5.5.4 自髂静脉剪开,检查下腔静脉管腔是否扩大,腔内有无血栓。

3.5.6 肺的检查

3.5.6.1 观察两肺各叶色泽是否正常。用手触摸各肺叶有无捻发感、硬结、实变病灶或肿块。

3.5.6.2 用脏器刀沿肺的后外侧缘切向肺门,剪开支气管。

3.5.6.3 检查支气管腔内有无阻塞、异物、溺液或粘液,粘膜上是否覆盖有炎性渗出物。检查肺动脉分支内有无血栓或栓子。

3.5.6.4 观察肺切面颜色，注意有无病灶、肿块、空洞、气肿、萎陷或支气管扩张。挤压肺脏观察切面是否有带气泡的血水溢出。

3.5.6.5 检查肺门淋巴结。

3.6 脑和脊髓的取出与检查

3.6.1 脑的取出与检查

3.6.1.1 尸体仰卧位，头部放于木枕上，用刀从一侧耳后乳突部刺入头皮，刀刃向上挑开头皮经顶部至对侧耳后乳突部，头皮分别向前、后翻开，检查头皮下有无出血、血肿；骨膜下有无出血；颅骨有无骨折。

3.6.1.2 用刀自额部眶上缘2厘米处开始作一锯线，向两侧延伸经耳廓上缘切断两侧颞肌（勿将颞肌从颅骨上剥离），向后会合于枕骨粗隆处。

3.6.1.3 沿锯线将颅骨踞开，如尚有部分内板相连，可用丁字凿和锤子轻击相连部分（在颅骨有骨折的情况下慎用），使其分离，用丁字凿或骨耙子掀起颅盖。

3.6.1.4 检查颅盖骨内面有无骨折、畸形或缺损。

3.6.1.5 检查硬脑膜外有无血肿，血管有无充血，并检查其紧张度。

3.6.1.6 沿正中线剪开矢状窦，检查有无血栓形成或静脉炎。

3.6.1.7 沿颅骨锯线剪开硬脑膜及大脑镰前端，将其向后牵拉与蛛网膜分离。

3.6.1.8 检查硬脑膜、蛛网膜及其下腔有无出血、血肿或炎性渗出物，观察软脑膜（包括蛛网膜）的厚度、颜色和光泽。

3.6.1.9 将两侧额叶向后上抬起，尽量靠近颅骨硬脑膜侧剪断嗅神经及视神经。

3.6.1.10 将大脑逐渐向后拉，剪断颈内动脉、脑垂体及两侧第三至第七对脑神经。

3.6.1.11 沿枕骨外侧缘向颞骨边缘剪开小脑幕，剪断三叉神经及其他各对脑神经。用细刀尽量深入椎管，切断脊髓。

3.6.1.12 用左手托住大脑，右手协助将大、小脑连同桥脑、延髓及其深部的脊髓一并取出。

3.6.1.13 剥离脑垂体周围组织，取出脑垂体。

3.6.1.14 观察两侧大脑半球和小脑半球是否对称，有无肿胀或萎缩。检查脑外表有无挫裂创及出血灶；有无脑疝、肿块或结节；脑底动脉环有无粥样硬化、畸形或动脉瘤；检查脑基底动脉、椎动脉、大脑前后动脉及大脑中动脉有无变化；基底池内有无积血或过多的积液；检查脑神经有无改变。

3.6.1.15 测量脑重量。

3.6.1.16 剪开下矢状窦、横窦、乙状窦，观察有无血栓形成或其他改变。撕掉颅底硬脑膜，观察颅底有无骨折，颞骨岩部有无出血。

3.6.2 脊髓的取出与检查

3.6.2.1 尸体俯卧位，胸部垫一木枕。

3.6.2.2 由枕外隆突沿棘突至骶椎作一切口，剥离棘突与椎弓板上的骨膜和软组织。用脊椎锯或单板锯在棘突两侧由上向下垂直锯开骨质，将棘突和椎弓用咬骨钳钳去。

3.6.2.3 观察硬脊膜外有无血肿、脓肿,用剪刀在硬脑膜外剪断脊神经,在第三、四腰椎处切断马尾,取出脊髓。

3.6.2.4 沿脊髓前后正中线将硬脊膜剪开,检查各层脊髓膜有无变化或针眼,脊髓待固定后作多数横切面检查。

3.6.3 脑的固定与切开检查

3.6.3.1 将脑取出后,在基底动脉下穿过细绳,将其两端压在缸盖边缘上,使脑悬吊在10% 福尔马林溶液的标本缸内,24 h 后更换固定液,固定一周左右切检。

3.6.3.2 将固定后的脑放在垫板上,根据观察需要,可采用冠状、矢状或水平切面,每个切面相隔 1 cm,观察各个切面有无出血或病变。

3.6.3.3 小脑可经蚓部作矢状或水平切面,观察有无出血、脓肿或肿瘤。

3.6.3.4 脑干可沿中脑、桥脑、延脑作多个横切面,每个切面相隔0.5 cm,观察各个切面有无出血或其他异常。

附录 A　尸体解剖室的设备要求
(提示的附录)

A1 尸体解剖室应设在光线充足、空气通畅、地方干爽、尸体搬运方便的地方,一般应为独立建筑。

A2 解剖室设置尸体解剖台,并安装自来水管和与排污水管相连接的出水口。

A3 解剖室应设有充足的照明设施及用作消毒的紫外线灯。

A4 解剖室地面应以水泥或水磨石地板为宜,四周墙壁从地面向上至少 2 m 高度镶以白瓷砖,以利清洁消毒。

A5 有条件应附设尸体解剖预备室,室内设有小沐浴室、更衣室,并有保存解剖器械和衣物的器械柜及更衣柜。

A6 其他设备:解剖器械(见附录 B),解剖衣帽、乳胶手套、大小量杯、木枕、小水盆、小木台、大小天平、体重磅、海绵块、脱脂棉、纱布、墙壁挂钟、标本缸及固定液等物品。

附录 B　法医学尸体解剖基本器械
(提示的附录)

解剖刀	钢尺
大脏器刀	卷尺
小脏器刀	不锈钢勺
脑刀	注射器

圆头手术剪	注射针头及穿刺针头
尖头手术剪	缝针及缝线
眼科剪	探针
有齿镊	手持放大镜
无齿镊	手术衣、帽
骨剪	纱布
板锯	脱脂棉
脊柱锯	指甲剪
丁字凿	试管
锤子	大、小塑料袋
肠剪	指纹擦印盒
弯血管钳	指纹擦印纸
直血管钳	

附录 C 正常器官的重量及大小

（提示的附录）

（器官的重量以 g 计算,大小以 cm 计算）

脑

重量:男(包括蛛网膜及软脑膜)	1 300 ~ 1 500 g
女(包括蛛网膜及软脑膜)	1 100 ~ 1 300 g
大小:大脑矢状径(额枕前后距)	
男	16 ~ 17 cm
女	15 ~ 16 cm
大脑垂直径(顶底上下距)	12 ~ 13 cm

脊髓

重量	25 ~ 27 g
长度	40 ~ 50 cm
左右径:颈髓(膨大部)	1.3 ~ 1.4 cm
胸髓	1 cm
腰髓(膨大部)	1.2 cm
前后径:颈髓(膨大部)	0.9 cm
胸髓	0.8 cm
腰髓(膨大部)	0.9 cm

垂体

重量:10~20 岁 0.56 g

　　20~70 岁 0.61 g

　　妊娠时可增至 0.84~1.06 g

大小: 2.1 cm×1.4 cm×0.5 cm

心脏

重量:男 250~270 g

　　女 240~260 g

厚度:左右心房壁 0.1~0.2 cm

　　左心室壁 0.8~1.0 cm

　　右心室壁 0.2~0.3 cm

周径:三尖瓣 11 cm

　　肺动脉瓣 8.5 cm

　　二尖瓣 10 cm

　　主动脉瓣 7.5 cm

肺动脉

周径(心脏上部) 8 cm

主动脉

周径:升主动脉(心脏上部) 7.4 cm

　　降主动脉 4.5~6 cm

　　腹主动脉 3.5~4.5 cm

肺

重量:左 325~480 g

　　右 360~570 g

　　双侧 685~1 050 g

甲状腺

重量 30~70 g

大小 (长)5~7 cm×(宽)3~4 cm×(厚)1.5~2.5 cm

　　(注:甲状腺重量及大小因地区不同而异,但正常重量不能超过 40 g)

肝

重量 1 300~1 500 g

大小　长(左右距离)25~30 cm×宽(上下距离)19~21 cm×厚(前后距离最厚处)6~9 cm

左叶 长 8~10 cm×宽 15~16 cm

右叶 长 18~20 cm×宽 20~22 cm

脾

重量 140~180 g

大小	112 ~ 114 cm×8 ~ 9 cm×3 ~ 4 cm
	胰腺
重量	90 ~ 120 g
大小	18 cm×4.5 cm×3.8 cm
	肾
重量(一侧)	120 ~ 140 g
大小	11 ~ 12 cm×5 ~ 6 cm×3 ~ 4 cm
皮质厚度	0.5 cm
	肾上腺
重量(一侧)	5 ~ 6 g
大小	4 ~ 5 cm×2.5 ~ 3.5 cm×0.5 cm
	胃肠
长度:食管(环状软骨至贲门)	25 cm
胃(胃底至大弯下端)	25 ~ 30 cm
十二指肠	30 cm
小肠	550 ~ 650 cm
结肠	150 ~ 170 cm
厚度:食管	0.3 ~ 0.4 cm
胃粘膜	0.1 cm
	睾丸
重量(连同附睾)	20 ~ 27 g
大小(睾丸)	4 ~ 5 cm×2.0 ~ 2.7 cm×2.5 ~ 3.5 cm
	精囊腺
大小	1.6 ~ 1.8 cm×0.9 cm×4.1 ~ 4.5 cm
	前列腺
重量:20 ~ 30 岁	15 g
51 ~ 60 岁	20 g
70 ~ 80 岁	30 ~ 40 g
大小	1.4 ~ 2.3 cm×2.3 ~ 3.4 cm×3.2 ~ 4.7 cm
一般	2.7 cm×3.6 cm×1.9 cm
	子宫
重量:未孕妇女	33 ~ 41 g
经产妇	102 ~ 117 g
大小:未孕妇女	长(宫底至宫外口)7.8 ~ 8.1 cm
	宽(宫底处)3.4 ~ 4.5 cm
	厚(宫底之下)1.8 ~ 2.7 cm

经产妇	8.7~9.4 cm×5.4~6.1 cm×3.2~3.6 cm
宫颈大小:未孕妇女	2.9~3.4 cm×2.5 cm×1.6~2 cm

卵巢

重量(每侧)	5~7 g
大小:未孕妇女	4.1~5.2 cm×2~2.7 cm×1~1.1 cm
妇人	2.7~4.1 cm×1.5 cm×0.8 cm

附录三 医疗损害司法鉴定指南

(中华人民共和国司法行政行业标准 SF/T 0097—2021)

1 范围

本文件提供了医疗损害责任纠纷司法鉴定实践中涉及的委托、鉴定过程、听取医患各方陈述意见的程序和鉴定的基本方法等方面的指导。

本文件适用于医疗损害的司法鉴定,其他类似鉴定参照执行。

本文件不适用于医疗损害相关的人身损害所致残疾等级鉴定、劳动能力鉴定,以及其他法医赔偿鉴定(包括人身损害所需休息期、营养期和护理期的鉴定,以及定残后护理依赖程度的鉴定和后续诊疗事项的鉴定等)。

2 规范性引用文件

下列文件中的内容通过文中的规范性引用而构成本文件必不可少的条款。其中,注日期的引用文件,仅该日期对应的版本适用于本文件;不注日期的引用文件,其最新版本(包括所有的修改单)适用于本文件。

GA/T 147 法医学 尸体检验技术总则

SF/T 0111 法医临床检验规范

SF/T 0112 法医临床影像学检验实施规范

3 术语和定义

下列术语和定义适用于本文件。

3.1 医疗损害 medical malpractice

医疗机构及其医务人员在诊疗护理过程中因过错导致患者不利的事实。

3.2 医疗纠纷 medical tangle

患者与医疗机构及其医务人员因诊疗活动引发的争议。

3.3 医疗过错 medical fault

医疗机构及其医务人员实施违反法律、行政法规、规章以及其他相关诊疗和护理规范规定的医疗行为,或者未尽到与当时医疗水平相应的诊疗义务的医疗行为。

3.4 损害后果 damage

与医疗行为有关的,不期望发生的患者死亡、残疾、组织器官损伤致功能障碍、病情加重或者病程延长等人身损害以及其他相关损害的情形。

3.5 因果关系 causation

医疗过错(3.3)与损害后果(3.4)之间的联系形式。

注:分为事实因果关系和法律因果关系。医疗损害司法鉴定中主要关注事实因果关系。

3.6 原因力 causative potency

可能同时存在多种原因导致患者发生损害后果(3.4)时,医疗过错(3.3)所起作用的大小。

4 医疗损害司法鉴定的委托

4.1 委托人

医疗损害司法鉴定一般由具有管辖权的人民法院委托。必要时,宜由具有检察、监察和监督权的机关和组织作为委托人。

依据本文件对医疗纠纷进行行政处理或者调解、仲裁需实施的鉴定,宜由具有相应处置权的机构或者单位委托,或由发生医疗纠纷的各方当事人(即患方与相应医疗机构)共同委托。

4.2 委托鉴定事项

医疗损害司法鉴定一般包括以下委托事项:

a)医疗机构实施诊疗行为有无过错;

b)医疗过错行为与损害后果之间是否存在因果关系以及原因力大小;

c)医疗机构是否尽到了说明义务、取得患者或者患者近亲属书面同意的义务;

d)其他有关的专门性问题。

委托人根据需要酌情提出委托鉴定的事项,司法鉴定机构宜与委托人协商,并就委托事项达成一致意见。

5 鉴定过程

5.1 鉴定材料预审

委托人提出医疗损害司法鉴定委托后,向司法鉴定机构提供鉴定材料供鉴定人审核,司法鉴定机构在规定期限内给予是否符合受理条件以及本机构是否具备鉴定能力的答复。鉴定材料不能满足审核要求的,鉴定机构宜及时提出补充提供的要求。

提供的鉴定材料根据案件所处阶段,一般包括但不限于:鉴定申请书、医患各方的书面陈述材料、病历及医学影像学资料、民事起诉状和民事答辩状。

医学影像资料的预审参照 SF/T 0112 中有关外部信息审核的规定。

5.2 听取医患各方陈述意见

鉴定材料预审后拟受理鉴定的,司法鉴定机构宜确定鉴定人并通知委托人,共同协商组织听取医患当事各方(代表)的意见陈述。当事各方或一方拒绝到场的,视为放弃陈述的权利;鉴定人经与委托人协商,委托人认为有必要的,则继续鉴定。

5.3 鉴定的受理与检验

经确认鉴定材料,并符合受理条件的,由司法鉴定机构与委托人签订办理受理确认手续。

受理鉴定后,鉴定人宜按照 SF/T 0111 或 GA/T 147 的规定,对被鉴定人(患者)进行必要的检验(包括尸体解剖、组织病理学检验、活体检验以及其他必要的辅助检查)。

5.4 咨询专家意见

鉴定人就鉴定中涉及的专门性问题咨询相关医学专家。专家意见宜内部存档并供鉴定人参考,但不作为鉴定意见书的一部分或其附件。

5.5 制作鉴定意见书

鉴定人综合所提供的鉴定材料、医患各方陈述意见、检验结果和专家意见,根据医学科学原理、临床诊疗规范及鉴定原则,完成鉴定意见书的制作,并对鉴定意见负责。

6 听取医患各方陈述意见的程序

6.1 基本形式

一般采用现场会议的形式听取医患各方的陈述意见,或经与委托人协商,也能采用远程视频会议和电话会议等形式。

6.2 参与人员

参与人员建议如下:

a)参与人员一般包括鉴定人(必要时可包括鉴定助理和记录人),委托人或其代表,患方(包括患者本人和/或其家属、患方代理人、专家辅助人以及其他有关人员),医方(包括当事医务人员和/或其所在医疗机构的代表、医方代理人、专家辅助人以及其他有关人员);

b)医、患各方参与人数不宜超过五人;

c)若有必要,利益相关方(如造成患者人身损害的相对方当事人或其代理人,以及与赔偿有关的保险公司人员)也能参与陈述意见;

d)必要时,宜邀请提供咨询意见的(临床)医学专家参与听取医患各方的陈述。

6.3 听取陈述意见

6.3.1 概述

若委托人或其代表到会,一般先由委托人或其代表介绍医患各方人员,宣布委托鉴定事项(鉴定内容),介绍受委托的司法鉴定机构。

宜由司法鉴定机构委派的鉴定人主持医患意见陈述会。鉴定人宜说明以下事项:

a)宣布并介绍鉴定人,说明有关鉴定人回避的规定,询问有无提出回避申请及其理由;

b)司法鉴定采用鉴定人负责制,鉴定过程中会根据需要聘请相关医学专家提供咨询意见,但其意见仅供鉴定人参考,鉴定人对鉴定意见负责;

c)鉴定起始之日与鉴定期限一般自正式签署《司法鉴定委托(确认)书》并鉴定材料

提供完成之日起计算,有约定的从约定;

d)在鉴定终结前,医患各方未经许可,不宜私自联系鉴定人;若确需补充材料的,向委托人提交并由委托人审核和质证后转交鉴定人。

6.3.2 医患意见的陈述

医患各方分别陈述,每方陈述宜在 20 分钟以内。通常按先患方、后医方的次序进行。双方陈述完毕后,可以补充陈述。鉴定人在主持过程中宜说明如下陈述要求:

a)医患各方在规定时间内陈述各自的观点和意见,陈述时尽可能围绕委托鉴定事项所涉及的诊疗过程、损害后果及其因果关系等具体问题;

b)医患各方勿随意打断对方的陈述,不能辱骂、诋毁或威胁对方、委托人和鉴定人;

c)医患各方陈述后,鉴定人为进一步了解有关情况,可就鉴定所涉及的问题向各方提问,必要时作适当的说明;

d)医患各方均可向鉴定人提交书面陈述意见,书面陈述意见可包括临床医学指南、行业专家共识或者医学文献等资料;

e)确有必要时,医患双方的陈述分别进行。

6.3.3 会议记录

鉴定机构摘要记录医患各方的陈述意见,通过现场陈述的,由医患各方到场人员在会议记录上签字确认;通过远程视频或者电话会议形式的,宜采用录音和录像等形式记录。

会议记录是鉴定活动的工作记录,宜存档保存,但一般不直接作为鉴定依据。

6.4 鉴定材料争议时的处置

6.4.1 审核与责任

审核与责任的建议如下:

a)委托人对鉴定材料的真实性、完整性和充分性负责;

b)鉴定人对鉴定材料是否适用和能否满足鉴定需求进行必要的审核;

c)医患各方对鉴定材料提出异议的,鉴定人根据审核结果,按照 6.4.2 或者 6.4.3 的规定酌情处理。

6.4.2 酌情确定是否可以实施鉴定

在以下情形下,确定是否实施鉴定:

a)当事人所提异议不影响鉴定实施,鉴定人经征得委托人同意后,宜继续实施鉴定;

b)当事人所提异议可以通过鉴定材料中相关内容或者其他资料加以明确的,鉴定人经与委托人协商后,确定是否继续鉴定;

c)鉴定人针对当事人的异议,经综合鉴定材料综合评估认为,该异议成立与否可能会对鉴定意见产生实质影响的,宜与委托人充分协商,酌情确定是否继续鉴定。

6.4.3 中止或者终止鉴定

当事人所提异议对鉴定意见可能产生实质性影响,鉴定人经与委托人协商,仍不能解决异议的,宜中止或者终止鉴定。经补充材料后若异议得以解决,则再重新启动鉴定。

6.4.4 涉及特殊检材的鉴定

涉及特殊检材的鉴定建议如下：

a)鉴定人认为需提供病理组织切片、蜡块、组织块或者尸体等特殊检材的,委托人以及医患各方需积极配合,经确认后提交鉴定机构;提交过程中若发生检材遗失和毁损等情况,鉴定机构不承担责任;

b)特殊检材送达鉴定机构后,鉴定人及时确认类型、数量和保存状态,若特殊检材已发生遗失和毁损,告知委托人并保留相关记录;

c)鉴定过程中,鉴定机构妥善保管和使用特殊检材。

7 鉴定的基本方法

7.1 医疗过错

7.1.1 违反具体规定的过错

医疗机构及其医务人员在诊疗过程中违反法律、行政法规、规章以及相应诊疗、护理规范的具体规定,或者有违该专业领域多数专家认可的原则和方法,则视为存在医疗过错。

注:规定、原则和方法,既包括成文的,也包括"约定成俗"的。

7.1.2 违反注意义务的过错

以医疗纠纷发生当时相应专业领域多数医务人员的认识能力和操作水平衡量,医疗机构及其医务人员有责任、也有能力对可能出现的损害加以注意,但因疏忽大意或过度自信而未能注意,则认定存在医疗过错。在判定时适当注意把握合理性、时限性和地域性原则。

7.1.3 违反告知义务的过错

医疗机构及其医务人员在诊疗过程中宜对患者的病情及拟采取的诊疗措施作出必要的告知,并取得患方的知情与对诊疗措施的同意。未尽到告知义务,则视为存在医疗过错。

告知的情形包括但不限于以下内容:

a)疾病的诊断,包括医师知道的和应当知道的;

b)拟采取诊疗措施的目的、方法、利益和风险,以及拒绝该措施的风险和利益;

c)除拟采取的诊疗措施以外,可供选择的其他替代措施;

d)可能对患者造成明显侵袭性伤害或者需要患者承受较强烈痛苦的诊疗措施;

e)费用昂贵的检查、药物和医疗器械;

f)关于转医的事项;

g)其他按照相关规定有必要取得患者知情和同意的情形。

医务人员的告知既包括书面说明,有时也包括其他适当形式的告知。实际鉴定时,鉴定人宜审慎判断,并关注医务人员未尽到告知义务对患者的实际损害。

7.2 损害后果

7.2.1 死亡

死亡是最严重的损害后果,指被鉴定人(患者)作为自然人的生命终结。需行尸体检验明确死亡原因的,按照 GA/T 147 的规定执行。

7.2.2 残疾

残疾是较严重的损害后果,指患者的肢体、器官和组织结构破坏或者不能发挥正常的生理功能,工作、学习乃至社会适应、日常生活因此而受到影响,有时需他人适当给予帮助,甚至存在医疗依赖、护理依赖和营养依赖的情形。需确定致残程度等级的,宜按照 SF/T 0111 和 SF/T 0112 的规定进行活体检验。

7.2.3 病程延长

病程延长是指患者的病程或其疾病诊疗的临床过程较通常情况延长。

7.2.4 病情加重或者其他损害

病情加重或者其他损害是指患者的肢体、器官和组织虽有部分损害,例如:程度较诊疗前并无任何改善或者反有加重,但仍然能够发挥基本正常的生理功能,能基本正常地从事工作和学习,社会适应和日常生活也无明显受限,尚不至于构成残疾的情形。

7.2.5 错误受孕、错误生产、错误生命

错误受孕、错误生产和错误生命含义如下:

a)错误受孕是指因医方建议或应用避孕措施不当,导致妇女意外受孕;

b)错误生产也称错误分娩,是就新生儿的父母而言,孕妇妊娠期间虽经产前检查但未避免分娩缺陷胎儿;

c)错误生命(也称"错误出生"),是由新生儿本人主张其母亲在妊娠期间虽经产前检查但未发现异常或者未作出必要提示,导致自己出生时即带有缺陷。

上述损害后果的实质是丧失生育(出生)选择的机会,而非生育(出生)本身。

7.2.6 丧失生存机会

相对于死亡后果而言,丧失生存机会属中间损害(或称"过程性损害"),并非最终损害后果。丧失生存机会是指患者自身疾病存在短期内致死的较大可能性,或者疾病严重、期望生存期有限,但发生医疗损害致使死亡未能得以避免或者缩短了生存期。

7.2.7 丧失康复机会

相对于残疾后果而言,丧失康复机会属中间损害(或称"过程性损害"),并非最终损害后果。丧失康复机会是指患者自身疾病具有导致残疾或功能障碍的较大可能性,但发生医疗损害致使残疾或功能障碍未能得以有效避免。

7.3 因果关系及原因力大小

7.3.1 医疗行为与患者的损害后果之间无因果关系

不良后果几乎完全是由于患者病情本身的特点、自身健康状况、体质的特殊性或者限于当时医疗水平等因素造成,与医疗行为不存在本质上的关联。

7.3.2 医疗行为与患者的损害后果之间存在一定的因果关系,过错系轻微原因

损害后果从本质上而言是由于患者病情本身的特点、自身健康状况、体质的特殊性或者限于当时医疗水平等因素造成,医疗过错行为仅在损害后果的发生或进展过程中起到了一定的诱发或轻微的促进和加重作用,即使没有发生医疗过错,损害后果通常情况

下仍然难以避免。

7.3.3 医疗行为与患者的损害后果之间存在一定的因果关系,过错系次要原因

损害后果主要是由于患者病情本身的特点、自身健康状况、体质的特殊性或者限于当时医疗水平等因素造成,医疗过错行为仅在损害后果的发生或进展过程中起到了促进或加重作用,即使没有发生医疗过错,损害后果仍然有较大的可能会发生。

7.3.4 医疗行为与患者的损害后果之间存在一定的因果关系,过错系同等原因

损害后果与医疗过错行为以及患者病情本身的特点、自身健康状况、体质的特殊性或者限于当时医疗水平等因素均密切相关,若没有发生医疗过错,或者没有患者的自身因素(和/或限于当时医疗水平等因素),损害后果通常情况下都不发生。医疗过错和患者自身因素在损害后果形成的过程中,所起的作用基本相当,难分主次。

7.3.5 医疗行为与患者的损害后果之间存在因果关系,过错系主要原因

医疗过错行为是导致患者损害后果的主要原因,患者病情本身的特点、自身健康状况、体质的特殊性或者限于当时医疗水平等因素只起次要作用,若没有医疗过错,损害后果一般不会发生。

7.3.6 医疗行为与患者的损害后果之间存在因果关系,过错系全部原因

医疗过错行为是导致患者损害后果的直接原因,若没有医疗过错,损害后果必然不会发生。

附录四　人身损害与疾病因果关系判定指南

(中华人民共和国司法行政行业标准　SF/T 0095—2021)

1　范围

本文件提供了人身损害与疾病因果关系判定法医学检验和鉴定方面的指导和建议,包括检验时机、检验方法、因果关系类型以及因果关系分析与判定基本方法。

本文件适用于法医学鉴定中各种因素所致人身损害及自身疾病或者既往损伤与后果之间因果关系和原因力大小的判定。其他各种外因(如环境损害等)引起的人身损害后果与既往疾病并存时的因果关系判定,参照本文件执行。

2　规范性引用文件

下列文件中的内容通过文中的规范性引用而构成本文件必不可少的条款。其中,注日期的引用文件,仅该日期对应的版本适用于本文件;不注日期的引用文件,其最新版本(包括所有的修改单)适用于本文件。

SF/T 0111　法医临床检验规范

3 术语和定义

下列术语和定义适用于本文件。

3.1 人身损害 personal injury

侵害他人身体并造成人身或健康伤害的不良后果。

3.2 参与程度 degree of participation

人身损害(3.1)在现存后果中原因力大小的范围或者幅度。

4 总则

4.1 宜遵循实事求是的原则,从客观事实出发,研究并确定人身损害和疾病是否客观存在;明确损伤与疾病发生、发展和转归的过程,探索其时间间隔的延续性和病理变化的规律性。

4.2 当人身损害与既往伤、病共存时,宜运用医学和法医学的理论、技术和方法,全面审查病历资料并进行必要的法医学检验,全面分析并综合评定人身损害在现存后果中的原因力大小。

5 检验时机

5.1 伤病关系判定以原发性损伤为依据的,宜在损伤后早期进行检验和评定。

5.2 伤病关系判定以损伤后果为依据的,宜在治疗终结或者临床治疗效果稳定后检验。

6 检验方法

6.1 了解案情

包括了解案发经过、受伤过程和现场情况等。尽可能详细了解损伤和疾病等信息。

6.2 审阅资料

宜全面收集反映损害后临床诊治过程的病历资料(包括医学影像诊断资料和实验室检验资料),全面了解损害后出现的临床表现和治疗转归信息。

6.3 收集既往病历

宜了解并收集伤者既往病历资料,如:有无高血压病、冠心病、糖尿病和骨关节病等。

6.4 一般检查

针对个案情况,宜按照 SF/T 0111 的规定实施体格检查,对于损害与疾病部位相关的组织、器官和系统宜重点进行全面和细致的检查。

6.5 辅助检查

针对损害后病历资料反映的损伤与病症,宜有针对性地选择进行实验室检验和辅助性检查。

6.6 诊断

根据案情、病历资料、辅助检查和法医检验结果,必要时宜咨询临床医学专家,对原发性损伤、继发性改变和后遗症作出诊断。

7 因果关系类型

人身损害与疾病的因果关系类型按照损害在疾病中的原因力大小,分为完全作用、主要作用、同等作用、次要作用、轻微作用和没有作用六种类型。具体如下：

　　a)完全作用(完全原因)：外界各种损害因素直接作用于人体健康的组织和器官,致组织和器官解剖学结构的连续性、完整性破坏,和/或出现功能障碍,现存的后果/疾病完全由损害因素造成;

　　b)主要作用(主要原因)：外界各种损害因素直接作用于人体基本健康的组织和器官,致组织和器官解剖学结构的连续性、完整性破坏,和/或出现功能障碍,现存的后果/疾病主要由损害因素造成;

　　c)同等作用(同等原因)：既有损害,又有疾病。损害与疾病因素两者独立存在均不能造成目前的后果,两者互为条件,相互影响,损害与疾病共同作用致成现存后果,且所起的作用基本相当;

　　d)次要作用(次要原因)：既有损害,又有疾病。疾病在前,是主要原因;损害在后,为次要原因。即损害在原有器质性病变的基础上,使已存在疾病的病情加重;

　　e)轻微作用(轻微原因)：既有损害,又有疾病。疾病在前,是主要原因;损害在后,为轻微原因。即损害在原有器质性病变的基础上,使已存在疾病的病情显现;

　　f)没有作用(没有因果关系)：外界各种损害因素作用于人体患病组织和器官,没有造成组织和器官解剖学结构连续性、完整性破坏及功能障碍,不良后果完全系自身疾病所造成,与损害因素之间不存在因果关系。

8　因果关系分析与判定的基本方法

8.1　人体损伤程度鉴定中的因果关系包括：

　　a)若损伤与损害后果之间存在直接因果关系,为完全作用或主要作用,宜按照《人体损伤程度鉴定标准》相关条款评定损伤程度;

　　b)若损伤与损害后果之间存在同等因果关系,为同等作用(同等原因),则参见《人体损伤程度鉴定标准》的伤病关系处理原则,降低等级评定损伤程度;

　　c)若损伤与损害后果之间为次要作用或轻微作用,则只说明因果关系,不评定损伤程度;

　　d)若损伤与损害后果之间不存在因果关系,为没有因果关系,则不评定损伤程度;

　　e)在损伤程度鉴定中的伤病关系判定,不宜评定参与程度。

8.2　人体损伤致残程度鉴定中的因果关系包括：

　　a)若损伤与残疾之间存在因果关系(完全作用、主要作用、同等作用、次要作用或轻微作用),宜按照《人体损伤致残程度分级》相关条款评定残疾程度,并说明因果关系类型,必要时宜根据附录 A 判定损害参与程度;

　　b)若损伤与残疾之间不存在因果关系,则只说明因果关系,不评定致残等级。

8.3　其他人身损害鉴定中的因果关系

　　在医疗损害鉴定中,首先判定医疗过错与损害后果之间是否存在因果关系;若判定医疗过错与损害后果间存在因果关系,宜说明因果关系类型,必要时根据附录 A 判定医疗过错与损害后果的参与程度。

附录 A

（规范性）
参与程度分级和判定规则

A.1 参与程度分级

按照人身损害在疾病后果中的原因力大小（因果关系类型），依次将人身损害参与程度分为以下六个等级：

　　a）完全因果关系:96%～100%（建议 100%）。

　　b）主要因果关系:56%～95%（建议 75%）。

　　c）同等因果关系:45%～55%（建议 50%）。

　　d）次要因果关系:16%～44%（建议 30%）。

　　e）轻微因果关系:5%～15%（建议 10%）。

　　f）没有因果关系:0%～4%（建议 0%）。

A.2 参与程度判定规则

首先宜根据第 7 条判定人身损害在疾病后果中的因果关系类型，然后再根据参与程度分级进行判定，具体如下：

　　a）人身损害与疾病存在直接因果关系，单独由损害引起的疾病或者后果，损害参与程度为 96%～100%，建议为 100%；

　　b）人身损害与疾病存在直接因果关系，人身损害是主要原因，疾病是潜在的次要或者轻微因素，损害参与程度为 56%～95%，建议为 75%；

　　c）既有人身损害，又有疾病，若损害与疾病两者独立存在均不能造成目前的后果，为两者兼而有之，作用基本相等，损害与疾病之间存在同等作用因果关系，损害参与程度为 45%～55%，建议为 50%；

　　d）既有人身损害，又有疾病，若损害与疾病之间存在间接因果关系，损害为次要原因，损害参与程度为 16%～44%，建议为 30%；

　　e）既有人身损害，又有疾病，若损害与疾病之间存在间接因果关系，损害为轻微原因，损害参与程度为 5%～15%，建议为 10%；

　　f）既有人身损害，又有疾病，若现存后果完全由疾病造成，即损伤与疾病之间不存在因果关系，外伤参与程度为 0%～4%，建议为 0%。

附录五　法医学　尸体检验技术总则

（中华人民共和国公共安全行业标准　GA/T 147—2019）

1　范围

本标准规定了法医学尸体检验的一般程序、内容及注意事项。

本标准适用于各级公安、检察、监察、医学院校及面向社会服务的鉴定机构进行法医学尸体检验、鉴定。

2　规范性引用文件

下列文件对于本文件的应用是必不可少的。凡是注日期的引用文件,仅注日期的版本适用于本文件。凡是不注日期的引用文件,其最新版本（包括所有的修改单）适用于本文件。

GA/T 122—1995　毒物分析名词术语

GA/T 148　法医病理学检材的提取、固定、包装及送检方法

GA/T 193　中毒案件采取检材规则

GA/T 1162　法医生物检材的提取、保存、送检规范

GA/T 1198　法庭科学尸体检验照相规范

3　术语和定义

下列术语和定义适用于本文件。

3.1 现场尸体检验 examination of deaths at the scene

在发现尸体的场所对尸体所处的方位、状态和尸体外表等进行的检验和测量,同时发现和采集有关生物源性物证及其他证据,并使用文字、图像或影像等方式记录的过程。

3.2 法医学尸体检验 forensic examination of deaths

具备尸体检验资质的司法鉴定机构接受委托后,指派具有尸体检验资质的法医类鉴定人对尸体进行全面系统的尸体外表和解剖检验,必要时提取组织病理学及毒物分析、生化检验所需检材进行检验,在综合分析上述各项检查、检验结果的基础上,结合有关案情调查、现场勘验情况,明确死者的死亡原因、死亡时间、死亡方式、致伤物推断、个体识别及疾病与损伤之间关系等问题,并出具相应的法医学尸体检验报告或鉴定书的过程。

3.3 尸表检验 external examination of deaths

对尸体的一般情况、衣着、外表痕迹、体表特征、尸体现象及体表病变或损伤等进行检验并采集有关生物源性物证和其他证据,并使用文字、图像或影像等方式记录的过程。

3.4 尸体解剖 forensic autopsy

对尸体各部位的器官组织进行全面系统的检验和剖验并使用文字、图像或影像等方

式记录的过程。

3.5 组织病理学检验 histopathological examination

将尸体解剖所取的器官、组织样本进行制片与染色后在光学显微镜下进行观察、描述、记录和诊断的过程。

3.6 猝死 sudden and unexpected natural death

貌似健康的人,因患潜在疾病或急性功能障碍,突发急速、意外的自然死亡,从症状急性发作至死亡的时间一般在 24 h 以内。

3.7 机械性损伤 mechanical injury

致伤物与人体以机械性运动的形式相互作用时,造成机体的损伤,包括组织结构破坏和功能障碍。

3.8 机械性窒息 mechanical asphyxia

由于机械性暴力作用引起的呼吸障碍所导致的窒息。

3.9 中毒 poisoning

生物机体受到毒物的作用而引起功能性或器质性损害的疾病状态。

[GA/T 122—1995,定义 3.6]

4 法医学尸体检验程序、原则和相关工作

4.1 检验程序

4.1.1 法医学尸体检验程序常规宜先进行现场尸体检验、尸表检验,但也要根据实际情况合理安排,并根据需要决定是否进行尸体解剖。

4.1.2 在进行现场尸体检验之前,应先确定检验对象是否已经死亡。

4.2 检验原则

4.2.1 法医学尸体检验应按照国家有关法律法规的规定进行,法医检验人员应遵循《中华人民共和国刑事诉讼法》等有关法律法规规定的回避原则。

4.2.2 法医工作人员在履行职责过程中应当客观、公正地开展鉴定工作,准确客观地提供检验结果和鉴定意见,不受外来的因素影响。

4.2.3 常规尸体解剖应按照本标准规范开展颅腔、颈部、胸腔及腹腔、盆腔的检验,其他部位可根据需要并参照本标准规定内容执行。

4.3 检验相关工作

4.3.1 尸体检验前的准备

4.3.1.1 了解案情

了解死者的姓名、性别、年龄、职业、种族、民族、籍贯、家庭情况、家族病史等一般情况,了解生前病史、发案经过、损伤情况、救治经过、死亡过程、尸体发现地及发现经过,以及尸体检验要求解决的问题等。

4.3.1.2 拟定尸体检验方案

在确认死者身份的相关信息后,根据案件类型、损伤情况、尸体状态,包括腐败程度、冷藏或冰冻情况,是否有传染病,再结合现场勘验情况、案件需要等综合情况拟定尸体检

验方案及检验人员的防护措施。

4.3.2 尸体检验环境要求

法医学尸体检验宜在尸体解剖室进行。如需在现场就地进行尸体检验(如发生在农村,偏远山区的案件),应做好必要的环境准备工作,选择光线充足而又比较僻静的地方,设置警戒区、隔离区和有效遮挡,应用便携式解剖床或临时搭成的尸体解剖台等,并应注意尊重当地群众的风俗习惯。如现场无充足的光源和水源,又不具备上述条件时,法医应提出转移尸体到条件较好的地方进行或有权拒绝解剖,以免造成误诊、漏诊、错诊。怀疑传染病的尸体应当在利于消毒的解剖室进行,并采取特殊防护措施。

4.3.3 尸体准备

确认并核实死者信息,冰冻尸体是否已完全解冻,进行尸体解剖的法律手续是否完备,针对非正常死亡,家属是否同意并履行相关手续,针对刑事案件,是否按程序履行相关手续,解剖后尸体存储、转移方式的准备等。

4.3.4 设备及器材准备

4.3.4.1 现场尸体检验的设备及器材的准备:

——观察辅助设备,如光源、放大镜等;

——现场固定设备,如照录像器材、勘验笔录等;

——常规便携式尸体检验器材,如钢板尺、卷尺、肛温计、止血钳、剪刀、纱布等;

——便携式微量物证提取设备,如毛发、血迹、脱落细胞、汗液、精斑等微量物证发现、提取设备;

——防护、移动等装备,如尸体袋、尸体检验服、手套、帽子、口罩、鞋套,以及挡风遮雨的装备等。

4.3.4.2 尸表检验的器材准备:

——观察辅助设备,如光源、放大镜、X光机等;照录像器材、尸体检验记录;

——常规尸体检验器材,如刀类、剪类、钳子、穿刺针、各种量具(器皿、尺子、注射器、体重计等);

——微量物证及痕迹提取设备,如血卡、棉签、各种送纸、试纸以及指纹提取设备等;

——冲洗设施、消毒设备和防护装备等。

4.3.4.3 法医学尸体解剖应具备的基本器械参见附录A。

4.3.4.4 检验器材及器械应干净、整齐,避免交叉污染。

4.3.5 检验记录及准备

准备记录的笔、图表和纸张,尸表检验和解剖记录按照附录B和附录C中图表进行记录。应记录检验时间和地点,尸体检验人员、助手和其他在场人的姓名,以及各自在尸体检验中所做的工作。

4.3.6 辅助检验

在特殊情况下或条件允许时可进行X线、CT或其他辅助检验,了解体内、外损伤情况,并对尸体内可能存在的异物进行鉴定和定位;如条件允许,可将影像学检查作为常规检验。

4.4 尸体解剖基本要求

4.4.1 因解剖和取样所造成的有关人为痕迹应当逐一照相固定与记录。

4.4.2 应进行常规解制和检验颅腔、胸腔、腹腔,还应根据案件的需要解剖和检验其他应解剖的部位,如脊髓腔、关节腔、四肢、背臀部及会阴部等。

4.4.3 颈部皮肤、肌肉和软组织的充分暴露和分离为法医学所有尸体解剖的必要步骤;一般应先行胸、腹腔和颅腔的解剖与检验,再进行颈部检验。

4.4.4 解剖操作应尽量避免破坏损伤的原始情况。

4.4.5 具有创道的损伤,尽可能放置探针贯通创道后原位拍照。

4.4.6 记录主要器官的重量、大小(参见附录D),所有器官原则上均需切开,检验其表面、切面的色泽、有无病理改变及损伤情况;除全景照外,各损伤部位均应当拍摄细目照。

4.4.7 法医学尸体检验结束后,应将尸体仔细缝合、冲洗干净返还,对尸体检验产生的污弃物进行规范化处理。

4.5 检材提取

4.5.1 在进行现场尸体检验、尸表检验和尸体解剖过程中及其后,要根据具体案件需要提取各种检材,具体检材提取的技术方法按照 GA/T 148、GA/T 193、GAT 1162 相关规定执行。

4.5.2 法医学尸体检验提取检材的类型包括可以进行生化检验、理化检验、生物物证、组织病理学检验、微量物证检验等检验的检材。

4.5.3 尸体解剖的组织病理学检材,宜常规提取全脑、心、双肺、肝、脾、双肾、胰腺、胃、肠、肾上腺等主要器官和组织。根据不同案例加取皮肤、脑垂体、甲状腺、胸腺、性器官等,见 GA/T 148。

4.5.4 每例尸体解剖应常规提取外周血或心血、尿液和胃内容物以备理化检验和遗传学鉴定;对于死亡原因不确定的案件,可根据需要加取检材备检,如血液、玻璃体液、脑脊液、胆汁、毛发和其他相关组织。

4.5.5 提取疑似外来生物学物质,包括体表残留的毛发、分泌物和指缝存留物,必要时提取口腔、阴道和肛门、龟头、乳周拭子等,以备 DNA 等检验;上述物质的提取应在尸体清洗前进行。有条件的以在尸体原位时提取为佳。

4.5.6 协助痕检或指纹技术人员提取指纹、掌纹、跖纹等。

4.5.7 女性尸体常规提取的检材包括:口腔、颈部、乳头、外阴、阴道、肛门、双大腿内侧、双手腕、双手指甲拭子。

4.5.8 如尸体腐败无法获取常规检材时,可提取肋软骨、指甲、牙齿、骨骼、深层肌肉组织(腰大肌或大腿肌肉)等。

4.5.9 检材和样本应当采取规范的方法提取、固定、包装并尽快送检,暂不能立即送检的应妥善保存。

5 现场尸体检验

5.1 检验内容

具体内容包括:

——确认死亡;

——从相关人员处调查和获取与死亡相关的所有案情材料;

——观察、固定尸体所处环境与方位:检验衣着服饰情况、尸僵分布和强度、尸斑分布及形态和尸体腐败情况;

——勘查有无被移动的痕迹和有无伪装,并确定是否为原始现场;

——检验尸体和现场中血痕、毛发、可疑斑迹、脱落细胞等生物学物证的分布和特征,并固定、提取和收集物证检材;

——对尸体进行初步检验,结合现场勘查情况初步判断死因、致伤物等;

——新鲜尸体原则上均需测量尸体直肠深部温度,记录周围环境温度,并结合尸斑、尸僵及呕吐的胃内容物消化情况等综合推断死亡时间;

——包装好尸体以防止尸体在搬运和冷藏保存过程中的损伤和破坏;

——观察、收集尸体上及周围环境中的昆虫生长发育情况。

5.2 注意事项

5.2.1 现场尸体检验的原则:先静态拍照和录像固定,后动态检验提取;先勘验尸体周围,再勘验尸体;先勘验尸体衣着表面,后除去衣服勘验尸表。

5.2.2 尸体现场勘查应在确保勘验人员人身安全的前提下,由现场勘验指挥员主持下,与其他专业人员明确分工、密切配合。

5.2.3 应保护现场。防止无关人员接触或移动尸体和现场上的痕迹、物品。尽量不破坏现场,避免在工作中留下自己的痕迹、物品。不在现场随意走动、进行与勘查无关的行为,不乱放随带衣物或丢弃杂物、烟头和手套等。检验、发现、提取、收集及送检相关文证、物证和检材过程中不能直接触摸,应戴口罩、头罩、手套、鞋套或使用镊子等专用工具。

5.2.4 在尸体搬运过程中,应保护损伤部位及双手不被污染破坏。在尸体上发现可疑的生物检材应在尸体搬运之前先行提取,并根据具体情况选择包装和保存条件。

5.2.5 尸体勘验完成前,严禁更换尸体衣着或擦洗尸体,尽可能少搬动尸体,以减少勘验行为造成的损伤和破坏。解脱尸体衣着不宜使用刀、剪;需要剪开时,应避开有破损或有附着物的部位,并加以标记。

5.2.6 对现场尸体检验过程中有可能被搬动或破坏的物证,要在"静"态时先行拍照、摄像,待检验过程中再次拍照、摄像,以期客观详实。

5.2.7 在有伤者或怀疑未死者被送往医院抢救时,要第一时间提醒有关人员妥善提取、保管好伤者或死者衣物、提取呕吐物或洗胃液及其他物证。

5.2.8 对怀疑因传染病死亡尸体,应首先做好个人防护和消毒工作,并及时逐级上报。

6　尸表检验

6.1 衣着检验

6.1.1 检验衣着服饰宜按从外向内、自上而下的顺序进行。

6.1.2 观察衣着的一般外观:是否整齐,纽扣有无缺损,有无反穿、层次错穿、乳罩上掀、衣服下摆上翻、乳罩、内裤上下移位或反常,以及鞋袜情况等。有时死者衣着已被脱掉或换上新的衣着,应寻回检验。

6.1.3 检验衣着特征:衣服的数量、款样、类型、颜色、质料、厂名牌号及新旧程度;纽扣、腰带的形状和颜色。

6.1.4 检验衣着及附着物和附带物:衣服有无擦痕、皱褶、变形及轮胎印痕;口袋内有无证件、信函、手机、电话号码本、笔记本、影剧票、票据、钱币、卡片、照片、纸片及药物等;衣着服饰上有无血迹、血痕、精斑、毛发、泥土、杂草、烟灰、油迹、火药、弹片、呕吐物及排泄物等异物。

6.1.5 检验衣着服饰有无破损:检验衣着服饰破损的部位、范围、程度、数目及每一处破损的大小、方向及特征,并与损伤及尸体周围可能存在的衣物破损残留物对比,据此推测破损形成的原因和致伤物。

6.1.6 检验装饰品及其特点:检验有否戴耳环、项链、手镯(链)、脚镯(链)、戒指、胸花等饰物及其特征;有否系领带、围巾及其花色、式样和质地。

6.2 尸表的一般检验

6.2.1 对尸体原始状态进行检验和描述,体表如有血痕和其他痕迹证据应描述、拍照和取样,然后擦洗尸体并进行重新检验;尸体拍照按照 GA/T 1198 执行。

6.2.2 一般情况,包括性别、年龄、身高、体型、发育、营养状况、种族、肤色及其他特征(如色素斑、痣、疤痕、纹身和肢体残缺等)。

6.3 尸体现象

6.3.1 早期尸体现象

6.3.1.1 测量、记录尸温(肛、肝、脑等)与环境温度,此项工作应在现场及早进行。

6.3.1.2 检验尸斑形成的部位、颜色、范围及发展情况,注意指压是否褪色及有无"双侧尸斑",并做详细记录与拍摄彩色照片。

6.3.1.3 检验尸僵形成的部位、强度及有无破坏情况,并做详细记录与拍照。

6.3.1.4 有无尸体痉挛存在,如有,应记录、拍照其形成情况及形态。

6.3.1.5 有无皮革样化存在,如有,应记录、拍照其形成部位、范围及形态。

6.3.1.6 检验眼睑闭合和角膜浑浊情况,并做详细记录与拍照。

6.3.2 晚期尸体现象

6.3.2.1 尸绿的形成部位、范围及形态。

6.3.2.2 腐败静脉网的形成部位、范围及形态。

6.3.2.3 腐败水泡的形成部位、大小、数量及形态。

6.3.2.4 腐败"巨人观"的形成及其他特殊表现(如死后分娩等)。

6.3.2.5 尸蜡形成的部位、程度及范围。

6.3.2.6 是否为干尸,如是,应描述其程度和特点。

6.3.2.7 是否为泥炭鞣尸,如是,应描述其特点。

6.4 尸表各部位的检验

6.4.1 头面部的检验和描述

6.4.1.1 头颅形状与稳定性,有无损伤或缺损,是否可触及骨折;如发现头皮损伤及异常改变应剃光全部头发充分暴露该部位进行检验、记录与拍照。

6.4.1.2 头发型式、色泽、长度、缺损、人工处理及附着物情况。

6.4.1.3 颜面部皮肤颜色,有无损伤、出血、变形等改变及瘢痕、色素斑、痣、疣等个人特征。

6.4.1.4 眼睑的闭合情况,瞳孔的大小及形状,结膜的色泽,角膜的混浊度、透光情况,球、睑结膜有无充血、出血。

6.4.1.5 鼻骨有无变形或扪及骨折,鼻腔有无异物、血迹、分泌物、泡沫及其类型。

6.4.1.6 口唇黏膜,颊黏膜,齿、龈和舌的颜色,有无损伤或缺失;口腔及周围有无异物、血迹、分泌物、泡沫及其颜色与类型;口周围有无流柱状痕迹或腐蚀斑痕。

6.4.1.7 耳廓有无血迹或缺损,外耳道有无异物或血迹附着。

6.4.1.8 头面部腔道流出物的颜色和气味。

6.4.1.9 记录损伤情况:部位、类型、数目、形态特征及与衣物破损对比等。

6.4.2 颈部

检验颈部活动是否异常,表浅淋巴结有无增大,皮肤有无损伤、瘀点及其他特征性痕迹(如扼痕、索沟);记录损伤的部位、数目、类型、形态特征,并与衣物破损对比。

6.4.3 胸部

胸廓的形状及稳定性,触扪胸、肋骨有无骨折及其部位、数目和类型,必要时可用注射器穿刺了解积液(血)情况。记录损伤情况:部位、类型、数目、形态特征,并与衣物破损对比。

6.4.4 腹部

皮肤有无损伤、血迹、妊娠纹及色素沉着,必要时可用注射器穿刺了解积液(血)情况;记录损伤的部位、数目、类型、形态特征,并与衣物破损对比。

6.4.5 背部、腰部及臀部

皮肤有无损伤、血迹及其他异物,检验肩胛骨、肋骨及脊柱骨是否存在变形或是否扪及骨折,检验臀部有无注射针眼,记录损伤的部位、类型、数目、形态特征及与衣物破损对比等。

6.4.6 肛门和外生殖器

检验有无损伤或异物附着;记录损伤的部位、类型、数目、形态特征,并与衣物破损对比等。

6.4.7 四肢

检验四肢的形状,有无畸形和反常活动,有无注射针眼及其部位和数目;触扪骨折情况;检验手部皮肤、指(趾)甲的颜色及附着物。记录损伤的部位、数目、类型、形态特征,并与衣物破损对比。

6.5 特殊检验或辅助检验

根据需要,某些尸体检验可进行以下特殊或辅助检验:

——X 线、CT 等影像学检查:如怀疑骨折、出血、异物、积气等;

——体式显微镜检验:如体表肉眼难以发现的异物,细微痕迹等;

——微量(化学、物理)检验:如枪弹射入口残留物等;

——扫描电镜检验:如损伤部位微量残留物等;

——皮肤体式显微镜检验:如怀疑注射针孔等;

——分子生物学技术检验等。

6.6 注意事项

6.6.1 对某些肉眼观察不清的微细损伤,如口鼻部及大腿内侧的表皮剥脱和皮肤上细小的附着物可使用放大镜帮助观察。

6.6.2 针眼的检验:应仔细检验体表特别是隐蔽部位有无针眼或针眼状损伤,注意周围有无出血、水肿,应查实针眼的来历,对无法查实的针眼及针眼状损伤应提取该部位皮肤及皮下组织备检。

6.6.3 疑有皮下出血的部位应切开检验以便与尸斑相鉴别。臀部等肌肉丰满部位宜深切检验。有时除出血外还要检验肌肉的损伤情况,包括程度及范围等。对于冰冻保存的尸体在尸体解冻后躯干、四肢等皮肤表面可出现因溶血血红蛋白浸染形成紫红色静脉网,而非腐败所致;因血红蛋白浸染融合还可形成片状皮肤暗紫红变色样改变,应与皮下出血相鉴别,不应误认为皮下出血。

6.6.4 有些损伤如表皮剥脱、枪弹损伤的皮肤挫伤轮,在伤后短时间内损伤特征反映不明显,可待其损伤处皮肤干燥、皮革样化再次观察检验。

6.6.5 注意体表较隐蔽部位的检验,如腋窝、肛门、会阴部和手指间等处。

6.6.6 有刺创和枪弹创的部位,仅作尸体外表检验不够,应在尸体解剖时再逐一完整地检验。

6.6.7 碎尸、爆炸死亡等特殊类型尸体的体表损伤检验可按尸块检验,与解剖检验同时进行。

6.6.8 尸体外表损伤取材时应注意尽量不影响尸体外貌,可作短条状或梭形切口取材,然后缝合。

6.6.9 进行尸体外表检验时仍须注意收集有关物证,如创腔内的异物、损伤处的附着物等。

6.7 常规检验及测量方法

6.7.1 直肠温度测量方法:将温度计插入尸体肛门静置 5 min,插入时温度计应尽量远离骨盆后壁,以避免骨盆壁温度较低而造成误差,温度计应在未拔出状态下进行读数。应测量两次以上,每次间隔 1 h 以上。

6.7.2 胸、腹腔穿刺检验方法:检验胸腔积液的胸腔穿刺应在双侧腋中线偏下水平肋间进行;抽取心血的胸腔穿刺应在近胸骨体左侧第 2、3 肋间或心脏体表投影处进行;腹腔穿刺应寻找腹腔生理性隐窝和位置相对低处垂直穿刺。

6.7.3 膀胱尿液抽取方法:触及耻骨联合处,将穿刺针紧贴耻骨内侧垂直腹部穿刺抽取尿液。

6.7.4 处女膜检验方法:检验处女膜,要将尸体大腿左右分开,用手指分开小阴唇,检验前庭黏膜及尿道外口有无红肿、损伤及分泌物,小阴唇、阴蒂头部和会阴有无损伤,舟状窝有无破损和附着物。然后分别用棉球擦拭阴道口和阴道后穹窿,涂于洁净的载玻片上,并将棉球分别装入干净的试管内,以备实验室检验。在上述检验后,用圆头玻璃棒或金属棒插入阴道内,从处女膜的阴道面将处女膜轻轻挑起,轻转一圈,检验有无破裂口及其位置、深度,以及边缘的形状;处女膜破裂口的记录应同时绘图或按时钟方位标记。此外,奸杀尸体的阴部可造成各类损伤或见阴道内塞入各种异物,应详细检验和记录。

6.7.5 常见生物检材(DNA)提取部位及方法(如阴棉、指甲拭子、乳头等),按照 GA/T 1162。

6.7.6 心血抽取方法:将穿刺针头在心前区左侧第 3 肋间,离胸骨左侧 0.5~5 cm 处垂直完全插入,拔出针芯,连接抽有部分空气的注射器,向针头内推入空气以达到针内通畅,回吸注射器使其形成负压,然后逐步缓慢退针,直至抽到血液为止。

6.7.7 外周血抽取方法

6.7.7.1 股静脉穿刺:穿刺点在髂前上棘与耻骨结节连线的中、内段交界点下方 2 cm~3 cm 处,右手持穿刺针,针尖朝向脐侧,斜面向上,针体与皮肤呈 30°~45°角进针,一般进针深度 2~5 cm,持续负压,见到回血后进行微调,直到抽出血液。

6.7.7.2 锁骨下静脉穿刺:穿刺点为锁骨中点内侧 1~2 cm 处(或锁骨中点与内 1/3 之间),锁骨下缘为穿刺点,一般多选右侧,穿刺针针尖指向头部方向,与胸骨纵轴约呈 45°角,与皮肤呈 10°~30°角,进针时针尖先抵向锁骨,然后回撤,再抬高针尾紧贴锁骨下缘持续负压进针,深度一般为 4~5 cm,直到抽出血液。

7 尸体解剖

7.1 分类

7.1.1 系统解剖:各种案例原则上均应进行全面系统的尸体解剖(即常规对尸体进行颅腔、胸腔、腹腔等主要腔室及器官和其他应解剖的部位进行全面的解剖检验)。

7.1.2 局部解剖:仅对尸体的某一(或几处)局部进行解剖检验,如颅腔、胸腔、腹腔、脊髓腔、关节腔、四肢、背臀部或会阴部的剖验,仅在案件需要时进行。

7.2 解剖术式(皮肤切口)

7.2.1 在进行尸体解剖前,将尸体置于仰卧位。术者位于尸体右侧操作,左利手一般位于尸体左侧操作,根据不同案例情况,选择不同的术式。

7.2.2 直线切法:切线从下颌下缘正中开始,沿颈、胸、腹正中线绕脐左侧全耻骨联合上缘切开皮肤及皮下组织。

7.2.3 T字弧形切法:切线从左肩峰经胸骨上切迹至右肩峰作弧形横切口,在其中点向下作直线纵形切口,绕脐左侧至耻骨联合上缘切开皮肤及皮下组织。

7.2.4 Y字形切开法:切线分别从左、右乳突开始切线向下经颈部再向前内侧至胸骨切迹处会合切开皮肤,其下的胸腹部切口同上,剥离颌下、颈部及胸前皮肤。将皮瓣上翻盖于颜面部,暴露颈前器官和组织。

7.2.5 无论选择何种术式,应在尸体外表检验后进行。如遇有损伤切线应绕过损伤处,以保留损伤的原始状况。

7.3 解剖顺序

应按照一定的操作顺序进行规范化剖验、常见的解剖顺序有:

——腹腔—盆腔—颈部—胸腔—颅腔:这种操作顺序是将腹腔、盆腔内的器官组织取出后将颈部和胸腔内的器官组织一起取出,最后解剖颅腔;

——腹腔—盆腔—胸腔—颅腔—颈部:这种操作顺序是将胸、腹、盆腔内脏器官取出,再解剖颅腔取出脑组织后,使颈部组织血液流净,最后剖验颈部,以免在切开颈部软组织时被血液污染,影响颈部损伤、出血的观察,疑为缢、勒及扼颈致死者应采取此尸解程序;

——颈部—胸腔—腹腔—盆腔—颅腔:这种操作顺序是先将颈、胸部的器官组织一起取出,再取腹腔、盆腔的器官组织,也可将颈部、胸腔连同腹、盆腔内的器官一起取出,后在尸体外分别检验,最后解剖颅腔。

7.4 各部位的解剖方法与检验内容

7.4.1 胸腹腔剖验

7.4.1.1 胸腹腔的切开:将胸腹部皮肤和皮下组织分离至腋中线,观察皮下和肌肉表层是否出血;再将皮下脂肪和胸大肌紧贴肋骨面剥离至腋中线。

7.4.1.2 检验软组织有无出血、水肿,胸骨及肋骨有无骨折,骨折的部位、数目及形态,周围组织有无生活反应。对怀疑有气胸者应做气胸试验。

7.4.1.3 用镊子提起腹膜并切一小口,左手食、中指插入小口中,用刀在两指间切开腹膜,沿肋弓切断连于胸壁下缘的肌肉,充分暴露腹腔。

7.4.1.4 用解剖刀自第二肋软骨开始。刀刃稍向外侧倾斜,沿肋骨与肋软骨交界处内侧约1 cm处逐一切断肋软骨及肋间肌,用手探查两侧胸腔内有无积液和积血,并测量其数量。

7.4.1.5 用解剖刀呈"S"形切断胸锁关节和第一肋骨,提起肋弓紧靠胸骨及肋软骨后壁将胸骨部和纵隔结缔组织分离,揭去胸骨暴露胸腔。

7.4.2 腹腔检验

7.4.2.1 打开腹腔后,注意腹膜表面是否光滑,有无出血、渗出和粘连。观察大网膜是否透明,位置是否正常,有无粘连、增厚或炎性渗出物附着。

7.4.2.2 探查腹腔内有无积血积液,测量其数量。如有血性液体时应测量其比重,同时注意有无凝血块。观察腹腔内有无炎性渗出物、积脓或食物残渣。

7.4.2.3 观察各脏器位置及相互关系是否正常,有无粘连。

7.4.2.4 检验各器官的大小、形状、质地、有无破裂出血及病变,胃肠有无胀气,小肠有无扭转、套叠,浆膜面有无充血、渗出物、穿孔和粘连;肠系膜淋巴结有无肿大。膀胱充盈程度。

7.4.2.5 分开网膜囊及胰腺表面腹膜,检验胰腺有无出血坏死。观察腹膜后有无出血或血肿。

7.4.2.6 测量左右两侧横膈高度(正常右侧可达第四肋骨或第四肋间,左侧在第五肋水平)。

7.4.3 胸腔检验

7.4.3.1 开胸前常规进行气胸实验(见7.9.1),打开胸腔时用软骨刀在距肋软骨交界1 cm 处分别将各肋软骨斜向切断,沿胸锁关节缝隙分别以开口向外的"C"字形方法切开胸锁关节,用骨剪剪断第一肋骨。然后左手握持胸骨,右手用刀紧贴胸骨内面将连于胸骨的膈肌及结缔组织分离(防止损伤心包和胸腺),揭去胸骨,暴露胸腔。探查胸腔内有无积液或积血,注意肺与胸膜有无粘连及其部位和程度。观察心包是否完整,肺表面有无肋骨压痕、萎陷及肺大泡,有无破裂,肺膜表面及肺叶间的肺膜有无出血斑点。

7.4.3.2 注意心包的位置及是否胀满,观察肺的位置、颜色、大小是否正常,检验胸腺大小及脂肪化的程度,观察纵隔有无肿痛或炎性包块,检验淋巴结的大小及其硬度。

7.4.3.3 用剪刀将心包作"人"字形剪开,观察心包腔内液体的量和性状,正常约有5 ~ 10 mL 淡黄色清亮液体。如有心包粘连或闭锁,注意其范围和程度。

7.4.3.4 观察心脏的大小、颜色、质地,检验心脏与心包有无粘连,有无破裂,心脏表面有无渗出物和出血点;观察心脏大血管有无畸形和移位。

7.5 腹腔脏器官的取出与检验

7.5.1 腹腔器官取出的顺序

7.5.1.1 按系统取出:脾、消化系统器官、泌尿生殖系统器官。

7.5.1.2 按单个器官取出:脾、肠、胃(十二指肠)、胰、肝、胆、肾上腺、肾、盆腔器官组织(膀胱、直肠,女性子宫、卵巢及阴道上段,男性前列腺,必要时取出阴囊睾丸)。

7.5.2 脾脏的取出与检验

7.5.2.1 用剪刀分离大网膜,将胃上翻,显露小网膜囊,注意检验脾动、静脉的大小,管腔内有无血栓形成。

7.5.2.2 左手提起脾脏,右手持剪,切断脾门的血管和软组织,取出整个脾脏。

7.5.2.3 观察脾脏的颜色、质地,称重及测量大小。

7.5.2.4 观察包膜是否光滑,有无增厚或皱缩,检验有无破裂出血。

7.5.2.5 脾膈面向上,沿长轴对着脾门依次作3 ~ 4 个切面,观察每个切面滤泡、小梁和红髓的变化,有无脾内出血或血肿,并用刀背轻刮注意有无脱落。

7.5.3 空肠、回肠和结肠的取出与检验

7.5.3.1 将小肠和肠系膜推向左下方,在空肠的起始部结扎,从结扎线下将其切断。沿肠系膜与小肠相连处逐步将肠系膜切断,使小肠与肠系膜分离,至回盲部时将盲肠提起,用解剖刀将升结肠与腹后壁腹膜分离,切断横结肠系膜。将降结肠与腹后壁软组织分离,于乙状结肠与直肠交界线以上 4～5 cm 处,切断乙状结肠,取出小肠及结肠。

7.5.3.2 沿小肠的肠系膜附着线剪开空、回肠,并沿前结肠带剪开结肠。阑尾可作纵切面打开。

7.5.3.3 检验肠道,注意肠内容物的性状、色泽、气味及有无出血、凝血块、寄生虫,肠壁黏膜有无充血、出血、溃疡、憩室或假膜,注意肠壁的厚度和硬度。

7.5.4 胃和十二指肠的取出与检验

7.5.4.1 在腹腔内将十二指肠下部前面剪开,沿肝十二指肠韧带的对壁向上剪开至十二指肠上部。注意肠内容物是否染有胆色素,用手指自上而下轻压胆总管和胆囊,观察有无胆液从 Vater 氏壶腹流出。

7.5.4.2 将胃与大网膜及小网膜的连系切断,自十二指肠剪至幽门部,沿胃大弯剪开至贲门部,将胃和食管切断。

7.5.4.3 检验胃十二指肠黏膜有无出血、炎症、溃疡和肿瘤。观察胃腔大小、胃壁厚度、黏膜皱壁的分布情况。观察胃内容物的种类、形状、颜色、消化程度并闻及有无特殊气味,测量其体积及重量。

7.5.5 胰腺的取出与检验

7.5.5.1 观察胰腺包膜下有无出血,周围脂肪组织有无坏死。

7.5.5.2 将胰腺周围组织分离,取出胰腺,测量并称重后观察大小、颜色、质地及有无肿块。

7.5.5.3 从胰头至胰尾作一长切面,找到胰管插入探针,沿探针剪开,检验导管的大小、内容和管壁的情况。

7.5.5.4 将胰腺作多个横切面,观察胰小叶的结构是否清楚,各切面有无出血和坏死灶。

7.5.6 肝、胆囊和胆总管的取出与检验

7.5.6.1 剪开门静脉至肠系膜上静脉和脾静脉处,检验有无血栓。

7.5.6.2 切断肝十二指肠韧带(包括胆总管、门静脉、肝动脉),用剪刀紧沿肝脏面剪断肝镰状韧带、三角韧带和冠状韧带,在靠近下腔静脉处切断肝静脉,取出肝脏和胆囊。

7.5.6.3 观察胆囊的大小、形状。用镊子提起胆囊,用剪沿胆囊壁与肝脏分离。剖开胆囊,注意胆汁的数量、性状及色泽,观察有无结石,黏膜有无炎症及胆固醇沉积,囊壁有无增厚。胆囊管有无阻塞。

7.5.6.4 观察肝脏的大小、形状、颜色和质地,检验肝脏表面是否光滑,有无破裂出血,囊肿或肿块,包膜下有无出血。

7.5.6.5 测量肝脏大小及重量。

7.5.6.6 用长刀顺着肝脏左右长径在中间向肝门作第一切面,继在两侧作数个平行切面,

观察切面色泽,小叶结构是否清楚,汇管区结缔组织是否增生,有无出血、囊肿或肿块。

7.5.7 肾上腺和肾脏的取出与检验

7.5.7.1 观察两侧肾上极有无肿瘤。用镊子和剪刀在两侧肾上极处分离脂肪和结缔组织,找到肾上腺。

7.5.7.2 提起肾上腺,用剪刀将其分离,完整地取出两侧肾上腺(左侧半月形、右侧三角形)。

7.5.7.3 观察肾上腺的大小、形状和质地,对两侧肾上腺分别称重。

7.5.7.4 将肾上腺作数个横切面,观察皮、髓质结构是否清楚,有无出血或肿瘤。

7.5.7.5 切开两侧腰部腹膜,剥离肾周围脂肪结缔组织,检验肾周围有无化脓、出血或血肿,检验肾脏大小、质地及表面是否光滑。

7.5.7.6 左手提起肾脏并将肾握在手内,肾门向下,将输尿管、血管夹在中指与无名指之间,右手用长刀沿外侧缘向肾门作纵行切开,对称性暴露肾盏、肾盂,仅留少许软组织相连。

7.5.7.7 摊开肾脏,检验肾盏、肾盂是否扩张,黏膜是否光滑,有无出血、结石及溃疡。

7.5.7.8 剪开输尿管,观察有无狭窄或扩张,有无结石及其数量和所在部位,如无异常,即可剪断输尿管及血管取出肾脏。

7.5.7.9 测量肾脏重量、大小及切面皮质厚度。

7.5.7.10 注意肾脏包膜是否易剥离,检验肾脏表面有无破裂口、梗死灶、囊肿、瘢痕、颗粒等。切面观察皮、髓质分界线及结构纹理是否清楚,皮质有无增宽或变窄,髓质有无淤血、坏死、空洞形成。

7.6 盆腔脏器的取出与检验

7.6.1 直肠和膀胱的取出与检验

7.6.1.1 如系男性先逐步分离耻骨后腹膜外软组织,剪开膀胱周围腹膜,将膀胱、前列腺和尿道后部一同分开,分离直肠后软组织,于肛门直肠连合线上方约 2 cm 处切断,将直肠、膀胱、前列腺和精囊一同取出。

7.6.1.2 沿正中线剪开直肠后壁,检验黏膜有无溃疡、肿痛、炎症和痔疮等。

7.6.1.3 剪开膀胱前壁至尿道内口上端,测量尿量,观察尿的颜色、有无血尿、脓尿或结石,检验黏膜有无充血、出血。

7.6.1.4 检验前列腺的大小、形状和质地以及精囊情况。

7.6.2 睾丸和附睾的取出与检验

7.6.2.1 扩大腹股沟管内口。

7.6.2.2 一手向上推挤睾丸,另一手向上拉输精管,待睾丸拉出后切断与阴囊连系的睾丸引带,取出睾丸。

7.6.2.3 剪开鞘膜腔,注意其中有无液体,鞘膜有无增厚。

7.6.2.4 检验睾丸和附睾的大小和软硬度,剖开后用镊子试提细精管组织,注意是否易取。

7.6.3 子宫与附件的取出与检验

7.6.3.1 应与膀胱和直肠一同取出。剪断两侧子宫阔韧带和圆韧带的下缘,分离宫颈周围疏松结缔组织,左手握住子宫及宫颈上提,右手用刀在宫颈下切断阴道,将子宫、输卵管和卵巢一并取出。

7.6.3.2 直肠与膀胱检验完毕后分离子宫。

7.6.3.3 检验子宫、卵巢的大小和形状。观察宫颈的形状,注意有无损伤出血、糜烂或肿块。

7.6.3.4 用剪刀从宫颈插入宫腔,至子宫底剪开子宫前壁,再向两侧剪至子宫角,形成"Y"字形切口。

7.6.3.5 检验子宫内膜有无增厚、息肉、出血或坏死。测量子宫壁厚度,检验有无肌瘤。

7.6.3.6 宫腔内如有胎儿,应根据胎儿的身长、体重及坐高推断胎儿的月份。如有节育环,检验和记录其种类和形状。

7.6.3.7 检验输卵管是否通畅、有无扩张或狭窄,管壁有无破裂出血,打开输卵管观察管腔内有无炎性渗出物及闭塞。

7.6.3.8 检验卵巢表面是否光滑,有无囊肿或肿瘤,纵切卵巢观察切面有无异常。

7.6.3.9 结合尸表外生殖器的检验,进一步观察阴道内有无异物、粉末、黏膜有无损伤、腐蚀或颜色改变。

7.7 颈部和胸腔器官组织的取出与检验

7.7.1 颈部及胸腔器官组织联合取出的方法

7.7.1.1 在尸体肩背部垫一木枕,将颈部皮肤自切口处向外上提起并分离,分层解剖皮下、浅层及深层肌肉,检验有无损伤和出血,注意检验甲状软骨板及上角、舌骨大角、环状软骨等有无骨折。

7.7.1.2 甲状腺有无肿大,有无结节状肿块。

7.7.1.3 用长刀刺入下颌骨下缘正中,沿下颌骨内缘分别向两侧切断下颌骨与口腔底部的联系,拉出舌头,将软腭与硬腭交界处切开。

7.7.1.4 轻拉舌头,用刀将咽、食道后壁与颈椎分离,继之与胸椎分离直至膈肌上方。

7.7.1.5 用剪刀从主动脉裂孔剪断膈肌,分离腹主动脉至左右髂总动脉分支处剪断,将舌、咽、喉以及颈、胸部器官连同腹主动脉一并取出。

7.7.2 舌、咽和食道的检验

检验舌有无咬破,有无舌苔和溃疡,扁桃体有无肿大,表面有无炎性渗出物及假膜;观察食道黏膜有无颜色改变、充血、出血、假膜形成、腐蚀、溃疡及静脉曲张。

7.7.3 喉、气管和支气管的检验

检验喉头有无水肿及炎性渗出物,声门裂和前庭裂有无狭窄;沿气管膜部剪开气管及支气管,观察腔内有无异物或炎性渗出物,黏膜有无充血、出血、假膜及肿块。

7.7.4 甲状腺的检验

观察甲状腺的部位、大小和质地。沿甲状腺纵轴切开甲状腺,观察有无囊肿、结节状肿块,切面滤泡有无扩大。

7.7.5 颈部和纵隔淋巴结和颈总动脉的检验

检验颈部和纵隔淋巴结有无肿大及其程度,直线剪开颈总动脉至主动脉弓处,观察内膜有无横裂、动脉粥样硬化病变及其程度。

7.7.6 心脏的检验

7.7.6.1 把心脏按正常位置平放在垫板上,观察心外膜有无损伤、出血点或腱斑,心室壁上有无针眼或破裂,有无室壁瘤形成。

7.7.6.2 一手提心脏,使心尖向上,在心包脏层与壁层折转处剪断上、下腔静脉、肺静脉、肺动脉、主动脉,分离心脏。

7.7.6.3 观察心脏大小、形状、颜色和质地,测量心脏重量。

7.7.6.4 将心脏按正常位置放平,首先剪开上、下腔静脉和肺静脉口,暴露左、右房室口,观察左右房室口的大小。然后按血流的方向分别剪开左右心室:即沿右心室右缘剪至心尖部,从心尖部开始距前室间沟右侧约 1 cm 处,剪开右心室前壁至肺动脉根部;沿心脏左缘剪开左心室侧壁至心尖部,再从心尖部开始距前室间沟左侧约 1 cm 处,剪开左心室前壁至左心耳根部,切线宜稍向左偏,以免破坏左冠状动脉开口和左前降支,最后在左冠状动脉主干左缘、肺动脉壁与左心耳之间剪开主动脉。

7.7.6.5 测量左、右心室壁和室间隔的厚度,测量各心瓣膜的周径。

7.7.6.6 检验心内膜下、乳头肌有无出血;各瓣膜有无增厚,有无赘生物、缺损、粘连、缩短;腱索有无变粗、缩短。观察心腔有无扩张或缩小及其程度,心肌有无颜色改变、变软、梗死或瘢痕,有无附壁血栓。检验卵圆孔、动脉导管、房间隔、室间隔有无先天性畸形。

7.7.6.7 检验冠状动脉,检验左、右冠状动脉开口的部位和大小,观察其有无移位、畸形或狭窄病变。冠状动脉开口狭窄除先天发育所致外,还要注意检验有无主动脉粥样硬化斑块和梅毒性主动脉炎引起的冠状动脉开口狭窄。然后,沿冠状动脉纵轴以 2 mm 间距横切。观察冠状动脉的走行途径,有无畸形和发育不良,有无粥样硬化斑块及其所致动脉管腔狭窄的情况,有无新鲜血栓形成和冠状动脉瘤等病变。主动脉根部内膜之冠状动脉开口,自左右冠状动脉主干开始,沿冠状动脉主要分支与其纵轴相垂直以 0.2 cm 间距做横切,观察各冠状动脉主要分支情况,检验冠状动脉有无硬化、狭窄、闭塞或血栓等,记录其位置、长短及管腔狭窄的程度。疑有心肌梗死时,将室间隔作多数横切,或沿室间隔作矢状切面,或在左室前后壁作多数额状切面,并在左心室侧壁心肌层做一横切,观察梗死灶的范围。

7.7.6.8 疑有心脏传导系统病变时还需检验心传导系统并取材做组织病理学检验。

7.7.7 主动脉和下腔静脉的检验

7.7.7.1 观察主动脉大小、形状,注意有无主动脉夹层形成或动脉瘤。

7.7.7.2 沿主动脉弓部前壁剪开主动脉及主动脉弓处三个大血管,再沿降主动脉前壁剪开直至髂动脉。

7.7.7.3 在主动脉起始部、横膈部、髂动脉分支部测量动脉周径。

7.7.7.4 检验动脉内膜是否平滑,有无动脉粥样硬化病变、溃疡、钙化或破裂口。

7.7.7.5 自髂静脉剪开,检验下腔静脉管腔是否扩大,腔内有无血栓。

7.7.8 肺的检验

7.7.8.1 两肺叶分别测量称重后,观察两肺各叶的大小、颜色、质地,有无出血点或炎性渗出物。用手触摸各肺叶有无捻发感、硬结、实变病灶或肿块。

7.7.8.2 用脏器刀沿肺的后外侧缘切向肺门,剪开支气管和肺动脉。

7.7.8.3 检验支气管内有无异物阻塞,有无黏液、溺液及其颜色、性状和数量;黏膜有无损伤和出血及炎性渗出物;支气管壁是否增厚;支气管有无扩张。肺动脉及其分支有无血栓和栓子;肺门淋巴结颜色,是否肿大。

7.7.8.4 观察肺切面颜色,注意有无实变病灶、肿块、空洞、气肿、萎陷或支气管扩张。挤压肺脏观察切面是否有带气泡的血水溢出。

7.7.8.5 检验肺门淋巴结。

7.8 脑和脊髓的取出与检验

7.8.1 脑的取出与检验

7.8.1.1 尸体仰卧位,项部放于木枕上,用刀从一侧耳后乳突部刺入头皮,刀刃向上挑开头皮经顶部至对侧耳后乳突部,头皮分别向前、后翻开,检验头皮下有无出血、血肿或缺失;骨膜下有无出血;颅骨外板有无骨折。

7.8.1.2 用刀自额部眶上缘2 cm处开始作一锯线,检验颞肌是否出血以及出血的部位、层次,鉴别颞肌出血和颞肌红染,向两侧延伸经耳廓上缘切断两侧颞肌(勿将颞肌从颅骨上剥离),向后会合于枕骨粗隆处。

7.8.1.3 沿锯线将颅骨锯开,如尚有部分内板相连,可用丁字凿和锤子轻击相连部分(在颅骨有骨折的情况下慎用),使其分离,用丁字凿或骨耙子掀起颅盖。

7.8.1.4 检验颅盖骨内板有无骨折、畸形或缺损,对照检验内板骨折和外板骨折线的部位、形态、数量、延伸情况、长度等。

7.8.1.5 检验硬脑膜外有无血肿及其部位和数量,血管有无充血,并检验其紧张度。

7.8.1.6 沿正中线剪开矢状窦,检验有无血栓形成或静脉炎。

7.8.1.7 沿颅骨锯线剪开硬脑膜及大脑镰前端,将其向后牵拉与蛛网膜分离。

7.8.1.8 检验硬脑膜、蛛网膜及其下腔有无出血、血肿或炎性渗出物,观察软脑膜(包括蛛网膜)的厚度、颜色和光泽。

7.8.1.9 将两侧额叶向后上抬起,尽量靠近颅骨硬脑膜侧剪断嗅神经及视神经。

7.8.1.10 将大脑逐渐向后拉,剪断颈内动脉、脑垂体及两侧第三至第七对脑神经。

7.8.1.11 沿枕骨外侧缘向颞骨边缘剪开小脑幕,剪断三叉神经及其他各对脑神经。用细刀或弯剪尽量深入椎管,切断脊髓。

7.8.1.12 用左手托住大脑,右手协助将大、小脑连同桥脑、延髓及其深部的脊髓一并取出。

7.8.1.13 剥离脑垂体周围组织,取出脑垂体。

7.8.1.14 观察两侧大脑半球和小脑半球是否对称,有无肿胀或萎缩,脑沟是否变浅。检验脑外表有无挫裂创及出血灶;有无脑疝、肿块或结节;脑底动脉环有无粥样硬化、畸形或动脉瘤,可采用注水或注胶的方法;检验脑基底动脉、椎动脉、大脑前后动脉及大脑中动脉有无变化;基底池内有无积血或过多的积液;检验脑神经有无改变。

7.8.1.15 测量脑重量。

7.8.1.16 剪开下矢状窦、横窦、乙状窦,观察有无血栓形成或其他改变。剥离颅底硬脑膜,观察颅底有无骨折,颞骨岩部有无出血。

7.8.2 脊髓的取出与检验

7.8.2.1 尸体俯卧位,胸部垫一木枕。

7.8.2.2 由枕外隆突沿棘突至骶椎作一切口,剥离棘突与椎弓板上的骨膜和软组织。用脊椎锯或单板锯在棘突两侧由上向下垂直锯开骨质,将棘突和椎弓用咬骨钳钳去。

7.8.2.3 观察硬脊膜外有无血肿、脓肿或肿块,用剪刀在硬膜外剪断脊神经,在第三、四腰椎处切断马尾,取出脊髓。如有病变应标示其具体部位。

7.8.2.4 沿脊髓前正中线将硬脊膜剪开,检验各层脊髓膜有无变化或针眼,脊髓待固定后作多数横切面检验。

7.8.3 脑的固定与切开检验

7.8.3.1 脑取出后,先自两大半球之间切开胼胝体,使脑室与外界直接相通以利固定液的渗入。可塞入少许药棉于脑室内,以使固定液更易于渗入两侧脑室,促进脑组织的固定。通常的做法是将粗丝线穿过基底动脉下面,将丝线两端系于容器边缘,使脑底在固定液中向上悬浮,以保持外形。将脑悬浮浸泡于 10% 福尔马林固定液中,24 h 后更换固定液一次。注意勿将脑与其他实质脏器一起盛装固定,以免使脑压扁变形。

7.8.3.2 将固定后的脑放在垫板上,根据观察需要,可采用冠状、矢状或水平切面,每个切面相隔 1 cm。观察各个切面有无出血或病变。

7.8.3.3 小脑可经蚓部作矢状或水平切面,观察有无出血、脓肿或肿瘤。

7.8.3.4 脑干可沿中脑、桥脑、延脑作多个横切面,或者以脑干各部位解剖标志或神经根标志进行断面,每个切面相隔 0.5 cm,观察各个切面有无出血或其他异常。

7.9 解剖中的选择性检验及方法

7.9.1 气胸、胸壁开放性损伤检验方法

　　在胸部正中做一纵形切口,将皮下组织剥离至两侧腋中线处,提起使其形成袋状,盛水后用刀在水面下刺破肋间间隙,若有气泡冒出水面,即可证实气胸的存在。如有胸壁的损伤,则证明是开放性胸壁损伤。

7.9.2 空气栓塞检验方法

　　静脉空气栓塞的检验,应在开颅、开腹、解剖颈部之前进行。打开胸腔时,尽量不要损伤锁骨下血管,以免导致含有空气的血液经破裂血管进入体腔,影响检验结果。可暂不切开胸锁关节和第一、二肋骨,而在第二、三肋间处切断胸骨体,打开胸腔。开胸后,于原位在心包前壁作一纵形切口,检验心包腔有无积液及其颜色和数量。用血管钳或有齿

镊夹住切口边缘并向上提起,使心包腔呈囊袋状张开。加入清水完全淹没心脏后,用解剖刀刺破右心室,并旋转刀柄数次,若有气泡从水中涌出,即证实有静脉空气栓塞。若需定量检验,可用一个300 mL的长量筒,盛水后倒压在右心上方的水面上,再刺破右心室,将涌出的空气泡导入量筒内,即可判定空气量。

7.9.3 脂肪栓塞检验方法

怀疑肺脂肪栓塞导致死亡的尸体,尸解时取肺、脑、肝、肾等新鲜组织做冰冻切片,脂肪染色(苏丹Ⅲ、苏丹Ⅳ或Lillie油红O染色),镜检见组织小血管或肺泡壁毛细血管内染橙红色(苏丹Ⅲ、Lillie油红O)、猩红色(苏丹Ⅳ)小滴为脂滴。

7.9.4 小脑扁桃体疝检验方法

在剖开颅腔前,将尸体俯卧,垫高颈部。从枕骨粗隆下开始,沿颈后部正中线切开枕项部头皮、深达骨膜。自切口两侧分离软组织,用咬骨钳咬断寰椎弓,剪开硬脑膜,暴露枕骨大孔内的延脑和颈髓,观察有无小脑扁桃体疝及其程度,是否伴有充血、出血、坏死、软化等。依据疝入椎管内的小脑扁桃体下缘与枕骨大孔后缘之间的距离,判断如下:在0.1 cm以下者为阴性(−);在0.1~0.5 cm者为可疑(±);在0.6~1.0 cm者为阳性Ⅰ级(+);在1.1~1.5 cm者为阳性Ⅱ级(++);在1.6~2.0 cm者为阳性Ⅲ级(+++);在2.1 cm以上者为阳性Ⅳ级(++++),可自疝下方切断颈髓及两侧脊神经,待开颅后将上段颈髓连同脑一起取出。

7.9.5 挥鞭样损伤检验方法

尸体呈俯卧位,胸部垫木枕,使头下垂、颈部伸长。先用刀切开寰椎、枢椎关节处皮肤,检验有无关节脱位、关节囊和鞘韧带撕裂及肌肉损伤。然后进一步分离软组织,检验其余颈椎有无脱位,然后取出寰椎,切除颈椎的椎板,再剪开硬脑膜,先在原位检验,再取出脊髓,检验有无脊髓损伤及其损伤的部位和类型,并取颈髓检材作组织病理学检验。

7.9.6 下肢及盆腔静脉血栓检验方法

7.9.6.1 下肢静脉血栓检验

尸体呈俯卧位。从足跟至腘窝直线切开皮肤,并向两侧分离,暴露并剪开腘窝静脉,检验有无血栓。或切断腓肠肌跟腱,自下而上将腓肠肌与骨分离,再对腓肠肌做多个横切面。从横断的静脉中迅速突出坚实呈香肠样结构者为血栓,并注意血栓的部位、大小和长度;不迅速突出而呈松弛块状物为死后凝血块。也可在大腿内侧切开皮肤、肌肉,自股静脉断端开始纵行剪开,观察有无血栓及其部位、大小和长度。

7.9.6.2 盆腔静脉血栓检验

尸体呈仰卧位。打开腹腔后,分离腹膜,检验卵巢静脉、子宫静脉、阴道静脉及髂内静脉有无呈条索状增粗、变实、质硬的血栓及炎症的改变。再从各韧带的外侧处切断子宫及附件与盆腔壁的联系,将子宫、附件及各韧带一起取出,仔细检验各主要静脉内有无血栓形成。

7.9.7 肺动脉栓塞检验

7.9.7.1 肺动脉栓塞原位检验方法:剪开心包后,在提取心脏之前进行右心室、肺动脉主干及左右肺动脉分支的原位剪开检验,并在其后的肺部检验时进一步检验肺动脉的主要分支,观察有无血栓栓塞。肺动脉栓塞可为单发或多发。栓子大小可从微栓塞到巨大的骑跨性栓塞,骑跨性栓子常完全阻塞肺动脉及其主要分支。一般来说,栓子发生于右肺动脉及其分支多于左肺动脉及其分支。

7.9.7.2 查找血栓来源部位:重点检验下肢静脉、盆腔静脉和右心腔内等有无血栓形成、部位及大小。

7.10 尸体解剖的注意事项

7.10.1 解剖检验过程应详细记录和拍照。

7.10.2 解剖检验中对暴露的各器官应在原位照相、摄像后再解剖分离。

7.10.3 解剖分离的器官应多角度、多方位照相、摄像后再行切开检验。

7.10.4 各器官解剖切开后应多切面照相/摄像后取材用于组织病理学检验。

附录 A、附录 B、附录 C、附录 D(略)。

附录六　法医学虚拟解剖操作规程

(中华人民共和国司法行政行业标准　SF/Z JD0101003—2015)

1　范围

本技术规范规定了法医学虚拟解剖操作的原则及一般程序。

本技术规范适用于各级公安机关、检察机关及面向社会服务的司法鉴定机构开展法医学虚拟解剖检验工作。

本技术规范适用于各类法医学尸体检验。

2　规范性引用文件

下列文件对于本技术规范的应用是必不可少的。凡是注日期的引用文件,仅注日期的版本适用于本技术规范。凡是不注日期的引用文件,其最新版本(包括所有的修改单)适用于本技术规范。

国务院令第 449 号 2005　放射性同位素与射线装置安全和防护条例

卫生部令第 46 号 2005　放射诊疗管理规定

GA/T 149—1996　法医学尸表检验

GA/T 147—1996　法医学尸体解剖

GA 268—2009　道路交通事故尸体检验

WS/T 263—2006　医用磁共振成像(MRI)设备影像质量检测与评价规范

WS/T 391—2012　CT 检查操作规程

ASTM E1570—2000（2005）e1　计算机层析（CT）检查规程

ASTM E2767—2010　X线计算机断层摄影术试验方法用无损评定（DICONDE）中数字成像与通信的规程

ASTM E1441—2011　计算机断层扫描（CT）成像指南

ASTM E1570—2011　计算机断层扫描（CT）检查规程

3　术语和定义

下列术语和定义适用于本技术规范。

3.1 虚拟解剖 virtopsy

利用影像学技术（X线、CT、MRI等）获取尸体组织器官的影像学资料，以非侵入性技术或微创手段探测人体损伤、疾病等形态学变化，在一定程度上取得类似于尸体解剖的效果，达到诊断损伤与病变的目的的一种检验方法与技术。

3.2 多层螺旋CT multislice computed tomography，MSCT

采用了滑环技术、锥形X线束、多排探测器，扫描轨迹呈螺旋状前进的CT检查技术。

3.3 尸体血管造影 postmortem angiography

一种用于观察尸体体内血管（包括动脉、静脉、心腔等）形态、分布及病变的法医影像学检查技术。

3.4 三维光学表面扫描 optical 3D surface scanning

利用三维光学扫描设备对真实物体或环境的外观信息（包括形状、颜色等）进行采集与分析。

3.5 放射学诊断 diagnostic radiology

利用X线、CT、MRI等各种医学影像学技术对人体进行检查和疾病诊断。

3.6 医学数字成像和通信 digital imaging and communications in medicine，DICOM

用于医学影像的处理、储存、打印、传输上的一组通用的标准协定。包含档案格式的定义及网络通信协定。

3.7 图像存档与传输系统 picture archiving and communication system，PACS

一种包括成像设备、信息传输网络、图像工作站、信息储存与检索档案室在内的计算机或网络系统，用于获取、存储、传输和显示数字图像。

4　法医学虚拟解剖程序及技术要求

4.1 法医学虚拟解剖原则

4.1.1 合法原则

法医学虚拟解剖应符合国家相关法律、法规的规定，并尽可能尊重民族风俗习惯，特殊情况下有关人员应依法履行回避制度。

4.1.2 客观、公正原则

法医学虚拟解剖应当实事求是，客观、公正、科学地开展工作，不受其他外界因素干扰。

4.1.3 合理、有效原则

法医学虚拟解剖应根据不同成像技术的使用范围与诊断价值,并结合案件需求,合理、有序、有效地选用一种或综合使用几种成像技术和检查方法。

4.1.4 全面系统原则

法医学虚拟解剖应全面细致,CT扫描间距尽可能按所使用设备允许的最小值设置,并选择合适的成像方法和重建方式,以避免因操作不规范、检验不全而影响结果。应特别关注各组织、器官、结构的阳性和阴性影像学征象,必要时可采用特殊检查方法。

4.1.5 实时记录原则

法医学虚拟解剖过程中应及时以文字和图像方式进行记录。

4.1.6 妥善保存资料原则

法医学虚拟解剖相关资料应妥善保存,纸质及照片资料可保存至案件终结,影像学图像资料应转换成指定格式并长期保存。

4.1.7 结果相互印证原则

法医学虚拟解剖所获得的检验结果,应与尸表检验所见、案情、病史资料等互相比对验证,必要时应行尸体解剖以确证,经分析审定后再采纳,避免仅依据影像学检验所见做出诊断。

4.1.8 综合判断原则

虚拟解剖诊断应依据虚拟解剖检验所见,结合案情调查(包括死亡过程、客观病史等)、现场勘验信息、尸体检验、致伤物检验、相关实验室检验结果等,进行综合分析判断。

4.2 法医学虚拟解剖的适用范围

4.2.1 因死者生前信奉宗教信仰、民族风俗等不宜进行尸体解剖的情况。

4.2.2 因死者生前或家属意志表示不愿进行尸体解剖的情况。

4.2.3 存在传染病、有毒物质、放射性核素或其他生物危害污染的尸体及其他基于保障鉴定人及其他相关人员人身健康而不宜进行尸体解剖的情况。

4.2.4 年代久远、严重腐败、严重烧毁的尸体及其他出于防止严重毁损尸体而不宜进行尸体解剖的情况。

4.2.5 面部、脊柱、骨盆等非常规解剖部位的检查。

4.2.6 作为传统尸体解剖前的辅助检查。

4.2.7 科研用途或其他原因。

注:上述适用范围不包括法律规定需强制进行尸体解剖的情形。对于通过虚拟解剖检验无法明确诊断或对鉴定事项做出判断的情况,仍需进行尸体解剖检验。

4.3 虚拟解剖的任务和职责

4.3.1 获取与死亡有关的所有材料,包括案情信息、现场勘验信息、致伤物信息等。

4.3.2 进行尸表检验,结合相关材料初步判断死亡原因、致伤方式、致伤物等,确定虚拟解剖的检查内容、部位和方式。

4.3.3 通过虚拟解剖描述法医病理形态学所见,包括损伤、病变的部位、类型、程度或病理状态等。

4.3.4 全面结合案情调查、现场勘验、尸表检验(及尸体解剖)、致伤物检验结果等,综合分析死亡原因、死亡方式、致伤方式、成伤机制、致伤物推断、损伤事件重建等。

4.3.5 根据虚拟解剖检验结果,决定是否需要进行尸体解剖,并指导尸体解剖的术式和程序等。

4.3.6 保存、归档相关影像学数据,以备后续鉴定及科研需求。

4.4 虚拟解剖的基本要求

4.4.1 应具有符合国家相关标准和规定的放射诊疗场所和配套设施。

4.4.2 应具有符合国家相关标准的尸体解剖场所和配套设施。

4.4.3 虚拟解剖场所与尸体解剖场所之间应具有专用的尸体运送通道和影像学数据共享设施。

4.4.4 应具有虚拟解剖电子数据存储及归档的场所与设备。

4.4.5 应具有法医病理学、医学影像学专业从业人员各至少1名。应配备大专以上学历或中级以上专业技术职务任职资格并具有相关大型仪器上岗证资质的医学影像学仪器设备专业操作技术人员。

4.4.6 应具有放射事件应急处置预案。

4.5 虚拟解剖的操作原则

4.5.1 虚拟解剖应在尸表检验后进行。由法医学鉴定人综合分析相关信息后明确检查范围、部位、内容等。

4.5.2 应根据鉴定事项、检查目的、部位、内容及不同成像技术和检查方法的使用范围、优势与不足合理选择检查技术。

4.5.3 尸体一般采取仰卧位进行扫描,为了显示被检尸体不同方位下的组织结构,可根据实际需求变换或采取特殊体位,应由法医学鉴定人进行现场指导。

4.5.4 应按相关标准规定选择适当的拍摄条件与技术参数。

4.5.5 头面部、颈项部、躯干部为常规检查部位。此外,可根据需要对四肢进行检查。

4.5.6 应在影像学图像上清晰地标注死者个人信息(唯一性标识)、检查日期和定位标记,并注意避免遮蔽图像信息或有关影像认定的区域。

4.5.7 应注意识别影像学图像上出现的伪影并尽可能采取措施消除伪影或避免伪影的产生。

4.5.8 影像学阅片时应结合成像技术条件,并按相应顺序对多方位、多层面图像进行全面系统的观察和分析,避免仅依据单帧/层面图像做出影像学诊断。

4.5.9 阅片时应注意尸体成像与活体成像的差异。

4.5.10 阅片时应注意识别生活反应与生命体征的影像学征象。

4.5.11 检查组织、器官、结构的生理情况、病理改变、损伤情况。应描述、记录阳性发现、有争议的内容及具有鉴别意义的阴性情况。描述、记录内容应包括阳性发现的位置、程度(大小、孤立/多发性病变)、放射学表现(影像密度、信号强度、典型征象)和伴随征象等。

4.5.12 如检测到体内异物,应标记异物的位置、性质、大小、形态,便于后续提取与分析工作。

4.5.13 法医学鉴定人与影像学技术人员均需直接观察图像,并共同作出影像学诊断,包括肯定性、否定性与疑示性诊断。最终的虚拟解剖报告应由法医学鉴定人结合案件相关资料综合分析后出具。

4.5.14 虚拟解剖完成后,所有相关文字及图像数据应以指定格式与形式进行保存、归档。

4.6 虚拟解剖的检验程序

4.6.1 信息交接与录入

4.6.1.1 法医学鉴定人应告知虚拟解剖操作人员有关死亡的所有信息,包括案情、现场勘验情况、致伤物检验、尸表检验结果等。

4.6.1.2 虚拟解剖操作人员应核对并录入死者个人信息(唯一性标识)、检查日期等。考虑到尸体死后变化对于影像学检查结果的影响,应记录死亡时间(死亡距检验的间隔时间)、尸体保存条件、保存方式。

4.6.2 尸体准备与安置

4.6.2.1 对于冷冻保存的尸体,应待完全解冻后再进行虚拟解剖,以避免器官、组织内结冰而影响影像学检验效果。尸体解冻过程中,应尽量避免尸体腐败。

4.6.2.2 应使用不产生伪影的尸体袋包裹尸体,并避免血液、体液外渗而污染检查设备。

4.6.2.3 尸体取仰卧位放置于检查床上。若尸体尸僵较强,应事先将尸僵松解,尽量使尸体处于解剖学标准姿势。如采用特殊体位进行检查应做记录。

4.6.2.4 检查尸体低下部位(如下肢、盆腔)时,可将尸体转向后重新放置于检查床上。

4.6.2.5 检查并除去被检查部位体表的金属物品,如发夹、钥匙、钱币和含有金属物质的钮扣等,以防止产生伪影或干扰仪器正常运作。

4.6.3 检查条件的设置和影像学扫描

4.6.3.1 应根据案件相关信息和法医学鉴定人的要求确定检查部位、检查内容、重点关注部位,选择成像技术并设定技术参数。

4.6.3.2 扫描过程中注意观察实时图像,若发现成像内容、部位、范围与预设计划不符时应立即中止扫描,经修正技术参数后重新扫描。

4.6.3.3 对于阅片过程中所见阳性与阴性影像学征象,可在调整检查条件后对该部位行进一步核准。

4.6.4 虚拟解剖的技术要求

4.6.4.1 X线摄影的技术要求

　　a)选择照射野:应按死者检查部位的大小及法医学鉴定要求选择投照方式与要求范围;

　　b)安放摄片标识:摄片标识应包括摄片日期、检查编号、左右标识;

　　c)尸体摆放与中心线设置:根据检查部位及检查目的,按标准位置摆放尸体体位,根据要求将中心线对准被摄部位,并包纳要求投照的躯体范围;

　　d)选择焦片距:按检查要求选择球管与曝光接收器的距离;

　　e)选择曝光条件:根据投照部位及设备条件,选择最佳管电压、管电流及曝光时间值;

　　f)曝光:曝光过程中,密切注意设备控制台仪表工作状态。

4.6.4.2 CT扫描的技术要求

　　a)尸体摆放:根据检查要求摆放尸体体位及头部朝向,可采用适当的辅助装置,固定死者的检查位置。依据检查部位调节检查床面高度;

　　b)扫描定位:进行定位扫描,根据定位图像修正扫描范围;

　　c)扫描确认:选择扫描方式,确认扫描参数(包括层厚、层距、pitch、kV、mAs 等),扫描过程中在监视器屏幕上观察图像效果;

　　d)窗位设置:软组织窗(窗位:35～50HU,窗宽:300～400HU)、肺窗(窗位:-600HU,窗宽:1600HU)、骨窗(窗位:200～800HU,窗宽:1500～2000HU)等,并可根据病损情况适当调整;测定目标区域的值,包括正常区域与病损区域的比对以及病损区域增强前后的比对。必要时可测定病损范围,或将病损区域图像放大;

　　e)必要时采取多方位图像重组;

　　f)图像拍摄与打印:根据不同设备可选择自动拍摄或手动拍摄、胶片打印、光盘刻录或其他有效媒质载体。

4.6.4.3 MRI扫描的技术要求

　　a)尸体标识信息和扫描体位参见4.6.4.1及4.6.4.2;

　　b)定位像扫描:采用快速成像序列同时做冠、矢、轴三方向定位图,在定位片上确定扫描基线、扫描方法和扫描范围;

　　c)成像序列:采用常规 HASTE 序列冠状位扫描、常规横轴 TSE/T2WI 横轴位扫描或2D-TSE/T2WI 矢状位扫描。必要时可根据需要辅以其他的成像序列(脂肪饱和技术,动态增强扫描,2D 单幅厚层扫描或 3D 薄层扫描等);

　　d)成像野:一般为 18～25cm。可根据检查要求设定扫描范围及成像野;

　　e)成像层间隔:一般为 0.6～0.8mm,也可达 1.5mm;

　　f)成像层厚:一般为 3～5mm;

　　g)矩阵:一般为(256×256)～(512×512)。

　　注:实际成像序列及参数的选择应根据所使用仪器进行调整,上述成像序列以 Siemens Medical Solutions,Trio TIM3.0T 超导型磁共振扫描仪为例。

4.6.4.4 必要时可对损伤或病变进行长度、面积、体积测量。

4.6.4.5 对虚拟解剖所见阳性征象应拍摄图像,对有争议的和具有鉴别意义的阴性情况也应拍摄图像。

4.6.5 影像学阅片

4.6.5.1 基本要求

　　影像学阅片应由具备阅片能力的影像学专业技术人员完成,图像的对比度和窗宽窗位选择应满足相关要求。应注意检查有无下列潜在致死性疾病或病变的影像学征象。

损伤的影像学检查见附则7.4。

4.6.5.2 颅脑

a) 脑缺血性病变,包括动脉闭塞、静脉窦血栓形成等引起的脑实质改变;

b) 颅内出血性病变,包括硬脑膜外、硬脑膜下、蛛网膜下腔出血、脑实质出血等;

c) 脑血管畸形,包括动脉瘤、动静脉畸形等;

d) 肿瘤;

e) 炎症,包括脑膜炎、脑脓肿、脑炎、颅内结核等;

f) 颅脑先天发育畸形或变异;

g) 退行性改变。包括老年性脑改变、脑萎缩、脱髓鞘改变等;

h) 缺氧性脑病;

i) 脑水肿、脑积水、脑疝;

j) 呼吸机脑。

4.6.5.3 心脏

a) 气体栓塞;

b) 心脏瓣膜与冠状动脉钙化;

c) 心内膜炎;

d) 局部缺血。包括心肌梗死及其合并症(心脏破裂、室壁瘤等);

e) 心脏大小、心室壁厚度及心腔大小的改变;

f) 心包炎、心包积液、心脏压塞。

4.6.5.4 血管系统

a) 血栓形成与栓塞;

b) 出血,包括动脉瘤、血管畸形破裂等。

4.6.5.5 呼吸系统

a) 肺部感染;

b) 肺气肿;

c) 肿瘤;

d) 血、气胸。

4.6.5.6 消化系统

a) 消化道出血,腹腔积血(液);

b) 消化系统器官炎症、肿瘤、破裂。

注:上述检查内容并未包括所有潜在致死性疾病或病变,仅为法医学实践中经影像学检查可检出的常见情形。

4.6.6 特殊检查

4.6.6.1 图像重组:对轴位扫描原始数据运用表面遮盖显示、多平面重组、曲面重组、最大密度投影、最小密度投影、容积再现三维成像等算法与技术,经计算机处理后输出重组二维及三维图像,针对性观察、辨识解剖结构,进行损伤检查。

4.6.6.2 三维光学表而扫描:使用三维光学扫描设备对尸表损伤及致伤物表面进行扫描,

经计算机处理后进行数字化比对分析。

4.6.6.3 尸体血管造影:对尸体心腔及血管系统灌注造影剂后实施扫描,检查心腔及血管系统。具体检查方法及内容见 7.10。

4.6.7 虚拟解剖结果的交接

a)虚拟解剖检验结束后,影像学专业技术人员应告知法医学鉴定人所见阳性与阴性影像学征象,并指导法医学鉴定人直接观察相关图像;

b)由影像学专业技术人员与法医学鉴定人共同作出虚拟解剖诊断;

c)根据虚拟解剖检验结果由法医学鉴定人决定是否进行尸体解剖以进一步验证及明确死亡原因。

4.6.8 尸体解剖

a)如需进行尸体解剖,应在虚拟解剖检验结束后 24 小时内实行,并尽量维持与虚拟解剖一致的尸体存放环境;

b)尸体解剖操作手法应尽量符合影像学成像规定(与扫描方向、平面一致),以获取最优的比对资料;

c)尸体解剖程序可根据虚拟解剖检查结果进行调整,重要的影像学阳性征象均应在尸体解剖中进行核查,可针对关键的阳性征象部位制定详细的解剖、检查方案,对于不属于常规检查内容且虚拟解剖也无阳性发现的部位,根据实际情况可适当从简;

d)尸体解剖过程中应即时调阅虚拟解剖检查结果进行比对,以指导解剖操作,避免漏检或毁损重要标本。

4.6.9 虚拟解剖与尸体解剖结果的比对与评估

a)列出虚拟解剖所见阳性与阴性影像学征象,做出虚拟解剖诊断;

b)列出尸体解剖阳性与阴性所见,做出法医病理学诊断;

c)分析、比对两种检验方式各自的优势与不足,作为后续类似工作的指导与补充。

4.6.10 出具虚拟解剖检验报告

4.6.11 数据存储,归档,建库

4.6.11.1 影像学图像数据应转换为 DICOM 格式储存并以胶片、CD/DVD 或 PACS 系统方式存档。

4.6.11.2 纸质资料应按相关要求储存并归档。

4.6.11.3 建立虚拟解剖数据库,将虚拟解剖检验结果、尸体解剖检验结果及两者比对结果录入,进行后续分析研究。

5 虚拟解剖记录

5.1 文字记录要求

5.1.1 鉴定号、虚拟解剖编号或其他唯一性编号。

5.1.2 死者的详细信息,包括姓名、性别、出生日期、身份证号等(未知名尸体除外)。

5.1.3 虚拟解剖检验的日期、时间和地点。

5.1.4 虚拟解剖/鉴定委托方信息。

5.1.5 影像学专业技术人员与法医学鉴定人的姓名和技术职称。

5.1.6 尸表检查记录。

5.1.7 影像学检查方法、检查部位、重建技术、成像序列及其他关键性技术参数。

5.1.8 影像学检查结果,包括所见阳性与阴性征象、测量数值与三维重建结果,记录损伤与病变的部位、形态、大小和数量等。

6　法医学虚拟解剖检验报告

6.1 形式要求

6.1.1 客观、完整、详细、易懂。

6.1.2 符合逻辑、结构合理、采用推论短文形式,各部分内容易于查阅。

6.1.3 采用便于阅读、长期保存的纸质形式留存,如使用电子文档存储文本资料应同时出具纸质形式的报告。

6.2 内容要求

6.2.1 同5.1。

6.2.2 死亡日期、时间和地点(如果已知)。

6.2.3 委托方所提供的死亡过程、死亡情况、现场勘查记录等案件信息。

6.2.4 虚拟解剖诊断,包括肯定性、否定性与可能性诊断。

6.2.5 法医学鉴定人对虚拟解剖结果的诊断与分析说明是检验报告的重要部分,应当针对委托事项进行较为全面的解释、阐述。如果可能,应明确死亡原因、死亡方式、致伤方式、致伤物类别等。若不能明确,也应阐述清楚,并建议行尸体解剖检验。

6.2.6 虚拟解剖检验报告由参与检验的具有司法鉴定资质的法医学鉴定人与影像学技术人员各至少1名签字、填写日期,并加盖鉴定机构公章。

6.2.7 诊断报告形成的时间不应超过案件委托时约定的鉴定时限,并应在鉴定时限内尽早完成。

7　常见案例检查方案

7.1 尸体死后变化

7.1.1 凝血和血液坠积

7.1.1.1 结合尸体体位、姿势与尸斑分布情况,注意鉴别心血管系统及内脏器官内血液坠积与病理改变的影像学征象。

7.1.1.2 注意鉴别心血管系统内血液凝固与血栓的影像学征象。

7.1.2 腐败

7.1.2.1 注意鉴别皮下软组织或肌肉内腐败气体与病理性气肿的影像学征象。

7.1.2.2 注意鉴别颅内腐败气体与病理性颅内积气的影像学征象。

7.1.2.3 注意鉴别心脏和大血管内腐败气体与病理性气体/气栓的影像学征象。

7.1.2.4 注意检查内脏中腐败气体的影像学征象。

7.1.2.5 注意检查呼吸道、腹腔及其他部位蛆虫聚集的影像学征象。

7.2 生活反应和生命征象

7.2.1 组织反应

注意检查有无体内器官组织的水肿、出血的影像学征象。

7.2.2 血液循环

7.2.2.1 注意检查体内有无血栓、气栓、器官组织栓子、异物栓子的影像学征象。宜采用 MRI 检查器官组织栓子,宜采用 MSCT 检查气栓及异物栓子。

7.2.2.2 注意检查体内有无出血、血肿、积血的影像学征象。

7.2.3 呼吸作用与摄食

7.2.3.1 注意检查呼吸道、消化管内有无内源性与外源性固体、液体的影像学征象。宜采用 MSCT 及 MRI 检查呼吸道、消化管内的胃内容物及血液等。宜采用 MSCT 检查消化管、呼吸道内的外源性微粒。

7.2.3.2 注意鉴别胃内容物生前误吸与濒死期及死后流入呼吸道的影像学征象。

7.3 个体识别

7.3.1 齿科学检查:对全牙列进行 X 线或 CT 扫描及三维曲面重组,根据牙列特征进行个体识别。

7.3.2 骨骼检查:对尸体行全身扫描,根据骨性结构标志物推断身高、性别、年龄等,进行人类学识别。根据骨骼特征(疾病、畸形、缺失等)进行个体识别。

7.3.3 外源材料:对尸体行全身 CT 扫描,观察牙列、关节、骨骼等部位的外源异物,进行个体识别。可根据 CT 值对异物材质进行区分。

7.4 机械性损伤

7.4.1 检查原则

7.4.1.1 注意检查有无生活反应和生命征象的影像学征象。

7.4.1.2 影像学检查所见应结合案情、病史资料、尸表检验(及尸体解剖)、致伤物检验等信息进行综合分析判断。

7.4.1.3 根据检查结果确定以下内容:损伤类型与程度;致伤方式、成伤机制和致伤物推断/认定;死亡原因;损伤过程;生前伤与死后伤鉴别。

7.4.1.4 进行损伤与致伤物比对时,应对致伤物进行三维光学表面扫描,并对尸体损伤进行三维光学表面扫描及 CT/MRI 检查后进行比对。

7.4.2 颅脑损伤

7.4.2.1 注意检查有无头面部软组织损伤(皮肤、皮下软组织、肌肉等)。包括出血、水肿、撕裂、缺失等。

7.4.2.2 注意检查有无颅骨、上位颈椎损伤。

7.4.2.3 注意检查有无颅内损伤:

　　a)颅内出血。包括硬脑膜外血肿、硬脑膜下血肿、蛛网膜下腔出血、脑内出血等;

　　b)脑损伤。包括弥漫性轴索损伤、脑挫伤、脑挫裂伤、脑干损伤等;

　　c)颅内积气/气栓;

　　d)脑水肿、脑疝。

7.4.2.4 注意检查有无头面部异物。

7.4.3 锐器、钝器伤

7.4.3.1 注意检查有无皮下脂肪组织和肌肉组织损伤的影像学征象。包括水肿、出血、撕裂等。

7.4.3.2 注意检查有无头部损伤的影像学征象。包括面部损伤与颅脑损伤。注意检查钝性外力直接与间接作用形成的损伤。

7.4.3.3 注意检查有无颈部损伤的影像学征象。包括肌肉、血管、骨骼、脊髓等组织的出血、骨折、断裂等。

7.4.3.4 注意检查有无胸、腹部及骨盆区损伤的影像学征象。包括胸、腹、盆腔、血管、骨骼、内脏等部位与组织的积气、出血、破裂、骨折、撕裂、缺失等。

7.4.3.5 注意检查有无四肢损伤的影像学征象。注意检查有无反映生前机体意识、姿势、位置的特征性损伤(如楔形骨折等)。

7.4.3.6 锐器创应注意检查骨骼损伤、创道方向,并测量创腔深度。注意检查创内有无异物,标记异物位置,便于后续提取与分析工作。宜使用 CT 检查,可结合 MRI 检查。

7.4.4 枪弹伤

7.4.4.1 注意检查皮肤损伤形态、骨骼损伤形态、创道走向、皮肤上有无射击残留物、创道内及体内有无异物。

7.4.4.2 根据检查结果判断以下内容:持枪方式;射击距离;枪弹创类型;入口与出口损伤;体内子弹路径;射击顺序;子弹及异物残留与定位。

7.4.4.3 将检查结果反馈给专业人员,进行分析或子弹提取,确定子弹类型及枪械类型。

7.4.4.4 应使用 CT(或 X 线)检查,宜结合使用 MRI 检查创道。可对皮肤损伤进行三维光学表面扫描进行损伤检查与枪支比对。

7.4.5 致死性出血

7.4.5.1 注意检查有无重要血管损伤、心脏破裂。

7.4.5.2 注意检查有无体腔内积血,并估算积血量。

7.4.5.3 注意检查有无重要血管扁平、塌陷、断面直径或面积减小。

7.4.5.4 测量心腔容积宜采用 MRI 检查。

7.5 机械性窒息

7.5.1 注意检查颈部皮下软组织、淋巴结、唾液腺、肌肉等组织出血、喉部(骨与软骨)及颈椎骨折的影像学征象。

7.5.2 注意检查有无生活反应和生命征象的影像学征象。

7.5.3 影像学检查所见应结合案情、现场调查、尸体检验、致伤物检验等信息进行综合分析判断。

7.5.4 溺死尸体的检验见本规范 7.6。

7.6 水中尸体

7.6.1 注意检查有无呼吸道及消化管内吸(吞)入物(液体、固体)。

7.6.2 注意检查有无水性肺气肿、肺灌注不均匀、支气管痉挛。

7.6.3 注意检查有无肺水肿。

7.6.4 注意检查有无血液稀释。

7.6.5 注意检查有无胃和十二指肠扩张。

7.6.6 注意检查有无鼻旁窦内液体。

7.6.7 注意检查有无(可使用 MRI 检查)肺脏溺死斑。

7.6.8 影像学定位下穿刺提取体内溺液行硅藻检验。

7.7 高温损伤

7.7.1 热损伤

7.7.1.1 进行放射学个体识别,参见 7.3。

7.7.1.2 注意检查有无生活反应和生命征象的影像学征象。

7.7.1.3 注意检查由脱水、热皱缩、火焰烧伤造成的死后热损伤的影像学征象。包括器官皱缩、硬脑膜外热血肿、骨折等。

7.7.1.4 可采用三维光学表面扫描评估烧伤程度。

7.7.1.5 注意检查有无其他致死性因素。

注:因一氧化碳中毒、毒/药物中毒、急骤燃烧、缺氧、中暑、热僵等致死的尸体,单独运用影像学检查可能并无阳性发现。

7.8 新生儿、婴幼儿尸体

7.8.1 如怀疑虐待儿童,应检查有无骨骼损伤、颅内出血、视网膜出血的影像学征象。

7.8.2 结合尸表检查、尸体解剖、实验室检验结果等进行综合分析判断。

7.9 医疗纠纷

7.9.1 注意检查体内有无内源性与外源性(医源性)异物,并对其长度、大小、材质、位置等特征进行描述。

7.9.2 注意检查有无异常气体积聚及气体栓塞的影像学征象。

7.9.3 注意检查外伤、手术部位及周围有无异常出血、积血。

7.9.4 应结合病史资料进行综合分析判断。

7.10 尸体血管造影

7.10.1 尸体血管造影的检查内容

7.10.1.1 特定器官血管类型和解剖变异。

7.10.1.2 生理性与病理性改变。

7.10.1.3 非自然因素(如外伤等)引起的变化。

7.10.1.4 新对比剂的实验性研究。

7.10.2 尸体血管造影的程序

7.10.2.1 离体器官血管造影

　　a)提取目标器官;

　　b)将器官放置于38℃左右的水浴器皿中,插入导管,结扎相应血管;

　　c)用38℃左右生理盐水进行预灌注;

d)根据需求选择对比剂;

e)选用手工注射或压力泵进行灌注;

f)进行 X 线或 MSCT 扫描检查血管。

7.10.2.2 在体血管造影

a)根据检查部位,选择动脉与静脉进行插管;宜选取同侧相对应的动脉与静脉,插管血管的侧枝小血管应进行结扎;

b)选择灌注液及对比剂;宜选用低粘度油性灌注液与亲脂性对比剂。亦可仅使用对比剂;

c)用压力泵进行灌注,灌注液自动脉输入静脉输出,建立死后循环。灌注压应不高于 120mmHg,宜保持在 60mmHg 左右;

d)用压力泵自动脉向死后循环中灌注对比剂。灌注压应不高于 120mmHg,宜保持在 60mmHg 左右;

e)进行 X 线或 MSCT 扫描检查血管;

f)如需动态血管造影,可在灌注对比剂后不同时间间隔进行扫描;

g)大血管造影可将对比剂放出并再次灌注对比剂,可重复进行血管造影。

附录七　法医学尸表检验

（中华人民共和国公共安全行业标准　GA/T 149—1996）

1　范围

本标准规定了尸表检验的内容、步骤及方法。

本标准适用于各级公、检、法、司及院校系统进行司法尸表检验。

2　总则

2.1　目的

本标准的制定是为了使尸表检验有一个统一的方法及步骤,为今后的复核及国际交流奠定基础。

3　衣着检查

3.1　在现场记录、拍照尸体所处的方位、姿势及衣着情况。

3.2　详细检查、记录、拍照、提取、保存尸体全部衣着、饰物。

3.3　每件衣服的式样、材料、花色、商标、号码及纽扣。

3.4　衣服口袋内携带的每一件物品情况。

3.5　每件衣服上有无附着物,如纤维、橡胶、火药、毛发、油漆、油脂、血迹等。发现后应分别提取与分装。

3.6 每件衣服有无破损,如发现应辨明是新鲜的,还是陈旧的,破损部位及形态应描述清楚。

4 尸表检查

4.1 彻底除去衣着,拍照尸体全身像(包括腹侧与背侧)和头面像。

4.2 测量、记录尸体身长。

4.3 测量、记录尸体体重(无条件可省略)。

4.4 测量、记录尸温(肛、肝、脑等)与环境温度。此项工作应在现场及早进行。

4.5 观察、记录尸体发育与营养状况。

4.6 检查尸斑形成的部位、颜色、量及发展情况,并做详细记录与拍照彩色照片。

4.7 检查尸僵形成的部位、强度及有无破坏情况存在并做详细记录与拍照。

4.8 有无尸体痉挛存在,如有请记录、拍照其形成情况及形态。

4.9 有无皮革样化存在,如有请记录、拍照其形成部位及形态。

4.10 观察晚期尸体现象。

4.10.1 尸绿的形成部位及形态。

4.10.2 腐败静脉网的形成部位及形态。

4.10.3 腐败水泡的形成部位及形态。

4.10.4 腐败"巨人观"的形成及特殊表现(如死后分娩等)。

4.10.5 尸蜡形成部位。

4.10.6 是否为干尸,如是请描述其特点。

4.10.7 是否为泥炭鞣尸,如是请描述其特点。

4.11 头面部检验:

4.11.1 头颅整体有无变形。

4.11.2 头发型式、色泽、长度、缺损、人工处理及附着物情况均应仔细检查并加以记录。

4.11.3 拨开头发检查头皮。如发现损伤及异常改变应剃光全部或局部头发充分暴露该部位进行检验,记录与拍照。

4.11.4 检查颜面部皮肤颜色,有无损伤、出血、变形等改变及疤痕、色素斑、痣、疣等个人特征。

4.11.5 检查眼睛各部(眼睑、眉毛、睫毛、眼裂、角膜、巩膜、结膜、瞳孔等)的病理改变,生理特征、死后改变及损伤情况。

4.11.6 检查鼻外型及鼻腔的病理改变、生理特征、死后改变及损伤情况。

4.11.7 检查耳廓及外耳道的病理改变、生理特征、死后改变及损伤情况。

4.11.8 检查口腔:唇、齿、齿龈、舌的病理改变、生理特点(如齿咬合面的磨耗程度)、死后改变及损伤情况。有必要时应提取唇纹。

4.12 颈部检验:

4.12.1 病理改变。

4.12.2 生理特征。

4.12.3 死后改变。

4.12.4 损伤情况。

4.13 胸部检验:

4.13.1 病理改变。

4.13.2 生理特征。

4.13.3 死后改变。

4.13.4 损伤情况。

4.14 腹部检验:

4.14.1 病理改变。

4.14.2 生理特征。

4.14.3 死后改变。

4.14.4 损伤情况。

4.15 背臀部检验:

4.15.1 病理改变。

4.15.2 生理特征。

4.15.3 死后改变。

4.15.4 损伤情况。

4.16 四肢部检验:

4.16.1 病理改变。

4.16.2 生理特征。

4.16.3 死后改变。

4.16.4 损伤情况。

4.16.5 必要时提取指掌纹及跖纹。

4.17 会阴、外生殖器及肛门检验:

4.17.1 病理改变。

4.17.2 生理特征。

4.17.3 死后改变。

4.17.4 损伤情况。

4.18 提取阴道、肛门、口腔分泌物及尸表附着物要在尸体清洗前进行。

4.19 记录每一局部生理特征、病理改变、死后改变和损伤情况时,要求定位准确,形态描述详细全面,测量精确。重点处要拍照固定。

4.20 上述各项检验主要采取望、触两种方法(望,即用肉眼观,可借助放大镜;触,即用手触压)。

附录八　传染病病人或疑似传染病病人尸体解剖查验规定

（中华人民共和国卫生部令 第 43 号）

　　第一条　为了及时查明传染病病因,提高传染病诊疗水平,有效控制传染病流行,防止疫情扩散,根据《中华人民共和国传染病防治法》第四十六条（以下简称《传染病防治法》）,制定本规定。

　　第二条　本规定适用于病因不明的传染病病人或者疑似传染病病人尸体的解剖查验工作。

　　第三条　传染病病人或者疑似传染病病人尸体解剖查验工作应当在卫生行政部门指定的具有传染病病人尸体解剖查验资质的机构（以下简称查验机构）内进行。

　　设区的市级以上卫生行政部门应当根据本辖区传染病防治工作实际需要,指定具有独立病理解剖能力的医疗机构或者具有病理教研室或者法医教研室的普通高等学校作为查验机构。

　　从事甲类传染病和采取甲类传染病预防、控制措施的其他传染病病人或者疑似传染病病人尸体解剖查验的机构,由省级以上卫生行政部门指定。

　　第四条　查验机构应当具备下列条件:

　　（一）有独立的解剖室及相应的辅助用房,人流、物流、空气流合理,采光良好,其中解剖室面积不少于 15 平方米;

　　（二）具有尸检台、切片机、脱水机、吸引器、显微镜、照相设备、计量设备、消毒隔离设备、个人防护设备、病理组织取材工作台、储存和运送标本的必要设备、尸体保存设施以及符合环保要求的污水、污物处理设施;

　　（三）至少有二名具有副高级以上病理专业技术职务任职资格的医师,其中有一名具有正高级病理专业技术职务任职资格的医师作为主检人员;

　　（四）具有健全的规章制度和规范的技术操作规程,并定期对工作人员进行培训和考核;

　　（五）具有尸体解剖查验和职业暴露的应急预案。

　　从事甲类传染病和采取甲类传染病预防、控制措施的其他传染病或者疑似传染病病人尸体解剖查验机构的解剖室应当同时具备对外排空气进行过滤消毒的条件。

　　第五条　医疗机构为了查找传染病病因,对在医疗机构死亡的传染病病人或疑似传染病病人,经所在地设区的市级卫生行政部门批准,进行尸体解剖查验,并告知死者家属,做好记录。

　　第六条　疾病预防控制机构接到有关部门通知,对在医疗机构外死亡、具有传染病特征的病人尸体应当采取消毒隔离措施;需要查找传染病病因的,经所在地设区的市级卫生行政部门批准,进行尸体解剖查验,并告知死者家属,做好记录。

第七条 解剖查验应当遵循就近原则,按照当地卫生行政部门规定使用专用车辆运送至查验机构。

第八条 除解剖查验工作需要外,任何单位和个人不得对需要解剖查验的尸体进行搬运、清洗、更衣、掩埋、火化等处理。

第九条 医疗机构应当向查验机构提供临床资料复印件,并与查验机构办理交接手续。

第十条 查验机构应当指定一名主检人员。查验人员在尸体解剖查验前,应当认真查阅有关临床资料。

第十一条 解剖查验工作应当严格遵守有关技术操作规范和常规,并符合传染病预防控制的规定。

对解剖查验中的标本采集、保藏、携带和运输应当执行《病原微生物实验室生物安全管理条例》等规定。

解剖查验过程中采集的标本,应当在符合生物安全要求的实验室进行检验。

第十二条 在解剖查验过程中,对所产生的医疗废物应当按照《医疗废物管理条例》等有关规定进行处理。

第十三条 从事尸体解剖查验工作的病理专业技术人员在解剖查验全过程中应当实施标准防护措施,严格遵守有关技术操作规程,采取有效措施防止交叉感染、环境污染造成疫病播散。查验机构要做好有关技术人员的健康监护工作。

第十四条 查验机构应当尽快出具初步查验报告,并及时反馈相应的医疗机构、疾病预防控制机构或者卫生行政部门。

医疗机构根据初步查验报告、病理报告和病原学检验报告,综合临床表现,尽快明确诊断,并按规定报告。

第十五条 尸体解剖查验工作结束后,病理专业技术人员应当对尸体进行缝合、清理。查验机构应当在所在地疾病预防控制机构的指导下或者按其提出的卫生要求对尸体、解剖现场及周围环境进行严格消毒处理。

解剖查验后的尸体经卫生处理后,按照规定火化或者深埋。

第十六条 停放传染病或疑似传染病病人尸体的场所、专用运输工具以及使用过的单体冰柜均应当按照规定严格消毒。

第十七条 有关单位和个人违反本规定,有下列情形之一的,由卫生行政部门依据《传染病防治法》、《执业医师法》、《医疗机构管理条例》等有关法律法规进行相应处理,并对负有责任的主管人员和其他直接责任人员给予行政处分;造成严重后果构成犯罪的,依法追究刑事责任。

(一)医疗机构未经批准,擅自对病因不明并具有传染病特征的病人尸体进行解剖查验的;

(二)查验机构及其工作人员在解剖查验过程中,未按规定采取有效的消毒、防护、隔

离等措施的;

（三）查验机构及其工作人员出具虚假查验报告的;

（四）查验机构未按规定履行查验职责的;

（五）法律、行政法规规定的其他违法情形。

第十八条 按照《传染病防治法》的规定,为查找传染病病因,对传染病病人尸体或者疑似传染病病人尸体进行解剖查验,卫生行政部门应当保障工作实施经费,对工作人员采取有效的卫生防护措施和医疗保健措施。

第十九条 本规定自 2005 年 9 月 1 日起施行。

附录九 法医学 死亡原因分类及其鉴定指南

（中华人民共和国公共安全行业标准 GA/T 1968—2021）

1 范围

本文件规定了法医学中死亡原因的定义、分类、鉴定原则、分析方法、分析要件及鉴定意见规范性表述。

本文件适用于法医学中死亡原因的分类及鉴定。

2 规范性引用文件

下列文件中的内容通过文中的规范性引用而构成本文件必不可少的条款。其中,注日期的引用文件,仅该日期对应的版本适用于本文件;不注日期的引用文件,其最新版本（包括所有的修改单）适用于本文件。

GA/T 147 法医学 尸体检验技术总则

GA/T 148 法医学 病理检材的提取、固定、取材及保存规范

GA/T 150 法医学 机械性窒息尸体检验规范

GA/T 151 法医学 新生儿尸体检验规范

GA/T 167 法医学 中毒尸体检验规范

GA/T 168 法医学 机械性损伤尸体检验规范

GA/T 170 法医学 猝死尸体检验规范

GA/T 1662 法庭科学 硅藻检验技术规范 微波消解—真空抽滤—显微镜法

3 术语和定义

下列术语和定义适用于本文件。

3.1 死亡原因（死因）cause of death

导致机体死亡发生的疾病（内源性）、暴力（外源性）等因素。

注:暴力是指引起死亡的外源性因素,包括机械性损伤、机械性窒息、中毒、高低温损伤、电击与雷击等。疾病是指引起死亡的内源性因素。

3.2 根本死因 primary cause of death

引起死亡的原发性疾病或致死性暴力。

3.3 直接死因 immediate cause of death

致命性的并发症。

注：如休克、栓塞、损伤感染、挤压综合征等。

3.4 辅助死因 contributory cause of death

根本死因之外的,本身不会致命、但在死亡过程中起到辅助作用的自然性疾病或损伤。

3.5 联合死因 combined cause of death

联合作用于机体引起死亡的两种或两种以上互不联系(可区分主次或起同等作用)的因素。

注：又称合并死因。

3.6 死亡诱因 predisposing factor of death

诱发身体原有潜在疾病急性发作或迅速恶化而引起死亡的因素。

注：包括各种精神情绪因素、劳累过度、吸烟、外伤、大量饮酒、性交、过度饱食、饥饿、寒冷、医疗穿刺与器械使用等。

4　死因逻辑分类

在疾病、暴力等因素作用于机体导致死亡的过程中,通过分析各因素在作用阶段、参与程度、作用机制等方面的逻辑关系,将死亡原因分为:根本死因、直接死因、辅助死因、联合死因、死亡诱因。死因逻辑分类参见附录 A。

5　死因鉴定指南

5.1 鉴定原则

5.1.1 全面原则

在客观条件允许的情况下,宜按照工作流程全面完成现场勘查、尸表检验、解剖检验、实验室检验、辅助检查和案情调查后,再开展死因鉴定。

5.1.2 科学客观原则

应本着科学客观、实事求是的态度,依据尸体检验时的客观条件(发布的国家标准、行业标准或技术规范、公认或广泛采用的方法、仪器设备、环境等)开展死因调查和分析,在鉴定意见出具前上述客观条件持续稳定不变。

5.2 死因分析方法

死因分析采用排除法,即通过系统全面的工作,在现场勘验、尸表检验、解剖检验、实验室检验、辅助检查、案情调查等多方面工作基础上进行综合分析,逐一对每一种致死可能性因素进行排除,在不能排除的因素中进行逻辑死因分析,最终确定符合或接近客观事实的死亡原因。

5.3 死因分析要件

5.3.1 现场勘查

现场勘查主要对现场整体状况、尸体整体状况、损伤情况、现场血迹、遗留致伤物等方面进行勘查。

5.3.2 尸体检验

尸体检验包括尸表检验、解剖检验、组织病理学检验等,按照 GA/T 147 中相关要求执行。怀疑因机械性窒息、中毒、机械性损伤、猝死死亡的尸体,按照 GA/T 150、GA/T 167、GA/T 168、GA/T 170 相关要求执行。新生儿尸体检验按照 GA/T 151 相关要求执行。

5.3.3 实验室检验

实验室检验主要包括:

a)毒物、药物检验;

b)生物物证检验;

c)生化检验;

d)其它检验:如硅藻检验、金属残留物检验等。

5.3.4 辅助检查

包括 CT 检验、X 线检验、MRI 检验等辅助检查。

5.3.5 信息收集

包括案件调查情况、生前临床表现、既往疾病史、职业特点、性格特点等与死亡过程有关的资料信息。

6 法医病理学有关死因的鉴定意见的规范性表述

6.1 鉴定意见分类

6.1.1 法医病理学有关死因的鉴定意见分为认定性鉴定意见、符合性鉴定意见、倾向性鉴定意见、不排除性鉴定意见和不能得出结论性鉴定意见。

6.1.2 当鉴定意见使用"系"作为谓语时,尸体检验工作应至少建立在解剖检验水平的基础上,表示具备充分必要的死因证据支持,并能够与案件事实相印证。

6.1.3 当鉴定意见使用"符合"作为谓语时,尸体检验工作应至少建立在尸表检验水平的基础上,表示具备充分的死因证据支持。

6.1.4 当鉴定意见使用"倾向性"作为谓语时,尸体检验工作应至少建立在尸表检验水平的基础上,表示可以排除其他死因,且具有部分证据支持某种死因,但证据不充分。

6.1.5 当鉴定意见使用"不排除"作为谓语时,尸体检验工作应至少建立在尸表检验水平的基础上,表示可以排除其他死因,但不能排除某些死因的可能性。

6.1.6 当鉴定意见使用"无法认定"作为谓语时,尸体检验工作应至少建立在尸表检验水平的基础上,表示不具备支持某些死因的证据,且无法排除任何死因的可能性。

6.2 鉴定意见规范性表述方式

6.2.1 认定性、符合性、倾向性、不排除鉴定意见表述方式

6.2.1.1 鉴定意见达死亡机制水平的表述方式

（被鉴定人姓名/尸体名称）（系、符合、倾向于、不排除）（被××暴力作用/患××疾病）造成（根本死因）导致（直接死因）致（死亡机制）死亡。

示例：（被鉴定人姓名/尸体名称）系患冠心病导致心肌梗死致心力衰竭死亡。

6.2.1.2 鉴定意见达直接死因水平的表述方式

（被鉴定人姓名/尸体名称）（系、符合、倾向于、不排除）（被××暴力作用/患××疾病）造成（根本死因）导致（直接死因）死亡。

示例：（被鉴定人姓名/尸体名称）符合被钝性物体击打躯干及四肢造成大面积皮下出血导致挤压综合征死亡。

6.2.1.3 鉴定意见达根本死因水平的表述方式

（被鉴定人姓名/尸体名称）（系、符合、倾向于、不排除）（被××暴力作用/患××疾病，选填项）导致（根本死因）死亡。

示例1：（被鉴定人姓名/尸体名称）系被钝性外力作用于头部导致颅脑损伤死亡。

示例2：（被鉴定人姓名/尸体名称）符合一氧化碳中毒死亡。

示例3：（被鉴定人姓名/尸体名称）符合被扼压颈部导致机械性窒息死亡。

6.2.1.4 多因—果鉴定意见涉及多因素的表述方式

6.2.1.4.1 联合死因的表述方式

（被鉴定人姓名/尸体名称）（死因1）合并（死因2）死亡。

6.2.1.4.2 辅助死因的表述方式

（被鉴定人姓名/尸体名称）死亡，××为辅助死因。

6.2.1.4.3 死亡诱因的表述方式

（被鉴定人姓名/尸体名称）死亡，××为诱因。

6.2.2 不能得出结论性鉴定意见表述方式

因尸体（失去检验鉴定条件的原因），丧失检验条件，（被鉴定人姓名/尸体名称）死因无法认定（或死因不明）。

注：适用于因完全丧失鉴定条件或受目前科技水平条件所限，无法得出结论性鉴定意见的情形。

附录A（略）。

参考文献

[1]步宏,李一雷.病理学[M].北京:人民卫生出版社,2020.

[2]成建定.法医病理学实验指导[M].2版.北京:人民卫生出版社,2018.

[3]丛斌.法医病理学[M].5版.北京:人民卫生出版社版,2021.

[4]丁文龙,刘学政.系统解剖学[M].9版.北京:人民卫生出版社,2020.

[5]李继承,曾园山.组织学与胚胎学[M].9版.北京:人民卫生出版社,2019.

[6]刘良.法医毒理学[M].5版.北京:人民卫生出版社,2020.

[7]徐英含,来茂德,周韧.法医病理案例分析[M].北京:高等教育出版社,2007.

[8]赵子琴.法医病理学[M].北京:人民卫生出版社,2009.